ÉTUDES
SUR
LES MYSTÈRES,
ET SUR DIVERS
MANUSCRITS DE GERSON.

DE L'IMPRIMERIE DE CRAPELET,
RUE DE VAUGIRARD, N° 9.

ÉTUDES
SUR
LES MYSTÈRES,

MONUMENS
HISTORIQUES ET LITTÉRAIRES,
LA PLUPART INCONNUS,

ET SUR DIVERS

MANUSCRITS DE GERSON,

Y COMPRIS

LE TEXTE PRIMITIF FRANÇAIS
DE L'IMITATION DE J.-C.,
RÉCEMMENT DÉCOUVERT

PAR ONÉSIME LE ROY.

---

*Celata dudum jam decet
Vulgare nos Mysteria.*
SANTOLIUS, de Transf.

A PARIS,
CHEZ L. HACHETTE,
LIBRAIRE DE L'UNIVERSITÉ ROYALE DE FRANCE,
RUE PIERRE-SARRAZIN, N° 12.
1837.

A MON FRÈRE

AIMÉ LE ROY,

A VALENCIENNES.

Mon cher Aimé,

Ce n'est pas seulement à mon frère que j'offre cet ouvrage ; c'est encore au conservateur d'une des riches bibliothèques de nos riches provinces, d'où je l'ai tiré en partie ; c'est aussi à un enfant du Nord, à l'un des éditeurs de ses Archives (1).

Trop long-temps nous avions oublié, et la France avec nous, que parmi nous sont nés ou ont vécu nos premiers chroniqueurs, et des savans infatigables, et, je le crois aussi, nos plus vieux dramatistes. C'est ce qu'on pourra constater, aujourd'hui que nos compatriotes, non contens

---

(1) Les *Archives du Nord*, publiées à Valenciennes par MM. Aimé Le Roy et Arthur Dinaux, ont pour collaborateurs quelques uns des hommes les plus distingués de cette partie de la France, et forment déjà quatre volumes d'*Histoire locale*, où Froissart, Comines, Monstrelet, Molinet, Henri, J. de Guise, d'Outreman, pourront avouer plus d'un descendant.

d'extraire de leur sol des sucs nouveaux et l'actif combustible, foyer de l'industrie, vont dans le passé chercher d'autres trésors. Que de fois je t'ai vu, au milieu d'amis qui partagent tes goûts, prendre autant d'intérêt au déchiffrement d'un vieux manuscrit qu'à l'important procès que nous gagnait un défenseur illustre (1), ou qu'à la découverte d'une mine qui venait encore accroître ta fortune, sans changer ton âme ; car le mouvement tout à la fois industriel et intellectuel qui nous caractérise à présent, est loin d'avoir éteint en toi des idées d'un ordre plus élevé, que tu transmets à tes enfans : c'est ce dont je te félicite, et c'est en cela surtout que je suis fier de pouvoir me dire :

Ton frère et ton ami,

O. LE ROY.

(1) M. Martin du Nord, aujourd'hui ministre du commerce, de l'agriculture et des travaux publics.

INTRODUCTION.

Avant d'arriver, en suivant Corneille et Racine, au sommet de l'art dramatique, si nous laissons tomber en arrière un coup-d'œil sur les productions de leurs prédécesseurs immédiats, les Hardi, les Garnier, les Jodelle, nous n'y trouverons rien qui approche de la sublimité de nos deux maîtres; mais remontons les siècles antérieurs, et transportons-nous au milieu de ces croisades dont l'expédition de Bonaparte en Égypte a été le brillant appendice, et notre occupation d'Alger, il faut l'espérer, l'heureux couronnement : cette lutte si longue de la civilisation contre la barbarie, nous pourrons en revoir les chances avec orgueil; d'Alger, nous pourrons suivre, en le glorifiant, Saint-Louis en Afrique (1); nous pourrons suivre jusque dans Mansoura ce prince de son sang, tombé si jeune avec ses chevaliers, victimes d'un imprudent courage. Du sein de ce désastre,

---

(1) Voir dans l'*Histoire des Croisades* de M. Michaud, Liv. XVI, les projets de colonisation conçus par Saint-Louis, « projets, dit Leibnitz (*Mémoire à Louis XIV*), inspirés par une profonde sagesse, et qui méritaient l'attention des hommes d'état les plus habiles et des publicistes les plus éclairés. »

dont nous avons, hélas! presque éprouvé les contre-coups, nous verrons, comme on voit du port la tempête, s'élever tout à coup notre tragédie nationale. On était loin de lui soupçonner cette origine.

Indépendamment du *Jeu de Saint-Nicolas* et de plusieurs autres ouvrages puisés dans notre histoire, il en est un qui portera sur le règne entier et si poétique de Saint-Louis, un grand intérêt.

Je ne me dissimule pas combien peut paraître hasardée l'opinion que je vais émettre sur nos anciens *Mystères* : c'est que ces drames religieux sont loin d'être connus encore. Si l'on excepte la rapide mention qu'en fit l'auteur des *Templiers* dans son discours de réception à l'Académie Française, rien qui nous encourageât, antérieurement, à nous enfoncer au milieu des ténèbres de ces monumens tristement délaissés. Ceux même de nos écrivains qui, dans ces derniers temps, ont, à l'aide d'une critique lumineuse, le mieux exploré le moyen âge, semblaient s'être arrêtés, comme par effroi, devant l'obscure immensité de notre vieux théâtre, lorsque, dans une circulaire adressée par M. Guizot, ministre alors, à ses *correspondans historiques*, et insérée dans le *Moniteur* du 18 mai 1835, on a pu lire, entr'autres instructions d'un haut intérêt, celle qui concerne les

Mystères et *Moralités*, spécialement recommandés par le ministre à l'attention de ses savans correspondans. *Il s'est conservé*, ajoutait M. Guizot, *en quelques localités de la France, des fêtes, des représentations dramatiques populaires. Il ne sera pas indifférent d'examiner et de noter ces restes du passé, avant que la civilisation moderne et l'usage de la langue générale les aient fait disparaître.*

C'est ce que nous avons essayé.

Bayle, pour mieux rabaisser nos *Mystères*, en a cité inexactement quelques détails, reproduits par Voltaire et reproduits partout, mais qui, fussent-ils ridicules, pouvaient bien ne pas l'être aux yeux de spectateurs qui contemplaient l'ensemble d'un autre point de vue que nous.

Dans un village reculé du Hainaut où j'ai été élevé, se trouvait (je le vois encore) un calvaire dont les grandes figures, peintes grossièrement, mais avec énergie, excitaient en nous, pauvres enfans, une impression que je ne puis décrire. Quelqu'artiste serait venu nous dire : « Vous avez bien tort d'admirer ; ne voyez-vous pas que le bras de ce Christ manque de *contour* et de *faire;* que les pleurs de cette femme sont trop peu *nuancés;* que le fusil de ce soldat est un *anachronisme?* » De semblables critiques n'auraient point détourné de leur attention des enfans.... Eh bien! pour entrer dans le génie de nos pères, tâchons aussi, suivant le conseil de l'Evangile, de nous faire *petits* avec les *petits*, de nous reporter dans l'enfance de l'art et chez ce peuple enfant, que nous entendrons tout-à-l'heure criant *Noël!* et pleurant de joie, à des représentations qui feraient pouffer de rire notre *maturité* (1).

Ce ne sont point cependant les citations de Bayle qui eussent empêché les écrivains consciencieux dont j'ai parlé plus haut de lire en entier nos *mystères;* mais les frères Parfait, dans leur histoire anonyme du Théâtre français, ayant analysé quelques uns de ces drames, les seuls qui fussent connus de leur temps, on les a jugés tous d'après des extraits donnés par ces hommes ordinairement exacts, et qui, dans leur préface, taxent de fausseté les citations de Bayle, et d'aveuglement les lecteurs qui s'en rapportent à cet auteur. Toutefois, les frères Parfait, plus exacts que Bayle, ne sont guère plus heureux dans leurs citations, la plupart si mal choisies ou si fautives, qu'elles ont dû nuire, plus que toutes les préventions, aux ouvrages qui ne sont connus que par eux. Peut-être aussi,

---

(1) Nous avons remplacé par d'insignifians *bravos* ce cri de joie *Noël!* qui rappelait au peuple l'événement le plus heureux, la naissance de Celui qui *renouvela* la face de la terre, car *Noël* ou *Noüel* vient plutôt, je crois, de *novel*, que de *natalis*.

les peintures et les traits qu'ils ont négligés n'eussent point été appréciés de leur siècle. Ce siècle, le dix-huitième, était trop prévenu pour apercevoir, à travers bien des vices et des préjugés il est vrai, la religieuse philosophie de nos pères (1).

Il est une observation générale par où doit commencer l'appréciation de nos premiers auteurs dramatiques : c'est que, presqu'étrangers à l'étude de l'antiquité profane, au milieu de siècles dont la Religion seule pouvait dissiper les ténèbres, ces hommes avaient vu du moins que le but de l'art était d'offrir au peuple des lumières dont le besoin et le charme se faisaient également sentir. Aussi, les faits et la morale sublimes de l'Evangile furent-ils chez nous et dans toute l'Europe moderne, les premiers sujets de représentations, ou plutôt de solennités bien autrement religieuses que celles des anciens Grecs.

Quelle source d'intérêt immense, inépuisable, dans les mystères du christianisme ! Et combien, quand ces premiers ouvrages pa-

---

(1) Je dis *philosophie*, et nous en trouverons jusque dans la *Fête des Fous* et dans celle des *Anes*, que de grands philosophes ont trop jugées sur les apparences. Nous verrons un de nos plus vieux poètes plus près peut-être de la vérité dans cette réflexion sur les exemples d'humilité donnés par Jésus :

    Quant il chevauça,
    Sus asue muuta, etc.

rurent, y devait ajouter le souvenir récent des Croisades ! L'Europe entière, pour venger les chrétiens des cruautés exercées contre eux en Orient, s'était transportée au milieu du berceau de la Religion, sur le tombeau d'un Dieu. Après tant de sacrifices, tant de sang versé, il était doux encore de répandre des larmes sur les objets sacrés d'une vénération si profonde ; de se reporter en idée sur les lieux saints, sur ce Thabor, sur ce Calvaire, objets de si touchans, de si grands souvenirs.

Aussi, n'est-ce pas seulement la poésie que nous verrons occupée de ces hautes contemplations : deux sermons inédits et français de Gerson sur la *Passion de J.-C.*, rapprochés du grand drame, pourront nous donner une idée de ce que fut l'éloquence sacrée à la fin du XIVe siècle.

Près de ces deux discours si curieux, joints au *texte original* et *français* de l'IMITATION, apparaîtra, nous l'espérons, la preuve la plus forte qu'on ait acquise encore que ce livre immortel appartient, non à l'Allemagne ni à l'Italie, mais à la France et au docteur évangélique, à l'illustre Gerson (1).

(1) La nouvelle de cette découverte faite par nous, il y a un an, à Valenciennes, et recueillie par un modeste *Écho*, a retenti dans les journaux de l'Europe savante, et d'abord en France, où les hommes qui s'intéressent encore à notre gloire littéraire y ont pris grande part. M. de Lamartine, dans une

Un autre manuscrit de la bibliothèque de Valenciennes, contenant le *Mystère de la Passion*, et commençant aux temps antérieurs même à la Nativité de la Vierge, sera d'abord l'objet de nos études et de nos conjectures.

Les plus anciens *Mystères* connus sont en latin. Quand, avec les divers idiomes européens qui commençaient à se former de cette belle langue, on voulut mettre à la portée du peuple les grands sujets chrétiens, on se modela sur les patrons qu'offrait la langue mère. De là, cet air de famille qu'ont entr'eux les *Mystères* des divers pays de l'Europe. Comme ils ne se distinguaient ordinairement que par un langage différemment informe, nous n'essayerons pas de les reproduire dans des traductions nécessairement décolorées. Nous aurons bien assez des *Mystères français* (et dans ces mots nous comprenons les autres pièces qui en dérivent et leurs accessoires). Outre l'intérêt qu'ils auront pour nous et

---

de ses lettres, a bien voulu me féliciter de *ce nom retrouvé*, retrouvé pour la France. M. Victor Cousin (*Introduction aux OEuvres inédites d'Abeilard*); M. Tissot (*Leçons et Modèles de Littérature*); M. l'abbé Dassance (Préface de son *Imitation*); M. Gence, dans sa *Philosophie de l'Histoire*, 2ᵉ édition; dans la dédicace dont son amitié m'honore, et dans son *Gerson restitué*; tous témoignent de leur haute sympathie pour notre illustre chancelier. Enfin, M. Lacretelle, dans une de ses leçons d'histoire à la Faculté, vient, m'a-t-on dit, d'exprimer éloquemment le vœu que l'IMITATION fût bientôt rendue à Gerson, à la France. Quant au prix récemment proposé par l'Académie Française, on en verra, dans ce volume, le très remarquable programme.

pour les hommes versés dans la connaissance de notre langue, le drame français, depuis Louis XIV, s'étant, sans comparaison aucune, élevé à la plus haute perfection, dans le système opposé à celui des *Mystères*, la France est le théâtre qui convenait le mieux à nos parallèles. D'autres rapprochemens s'offriront d'ailleurs dans les arts du dessin, sans sortir de chez nous.

Dans un moment où les sujets religieux, qu'on croyait oubliés sans retour, occupent plus que jamais, il ne sera pas sans intérêt de comparer comment telle scène de la *Nativité* ou de la *Passion* a été traitée par un vieil auteur de mystères, et par un des brillans artistes de la *Madeleine*, par exemple, ou de cette jolie *Notre-Dame-de-Lorette*, qu'il ne faut pas confondre avec *la Grant-Nostre-Dame* : elles diffèrent plus que les siècles qui les ont créées.

Pour vous figurer cette différence : près d'un homme tel que Gerson, par exemple ; près du vieux chancelier de Notre-Dame qui, un jour, contre l'ouragan populaire, se retrancha dans cette cathédrale dont il était la gloire, dans une de ces tours, dont il semblait avoir l'impassible immobilité ; près de cette figure imposante, mettez... une élégante de la Chaussée-d'Antin : Voilà *Notre-Dame-de-Lorette*.

L'élégance, direz-vous, n'exclut point la solidité. — D'accord : Esther et la touchante compagne de Polyeucte en sont la preuve.

Quand, d'ailleurs, au pied de ce mont où mouraient nos martyrs (1), nous voyons tourbillonner les nouveaux habitans de la *Nouvelle-Athènes* (c'est le nom que quelques artistes donnent à ce quartier), nous nous étonnons moins qu'on leur ait fait un temple grec. On n'a pas mis pourtant sur le fronton : *Deo ignoto,* « au Dieu inconnu : » l'or y brille partout : *Deus, ecce Deus!* « Le Dieu, voilà le Dieu! » *Æneid.,* VI.

Le Christ, au reste, n'exclut personne, comme nous le verrons dans un de nos mystères, fidèle écho de l'Evangile. La Religion, sur les traces du Maître, est obligée, pour ne pas effrayer ses enfans (car tous le sont, même les riches), obligée, disons-nous, d'emprunter leurs dehors, et de prendre le siècle comme il est. Imitons cet exemple, sans vouloir pourtant faire une œuvre de circonstance.

Il n'en est point de nos *Mystères* comme de ces meubles du moyen âge, que la mode exalte aujourd'hui, et que demain peut-être elle brisera.

---

(1) Montmartre, *Mons Martyrum. Martre* signifiait anciennement *martyr.* Voyez Barbazan, *Dissertation sur l'Origine de la Langue française*, et les deux hymnes de Santeuil sur le Mont des Martyrs. *Hic mons ara fuit*, dit le poète; on peut ajouter : *Quantùm ab illo mutatus!*

C'est d'un contraste ou d'un rapprochement que jaillit la lumière et se forme le goût. L'Eden, près de rochers sauvages, vous paraîtra plus délicieux : ainsi des chefs-d'œuvre de Corneille et Racine, après nos vieux mystères ; et le vieux *Mystère*, à son tour, comme naguère *Saint-Germain-l'Auxerrois*, en ressortira mieux par son voisinage.

En attendant que le vieux saint, dégradé par nos dissensions dont *il ne peut mais*, se relève, transportez en idée, cela coûte si peu, l'antique *Notre-Dame* près de *la colonnade du Louvre*, et vous jugerez.

Autre parallèle, qui n'est plus un contraste: notre plus grand *Mystère* dramatique, celui de la *Passion* qui n'en fait qu'un en trois, comme nous le verrons, opposez-le à la superbe *cathédrale de Paris*. Comparez seulement l'exposition du triple drame au triple portail de la basilique : d'une et d'autre part, diverses circonstances de la vie de Marie et de ses parens. Mais avant tout, une saillie sublime : à l'ouverture du drame, comme au grand portail du milieu, Dieu le Père, sur son trône, est entouré de ses attributs qui sont Vérité, Justice, Paix, Miséricorde; et de plus, dans le drame, *neuf ordres d'anges, les uns sur les autres*. Là, Dieu prend conseil de Miséricorde, pour sauver les hommes. Ici, pour les juger, il a éloigné Miséricorde : le temps est fini, l'éternité commence. Au bas, sur la grand'porte, qui par malheur a été remplacée, on voyait les tombeaux ouverts, et les morts de toutes conditions en sortir, pour s'élever au tribunal suprême, autour duquel on peut admirer encore aujourd'hui, dans une grande voussure ogive, une innombrable quantité de bienheureux et d'anges se pressant aussi vers Dieu, tandis qu'au-dessous, à sa gauche, les damnés, déjà torturés par les spectres épouvantables de leurs crimes, gémissent, car ces pierres parlent. On n'en peut dire autant de la Majesté divine et de ses attributs; l'artiste n'a pu en approcher. *Scrutator Majestatis opprimetur à gloriâ*, dit le prophète.

Le poète sera-t-il plus heureux? Voici les vers qu'il prête à Dieu le Père, et par où commence le mystère de *la Passion* dans le manuscrit de Valenciennes :

> Moy manant (*stable*) en éternité,
> Dieu de inattingible équité,
> Je crée ensemble toute chose (1)
> Par effluxion de bonté.
> Lumière que à mon gré compose
> Soit faicte en instant, et sans pose,
> Spirituelle et corporelle,
> Première luisant plus que rose,
> Cest angelicque que jalose,
> Et fay toutte intellectuelle.

(1) L'Éternel est son nom, le monde est son ouvrage, etc.
RACINE, *Esther*.

Lux fiat! Ce début obscur et lourd d'où ne sort qu'à peine le trait vif et sublime : *Que la lumière soit, et la lumière fut!* ce début est loin de l'imposante et mystérieuse obscurité du vieux temple. Il y a pourtant là de grandes pensées et un mot regrettable, dont Racine lui-même n'a pas l'équivalent : c'est *inattingible*, qui peut s'appliquer à tous les attributs de Dieu, auxquels il n'est pas permis à l'art humain d'atteindre. Il est probable, au reste, que ces vers, solennels par leur obscurité même, étaient entendus avec admiration par un auditoire religieux qui, mieux que nous peut-être, en comprenait les mots essentiels.

Le poète (1) réussit mieux à faire parler les diables, comme nous le verrons dans cette même scène; et ce n'est pas le seul trait de ressemblance qu'il ait avec l'artiste : tous deux, expression de leurs siècles et de la confusion qui y régnait, chargeant trop leur ouvrage et de détails et d'ornemens, confondant tous les styles, depuis le sublime jus-

---

(1) J'emploie le singulier, quoique le *Mystère de la Passion* soit sans doute, comme la *cathédrale de Paris*, l'œuvre de plusieurs hommes, même de plusieurs siècles. Dès le commencement du XIIIe, une scène, citée par l'abbé de La Rue, existait déjà, où les vertus, personnifiées plus haut, exposent le sujet dans un dialogue anglo-normand, bien informe sans doute, mais qu'on peut regarder comme une des premières pierres du grand monument qui nous occupera. A la suite de cette pièce brute se trouve un Cantique, en plus de six cents vers, non moins informes, sur *la Passion*.

qu'au burlesque, et toutes les idées sacrées et profanes, se résument pourtant tous deux, malgré leurs écarts, le poète au calvaire, l'architecte à la croix, dont son monument même a la forme, mais sans avoir cessé, lui, de nous étonner par la sublimité de sa conception, par l'innumérable variété, quelquefois par le fini des ornemens. C'est là qu'il l'emporte sur le poète, dont les grandes beautés, souvent brutes, devront être tirées encore d'un amas de détails ignobles.

Si nous rapprochons nos plus vieux dramatistes de Corneille et Racine, c'est qu'il est un point culminant où les uns et les autres, placés aux deux extrémités de l'art, se touchent néanmoins, par la raison que tout ce qu'il y a de plus vrai, de plus grand en eux sort de la même source.

Sans doute avant d'arriver à la pureté de Racine, nous verrons cette poésie sainte de l'Ecriture, altérée par les temps et les lieux qu'elle a dû traverser; et toutefois, de nos drames les plus obscurs, nous pourrons retirer de l'or, c'est-à-dire des pensées et des expressions qui depuis long-temps n'ont plus cours, il est vrai, mais d'autant meilleures que, n'étant pas usées par un long frottement, elles ont conservé leur empreinte; et enrichiront l'écrivain qui saura les placer.

Mais ce vieux langage, pour en apprécier

toute la valeur, il importe de n'en pas oublier l'origine. Nous la retrouvons dans la latinité du moyen âge, fécondée par le christianisme, et devenue la mère des plus belles langues de l'Europe (1).

Cette latinité, quoiqu'elle date de la décadence de l'Empire, n'est point basse; quand elle préside aux destinées du monde, et qu'elle est l'instrument de sa *rénovation*. Qu'on l'étudie, on y découvrira des richesses dont on peut se faire une idée, si l'on considère combien de génies, dans toutes les parties du monde, durant tant de siècles, depuis Tertullien, Lactance, Prudence, saint Avite, jusques à Gerson et plus loin, ont écrit, dans le noble but de glorifier la Religion, faisant servir l'idiome de Cicéron et de Tacite à la défendre et à la propager, ou forçant la muse de Lucrèce et d'Horace à célébrer les grandeurs infinies de Dieu. Tout, dans ces œuvres si diverses, n'est pas exempt de taches et de fautes grossières; mais souvent on y aperçoit une haute inspiration, et aussi une foule d'expressions créées, et dont j'ose dire que Du Cange lui-même n'a pas senti tout le mérite.

(1) Barbazan, dans sa *Dissertation*, soutient que notre langue, si riche avant le xviᵉ siècle, ne devait *rien* qu'au latin, et que ce n'est que par altération que certains mots s'en sont écartés. Il propose de rétablir, par exemple, *mérencolieux*, *mérencolique*, de *mœrorem colens*, *forbourg* de *foras urbis*, *forsené* de *foras sensus*, *feble* de *flexibilis*, etc.

Mais un fait vraiment intéressant, qu'on ne peut trop se rappeler, c'est qu'au milieu de la plus profonde ignorance où le monde s'est vu long-temps plongé, un essaim d'esprits supérieurs, échappés comme par miracle au débordement de la barbarie, et réfugiés dans l'arche de l'Eglise ou du cloître, y conservaient dans leur intégrité les traditions du passé, mais surtout la langue des Romains. « Il y avait dans l'Europe, dit « M. Villemain, une espèce de république in- « tellectuelle et invisible qui tenait à l'anti- « quité et parlait sa langue, et on l'appelait « *omnis latinitas*, comme on dit aujourd'hui « toute la chrétienté. » (*Tableau de la Littérature au moyen âge*, t. I, p. 107.)

Le latin ecclésiastique (1), grâce à l'influence de quelques esprits éminens, n'est plus entièrement exclu de nos colléges, comme il l'a quelquefois été par un purisme étroit. Le Conseil Royal de l'instruction publique s'est plus arrêté aux choses qu'à quelques mots, il est entré dans l'esprit de l'*Imitation de J.-C.* (2), quand il a adopté en 1835 pour les colléges de l'Université de France le texte

---

(1) On nomme ainsi le latin moderne, parce que l'Église en a été le berceau; mais il s'est souvent *sécularisé*, et il est encore, dans les sociétés savantes de l'Europe, le lien de communication entre les sciences humaines.

(2) *Ita libenter devotos et simplices libros legere debemus, sicut altos et profundos. Non te moveat auctoritas scribentis.... sed amor puræ veritatis.* Imit., Lib. I, cap. v.

b

latin (grand in-8°) de ce livre sublime, accompagné d'index, de notes et de prolégomènes latins de M. Gence.

Le premier mérite du latin ecclésiastique, qui était chargé de porter la lumière aux peuples, c'est la clarté. Les hommes auxquels il s'adressait étant peu sensibles à l'harmonie, surtout dans le nord, n'y cherchez pas la période cicéronienne. Le nombre et la quantité, même dans les vers, sont négligés, mais on y a substitué la rime, qui, en frappant l'oreille, imprime dans l'esprit les grandes vérités qu'il importe de retenir. Ainsi, un orateur chrétien veut-il faire entendre à son auditoire que l'on meurt ordinairement comme on a vécu, il ne dit pas : *Mors est echo vitæ*, « La mort est l'écho de la vie, » mais dans ces mots : *talis vita, finis ita,* il fait retentir cet écho, que ne reproduit pas notre adage : *telle vie, telle mort.* Les prosateurs latins modernes jusques à l'auteur de l'Imitation, sont pleins de ces mots énergiques et de ces effets de style dont Virgile, Horace, Cicéron, Ovide, offrent quelques exemples. (1)

(1) On lit dans l'*Imitation* : *Qui benè seipsum cognoscit, sibi ipsi vilescit. — Satis suaviter equitat, quem gratia Dei portat. — Ignis probat ferrum, tentatio hominem justum. — Nemo sine.... angustiâ, quamvis rex sit vel papa. — Non omne quod altum, sanctum,* etc., etc.

On a fait de grandes recherches sur l'origine de la rime ; je la crois naturelle, de tous les temps et de tous les pays, quoique

Nous avons des mystères latins du xii᷊ siècle, tout en rimes, mais bien inférieurs aux grandes proses de l'Eglise, surtout à ce *Dies iræ* que la musique de Mozart a rendu plus terrible encore et plus consolant.

Pour goûter tout ce que la langue des Romains a de plus harmonieux, de plus pur, lisons et relisons encore Cicéron, Virgile, Horace, Tite-Live, etc.; mais voulons-nous entrer dans l'esprit et les mœurs de nos pères, dans les sources de notre histoire et de notre langue nationale, le latin ecclésiastique en est la véritable clé.

L'illustre amie de Fénelon, la sage de Lambert, écrit à sa fille : « *La langue latine vous ouvre la porte à toutes les sciences* (on peut ajouter *au plus grand nombre des idiomes modernes*). *Elle vous met en société avec ce qu'il y a eu de meilleur dans tous les siècles* » (1).

En étudiant de près la formation et le travail des langues modernes, un de nos plus habiles linguistes fait judicieusement observer « combien la souche de notre nationalité est vraiment romaine, et combien il y avait de bon sens chez nos pères qui nous ratta-

---

plus usitée chez nous. Un jeune homme d'esprit, mais trop légèrement positif, et qui a le malheur de ne plus croire à rien, nous disait un jour : *Est-ce que vous croyez encore à la rime? C'est un enfant perdu de la Religion, il passera comme elle.* — En effet.

(1) *Avis d'une Mère à sa Fille*, p. 144.

chaient, par le lien de nos études, à Rome, comme à notre mère nourrice. (1) »

Le grec, qu'on a voulu quelquefois écarter de nos cours publics, est indispensable au savant et à l'homme de lettres; mais le latin l'est presque à tout le monde. Le latin moderne est d'ailleurs, chez les grands écrivains, d'une telle limpidité, qu'avec les nouvelles méthodes, dix-huit mois suffiraient pour qu'un jeune homme, obligé de brusquer ses études, ne fût pas étranger à ce langage de nos pères qui partout se retrouve. Et les femmes, dont l'éducation est chargée de tant d'inutilités, quel pitoyable préjugé leur a interdit jusqu'à cette langue de saint Augustin, que toute femme heureusement née *entendrait de cœur*, comme madame de Sévigné et les femmes les plus distinguées de son siècle, dont Molière lui-même ne s'est pas moqué : il barbouille de *grec* ses savantes; c'est *pour l'amour du grec qu'on les embrasse*; elles ont *pour le grec un merveilleux respect*; mais elles font *fi* du latin, n'en disent pas un mot : cela est trop commun, trop usuel.

Il serait assez bien pourtant que l'on comprît les prières que l'on adresse à Dieu et les chants sublimes de l'Eglise.

Je pourrais rappeler ici cette jeune dame

(1) *Journal des Débats*, 14 déc. 1836.

à qui son père, dans ce seul but d'utilité pratique, avait fait apprendre le latin, et qui, pendant l'invasion de l'étranger en France, sut fort bien le parler à un homme, à un général autrichien, pour défendre de pauvres villageois que la guerre avait mis à la merci du soldat. On a dit, je le sais, que les yeux de cette dame, les plus beaux du monde, parlaient la *langue universelle;* mais un mot galant ne détruit pas un fait réel. Et combien d'autres faits ne pourrait-on citer! Combien de voyageurs, à l'aide d'un peu de latin, ont pu se faire entendre au milieu des divers pays de l'Europe; que dis-je! est-il un coin du monde civilisé où notre république intellectuelle, *omnis latinitas,* ne compte encore des membres, heureux d'accueillir un concitoyen dépaysé, et de lui donner les renseignemens dont il a besoin ?

Si je ne craignais de paraître trop m'écarter de mon sujet, je raconterais ce qui m'arriva un jour que, perdu dans un grand village flamand dont j'ignorais la langue, j'allai droit, à vue de clocher, au presbytère, où je trouvai un bon pasteur, qui ne savait pas un mot de français, mais fort bien le latin, et surtout l'esprit de l'Evangile; je dirais comment, lorsqu'il m'eut remis lui-même en mon chemin, en m'assurant que je ne pouvais plus me tromper, je lui répondis, en latin de l'*Imitation* : *Qui sequitur te, non ambulat in tenebris*.... Mais cela me mènerait trop loin, je reviens à mes *Mystères*, dont le langage au reste le plus remarquable, comme celui de Gerson, Froissart, Montaigne, etc., dérive du latin. — Nos vieux auteurs français sont *difficiles*, dit-on. — Parce qu'on ne sait pas le latin.

Nous verrons que, grâce au latin, notre vieil idiome, dès avant Saint-Louis, que dis-je, à sa naissance, avait des règles fixes, et que ce qu'on prend souvent dans les manuscrits pour des fautes, est une orthographe rationnelle, que nous pouvons regretter sous plus d'un rapport.

Un autre fait déjà remarqué, c'est qu'une infinité d'anciens mots, dont nous nous sommes appauvris, d'autres peuples de l'Europe, notamment les Anglais, les ont conservés, car notre langue s'était naturalisée chez nos voisins d'outre-mer, non seulement (comme le rappelle Johnson dans la préface de son *Dictionnaire anglais*) à l'époque où ils étaient *maîtres de la France*, mais bien auparavant, quand nous étions maîtres de l'Angleterre, par exemple, sous Guillaume-le-Conquérant. C'est ce que le voisin Johnson aurait bien dû ne pas omettre.

Milton, qui était aussi un Anglais renforcé (il n'y a pas de mal à cela), ne s'arrête pas non plus à ce malencontreux Guillaume; et faisant remonter le fait en question beaucoup plus haut, il en fixe la date (*Histor. of Eng.*) au règne d'Edouard-le-Confesseur, comme l'a observé M. de Chateaubriand dans son introduction au *Paradis perdu*.

Nos citations, qui ne seront pas inutiles à notre langue oratoire et poétique, retraceront les principaux faits d'une histoire, la première de toutes, celle qu'il n'est plus permis dès long-temps d'ignorer.

Le *Mystère de la Passion*, dans ses dimensions colossales, suffirait, après la cathédrale immense, pour donner une idée du génie de nos pères. Dans le grandiose qui nous frappe chez eux, trop d'écrivains n'ont voulu voir qu'un art matériel. Nous croyons que dans la conception de ces grands ouvrages, une pensée d'en haut descendait, qu'on appelait *la foi*, et qui bien souvent élevait au dessus d'eux-mêmes et l'artiste, et l'auteur, et le siècle qui les contemplait.

Sans dissimuler notre faible pour ces œuvres du moyen âge et pour cet esprit qui les a inspirées, nous rendrons cependant justice à d'autres siècles moins anciens, et *même* au nôtre, quoique plus jeune encore. Nous tâcherons de ne pas imiter ces deux vieillards d'un mystère du *Vieil Testament*, lesquels, dès le temps de Jacob, regrettaient déjà *le bon temps*, dans ce dialogue d'un naturel parfait :

> Le bon temps, qu'est-il devenu,
> Jéthan? il n'en est plus nouvelles.
> — A ceste heure, il est descognu,
> Le bon temps! — Qu'est-il devenu?
> Plus n'est comme je l'ay cognu.
> Est-il ange, ou s'il a des aeles,
> Le bon temps? Qu'est-il devenu,
> Jéthan? — Il n'en est plus nouvelles.

Loin de croire aussi qu'il en soit toujours du style comme du vin, dont le plus vieux est le meilleur, nous n'extrairons du premier âge de notre littérature dramatique que ce que nous y trouverons de bon et de clair, car nous pensons qu'un livre est fait pour être lu, n'en déplaise à monsieur D..., qu'on entendait dernièrement dire à son libraire : « Le manuscrit que vous voulez me vendre est-il vraiment indéchiffrable? — Oui, monsieur. — Tout en mérovingien? — Tout. — Et pas moyen de deviner de quoi il traite? — Non, monsieur. — Cela est piquant! C'est mieux même que l'Obélisque. Mais je vous préviens d'une chose : si l'on peut en lire une seule ligne, il ne m'en faut plus. »

Nos extraits seront textuellement copiés sur les manuscrits. Seulement, pour en faciliter la lecture, conformément à l'usage adopté par l'Imprimerie-Royale et pour les éditions Crapelet, nous ajouterons la ponctuation et les accens; nous substituerons le v à l'u et le j à l'i au commencement des mots. Enfin les points.... indiqueront les suppressions.

MYSTÈRES.

CHAPITRE PREMIER.

ORIGINE DU DRAME FRANÇAIS.

Jeu de Saint-Nicolas, et autres ouvrages.

LES historiens du théâtre français en fixent l'origine à l'année 1402, époque de l'établissement à Paris des *Confrères de la Passion*. Mais bien auparavant (et les deux chapitres suivans en offriront les preuves), d'autres drames avaient été représentés, dont la conception et l'expression même nous étonneront quelquefois.

M. Villemain, dans son *Tableau de la Littérature au moyen âge*, et depuis, M. Ch. Magnin, à la Faculté des Lettres, *prenant l'ère chrétienne pour point de départ commun de tous les arts, de toutes les idées, de toute la civilisation européenne*, ont appuyé sur des preuves nombreuses l'opinion que le drame moderne est né presque simultanément en Europe, de la liturgie et des cérémonies qui se pratiquaient dans les églises et les couvens. Nous apprenons, en effet, par un chapitre de

Grégoire de Tours (*De Gloriâ Confessorum*, cvi) que, dès l'année 587, aux funérailles de sainte Radegonde, près de deux cents religieuses chantèrent une sorte d'églogue plaintive autour de son tombeau, et que des assistans, comme inspirés par elle, la proclamèrent (*declamantes*) la sainte élue de Dieu. S. Grégoire de Tours, témoin, et, si je l'osais dire, *acteur* dans ces scènes funèbres, les a décrites avec un ton de poésie antique qu'on croirait aussi inspiré.

Plus tard nous voyons, entre autres cérémonies semblables, celles qui furent célébrées sur la tombe de saint Odillon, mort abbé de Cluny en 1048; et les chants latins, dialogués dans une espèce d'apothéose, sont un brillant prélude de nos grandes représentations religieuses. Mais c'est surtout dans les mystères de la religion, et, pour ainsi dire, dans la divine crèche, que nous voyons naître le drame si pur, si saint d'abord, et qui, malgré ses aberrations, s'est souvent souvenu de son origine. Nous le verrons, au sortir de l'église, entrer, et rester même long-temps chez les *Confrères de la Passion*, tour à tour à Saint-Maur, à la Trinité, aux hôtels de Flandre et d'Arras. Il est vrai qu'il s'y permit déjà quelques écarts, et qu'il finit par s'enrôler avec les *Enfans sans souci* et avec les *Clercs de la basoche;* mais nous le retrouverons à meilleure école. Revenons.

Aux ve et vi^e siècles, les liturgies relatives aux

fêtes de Noël et des Rois étaient déjà très usitées en Orient. On y voit figurer l'étoile des Mages. En France, les mêmes fêtes furent, sous les rois de la seconde race, le sujet annuel de solennités dramatiques dans les églises. On peut en voir le texte et les costumes dans de vieux rituels cités par M. Magnin (1). Et ces cérémonies, dont nous retrouverons, de nos jours, les traces dans une de nos provinces, un continuateur de Guillaume de Nangis nous apprend qu'en l'an 1378, elles étaient encore observées par notre sage roi Charles V. Nous voyons dans ce chroniqueur que le bon prince allant annuellement porter son offrande à la crèche, suivant l'exemple des Mages, était précédé de trois chevaliers, ses chambellans, lesquels tenaient trois coupes dorées et émaillées; en l'une était l'or, en l'autre l'encens, et en l'autre la myrrhe.

Nous verrons, dans le siècle suivant, cette scène pieuse développée par les Confrères de la Passion.

Il n'entre pas dans notre plan de nous étendre sur les drames latins. La Société des Bibliophiles

(1) Outre l'ouvrage de M. Villemain mentionné plus haut, voir dans la *Revue des Deux Mondes*, 1er décembre 1834, le discours d'ouverture de M. Magnin à la Faculté des Lettres de Paris, et divers journaux qui ont rendu compte de ce *Cours de Littérature étrangère*, relatif surtout aux *Origines du théâtre en Europe*.

de Paris en a fait imprimer récemment plusieurs, qui ont sans doute été représentés par des religieux, comme on peut le voir à quelques indications, notamment à celle-ci que je lis dans une de ces pièces du xie siècle, intitulée MYSTERIUM RESURRECTIONIS : *Primum procedant tres fratres præparati et vestiti in similitudinem trium Mariarum.* « D'abord s'avanceront trois religieux revêtus des costumes des trois Maries. »

Mais des drames latins, plus anciens et plus remarquables, ce sont ceux que Hroswithe, religieuse allemande d'un couvent de Gandersheim, au xe siècle, y fit représenter par ses sœurs en religion. MM. Villemain, Saint-Marc Girardin et Magnin ayant, dans leurs leçons à la Faculté des Lettres, beaucoup parlé, m'a-t-on dit, de ces pièces curieuses, je ne mentionnerai que celle qui m'a paru la plus hardie, et qu'il n'était guère possible d'analyser à la Sorbonne.

Une jeune fille, nommée *Marie*, a été élevée dans la solitude par son oncle Abraham, pieux et vénérable ermite. Malgré les leçons de sagesse qu'elle en a reçues, arrivée à vingt ans, elle se laisse séduire, le quitte, est jetée dans le monde, dans une maison de courtisanes; et, déjà depuis quelque temps, elle y vit, livrée aux plus honteux désordres. Tel est le sujet qui, aujourd'hui, nous effaroucherait justement : notre muse comique est si sage! Au seul nom du *lieu* de la scène, elle pourrait bien, comme la femme *savante*, dire à la bonne religieuse :

Ne concevez-vous point ce que, dès qu'on l'entend,
Un tel mot.....
N'en rougissez-vous point? et pouvez-vous, ma sœur....

— *Ma sœur*, répondrait la naïve religieuse, *je ne sais pas encore quand il faut rougir.* En effet, jamais sujet plus scabreux n'a été plus innocemment étalé au théâtre. Nous voyons Marie dans le lieu d'opprobre qu'on ne peut même honnêtement nommer. L'*hôte* vient l'entretenir de ses amans, et lui dit : « Ce n'est pas seulement la jeunesse qui accourt sur vos traces; un homme mûr est là qui veut vous rendre hommage. » Et le trafiquant misérable introduit près d'elle l'inconnu, revêtu d'un habit militaire et les yeux couverts d'un grand chapeau. Il soupire en voyant Marie, et se dit à part : « Dans quel abîme cette infortunée créature est tombée! » Marie, de son côté, gémit en secret de sa honte, et pourtant affecte un visage riant. L'hôte sort. — La situation!... Prenez garde, lecteur, d'y mettre ce qui peut-être n'y est point. Une dame du monde demandait à son directeur si, en lisant un roman moral, elle avait mal fait. — « C'est à vous à me le dire, madame, » lui répondit, avec autant de finesse que de sens, le directeur.

Tout est relatif. Le meilleur spécifique devient

un poison, si celui qui le prend est mal disposé : *Sincerum est nisi vas....* La *Phèdre* de Racine parut édifiante à Port-Royal, et Riccoboni en juge la représentation *des plus dangereuses* (1). C'est que Riccoboni avait été comédien, et directeur d'un théâtre fréquenté par *la meilleure compagnie*, qui n'avait pas toujours la meilleure conduite. Notre public est-il plus sage? Oui. — Cependant, avant de nous autoriser de l'exemple de notre religieuse pour traiter de semblables sujets, attendons que nos spectatrices deviennent des vestales.

Revenons à Marie. Quelle est sa stupeur, son anéantissement, quand l'homme au grand chapeau, à l'habit militaire, se découvrant, elle reconnaît dans cet amant prétendu son vertueux guide, son oncle Abraham! Ce saint homme, qui rappelle ici le père de l'Évangile, loin d'accabler la brebis égarée, la console, et finit par la ramener au bercail; car la bonté de Dieu n'est point l'honneur du monde,

Cette île escarpée et sans bords,
Où l'on ne peut rentrer, dès qu'on en est dehors.

C'est presque de mémoire, et sur une lecture, que je parle de cette pièce. Les amateurs de latinité curieuse se disputent le seul exemplaire peut-

---

(1) *Réformation du théâtre*, p. 254.

être qui soit en France des drames de Hroswithe, imprimés en Allemagne. M. Magnin nous en a fait connaître deux ou trois, et il doit bientôt publier le texte entier de ce théâtre, avec la traduction en regard. Rien ne sera plus intéressant (1).

Hroswithe, qui souvent imite Térence, semble lui avoir emprunté le cadre de ce drame, que cependant une teinte religieuse rapproche de ces pieuses allégories si fréquentes dans l'Écriture, et que notre civilisation doit trouver bien naïves.

M. Raynouard a fait imprimer une autre pièce du xie siècle, et tout allégorique; ce sont *les Vierges sages et les Vierges folles*. Elles ont été visiter le tombeau du Christ. L'ange Gabriel leur annonce sa prochaine résurrection. Heureuses celles qui, pendant la veillée, n'auront pas laissé éteindre leur lumière (le flambeau de la foi sans doute)! Les vierges folles, à qui ce malheur est arrivé, demandent de l'huile aux vierges sages, qui ne peuvent leur en donner. Le Seigneur apparaît; les infortunées l'implorent en vain; leurs

---

(1) Déjà M. Magnin a fait sur *Hroswithe* une notice où il traduit en partie l'argument dans lequel l'illustre religieuse nous dévoile ainsi ses pures intentions dans la composition de ses drames : « Je me suis efforcée (dit-elle avec une modestie pleine « de grâce), *juxta mei facultatem ingenioli*, de célébrer les vic- « toires de la chasteté, particulièrement celles de ces victoires « où l'on voit triompher la faiblesse des femmes, et où la bruta- « lité virile est confondue. »

lampes sont éteintes, et il ne peut leur dire, comme à Marie-Madeleine : « Votre foi vous a sauvée : *Tua te fides salvam fecit;* » car la foi est le prix des bonnes œuvres, *exortum est lumen rectis;* et rien dans les lampes de ces âmes sèches, *aridarum!* Dieu les abandonne aux démons, qui les entraînent dans l'abîme.

Telle est l'analyse abrégée de ce petit drame, ou plutôt de ce dialogue, qui s'éloigne un peu du texte de l'Écriture, et se rapproche (si je puis me permettre ce rapprochement) du bel opéra de *la Vestale,* chez qui le feu sacré s'éteint aussi, comme la vertu chez Didon, *extinctus pudor,* suivant l'expression de Virgile, *Æn.*, iv, 323.

Ce qu'il y a de plus remarquable dans ce dialogue, c'est qu'il est écrit tour à tour en latin et en provençal. Il a probablement été récité dans un couvent, par des prêtres et des laïques, ce qui semble expliquer l'amalgame bizarre de cette poésie, qu'on nommait *farcia* ou *farcita,* sans doute parce qu'une pièce solide, d'abord tout en latin, se trouvait ensuite *farcie* de jargon vulgaire apporté du dehors, et souvent de mauvaises plaisanteries. Telle est, je crois, l'étymologie du mot *farcia,* que Du Cange n'a pas comprise.

Ces *farces* étaient très communes à l'époque où les langues nouvelles s'efforçaient d'envahir les domaines de la langue mère, qui, réfugiée dans le cloître et l'église, après avoir laissé prendre un pied chez elle à ses filles émancipées, finit, mais après une lutte très longue, par leur abandonner à peu près le drame.

De ce moment date l'origine du théâtre français; mais quels en sont les premiers fondemens? C'est ce qu'il sera intéressant de découvrir.

Nous ne pouvons compter le dialogue des *Vierges sages et des Vierges folles*, écrit en latin, et par momens en langue d'*oc;* mais le drame de *Sainte-Catherine*, représenté en Angleterre, suivant Math. Paris, dans les premières années du xiie siècle, et que malheureusement on n'a pu découvrir encore, était-il en langue d'*oil*, c'est-à-dire en français? L'abbé de La Rue et M. de Chateaubriand le croient. Malgré ces deux grandes autorités, et quoique l'auteur fût originaire de France, le peu que nous en savons, et ce que dit du Boulay de la représentation de cet ouvrage (1), me ferait penser plutôt qu'il était en latin. Le français n'était pas tellement vulgaire encore, que le latin ne fût plus généralement entendu. Bien moins d'un siècle auparavant, Abeilard, dans une de ses lettres à Héloïse, lui dit, en parlant des vers qu'il avait faits pour elle, qu'ils sont populaires et chantés dans beaucoup de pays (2).

(1) *Per discipulos repræsentavit.... consuetudine magistrorum et scholarum.* Hist. Universit., t. I, p. 226.
(2) *In multis frequentantur et decantantur regionibus.*

Je sais que quelques critiques ont pensé que ces vers étaient français. On peut opposer à leur opinion ce passage d'une lettre d'Héloïse, traduit et cité par M. Villemain : « La plupart des vers « que tu as laissés, écrivait-elle à son illustre « époux, furent des chants d'amour en mètre ou « en rhythme. Ces vers, par la douceur, hélas! « trop grande de l'expression et du chant, met- « taient ton nom dans toutes les bouches, et en « même temps le nom d'Héloïse. Toutes les places, « toutes les maisons retentissaient de moi (1). »

Les mots *metro* et *rhythmo*, joints à ceux de la lettre d'Abeilard, dont on n'a d'ailleurs aucun écrit français, nous font croire que ces vers étaient latins. Or, s'ils étaient chantés sur les *places* et dans *chaque maison*, au milieu de la France, le latin y était donc encore vulgaire, et il est difficile de croire que, même soixante-dix ans plus tard, on eût déjà représenté dans un collége, en Angleterre, un mystère français.

Si, du XIIe siècle, nous passons à la première moitié du XIIIe, nous ne trouvons encore, du moins à notre connaissance, que des mystères latins. Rien là qui nous peigne les mœurs du temps où ils ont été écrits; car ils l'ont été par

---

(1) *Pleraque amatorio metro vel rhythmo composita reliquisti carmina; quæ pro nimiâ suavitate tàm dictaminis, quàm cantûs, tuum in ore omnium nomen tenebant.... Me plateæ omnes, me domus singulæ resonabant.*

des religieux qui d'ordinaire suivaient avec une fidélité scrupuleuse le texte de l'Écriture. Mais quand le drame passera dans le siècle et dans des mains laïques, il en conservera les couleurs et l'empreinte. Ce ne seront pas les mœurs juives que nous verrons aux noces de Cana, par exemple, ou dans le boudoir de Madeleine, mais les mœurs de nos pères; et cet anachronisme aura bien son intérêt.

Ajoutons que ce sera leur langage, non d'apparat, mais de tous les jours, que nous entendrons pour ainsi dire *à travers la distance des siècles*, comme le dit M. Villemain.

Le drame en langue vulgaire est, de tous les genres de littérature, à peu près le seul qui nous fasse entrer intimement dans les mœurs d'une époque. Mais pour le trouver ce drame, nous faudra-t-il aller, comme on le croyait, jusqu'au XVe siècle? Non, heureusement! Des découvertes nouvelles, inespérées, nous ont mis à même de signaler une grande lacune dans notre histoire littéraire (1). Ce serait à mes maîtres, surtout au peintre habile du *Tableau de la Littérature au moyen âge*, à la remplir cette lacune. Pourquoi n'a-t-il pu que la soupçonner!

Quand M. Villemain terminait, il y a six ans,

---

(1) Je l'avais indiquée dans ma lettre sur les *Mystères*. (*Archives du Nord*, 1ᵉʳ août 1829.)

son vaste et beau travail, on voit avec quelle ardeur, recherchant, dans les siècles antérieurs au xv°, ce drame en langue vulgaire, il s'est tourné, mais vainement, vers la Provence, d'où partirent les premiers accens de notre poésie. L'illustre professeur a trouvé dans les chants des troubadours tout ce que l'art peut avoir de hardi, d'harmonieux, de vif, tout, hors le drame. Sans tenir compte des assertions de Nostradamus, souvent aussi conjecturales que les almanachs de son frère, M. Raynouard lui-même (et l'on conçoit avec quel regret il nous l'a déclaré), M. Raynouard n'a découvert chez les troubadours aucun monument de littérature dramatique.

Mais il en existe plus d'un chez les trouvères du nord; et personne ne les eût mieux mis en lumière que M. Villemain, lui qui, après avoir si brillamment analysé l'esprit des troubadours, et cette littérature méridionale, *parente de la nôtre*, a ainsi caractérisé les œuvres poétiques du nord, si poésie il y a, ce qu'on nous conteste, et ce que nous examinerons. Mais écoutons M. Villemain :

« Une sorte de vivacité moqueuse, de raillerie
« satirique, anime aussi la langue des *trouvères*;
« mais au lieu d'éclater par des images brillantes
« et lyriques, d'avoir quelque chose de musical,
« comme les voix du midi, l'esprit des *trouvères*
« est prosaïque et narquois; c'est un conte, au

« lieu d'une ode. Ici, je crois voir un chevalier
« *troubadour* qui, du haut de son coursier, chante
« des vers de guerre ou d'amour; là, un bour-
« geois malin qui, dans les rues étroites de la
« cité, devise avec son compère, se moque, se
« raille des choses dont il a peur. Dans l'œuvre
« des *trouvères*, il n'y a de poésie qu'un certain
« mètre, une versification fort grossière; point
« d'harmonie, peu d'images. Leurs vers sont des
« lignes de convention, tandis que dans la poésie
« des *troubadours* les vers sont des parties de
« musique. Dans les *trouvères*, la finesse naïve du
« récit tient la place du talent poétique. »

Eh bien! de ces *qualités* même que l'habile critique nous reconnaît, de cette *finesse naïve*, de cet *esprit narquois* et malignement observateur, à la comédie de mœurs et à la tragédie nationale, le chemin est sans doute encore éloigné.... Pour l'abréger, entrons (avec la permission de MM. les conservateurs de la Bibliothèque Royale) dans une de ces vastes salles consacrées aux manuscrits, et nous allons voir, au milieu de ces catacombes de nos plus vieilles gloires, dont on a commencé à secouer la poudre, nous allons voir, *fonds La Vall.*, n° 81, un fort et grand in-8°, en peau vélin, dans lequel se trouve, parmi des chansons et plusieurs pièces de vers composées par des trouvères du nord, une tragédie ou comédie, comme on voudra l'appeler, un drame, dans l'acception la plus étendue de ce mot. Il est intitulé : *Li ius de S. Nicholai* (le jeu, ou drame de saint Nicolas), et le nom de *Jehans Bodiaus* se lit à la fin. Ce Jean Bodiaus, ou Bodel, était d'Arras. Il a bien évidemment composé cette pièce vers 1260, après la première croisade de Saint-Louis, dont sa santé ne lui permit pas de faire partie. C'est ce qu'il nous apprend dans son *Congié* (adieux) à la ville d'Arras, espèce d'épître qui se trouve dans le même volume. En voici quelques vers adressés par l'auteur à un guerrier qui partait pour la Terre-Sainte :

Symon, cil Diex (*ce Dieu*) en qui tu crois (1),
Il te lest bien (*te laisse bien*) porter ta crois
Où je ne puis porter la miue (*la mienne*) ;
Remés sui (*je suis relégué*) dedenz la banliue (*la banlieue*).
Payen ont de moi ferme trive (*une trève sûre*),
Mès se Diex fut (*mais si Dieu eût été*) assés cortois,
Tant m'éust viaus presté s'aïue,
(*Il m'eût si bien prêté son aide*),
Qu'en la terre qui ja fu siue (*sienne*),
Eusse fet un servantois.

L'auteur regrette de n'avoir pu s'inspirer sur la Terre-Sainte, et y composer le plus humble

(1) Dans un manuscrit de la Bibliothèque de l'Arsenal, qui me paraît plus ancien, au lieu de *Symon*, je lis *Robert*. C'est précisément le nom du jeune souverain de l'Artois, qui, comme nous le verrons, périt si malheureusement dans cette expédition, sujet, selon moi, du drame de Bodel.

chant; mais nous n'y avons pas perdu : au lieu d'un servantois, il a fait une tragédie dans laquelle il nous transporte, en imagination, sur ces lieux où il n'a pu se rendre en réalité. C'est là se dédommager en poète, et par là notre Artésien s'est assuré la gloire d'avoir élevé le premier monument dramatique dont puisse s'honorer la littérature française (1).

Il est bien étonnant que Legrand d'Aussy ait parlé du *Jeu de Saint-Nicolas* dans ses *Fabliaux ou Contes* (t. II, p. 185 et 220) comme d'une production *très longue, encore plus ennuyeuse, et d'un genre absurde*. Si ce laborieux explorateur s'était arrêté davantage sur tous les manuscrits qu'il voulait nous faire connaître, il eût probablement remarqué d'abord le but du *Jeu de Saint-Nicolas*, bien dramatiquement exposé dès la fin de la première scène; il eût ensuite aperçu dans quelles circonstances mémorables, dans quel esprit religieux cet ouvrage a été composé, et il n'eût point détourné si long-temps notre attention d'un aussi curieux monument.

Le style en est souvent obscur sans doute, et

(1) Nous voyons par ce même *Congié* à la ville d'Arras, que J. Bodel, qui paraît y avoir exercé près de l'autorité municipale un modeste emploi, ne put le conserver, et se vit *reléguer*, on ne sait où, dans la *banlieue*; de sorte que cet homme, justement qualifié *trouvère* (inventeur ou trouveur), put se voir, comme un de ses confrères les plus illustres, exposé au cruel sarcasme d'avoir *trouvé* tout, excepté un logis.

j'avoue que malgré l'attrait irrésistible qui, dès mon entrée dans l'étude des manuscrits, me porta vers ce drame né dans nos provinces, je me vis arrêté à plus d'un passage que mon ami M. Louis Boca, de l'École des Chartes, voulut bien m'aider à déchiffrer. J'eus enfin la satisfaction de voir dans son entier sortir du milieu du XIIIe siècle, et de ce qu'on appelle *les ténèbres du Nord*, non une églogue, ou une pastorale, comme le *Jeu du Berger et de la Bergère*, dont nous parlerons ; non un simple dialogue, ou *duo*, comme celui *du Croisé et du non Croisé* ; non enfin une pièce mêlée de récits, comme *le Lai de Courtois*, qui évidemment n'a pu être représenté ; non, mais, je le répète, un drame véritable, dans la plus haute acception de ce mot, avec l'indication du jour où la représentation en a eu lieu ; c'est ce qu'on peut voir dans ces deux vers du prologue :

> Signour, che trouvons en la vie
> Del saint dont anuit (*aujourd'hui*) est la veille.

L'acteur, ou l'auteur, après avoir raconté le miracle de saint Nicolas (évêque de Myre en Lycie, dans le IVe siècle), termine ainsi son prologue :

> Car canques (*toutes les choses*) vous nous verrés faire,
> Sera essamples, sans douter,
> Del miracle représenter,

Ensi con je devisé l'ai....
Or nous faites pais, si l'orrés.

« Car ce que vous nous verrez faire sera la
« représentation exacte du miracle que je viens
« de vous exposer (ou dont je viens de *deviser*
« avec vous). Faites silence, et vous l'entendrez. »

Quel sujet l'auteur a-t-il choisi pour son public?
Le miracle d'un saint, honoré, non seulement
dans l'Orient pour le souvenir de ses bienfaits,
mais aussi dans nos provinces du nord, où de
nombreuses églises s'étaient élevées sous son invocation. Et où se passe ce miracle? En Afrique,
dans le cours d'une de nos croisades, au milieu du
massacre des Chrétiens, car déjà notre sang coulait en Afrique. Voilà de la tragédie nationale.
Quand celle-ci parut, elle était toute de circonstance, ce que l'on n'a pas vu. Si l'on eût remarqué la date qui s'y trouve écrite à chaque page,
non pas en chiffres, mais dans les faits, cet opuscule qui jette tant de clarté sur notre histoire
serait dès long-temps mieux connu (1).

Quelques hommes instruits qui d'abord s'étaient
étonnés de mes conjectures, publiées dans un
journal, ont fini par les adopter; et je les soumets
aux lecteurs.

(1) Combien ce drame offre plus d'intérêt, quand on a présens
les détails relatifs à notre défaite de Mansoura! (*Histoire des
Croisades*, Liv. XV.) La constance et la résignation de nos
pères y sont en tout conformes au drame.

La première chose à remarquer, c'est le sujet, dont Legrand d'Aussy ne s'est pas occupé. Quel est le but du miracle de saint Nicolas? Peut-être de secourir les Chrétiens, et de les arracher à la mort?—Point. Tous doivent périr, et leur généreux sacrifice n'est qu'un accessoire du sujet. Quel en est donc le principal, et quel objet a pu intéresser davantage nos pères?—Quel? La conversion d'un roi d'Afrique. Cela nous semble étrange : mais pour entrer dans l'intérêt d'un pareil fait, rappelons-nous que le but de la nouvelle croisade qui se préparait était aussi la conversion d'un roi d'Afrique. Comment n'avoir pas été frappé de ce rapprochement qui nous donne la clé de l'ouvrage!

Nous lisons dans l'*Essai sur les Mœurs* de Voltaire : *Saint-Louis espérait, disent tous les historiens, je ne sais sur quel fondement, convertir le roi de Tunis.* — Nous verrons que ce n'était pas seulement Saint-Louis, mais tout un peuple qui s'intéressait à cette conversion, *pour l'essaucement de la foi crestienne.*

L'indifférence a peine à concevoir ces temps de propagande, où, à la voix d'un prêtre, on quittait et chaumière et château, non sans regret pourtant (témoin ce bon Joinville); mais enfin Dieu le veut! (*Diex el volt!*) A ce cri, hommes, femmes, enfans, l'Europe tout entière, et le Français surtout, riant, priant, gaudriolant, se précipitait sur l'Asie, sur l'Afrique, pour convertir les infidèles, et s'en divertir à la fois......, lorsque souvent enfin, sur un sol dévorant, ces masses de bandits et d'étincelans chevaliers tombaient, mais ne pâlissaient pas. Tel fut l'esprit des premières croisades, qui, bien que s'affaiblissant, était loin d'être éteint; nous en allons voir un reflet.

Le roi d'Afrique (il n'est pas autrement désigné par l'auteur) ouvre la scène avec son confident, qualifié *Sénéchal*. On vient leur apprendre qu'une armée de Chrétiens a pris possession du pays. A cette nouvelle, le Roi entre dans une agitation, une colère très risible (1). Il s'adresse à une idole nommée *Tervagan*, et, par une superstition commune chez les peuples barbares, il prête à son Dieu ses propres passions, et se flatte de le fléchir en le menaçant et en l'injuriant ainsi :

> A! fiex à putain, Tervagan,
> Avés-vous bien souffert tel œuvre!
> Com je plaing l'or dont je vous cuevre
> Che lait visage et che lait cors!

(1) Cette agitation, l'inexprimable effroi des musulmans, *à mesure que les Chrétiens approchaient de Mansoura*, l'appel fait, au nom du Coran, par l'émir Fakreddin, aux grands, aux petits, à leurs armes, à leur argent, tels sont les faits rapportés par un auteur arabe que M. Michaud juge ici très digne de foi. Notre scène, qui va confirmer ces faits, est plus chargée : c'est un Français qui peint le chef des ennemis, et, par les discours qu'il lui prête, jette le ridicule jusque sur leur Dieu.

> Certes, s'or ne m'aprent messors
> Les Crestiens tous à confondre,
> Je vous ferai ardoir et fondre,
> Et départir entre me gent,
> Car vous avés passé argent,
> Si estes du plus fin or d'Arrabe.

« Ah! fils de ...., Tervagan, avez-vous bien souf-
« fert telle œuvre? Comme je regrette l'or dont je
« couvre ce laid visage et ce laid corps! Certes, si
« mon or ne m'apprend à confondre les Chrétiens,
« je vous ferai brûler et fondre, et partager entre
« mes gens; car vous avez plus de prix que l'ar-
« gent, vous êtes du plus fin or d'Arabe. »

Le sénéchal, moins fou que son maître, lui conseille de changer de ton. Le Roi, passant des menaces aux prières, promet à Tervagan d'accroître ses joues de deux marcs d'or, s'il consent à l'éclairer sur l'avenir. L'idole qui se trouve là, comme la statue *du Festin de Pierre* (car c'est le même genre de merveilleux), répond aussi, mais par un double signe : elle rit et pleure. Le Roi, stupéfait, s'écrie :

> Senescal, que vous est avis?
> Tervagan a plouré et ris :
> Chy a moult grant sénéfianche.

« Cela cache un grand sens. »

Le sénéchal, qui, comme Sganarelle, *connaît son don Juan par cœur*, et qui a le don de deviner, à ce qu'il paraît, consent à interpréter le rire et les pleurs de l'idole, mais à condition que son maître ne se fâchera point de la vérité, et lui donnera la garantie de se porter l'ongle aux dents, espèce de serment encore usité dans nos provinces du nord, mais dont nous ignorons l'origine. Voici ce passage :

> Sire, bien vous croi seur les diex,
> Mais assés vous querroie miex
> Se vous l'ongle hurtiés au dent.

« Sire, sur les dieux je vous crois, mais je vous « croirais encore mieux si vous portiez l'ongle « aux dents. »

Le sénéchal, après s'être assuré du Roi par cette étrange précaution, lui dit : « Les ris de Tervagan signifient que les Chrétiens seront vaincus par vous; et ses pleurs, que vous, roi d'Afrique, abandonnerez Tervagan pour le Dieu des Chrétiens. » Le Roi est furieux de cette seconde interprétation, qui est une préparation du dénouement, mais encore voilée, et dans les conditions de l'art. Cette scène les réunit toutes : c'est une exposition en action et en situation; les réponses de l'idole et les jeux muets qu'elles amènent rappellent la scène la plus dramatique du *Festin de Pierre*. Ajoutons que, plus le Roi infidèle se montre *endiablé* contre les Chrétiens, plus le dénouement plaira aux spectateurs.

Un appel est fait à tous les Africains, dont les chefs viennent en étalant leurs richesses jurer au Roi de le défendre contre ses ennemis, et sortent en se recommandant à Mahomet. D'autre part, les Chrétiens, qui se sont laissé entourer par la multitude des barbares, sont au moment d'être tous massacrés. Cette situation, qui rappelait aux spectateurs le désastre récent de Mansoura, où tant de Français, parmi lesquels un jeune chevalier, le comte Robert d'Artois, frère de Saint-Louis, avaient péri victimes d'un aveugle courage et d'une imprudence semblable, cette situation douloureuse n'aurait rien que de pénible pour les spectateurs de nos jours; mais nos pères en jugeaient autrement, et l'auteur est entré sublimement dans leurs idées : un jeune guerrier, nouvellement reçu chevalier, adresse à Dieu, en vers héroïques, une prière où se trouvent ces vers :

> Segneur, se je sui jones (*jeune*), ne m'aiés en despit (*en mépris*);
> On a véu souvent grant cuer en cors petit.

Le Cid, quatre cents ans plus tard, dit :

> Je suis jeune, il est vrai, mais aux âmes bien nées
> La valeur n'attend pas le nombre des années.

Cependant, les Chrétiens n'ont plus aucun espoir d'échapper à la mort, lorsqu'un ange (1) leur vient annoncer la nouvelle, pour eux la plus heureuse : ce n'est point une victoire terrestre, mais une palme au haut des cieux. Le messager céleste la leur promet dans un discours, qu'il termine ainsi :

> Par Dieu, serés tout détrenchié ;
> Mais le haute couronne arés.
> Je m'en vois à Dieu ! Demourés.

« Je vous promets, au nom de Dieu, que vous « serez tous taillés en pièces ; mais vous possé- « derez la haute couronne. Je retourne à Dieu.

(1) « Tout à coup » (dit l'historien des Croisades en parlant de nos gens surpris à Mansoura, où ils allaient périr) « on aperçoit « du côté de l'Aschmoum un nuage de poussière ; on entend le « son des trompettes et des clairons mêlé aux hennissemens « des chevaux et aux cris de guerre : c'était l'armée chrétienne « qui s'avançait. Saint-Louis, marchant à la tête de la cavalerie, « s'arrêta sur une hauteur où tous les regards se portèrent vers « lui. Les chevaliers, qui ne pouvaient plus résister aux Sarra- « sins, crurent voir l'ange des combats qui venait à leur se- « cours.... Louis portait sur sa tête un casque doré ; il tenait « dans sa main une épée d'Allemagne ; ses armes étaient res- « plendissantes ; sa fière contenance animait tous ses guerriers ; « enfin, dit le naïf sénéchal (de Joinville).... *Je vous promets* « *que oncques plus bel homme armé ne vis.* » Mais les jours du comte d'Artois et de ses chevaliers étaient comptés. Saint-Louis ne fut là, comme *l'ange des combats,* que pour assister aux derniers momens des siens ; car il ne put rien, pas même mourir, malgré des prodiges de valeur, admirés de ses ennemis même.

« Demeurez. » C'est ce qu'ils font : tous demeurent au poste qui leur est assigné, et ils y succombent, sans proférer une parole, tandis que leurs ennemis, avant de les égorger, vocifèrent l'injure, et les menaces. « Ferés (frappez), ferés « tout de commun! » s'écrie un des barbares; et l'auteur indique ainsi, en lettres rouges, cette grande immolation : « Or tuent li Sarrasin tous « les Crestiens (1). » Oui tous; et à leur tête, et distingué des autres par son courage et sa prière, ce jeune guerrier qui demandait à Dieu de ne pas dédaigner son âge et le sacrifice de sa vie.

Me trompé-je dans mes conjectures, quand je crois reconnaître là le comte Robert, *qui passé en Égipte, en l'apvril de ses ans,* dit la *Prosopopée des comtes d'Arthois* (2), et reçu peu auparavant chevalier par son frère (3), *désiroit, si com il afermoit, que il peust finer sa vie par martire, pour l'essaucement de la foy crestienne?* (4) N'est-il pas d'ailleurs naturel que le poète artésien ait voulu porter sur le jeune souverain de l'Artois l'intérêt des spectateurs? Mais pourquoi, dira-t-on, s'être contenté de le désigner par ces mots : *Uns*

---

(1) Voir tous les détails de cet horrible massacre, t. IV, p. 283, de l'*Hist. des Crois.*

(2) *Archives du Nord*, t IV, p. 65.

(3) Voir l'édit. de Joinville, in-fol., de l'Imprimerie royale, p. 174 et 299.

(4) *Idem.*

crestiens nouviaus chevaliers? et pourquoi n'avoir pas développé davantage ce rôle? Nous répondrons que le poète ne le pouvait guère. S'il lui eût été loisible de suivre l'histoire, il nous eût montré sans doute le jeune prince, à qui son frère, à qui son roi vient de défendre de s'engager dans Mansoura, où l'attendait une mort cruelle, cachée sous un piége; il nous l'eût montré, dis-je, frémissant de cet ordre, et répondant au grand maître des Templiers, qui voulut, mais en vain, lui opposer son expérience :

Segneur (*senior*), se je sui jones, ne m'aiés en despit, etc.

Mais c'était trop en dire et trop s'avancer, avec son héros, *per ignes suppositos cineri....;* c'était enfin trop rappeler la cause du désastre de Mansoura. Le poète, pour nous intéresser à la mémoire du prince, n'a dû montrer que sa piété, son âge et sa mort généreuse, que partagèrent tous les Artésiens et les Français qui l'accompagnaient.

Le plaisir que des Chrétiens ont pu prendre à la reproduction de ce massacre de tous les leurs nous explique comment les chants nombreux composés sur notre défaite de Roncevaux ont été chez nous tellement populaires, que longtemps nos guerriers, en marchant au combat, répétaient ces hymnes de la mort, comme des chants de victoire. Cette mort pour eux était loin d'être triste : aussi l'auteur du drame va-t-il passer au ton le plus gai, du milieu de scènes qui seraient lugubres pour nous (1).

Les chefs africains, fatigués de carnage, aperçoivent un vieux Chrétien en prière, devant une image de saint Nicolas. Un d'eux, le prince d'Orcanie, dit à d'autres chefs :

> Veschi I grant vilain kenu
> S'aoure I Mahommet cornu.
> Ochirrons le, ou prenderons vif ?

« Voici un grand vilain à tête blanche, qui adore « un Mahomet cornu (*allusion à la mitre de « saint Nicolas*). Le tuerons-nous, ou le prendrons-nous vif ? »

Ils le font prisonnier, et le conduisent au Roi, qui lui demande quelle confiance il a dans ce morceau de bois devant lequel il était en prière. — Sire, répond le prud'homme, cela est fait à la ressemblance de saint Nicolas, que j'honore et que j'aime, car il protége tout ce qui lui est confié. —

(1) La gaîté caractéristique des Français se retrouve au milieu des plus grands dangers qu'ils coururent alors. Six chevaliers, retranchés sur un pont, entourés d'ennemis qui vociféraient déjà leurs chants de mort, riaient encore sous le glaive; et l'un d'eux, le comte de Soissons, comme s'il eût été sûr de s'en tirer, disait à Joinville (car Joinville était là) : *Sénéchal, laissons crier et braire ceste canaille, et, par la greffe-Dieu, parlerons encore, vous et moi, de ceste journée, en chambrée devant les dames.*

Eh bien! je lui confie la garde de mon trésor, et je te ferai *larder*, s'il ne le conserve pas.

Après avoir ainsi parlé, le Roi fait mettre saint Nicolas sur ses coffres, et le vieillard en prison. Il fait publier par un crieur que celui qui pourra enlever son trésor, le fasse. Les voleurs, qui ne sont pas gens à se faire répéter une semblable invitation, arrivent, et enlèvent le trésor. Le Roi furieux ordonne que le vieillard soit mis à mort; mais sur l'espoir que lui donne le condamné de lui faire retrouver son or, il lui accorde un sursis.

Pendant que le fervent serviteur de saint Nicolas est en prière, et y passe la nuit, un second crieur, qui annonce du vin, en fait ainsi l'éloge :

> Sans nul mors de pourri ne d'aigre,
> Seur lie court et sec et maigre,
> Cler con larme de péchéour,
> Croupant seur langue à léchéour ;
> Autre gent n'en doivent gouster.

« Sans aucun mauvais goût et doux, il court sur « la lie sec et pur, clair comme les larmes d'un « pécheur, et s'arrête au palais du gourmet : il faut « l'être pour en goûter. »

Il y a là de la poésie et des expressions intraduisibles. Mais ce nectar fameux, qu'on pourrait croire un *Lacryma-Christi*, est tout purement du vin d'Auxerre, qui, d'ailleurs, était alors en renom. Venons au miracle.

Les voleurs du trésor, qui jouaient aux dés dans un cabaret, alléchés par l'odeur du vin qu'ils entendent vanter, s'enivrent et s'endorment, comme le feraient d'honnêtes gens. Saint Nicolas leur apparaît, et leur ordonne de reporter le trésor où ils l'ont pris; ce que, dans leur épouvante, ils exécutent. Le Roi, en retrouvant son or, reste si étonné du pouvoir de saint Nicolas que, non content de faire grâce au vieillard, il se convertit, comme l'avait prévu Tervagan, et contraint ses premiers sujets à faire comme lui.

Le caractère extrême de ce bonhomme de roi est plein de vérité. Lui qui traitait si mal le Dieu des Chrétiens, il ne veut plus maintenant entendre parler de ses dieux. Il n'est pas éloigné de s'écrier, comme Orgon :

J'en aurai désormais une horreur effroyable,
Et m'en vais devenir pour eux pire qu'un diable.

Il va plus loin : il parle avec dégoût de Mahomet, et traite Tervagan de pautonnier (*vaurien*); et le sénéchal renchérit sur les injures du maître, sans doute à la grande satisfaction du public. On voulait des conversions à tout prix, volontaires ou forcées; nous en allons voir des deux genres.

Deux chefs de l'armée parlent ainsi au Roi :

> Rois, puisque convertis ies (*tu es*),
> Nous qui de toi tenons nos fiefs,
> Aussi nous convertirons nous.
> LI ROIS. (*Le Roi.*)
> Segneur, metés-vous à genous ;
> Si con je fai, faites tous troi.
> — Jou l'otroi bien. — Et jou l'otroi,
> Que tous soions bon Crestien,
> Saint Nicolai obedien (*obéissans à saint Nicolas*),
> Car mout sont grandes ses bontés.

En voici un pourtant, l'*amiral de l'Arbre-Sec* (1), qui refuse de plier et de s'agenouiller devant saint Nicolas. Le Roi ordonne à ses gens de l'y forcer, et le dialogue suivant s'établit :

> Metés-le à terre par effors.
> — Or chà, segneur, il est mout fors (*très fort*);
> Il le nous convenra sourprendre.
> CIL DU SEC-ARBRE.
> Fi, mauvais ! me cuidiés-vous prendre?...
> Poi pris ne vous ne vo engien.

« Je méprise et vous et vos détours. »

---

(1) Le titre d'*amiral* signifie seigneur. L'*Arbre-Sec*, le *Figuier*, les *Lions*, etc., sont encore aujourd'hui en Afrique des noms de terre. L'auteur, qui fait dire au seigneur de l'Arbre-Sec qu'on n'aura de lui que *l'écorce*, semble déjà se railler de ces titres féodaux qui rappellent ceux de *Bois-Tortu*, de *Louppendu*, etc., qu'on trouve dans quelques vieilles comédies.

Enfin un des chefs le saisissant, lui dit :

Vous en venrés, car je vous tien !
CIL DU SEC-ARBRE.
Sains Nicolais, c'est maugré mien (*malgré moi*)
Que je vous aoure (*adore*), et par forche (*forcément*).
De moi n'arés-vous fors l'escorche (*l'écorce*).
Par parole devieng vostre hom (*je deviens votre homme*),
Mais li créanche (*la foi*) est en Mahom (*Mahomet*).

Cette scène, où l'on est tout étonné d'une aussi éclatante protestation contre l'intolérance, est interrompue par des grimaces épouvantables de Tervagan, qui prononce quatre vers inintelligibles. Le prud'homme en demande l'explication. Le Roi répond que Tervagan se désespère d'être abandonné ; et il ordonne au sénéchal de le *trébuchier*, ce que celui-ci exécute à l'instant. L'idole abattue, le Roi et sa suite vont se faire baptiser, le prud'homme entonner le *Te Deum*, et la pièce finit.

Tout ne se passa point ainsi malheureusement. Mais quand l'ouvrage parut, on pouvait d'autant plus croire à cette conversion du prince africain, qu'il s'y était engagé par écrit (1). Le saint Roi et nos bons aïeux, pleins de foi, n'apprirent que sous les murs de Carthage à connaître la foi punique.

---

(1) Chr. de G. Guiart, p. 99, collect. Buchon, t. VIII.

Nous citerons d'autres passages du *Jeu de Saint-Nicolas* dans notre chapitre sur le style. Les vers qu'on a dû remarquer déjà offrent une variété de rhythme dont nos poëtes dramatiques auraient bien pu profiter : l'auteur, qui sait *passer du grave au doux, du plaisant au sévère,* n'écrit pas sur le même ton et dans la même mesure, une prière à Dieu et un éloge du vin d'Auxerre.

Probablement cette pièce n'a été jouée que sur des théâtres profanes; mais il existe quatre petits actes ou miracles de saint Nicolas en vers latins, antérieurs à la pièce française, et sans doute représentés dans un monastère. Deux numéros du *Mercure de France* (décembre 1729 et avril 1735) donnent une analyse détaillée et de longues citations de ces quatre petits actes. Dans le troisième il est question d'une image ou statue de saint Nicolas pour laquelle un juif a de la dévotion. Obligé de s'absenter, il laisse sa statue chez lui après l'avoir priée de garder son trésor. Des voleurs arrivent, enlèvent le trésor et même la statue; mais à leur grand effroi, car tout à coup la statue parle, et leur ordonne de reporter l'argent où ils l'ont pris, ce qu'ils font aussitôt. Le juif, enchanté d'avoir recouvré son saint et son argent, entonne un *Gaudeamus,* et le chœur continue par le *Statuit ei Dominus.* J. Bodel a pu prendre dans ce miracle l'idée de sa pièce; mais ce qui est à lui seul, c'est d'avoir su la rattacher, avec un art bien remarquable, aux événemens et aux mœurs de son temps.

Après Jean Bodel, Adam de le Halle d'Arras est, selon nous, le poète le plus distingué de cette époque. Avant que la Société des Bibliophiles français fit imprimer sa pastorale lyrique de *Robin et Marion*, dont nous aurons occasion de parler, Adam était déjà connu par des poésies diverses dans lesquelles on remarque aussi un *Congié*, où il traite assez mal Arras, sa ville natale. Adam, surnommé *le Bossu d'Arras*, avait néanmoins, par une compensation ordinaire et consolante, l'esprit droit, parfois même élevé, et savait, au besoin, *redresser* celui des autres, comme il le dit spirituellement d'un Apollon tortu qui s'était fourvoyé :

Mais jou (*moi*), Adans d'Arras, l'ai à point radréchi....
On m'apèle Bochu! mais je ne le sui mie.

Les *Congiés* de Bodel et d'Adam d'Arras ont été souvent imités. Un poète douaisien, contemporain de Malherbe, Jean Loys, cité par M. Duthilleul (1), débute ainsi dans un *Adieu* à sa ville natale :

A Dieu, ville bourbeuse, à Dieu, ville emmurée,
Forgeronne, importune, et prison des esprits :

(1) *Bibliographie douaisienne*, p. 102; Paris, Techener, 1835.

A Dieu, dis-je, Douay, où naissance je pris,
Vostre fascheux pavé mon esprit ne recrée.

Le fils de Jean Loys, Jacques Loys, poète aussi, mais qui n'avait pas hérité des préventions de son père, parle tout différemment à sa ville :

Douay, docte séjour des beaux esprits belgeois,
Où tout le monde accourt ainsi que dans Athennes,
Qui nourris dans tes murs de faconds Démosthennes,
Des Homères encor plus grands que le grégeois....

— *A tous les cœurs bien nés* tant *la patrie est chère!*

Rutebeuf, de Paris, qu'on peut ranger parmi les dramatistes français du XIII° siècle, était, s'il faut l'en croire (les poètes se vantent quelquefois), un assez mauvais sujet, un joueur. « Li dé » (*les dés*), dit-il quelque part avec énergie,

Li dé m'ocient (*me tuent*),
Li dé m'aguetent et espient,
Li dé m'assaillent et deffient!

Aussi paraît-il malheureux. Comme le Joueur de Regnard (qui était joueur aussi), bien souvent il se donne au diable. Il fait mieux (on ne peut faire pis) : dans un petit drame intitulé le *Miracle de Théophile*, où il semble s'être peint lui-même, il nous montre un homme qui, impatient de son sort, pour s'élever à la fortune, fait, comme

3

Faust, un pacte avec Satan. Voici en quels mots il exhale son désespoir impie :

> Diex m'a grevé, je l'greverai.
> Jamès (*jamais*) jor ne le servirai.
>   Je li envi !
> Riches serai, se povres sui.
> Se il me het (*hait*), je herai lui.
>   Je li claim cuitte (*je lui crie quitte*).

Quoique ce sujet, emprunté à d'anciennes légendes, ne soit guère ici qu'indiqué, il est déjà d'une vérité effrayante. On y voit que ce n'est pas de nos jours seulement qu'ont existé des hommes dévorés du besoin d'une vaine gloire et de jouissances matérielles, lesquels, pour se les procurer, se sont précipités dans des voies infernales. Les passions humaines sont de tout temps les mêmes. Seulement, au lieu du désespoir qui pousse aujourd'hui dans l'abîme un infortuné, jadis la religion le ramenait ordinairement. Dans le *Miracle* en question, la sainte Vierge, qui tend à Théophile une main secourable, le sauve. Aussi ce sujet se trouve-t-il reproduit en deux bas-reliefs à Notre-Dame de Paris.

On peut voir, pour le texte, et pour celui de *saint Nicolas*, les manuscrits de la Bibliothèque Royale, car je ne puis renvoyer à quelques exemplaires que MM. les élus de la Société des Bibliophiles français ont fait tirer, dit-on, pour eux, pour leur très petit nombre. Possesseurs jaloux de certaines raretés, ces honorables savans ne les prêtent point, et même ne les montrent que difficilement aux profanes.

Il est vrai que tant de gens abusent!... Un jour, j'étais bien jeune, on me dit qu'un de mes voisins n'avait pas de plus grand bonheur que de communiquer ses livres. Je désirais en emprunter un, et j'allais frapper à sa bibliothèque, quand je lus sur la porte cet *avis au lecteur :*

Tel est le sort, hélas ! de tout livre prêté :
Souvent il est perdu, toujours il est gâté.

Je n'en demandai pas davantage.

Post-Scriptum

Sur un fragment de poésie antérieur au *Jeu de Saint-Nicolas.*

Un de nos meilleurs journaux a publié en partie, dans son numéro du 5 octobre 1835, le précédent article, qu'on a bien voulu remarquer, et où *je me suis*, dit-on, *trop avancé peut-être, quand j'ai attribué à J. Bodel d'Arras la gloire d'avoir élevé notre premier monument dramatique* (J'ai dit *le premier dont puisse s'honorer la Littérature française.*). On m'oppose le fragment d'un *Mystère de la Résurection* plus ancien, découvert et publié en 1834 par M. A. Jubinal. Ce fragment, qui se trouve dans un manuscrit de la Bibliothèque Royale, avec d'autres poésies anglo-normandes, a sans doute été composé en Angleterre à une époque où notre langue y était parlée, de préférence même à la langue nationale. Je le crois antérieur, d'un siècle peut-être, au *Jeu de Saint-Nicolas;* mais je ne pense pas que les deux ouvrages offrent aucun point de comparaison. Qui dit *drame* dit *action;* et ce *Mystère de la Résurection* n'est pas plus un drame que l'Évangile de la Passion, chanté encore aujourd'hui dans nos églises, sur des tons différens, par trois prêtres, dont le premier dit les paroles de Jésus-Christ; le second, celles des Juifs, et le troisième, la narration qui interrompt le dialogue (1).

Il en est de même du fragment en question, où le dialogue entre Pilate, les soldats et Longin est, à chaque instant, coupé par des récits, comme on va le voir. La traduction du passage suivant est aussi littérale que possible; et le *fac-simile* a été calqué sur le manuscrit. Nous avons pensé que c'était le moyen le plus sûr de déterminer le caractère de l'ouvrage, et à peu près sa date, sur laquelle l'auteur de *La Mise en scène*, récemment publiée, s'est mépris de deux siècles au moins.

---

(1) Dans de vieux *Offices de la Semaine-Sainte*, les paragraphes de l'Évangile de la Passion sont distingués par ces marques : †. C. S. La croix indique les paroles de Jésus-Christ; le C. celles du chantre ou narrateur; l'S. celles de la Synagogue.

J'ai dans ma bibliothèque un de ces *Offices* réimprimé à Douai. (Derbaix, 1766.)

| ¶p̄i. T. | Veu̧t lergan̄z haſtiuement/
| | A lez toſt/ la v̄ iheſū pent/
| | A lez a cel cruaſied
| | Auer uoit s̄t elt denie·
| | Dit ſen ale reit dous des ſergant·
| | Lances od ſer en maīn portant·
| | Sunt dit a longiſ te au·
| | Qūe une trone ſeaunt en un liu
| vn̄ nnhīu | Long mīstre ze v̄ signaūmer
| ¶ Longnī | O il beū ſire nen dot z̄ mie·
| ¶ anſes. | Ben ſi auras du zem deners·
| | E le coſte celui percer·
| ¶ Longiū | Ou̧t ts̄encȩus od v̄ uendrai·
| | Car dol gaīm̄ grāt meſter ai:
| | Pu̧is es sui. deſpense me faut·
| | A ſez demand· mes qui ne uaut·
| | Qūū ils uendreient douaūt la croiz·
| | Vne lance b tuſti et el poiūt·
| ¶ vn̄ nnhīu | Pren ceſte lance en ta main·
| | E iſee ben amont ē nei en uain·
| | Leſſez aler desqū pulmon·
| | Si auerſu bi eſt mort v̄ non·
| | Al ſiſt la lance oil feru·
| Lancea lar cūus ap tūt et ḡnimo ē eu[...] ſan gu[...] ſta | Al querr dit ſanc ē elke en iſſi·
| | Ils eſt as main ē anaſe·
| | Ut il ad face muilſee·
| | Et qut a ceſ oils ne nuſti·
| | Ut vn a meue ȩpmiſ siõi·
| ¶ Longīn | Qui iħu o bi beū ſire·
| | Or ne ſu ciel que dire·
| | Mes mult p̄ eſtui bon mire·
| | Nū en merci enes ta ire·
| | Vers terrai la mort deſerui·
| | Tu mas faut ſignū merci·
| | Que o re vi del oils qī amīne vī·
| | A v̄ merend mereia v̄ cri·
| | Cil ſe culcha en aſſlicions·

Traduction du Fragment.

« Pilate. Sergens, levez-vous promptement. Allez tôt où pend ce crucifié, allez savoir s'il est ou non trépassé (*dévié*).

« Alors s'en allèrent deux des sergens, portant devers eux lances en main. Ils dirent à Longin l'aveugle, qu'ils trouvèrent assis en un lieu :

« Un des soldats (*unus militum*). Longin, frère, veux-tu gagner de l'argent?

« Longin. Oui, beau sire, n'en doutez point.

« Le soldat. Viens, en ce cas, tu auras douze deniers pour percer le côté de ce crucifié.

« Longin. J'irai bien volontiers avec vous, car j'ai grand besoin de gagner. Je suis pauvre, je n'ai pas de quoi dépenser. Je demande bien, mais rien ne vient.

« Quand ils furent devant la croix, ils lui mirent une lance au poing.

« Un des soldats. Prends cette lance en ta main, enfonce-la bien et à coup sûr. Laisse-la couler jusqu'au poumon : ainsi nous saurons s'il est mort ou non.

« Il prit la lance, frappa Jésus au cœur. Il en sortit du sang et de l'eau qui lui coulèrent sur les mains, dont il eut la face mouillée. Et quand il en mit à ses yeux, il recouvra entièrement la vue et s'écria :

« Longin. O Jésus! ô beau sire! Je ne sais, ô ciel! que dire maintenant. Mais combien tu parais bon médecin, quand en merci tu tournes ta colère! Envers toi j'ai mérité la mort, et tu m'as fait une telle grâce, que maintenant je vois de ces yeux dont jamais je ne vis. A toi je me rends, et te crie merci.

« Alors il se prosterna dans son affliction, et, tout plein de suavité (*tut suef*), dit une prière. »

Ces dialogues mêlés de narrations, et très communs à une époque où les poètes en langue vulgaire ignoraient encore l'art de tout exposer par la bouche des acteurs, ont été trop souvent confondus avec le drame, et ont fait croire qu'il existait là où il n'était encore, pour ainsi dire, qu'en germe ; car le petit nombre de drames latins composés antérieurement dans des couvens, l'ont été par des auteurs qui connaissaient les anciens. Les dialogues en langue vulgaire, dont nous parlons, étaient lus ou *récités*, comme l'indique le premier vers du fragment en question :

>En ceste manere *recitom*
>La seinte resureccion.

Dans le drame fait pour être joué, les jeux de scène sont indiqués en prose, en peu de mots et au présent, comme dans cette rubrique du *Jeu de Saint-Nicolas* : « Or tuent li Sarrasin tous les Crestiens ; » et comme dans celles-ci de deux ouvrages dont nous allons parler : « Ici vient un coulon (*un pigeon*), atant une fiole à Clovis. » —« Cy chantent touz ensemble, et puis va Nostre-Dame à l'offrande, et les austres après. »

Du reste, quelque intéressante que soit la publication de M. Jubinal, à qui nous en devons beaucoup d'autres ; quoiqu'on ait pu remarquer du naturel dans les vers que nous venons de citer, et de *l'imagination* surtout dans le sujet (1), il y a loin de là, nous le répétons, à la pièce de Jean Bodel, qui a le mérite immense d'avoir entrevu cette tragédie nationale, dont la France a été si long-temps privée, et que nous allons voir maintenant sans voile, présentée avec toute l'exactitude de l'histoire.

(1) L'Évangile dit simplement : *Unus militum lanceâ latus ejus aperuit, et continuò exivit sanguis, et aqua.* Ces mots, qu'on a pu lire en marge du *fac-simile*, ont servi de texte à la fiction du *trouvère*.

CHAPITRE II.

Baptême de Clovis. — Saint-Remi. — Théodore. — La Nonne séduite. — La marquise de Gaudine. — Robert le Diable, etc. (1).

Après les quelques vers que nous avons tirés du *Jeu de Saint-Nicolas*, et qui n'étonnent pas moins que les premiers mots sortis de la bouche d'un enfant, notre Muse tragique parut s'endormir dans son berceau, ou du moins, pendant près d'un siècle, n'articula plus rien, à notre connaissance, qui mérite d'être rapporté. Mais nous la revoyons, tout à coup, étonnamment développée dans un manuscrit de la Bibliothèque Royale, fonds Cangé, n° 7208. Ce manuscrit précieux, intitulé *Mystères de Nostre-Dame*, se compose de deux volumes in-fol., vélin, ornés de miniatures, contenant un grand nombre de drames, presque tous très courts, et qu'on croit antérieurs à l'année 1350, autant qu'on peut en juger à l'écriture, appréciation toujours incertaine, les lieux qu'habitait le copiste, son système d'orthographe, son âge et d'autres circonstances pouvant apporter sur ce point une différence d'un siècle et plus,

(1) Ces titres ne sont pas tout-à-fait ceux du manuscrit, où souvent ils ont, comme on le verra, une étendue que nous avons cru devoir abréger ici.

suivant les Bénédictins eux-mêmes dans leur *Nouveau Traité de Diplomatique*, t. II, p. 354.

Ces drames, qui sont sans doute de plusieurs auteurs, quoique écrits dans le même esprit et de la même main, n'offrent la plupart que des légendes monotones, mais il en est quelques uns d'un haut intérêt, comme peintures de mœurs et de situations dramatiques.

Une singularité fort remarquable, c'est que le plus grand nombre de ces pièces est précédé, suivi, ou interrompu par un sermon en prose, et que, dans quelques unes, les acteurs vont à l'offrande. Les sermons, assez courts, mais d'une mysticité fatigante, sont presque tous étrangers à l'action, ce qui ferait croire que ces ouvrages ont pu sortir d'un couvent où *le frère prêcheur* venait remplir son ministère; car la nature de plusieurs sujets ne permet pas de supposer qu'ils ont été représentés dans une église. Mais comme tout y est *de bonne foi*, et qu'il ne s'y trouve aucune raillerie déplacée, la naïveté ou la crudité de certains détails ne nous empêcherait pas de penser que ces drames sont monastiques, d'après ce que nous avons vu précédemment de la religieuse Hroswithe.

Une autre particularité néanmoins vient dérouter nos conjectures : c'est que plusieurs de ces mystères sont suivis d'un *Servantoys couronné*, *Servantoys estrivé* (qui a concouru), enfin d'un

Envoi où l'auteur exhorte, en quelques vers, *les princes* à servir la Vierge :

> Princes, servons de cuer et de pensée
> L'arche en qui fu la sainte char fourmée
> De Jésucrist....

Quels étaient ces princes? L'esprit de ces diverses pièces, où tout se rapporte à la Vierge, ces mots surtout que je lis après un Servantoys : *couronné ou dit puy,* éclaircissent les doutes : ces *princes* étaient les chefs d'une société religieuse et littéraire, connue dès le xiii° siècle à Valenciennes sous le nom de *Confrérie Nostre-Dame-du-Puy* (1). La Bibliothèque de Valenciennes possède un manuscrit autographe de Simon Leboucq, intitulé : *Histoire ecclésiastique de la ville et Comté de Valentienne,* lequel nous apprend que ladite confrérie fut établie en cette ville l'an 1229, et renouvelée en 1426. Voici (p. 443) quelques uns de ses statuts, dont Simon Leboucq a sans doute rajeuni le style :

« Item si quelque confrère ou plusieurs tom-

---

(1) On a cherché bien loin l'étymologie de ce mot *Puy,* que je crois tout simplement dérivé de *puteus* (puits). Quel nom convenait mieux à une société de religion et de savoir? C'est dans un puits qu'on a mis la Vérité, et l'on dit encore un *puits de science.* J'ajouterai que j'ai vu, il n'y a pas long-temps encore, en Belgique, notamment dans l'église même de Chièvres, et sur une des places d'Anvers, deux puits publics consacrés à la Vierge, et surmontés de son image. Sur l'usage des puits dans les églises, voir Ducange, *Gloss. lat.*, et Suppl., au mot *Puteus.*

« boient en povreté, et n'auroient moyen de
« vivre, soit par infortune, perte, vieillesse ou
« debileté, tous les aultres siens, ou leurs con-
« frères sont tenus leur donner en aulmosne tous
« les mois à chacun six deniers, et au jour de leur
« feste, les quatre princes leur donneront chacun
« une honneste escuielle de viande (1). »

Il est encore enjoint aux princes de pourvoir la fête *de trois menestreux et deux trompettes*, et d'aller *avec la pluralité des confrères quérir les religieux du Carmel ou aultres, pour célébrer vespres, et le dimence la grand messe, puis aller en procession....*

« Le disner des confrères achevé, ajoute le
« manuscrit, chacun d'iceulx ou ceulx qui vou-
« dront réciteront les vers qu'ils auront dreschez
« à l'honneur de la Vierge, et sera distribué au
« mieux faisant une couronne de fin argent, pesant
« une once et demie, et au second un cappiel,
« aussi d'argent, pesant quinze estrelins, et à tous
« aultres ayant faict pareil acte de rhétorique,
« deux lots de vin, pour eulx récréer. »

Dans un autre manuscrit anonyme de la bibliothèque de Valenciennes, intitulé *Notre-Dame-du-Puy*, l'auteur déplore longuement *la rage et persécution des hérétiques et des brises-images*

---

(1) On dit encore aujourd'hui en Flandre : *donner par écuelle*, c'est-à-dire généreusement.

qui, *le jour de la Saint-Barthélemy de l'an* 1566 (la date est frappante!), *ont brisé*, dit-il, *les formes et coffres où étaient enfermés les archives et statuts de la confrérie* (1); il en donne les détails suivans, qu'il s'est efforcé d'arracher à l'oubli.

« Le dimanche avant l'Assumption étoit ap-
« pelé le jour du Grand Record, parce que douze
« personnes choisies à qui on donnoit le nom et
« habits d'apostres pour porter et accompagner
« l'image Notre-Dame-du-Puy pendant la proces-
« sion étoient obligées de se trouver à l'assemblée
« des confrères pour répéter leur diction. Plu-
« sieurs petits enfans y étoient aussi appelés pour
« réciter leurs parties, qu'ils devoient déclamer,
« étant habillés en anges; et en ce jour, pour les
« encourager à faire leur devoir, la confrérie
« dépensoit trente-deux sols.... Au milieu de la
« grande nef (*de Notre-Dame-de-la-Chaussée*),
« un grand théâtre pour y placer l'image de la
« Vierge, qu'on devoit tirer le lendemain avec
« une machine, au sommet du lambris qui étoit
« orné comme un ciel, pour représenter sensi-
« blement l'Assumption de la Vierge. Ce lieu se
« voit encore aujourd'hui, quoique fort négligé;

---

(1) Une autre Saint-Barthélemy, la plus lamentable, celle où furent brisés, non de vains simulacres, mais des images vivantes de Dieu, est de l'année 1572. Ce crime de la politique, loin de nous d'en accuser la religion! Elle n'en est pas plus responsable que la liberté ne l'est des crimes de Marat et de Fieschi.

« alors c'étoit l'endroit le plus embelli de pein-
« tures et de sculptures autour de la gallerie, et
« plus haut on plaçoit les joueurs d'instrumens
« musicaux.... »

L'auteur parle aussi de la distribution des prix qui était faite par les *princes aux poètes et rhétoriciens de la ville, invités par affiches publiques à composer pièces à l'honneur de la Vierge*. Il entre même dans quelques détails naïfs sur d'autres distributions, en argent, *en nature*, solide ou liquide, aux pauvres et à tous ceux qui avaient aidé à la fête : ainsi nous voyons, outre *un plat de fruit, un demi-lot de vin pour rafraîchir les apôtres ; aux Carmes ou Dominicains, la portion de deux religieux ;* et *au prédicateur, un quartier de mouton*.

Ce dernier fait est précieux : il nous prouve qu'il y avait ici, comme dans nos drames, un prédicateur.

Quant aux *actes de rhétorique* et aux *vers dreschez à l'honneur de la Vierge*, c'étaient aussi des servantoys. Plusieurs de ces pièces, intitulées *Serventois couronnés à Valenciennes*, et citées par Roquefort, ont été publiées en 1827 par M. Hécart, d'après des manuscrits de la Bibliothèque Royale. Elles sont aussi parfois suivies d'un *Envoi*, tourné à peu près de la même manière que ceux dont plusieurs de nos drames sont accompagnés.

Faut-il en conclure que ce débordement inespéré de drames, que cette source immense où vont aller puiser tant de gourmets de vieille poésie, soit sortie de quelque puy de Flandre? Je n'oserais le dire : j'ai bien fouillé, creusé.... Mais ces puys, d'où jaillissaient la foi, les prières, les chants, et la charité *par écuelles*, je n'ai pu acquérir la preuve que nous leur devions tous ces ouvrages. Je trouve dans quelques uns des expressions étrangères à notre province, sans pouvoir déterminer pourtant à quelle partie de la France ils appartiennent, car on y rencontre différens dialectes. Les villes d'Arras, Amiens, Beauvais, Rouen, Caen et Dieppe ayant eu aussi des *Puys d'Amour*, des *Puys de la Conception* (1), ces drames ont sans doute diverses origines. Peut-être même, sortis de plusieurs confréries, et quelques uns d'un couvent, ils auront été réunis dans le même recueil par ce seul lien d'une consécration commune à la Vierge.

Quoi qu'il en soit, et sans plus rechercher d'où nous vient cette bonne fortune, profitons-en. Les servantois pouvant paraître fades et peu intéressans, arrêtons-nous aux drames.

Le *Baptême de Clovis* est le premier de tous, du moins par l'importance du sujet et la naïveté

(1.) Roquefort, *Poésie françoise aux* XIIe *et* XIIIe *siècles*, p. 95. — Lamorlière, *Antiquités historiques d'Amiens*, p. 88.

du style, cette qualité si précieuse que l'art n'imite pas. On y voit, suivant les paroles du titre, « Coment le roy Clovis se fist crestienner « à la requeste de Clotilde sa feme.... et comme, « en le crestiennant, envoia Diex la sainte am- « pole. »

Une jeune femme, usant de ses avantages naturels et des lumières de la religion dans laquelle elle est née, pour adoucir et amener un soldat barbare à la foi qui doit civiliser lui et son peuple : si ce sujet n'existait pas, il faudrait l'inventer, pour la gloire et l'exemple des dames françaises, qui n'ont pas toutes, il est vrai, une si vaste réforme à opérer, mais dont la mission est encore assez belle parfois. Pour arriver au but de Clotilde, pour *enfanter*, non seulement un roi, mais tout un grand peuple, *à la religion*, à la gloire, que d'obstacles à vaincre ! Nous allons les voir, en suivant notre vieux dramatiste, qui lui-même suit pas à pas saint Grégoire de Tours, avec le récit curieux d'Aimoin, et ne se permet que des développemens de caractères et de mœurs tirés peut-être d'ouvrages perdus pour nous.

La scène première, entre Clovis et Aurélian, se passe à Soissons, que Clovis venait d'enlever à la protection impuissante de Rome. Aurélian, seigneur italien, important discoureur, arrive de la cour du roi de Bourgogne Gondebaud. Il fait toutes sortes de complimens à Clovis, qui lui rompt en visière, et veut, avant tout, savoir des nouvelles de cette cour.

> Vous n'estes pas si mal senez
> Que ne sachez, puisqu'en venez,
> De l'estat du roy Gondebaut;
> Quelque chose savoir m'en fault
> Isnel le pas (*tout de ce pas*).

Aurélian raconte, entre autres choses, que Gondebaud a une nièce, et que *oncques il ne vit si sage damoiselle,*

> Ne si gracieuse pucelle.
> Biau maintien a en son aler,
> C'est tant courtois en son parler,
> Que le monde s'en esmerveille.
> De lis et de rose vermeille
> Porte couleur entremeslée,
> Et monstre bien qu'elle fu née
> De royal gent et de sanc hault,
> Combien que le roy Gondebaut
> Occist Chilperic son père,
> Nonobstant qu'ils fussent frère.
> Vous affermé-je tout pour voir (*vrai*)
> Qu'elle est digne d'un roy avoir
> Par mariage.

A ce portrait tout gracieux et qu'on ne croirait pas si ancien, Attila eût répondu peut-être, comme dans Corneille :

> L'amour chez Attila n'est pas un bon suffrage;
> Ce qu'on m'en donneroit me tiendroit lieu d'outrage;

Et tout exprès ailleurs je porterois ma foi,
De peur qu'on n'eût par là trop de pouvoir sur moi.

Clovis fait mieux : il ne répond rien; mais, comme Attila aussi, il fait appeler, non pas précisément des rois, *ses suivans*, mais ses *chevaliers*. C'est le fond d'une des scènes les plus imposantes de Corneille. Il ne faut point s'attendre pourtant à trouver dans la bouche de Clovis des vers tels que ceux-ci :

Un grand destin commence, un grand destin s'achève,
L'Empire est prêt à choir, et la France s'élève.
L'une peut avec elle affermir son appui,
Et l'autre, en trébuchant, l'ensevelir sous lui.
Appuyez donc la France, et laissez tomber Rome (1).

Le roi des Francs fait part aussi à ses compagnons d'armes, mais en style obscur et plus barbare que lui peut-être, des raisons politiques qu'il a de prendre femme, pour avoir des enfans qui puissent, après lui, soutenir son royaume. Ce qu'on lui a dit de la nièce de Gondebaud l'engage à la demander en mariage. Que vous en semble? ajoute-t-il. Tous l'approuvent successivement.

Demeuré seul avec Aurélian, il lui dit de retourner à la cour de Gondebaud, dont il craint les dispositions hostiles; de gagner secrètement

(1) Corneille, *Attila*.

sa nièce, près de qui il donne à son envoyé ces instructions :

> Ces vestemens, pour espousailles,
> Qui sont d'or li présenteras.
> Cet annel aussi li donras,
> De par moy, ce n'est nul diffame ;
> Par si qu'elle sera ma femme :
> Avoir la vueil (*je la veux*).

Aurélian assure longuement Clovis qu'il va partir, qu'il fera ponctuellement son message, qu'il lui rapportera écrit dans son cœur tout ce que lui dira la princesse, et *qu'au revenir*.... Clovis lui répond avec sa précise brusquerie :

> Or tost, sanz toy plus cy tenir,
> Vaz besognier.

On passe immédiatement à la cour de Bourgogne. Des pauvres, qui sont à la porte du palais, font entre eux l'éloge de la nièce de Gondebaud, dont ils attendent la sortie. Nous la voyons avec sa damoiselle, à qui elle dit :

> Alons-m'en. Que Diex soit à m'âme (*mon âme*)
> Debonnaire et misericors.
> Avant que je passe plus hors
> De ci endroit me seigneray,
> Et à Dieu me comanderay....
> Damoiselle, puisqu'au moustier
> Sui (*je suis*), sà, mon livre.

LA DAMOISELLE.

Tenez, dame, je le vous livre ;
   La bource aray (*j'aurai*).

CLOTILDE.

Gardez-là tant que m'en voulray
   Raler de cy (*sortir d'ici*).

LA DAMOISELLE.

Si feray-je, dame, et aussi
Darière vous si m'asseiray,
Et mes patenostres diray
   A basse vois.

Ce naturel, l'auteur ne l'a pas cherché. Remarquons cependant que le petit vers qui termine les phrases, et que nous retrouverons dans tous ces ouvrages, est parfois fort heureusement jeté : *A basse vois. Avoir la vueil. Isnel le pas*, etc.

Pendant que ces deux femmes prient, Aurélian, pour remplir son message et parler en secret à Clotilde, se mêle parmi les pauvres, dont il a revêtu les haillons. Clotilde sort, parle avec bonté aux pauvres, qui lui répondent familièrement, et lui donnent, en échange de ses aumônes, les bénédictions du ciel, dont ils sont les messagers.

Aurélian, pour être remarqué de la princesse, lui dit, en lui baisant la main (que dirait notre orgueil de cette familiarité !) :

Il convient que ceste main baise,
Et trairay (*je tirerai*) ce mantel arrière.
Ne vous déplaist, dame chière,
   De ce qu'ay fait.

Clotilde, rentrée chez elle, dit à sa suivante qu'elle voudrait savoir ce qu'est ce pauvre étranger : « Alez le querre, je vous en prie. »

Aurélian, introduit, finit par avouer le but de son message et de son travestissement. Il envoie chercher par son écuyer les présens de Clovis, qu'il tient dans un sac, et comme il veut les déployer, Clotilde, après avoir témoigné sa surprise, lui dit :

>En ce sac, amis, tout laissiez....
>Je sçay bien comment j'en feray;
>Mais bien, sire, je vous diray :
>Au roy Clovis vous en irez,
>Et si le me saluerez.
>Et après li dites ce point :
>Clotilde dit qu'il ne loist point
>Crestienne estre à payen feme,
>Pourquoy c'est une chose infame.
>Nientmoins gardez que cest chose
>A nul home ne soit desclose,
>Car ce qu'à monseigneur plaira
>Mon oncle faire, fait sera,
>   A brief parler.

Ce langage n'est pas très correct, mais il est plein de convenance et très conforme au caractère que l'histoire donne à Clotilde.

Après une nouvelle ambassade d'Aurélian près de Gondebaud, qui se voit forcé de donner son consentement au mariage de sa nièce, Clotilde, accompagnée de chevaliers et de sa damoiselle, arrive à Soissons. Sa première entrevue avec Clovis est intéressante; le Roi, en la voyant, dit :

Est-ce de Gondebaut la nièce
    Que cy voy estre?
IIe CHEVALIER.
Sire, sanz plus débat y mettre,
    Oïl (*oui*), c'est elle.
CLOVIS.
Bien puissez venir, damoiselle !
De vostre venue ay grant joie,
Puisque vous devez estre moie (*à moi*),
Et que vostre mari seray.
De France vous ordonneray
    Royne et dame.
CLOTILDE.
Chier sire, au sauvement de l'âme
De vous premier, et puis de moy,
Soit fait ce que dire vous oy (*entends*),
    Non autrement.
CLOVIS.
Or tost, seigneurs, appertement
Faites qu'en sa chambre menée
Soit là derrière et ordenée
Comme une espousée doit estre,
Car de l'espouser entremettre
    Me vueil en l'eure.
AURÉLIAN.
Sire, nous ferons sans demeure
Ce qui vous plaist à demander.
Dame, venez ens (*dedans*) sans tarder,
En vostre chambre où vous menrons,

Et puis nous en retournerons
Arrière ici.
CLOTILDE.
Mes chiers amis, soit fait ainsi....
Isabel et vous, me suivez.

Pendant qu'elle est chez elle avec ses chevaliers et sa suivante, qui l'aide *à atourner* (mettre ses atours), Clovis dit aux siens :

Alons, sanz nous plus ci tenir,
Faites les menestrelz venir.
Ier SEIGNEUR.
Seigneurs, mettez-vous en arroy
De mener espouser. Le Roy
N'atent que vous.
LES MENESTRELZ.
Nous y alons, mon ami doulx.
CLOVIS.
Je vois (*je vais*) devant.
IIe CHEVALIER.
Et nous touz vous irons suivant
Par compagnie.

« Aurélian maine l'espousée et de.... (*Ici le manuscrit est coupé*)

Sire, vezcy (*voici*) vostre partie (*moitié*)
Que vous amaine et que vous lais.
Vostre feme est désoremais,
Nul autre n'y peut droit clamer.
Or pensez de vous entreamer ;
Que c'est un fait et noble et sage
De vivre en paiz en mariage.

En l'absence du sacrement, à la sainteté duquel le mariage n'était pas encore élevé chez nous, ce langage est assez digne. Mais le manque de toute cérémonie forme un contraste remarquable avec celle qu'offriront tout à l'heure le baptême et le sacre de Clovis.

Clotilde, demeurée seule devant son mari, lui dit avec une touchante humilité :

>Mon chier seigneur, désoremais
>Me tien pour vostre chamberière.
>Je vous pri ceste foiz première,
>Chier sire, que vous m'ottroiez
>Et ce que je demande oiez ;
>Et me soit fait de vostre grace,
>Avant que service vous face
>Tel comme est tenue de faire
>Femme à son mari sanz meffaire,
>   Quant il leur plaist.

>CLOVIS.

>Demandez, Clotilde; à court plait,
>   Je le feray.

>CLOTILDE.

>Ma requeste donc vous diray.
>Sire, de vostre or point ne quier,
>Mais premièrement vous requier
>Qu'en Dieu le père vueillez croire
>Qui sanz fin règne au ciel en gloire;
>Qui vous créa et qui tout fist,
>Et qui oncques rien ne meffist....
>Retenez pour ferme créance,
>Et voz ydoles délaissez

> Et d'aorner les vous cessez,
> Car vanitez sont et faintises.
> Mais, sire, les sainctes églises
> Qu'avez ars (*brûlées*) et fait destablir,
> Faites refaire et restablir,
> Et soyez de Dieu filz et membre.

Il n'y a pas là *d'exorde par insinuation*, comme le trouverait, tout naturellement, une dame de nos jours. Remarquons qu'Esther, devant Assuérus, n'emploie aussi aucun détour :

> Ce Dieu, maître absolu de la terre et des cieux,
> N'est point tel que l'erreur le figure à vos yeux.
> L'Éternel est son nom, le monde est son ouvrage....

Clovis répond à sa femme :

> D'une chose ci me touchiez (*touchez*)
> Trop fort à faire, ce sachiez.
> Que j'aoure con Crestien
> Vostre Dieu ! Je n'en feray rien.

Cependant, comme elle ne tarde pas à mettre au monde un prince, car nous allons très vite, elle croit avoir pris assez d'ascendant sur le père, pour faire baptiser son fils. Mais à peine l'enfant a-t-il reçu le sacrement qu'il meurt. Quelle douleur mêlée de résignation dans la sainte Reine, qui voit, par cette épreuve que Dieu lui envoie, son mari plus éloigné encore du christianisme ! Clovis, qui attribue la mort de son fils à la colère de ses dieux, rend en quelque sorte sa femme responsable de la perte commune qu'ils ont faite. La réponse de Clotilde est remarquable :

> Chier sire, je rens de ce fait
> Graces à Dieu, quant m'a fait digne,
> Qui sui sa petite meschine (*servante*),
> Qu'en sa gloire mon premier hoir (*enfant*)
> A daigné prendre et recevoir.

Clovis ne comprend pas trop cette sublimité de sentimens, et toutefois il paraît se soumettre à sa femme. Elle ne tarde pas à éprouver les douleurs d'un nouvel enfantement. La sage-femme est appelée, et, ce qui peut nous paraître incroyable à nous qui nous étonnions que *le discret Térence* eût presque fait accoucher sur la scène une de ses héroïnes, c'est que Clotilde y accouche réellement. Nous l'entendons dire à la sage-femme :

> Je sens de paine assez, par m'âme ;
> M'amie, en moy n'a ris ne jeu.
> Aidiez-moy, doulce mère Dieu,
>   Par vostre grace !

LA VENTRIÈRE. (*La Sage-Femme.*)
> Ma chière dame, en po (*peu*) d'espace
> Serez de voz griefs maux délivre.
> Ne dites pas que je soie yvre ;
> Souffrir encor un po vous fault.
> Je voy que serez sans deffault
>   Délivre en l'eure.

CLOTILDE.
> Diex ! quant sera-ce ? Trop demeure

Ceste aléjance à moy venir.
Vueille vous de moy souvenir,
  Vierge Marie !
LA VENTRIÈRE.
Mais hui ne vous débatez mie ;
Dame, voz grans maux sont passez.
Demandez quel enfant avez,
  Si ferez miex.
CLOTILDE.
Puisqu'enfant ay, loué soit Diex,
Quoyque j'aie éu grant destresce.
M'amie, dites-me voir, est-ce
  Ou fille ou filz?

On lui dit que c'est un fils, elle répond :

Faites coucher me (*moi*) apperlement,
Et puis ce filz emporterez,
Et crestienner le ferez,
  Que je le vueil (1).

Nous voyons l'autorité qu'elle a prise. Son mari est absent, il est vrai. Quand elle a dormi, et qu'elle a renvoyé la *ventrière* en lui promettant, pour sa peine, une de ses robes (car rien n'est oublié, et tous ces détails d'intérieur sont d'une vérité qui n'a pas vieilli), Clovis, qui revient avec ses compagnons d'armes, dit à Clotilde :

Dame, je vous viens veoir cy,

(1) *Sachez que je le veux*. Ellipse d'une concision impérative très remarquable.

Pour savoir de vostre portée
Comment vous estes deportée,
Et quel enfant avez éu,
Et s'il est taillié ne méu
De vivre, dame.

Clotilde répond qu'elle a un fils, qu'il est *crestienné*, et qu'on lui a donné le nom de Clodomire (1). Le père demande à le voir.

CLOTILDE.

Voulentiers, chier sire, par m'âme.
Ysabel, tost alez le querre,
Et l'apportez ici bon erre,
Emmailloté.

LA DAMOISELLE.

Je vois (*j'y vais*), madame, en vérité.
Vez le ci (*le voici*), monseigneur; gardez.
Par foy, se bien le regardez,
Il vous ressemble.

CLOVIS.

Je vous diray ce qui m'en semble :
Je le voy malade forment.
De li ne peut estre autrement,
Puisqu'il a recéu baptesme.

---

(1) Dubos, dans son *Hist. de l'Établissement de la Monarchie françoise*, ne conçoit pas que Clovis, aussi attaché à ses dieux que Grégoire de Tours le dépeint, ait consenti au baptême de ses deux fils. Nous voyons ici que la chose s'est faite par l'ascendant tout naturel de Clotilde, et par la grande raison que *ce qu'une femme veut*.... Combien de questions, soulevées par de graves politiques, se trouveraient ainsi résolues !

Quand Clovis est sorti, Clotilde, livrée sur la santé de son fils à toutes les inquiétudes d'une mère, d'une épouse et d'une reine, adresse à Notre-Dame une longue prière pendant laquelle nous sommes transportés aux cieux. Dieu, entouré de la sainte Vierge et des anges, jette sur la mère éplorée et sur l'enfant souffrant un regard de bonté. Notre-Dame et les bienheureux descendent vers lui, et chantent *un rondel*. Ysabel, étonnée du changement subit qui s'est opéré chez le petit prince, et le voyant rire, court à Clotilde, qui, effrayée de ce rire même (de quoi ne s'effraie pas une mère!), approche de l'enfant, qui, pour la première fois, paraît, en lui souriant, la connaître.... C'est le vers de Virgile mis en action. Mais qui pouvait, avant Racine, l'exprimer dans notre langue? On dirait que notre vieux poète l'a tenté :

LA DAMOISELLE.

Or véez (*voyez*) comment il euvre (*ouvre*)
Doulcement, madame, la bouche,
En riant : n'a mal qui li touche,
    Ce tiens-je (*j'en suis sûre*), dame.

CLOTILDE.

Aourée soit Nostre-Dame.
Au mains (*au moins*) quant le Roy ci venra,
Et en santé le trouvera,
N'ara-il de dire raison
Que pour baptesme ait achoison
    Que mourir doie.

Combien cette scène et les détails naïfs qui la précèdent sont relevés par l'intérêt politique et religieux !

L'action a fait un grand pas vers la conversion de Clovis, qui en est le but, lorsqu'on vient lui annoncer que le royaume est envahi par les Allemands. Au moment où il s'arme pour aller les combattre, avec ses chevaliers, Clotilde lui dit :

> Chier sire, Dieu vous vueille mettre
> En vouloir de tenir sa foy,
> Par quoy nous soyons vous et moy
> D'une créance.

Un chevalier répond à la Reine :

> Le Dieu en qui avez fiance,
> Chière dame, pour son plaisir,
> Acomplisse vostre désir
> En bon affaire.

CLOTILDE.
> Telle besogne puissiez faire
> Là où vous alez, mes amis,
> Qu'en honneur et soit chacun mis
> De corps et d'âme.

On sait quelle influence Clotilde exerça sur la conversion, non seulement de Clovis, mais encore de ses compagnons d'armes.

Tous se transportent sur le champ de bataille, où nous les voyons insultés et assaillis par les Allemands, beaucoup plus nombreux que les

Francs. Ceux-ci sont au moment d'être vaincus, lorsqu'un chevalier vient conseiller à Clovis de se recommander au dieu de Clotilde. Le roi des Francs adresse alors au ciel cette prière :

> Sire, humblement te requier voire
> Que me vueilles donner vittoire.
> Je te promet que me feray
> Baptiser, et en toy croiray.

Aussitôt les Francs redoublant d'intrépidité, les Allemands, après un horrible carnage, sont contraints de céder. Clovis vainqueur vient conter à la Reine par quel miracle lui et son armée ont triomphé des ennemis, et il lui exprime le désir d'être baptisé le plus tôt possible.

Saint Remi, archevêque de Reims, arrive au palais, mandé par la Reine. Le dialogue suivant n'a pas tout-à-fait la dignité que nous supposons à de si grands personnages, mais il ne manque pas de vérité :

CLOTILDE.

> Sà, sà, arcevesque Remi,
> Séez-vous ci de costé mi,
> Sans plus débatre.

L'ARCEVESQUE.

> De moy en si hault siége embatre,
> Dame, ne me requerez pas;
> De me seoir ici en bas
> Me doit souffire.

Quand il est assis, elle lui dit qu'elle l'a mandé parce que *son seigneur a faim de venir à baptesme.* Saint Remi rend gloire à Dieu. Clovis arrive avec ses chevaliers. L'archevêque le salue au nom de Jésus-Christ.

CLOVIS.

> En ce salut preng (*je prends*) grant plaisance
> Que vous m'avez faict de Jhésu,
> Sire, car il m'a moult valu,
> Dont jamais ne l'oblieray.

Il témoigne à saint Remi le désir d'être instruit par lui dans la connaissance de la religion. C'est ici que la scène pouvait être extrêmement originale, si l'auteur nous avait montré les efforts du prêtre pour faire entrer dans l'esprit du christianisme ce barbare qui, au récit que lui faisait saint Remi des tortures exercées sur Jésus par les Juifs, s'écriait : *Que n'étais-je là avec mes Francs!...* Mouvement plein d'intérêt et de vérité, où Clovis aurait pu s'appuyer de l'exemple de saint Pierre coupant l'oreille d'un Malchus...., l'auteur a reculé, même devant le mot que nous a conservé l'histoire. Clovis se contente de répondre à un long discours de saint Remi :

> Pere saint, voulentiers t'escoute,
> Et croy pour vray ce que tu dis.

A ses compagnons d'armes :

> Seigneurs, assentez-vous aus diz

Que ce saint home ci nous fait.
Prenons touz baptesme de fait,
Et soit chacun bon Crestien.
Plus noble fait, je vous dy bien,
Ne pouvons prendre.

Le premier chevalier dit qu'il veut quitter les dieux mortels pour le Dieu que prêche Remi. Clovis demande à être baptisé *sans plus attendre* :

L'ARCEVESQUE.
Sire, je feray bonnement
Vostre plaisir et loing et près.
Or çà, vez ci les sains fons près ;
Despouillez-vous.

CLOVIS.
Tout en l'eure, mon ami doulx,
Me devestiray de cuer lie (*de bon cœur*).
Or çà, vez me ci (*me voici*) despoullie ;
Qu'ay plus à faire ?

L'ARCEVESQUE.
Pour vous nouvel homme refaire
Faut que vous mettez ci dedans.

Clovis entre dans les fonts baptismaux, car les Chrétiens des premiers siècles avaient pris cette cérémonie au propre ; nous n'en avons guère conservé que la figure et ces façons de parler : *dépouiller le vieil homme, se laver du péché*, etc.

En ce moment un pigeon apporte du ciel une fiole qui contient une liqueur odorante. L'archevêque interprète ce miracle comme une preuve de la force que le Ciel veut donner au roi qui doit en recevoir l'onction (1).

Avant de commencer la cérémonie, l'archevêque adresse au Roi ces paroles :

> Dites-moy se vous renoncez
> Au Sathanas?
>
> CLOVIS.
>
> J'y renonce, n'en doubtez pas,
> Sire, pour voir (*vrai*).
>
> L'ARCEVESQUE.
>
> Il me convient aussi savoir
> Se à ses pompes et à ses faiz,
> Comme bon crestien parfaiz,
> Vous renoncez.
>
> CLOVIS.
>
> .... J'y renonce.
>
> L'ARCEVESQUE (*aux chevaliers*).
>
> Seigneurs, il faut, ce vous dénonce,
> Changer li son nom de Clovis.
> Comment ara-il nom?
>
> IIe CHEVALIER.
>
> Loys;
> C'est biau nom, sire.

(1) Cette onction fut aussi pour Clovis celle du sacre, comme le prouve le *Testament de saint Remi*, dont l'authenticité (contestée, il est vrai, par D. Rivet, mais reconnue par Mabillon, Du Cange et Ceillier) ne peut, selon nous, être mise en doute. Quant au miracle de la sainte ampoule, Grégoire de Tours n'en dit rien, nous ferons comme lui. Il ne dit pas non plus que Clotilde fût à la cérémonie, et l'on verra pourquoi elle n'y était pas. Mais cette colombe, qui semble la remplacer, plane sur toute la scène, comme le bon génie de la France qui apporte du ciel à Clovis l'huile sainte, la plus propre à l'adoucir.

L'ARCEVESQUE.

Loys, croiz-tu en nostre Sire
Dieu le père, di-le bon erre,
Qui créa le ciel et la terre,
    Et toy et moy?
CLOVIS.
Oil, voir, sire, je le croy,
    Certainement.

L'interrogation sur les autres articles de foi continue, et Clovis répond :

Tout ce croy-je estre véritable,
    Et n'en doubt point.
L'ARCEVESQUE.
Que me requier-tu sur ce point?
    Di-m'en ton esme.
CLOVIS.
Je requier avoir le baptesme
    De sainte église.
L'ARCEVESQUE.
Sy l'aras. Çà, je te baptize
Au nom Dieu le père et le Filz,
Et le Saint-Esperit aussi.

La cérémonie terminée, l'archevêque dit aux chevaliers d'envelopper le Roi de la tête aux pieds, *d'un drap linge à mestier,* et de le porter ainsi dans son palais. Il ajoute, en finissant l'ouvrage :

Mes clers et moy vous suiverons,
Et en louant Dieu chanterons,
Qui par sa grace a si ouvré (*opéré*),
Pour sainte Église a recouvré

Si noble champion. Or sus,
Chantons *Te Deum laudamus*.

Il pourra être intéressant de comparer le dialogue précédent à celui que M. de Lamartine établit dans son *Chant du Sacre*, entre l'archevêque de Reims et Charles X.

Que d'autres rapprochemens à faire : entre cette monarchie qui s'élève, appuyée sur la religion, au ve siècle, et qui s'écroule au xixe ; entre le premier sacre qu'ait vu la France, et le dernier peut-être !...

Sans rappeler un passé qui n'est plus, reconnaissons néanmoins ce qu'il avait de bon : la cérémonie du sacre ne fut pas instituée seulement dans l'intérêt des rois, elle le fut aussi dans celui des peuples (Bossuet, *Polit. tirée de l'Écrit.-S.*, liv. V, chap. 7). J'avoue que cette idée n'est pas exprimée très clairement dans le drame que nous venons d'examiner; mais il existe à la Bibliothèque de l'Arsenal un autre Mystère manuscrit, in-fol., 274, intitulé *Sainct-Remi*. Cette pièce, à peine lisible, et qui ne porte aucune indication, est d'une faiblesse telle que je ne l'eusse pas mentionnée, si l'auteur anonyme, qui, je crois, était un prêtre, ne s'élevait tout à coup à la hauteur de son sujet, dans ces instructions de saint Remi à Clovis :

Vous devez croire,
Et le métez bien en mémoire,

Que le filz de Dieu proprement (*en personne*)
Venra au jour du jugement
Jugier les bons et les maulvais.
Là portera chacun son fais ;
Là sera gardée équité,
Et déboutée iniquité.
Du juge nul n'appellera.
Qui ces articles ne croira,
Il cherra en perdicion....
Or aiez cogitacion
De ce roiaume gouverner,
De voz subgetz bien ordonner,
Et de si bien garder justice
Que le roiaume ne périsse,
Car quant justice y périra,
En grant péril roiaume yra.

Ces vers sont excellens, quoiqu'ils ne retracent pas encore tous les devoirs d'un roi, comme ceux du grand-prêtre dans *Athalie*, comme ceux-ci de M. de Lamartine, dans le *Chant du Sacre* :

L'ARCHEVÊQUE.
Connais-tu les devoirs que ce titre t'impose ?
Oses-tu les jurer ?

LE ROI.
Que Dieu m'aide, et je l'ose.

L'ARCHEVÊQUE.
Quels sont-ils ?

LE ROI.
Proclamer et défendre la loi,
Récompenser, punir, vivre, mourir en roi ;
Aimer et gouverner comme un pasteur fidèle

Ce saint troupeau que Dieu confie à ma tutèle,
Être de mes sujets le père et le vengeur.

M. V. Hugo a fait aussi, en 1825, sur le *Sacre de Charles X*, une ode où Clovis intervient, mais qui n'est pas en dialogue.

Je n'ai pas parlé de deux tragédies de *Clovis*, l'une reçue, l'autre représentée au Théâtre-Français, et toutes deux imprimées, mais dont les beautés, souvent classiques, sont aussi peu comparables au *Baptême de Clovis* que l'Apollon du Belvédère à la statue de saint Christophe. Les honorables auteurs de ces deux ouvrages ont choisi d'ailleurs une autre époque que celle du baptême, dans l'esprit duquel il n'eût pas été facile de faire entrer, il y a quinze ans surtout, un parterre aussi indifférent que le nôtre.

On ne peut dire qu'il en soit ici de la peinture comme de la poésie : le baptême de Clovis a été le sujet de nombreux tableaux et d'anciens monumens de sculpture; mais aucun, à notre connaissance, ne donne la scène de l'immersion dans le *lavacrum* et de ce drap (figuratif sans doute) dont le néophyte était enveloppé. Il est probable pourtant que la cérémonie s'est faite comme dans notre drame. On nous dira que saint Remi a pu déroger à une coutume qui n'était pas générale, et que, eu égard à la saison (1) et au grand nombre des

---

(1) 25 décembre, veille de la Noël; c'est ce que nous apprend une lettre intéressante de saint Avite à Clovis.

convertis, Clovis a pu fort bien, avec ses trois mille guerriers, être baptisé par aspersion. Mais Grégoire de Tours, notre seule autorité, ne le dit pas. Il se trouve, il est vrai, dans son manuscrit une lacune, signalée par D. Ruinart, après ces mots : « Le Roi demanda le premier à être baptisé par le pontife (1). » Mais immédiatement après cette lacune, l'historien continue : « Le nouveau « Constantin s'avança vers le *lavacrum* pour y « effacer jusqu'aux traces de son ancienne lèpre. « Quand il fut entré dans le baptistère, le saint « évêque lui dit éloquemment : *Baisse humblement* « *la tête, Sicambre. Adore ce que tu brûlais, et* « *brûle ce que tu adorais.* Le Roi, ayant alors « confessé un Dieu en trois personnes, fut bap- « tisé au nom du Père, du Fils, du Saint-Esprit, « et oint du saint chrême, avec le signe de la « croix (2). »

Rien de plus, j'en conviens ; mais cette phrase et ces mots *ad baptismum*, sur le sens desquels on n'est pas d'accord (3), ne se trouvent-ils pas

_____

(1) *Rex prior poposcit se à pontifice baptisari.*

(2) *Procedit novus Constantinus ad lavacrum, deleturus lepræ veteris morbum. Cui ingresso ad baptismum sanctus Dei sic infit ore facundo : Mitis depone colla, Sicamber. Adora quod incendisti, incende quod adorasti. Rex, omnipotentem Deum in trinitate confessus, baptisatus est in nomine Patris, Filii et Spiritus Sancti ; delibutusque sacro chrismate cum signaculo crucis Christi.* (Greg. Turon.)

(3) Du Cange, *Gloss. med. et inf. lat.*, dit que *Baptismus* ou

expliqués et développés dans notre scène? Si le saint évêque de Tours a cru devoir jeter un voile sur le bain sacré, le poète plus libre, et qui semble avoir eu des renseignemens particuliers sur ce fait, s'est plu à l'exposer dans toute sa nudité, en se privant, aux dépens de son drame, de l'avantage de faire intervenir la Reine dans cette grande cérémonie, objet de tous ses vœux.

Enfin dans le *Sainct-Remi* de la Bibliothèque de l'Arsenal, quoique le baptême de Clovis y tienne fort peu de place, on peut lire pourtant ces mots naïfs :

> Sire arcevesque, nous lavez
> Corps et âme dedans ces fons,
> Pour nous garder d'aler à fons
> D'enfer, qui tant est à doubter.

Nous ne nous arrêtons pas sur ce dernier drame; mais l'auteur du premier suit les faits connus avec une exactitude qui devra lui donner quelque autorité près des écrivains et des artistes qui désormais s'occuperont de cette époque intéressante de notre histoire. Ce n'est pas que nous prétendions ôter aux peintres et aux poètes, *pictoribus atque poetis,* les licences que leur accorde Horace; ce n'est point nous, certes, qui reprocherons à

Baptisterium signifient tantôt la piscine sacrée, tantôt le lieu où elle était placée.

M. Abel de Pujol d'avoir habilement éludé la difficulté dans son beau tableau du baptême de Clovis, et d'y avoir si bien placé Clotilde.

Passons à d'autres drames du même manuscrit.

Nous avons dit que plusieurs sont accompagnés d'un sermon en prose, ordinairement étranger au sujet. Dans le miracle de *Jean le Palu*, par exemple, le saint commence par une prière à Dieu, et ajoute :

>Il est meshuy temps que je tende
>A aler oïr le sermon
>Que doit faire maistre Simon,
>Soubtilz, si com l'on m'a conté.
>Bien à point vien, il est monté.
>Je vueil ici prendre ma place
>Avant que sa prière (*il*) face,
>   Ne qu'il commence.

Ici se trouve un long et froid sermon sur Marie, sans aucun rapport au sujet, qui est plus froid encore et plus obscur que le sermon.

On en peut dire autant de la pièce intitulée : « Comment Nostre-Dame garda une femme d'estre arse (*brûlée*). » Une femme, en sortant d'un sermon, a, dans un égarement inexplicable, fait assassiner son gendre. A peine a-t-elle commis ce crime, qu'elle va s'en accuser à un bailli; il la condamne à être brûlée vive. La Vierge la sauve. On sent combien il était aisé de lier ici le sermon à l'action, si c'eût été après l'avoir entendu que la femme coupable, éclairée sur son crime, en eût été faire l'aveu.

Mais l'auteur avait là, sous la main, quelque chose de bien autrement dramatique, un mouvement sublime, comme nous l'allons voir dans l'analyse de la pièce suivante.

« D'une femme nommée *Théodore* qui pour son
« péchié se mist en habit de homme, et pour sa
« penance faire, devint moine et fu tenue pour
« homme jusques après sa mort. »

Une jeune femme, Théodore, en l'absence de son mari, s'est laissé séduire par un amant, et vit en sécurité dans l'adultère, quand on vient lui parler d'un grand prédicateur. Elle se rend à son sermon, auquel l'auteur nous fait assister aussi. A peine l'a-t-elle entendu, qu'elle s'écrie :

> Qu'ay-je fait! j'ay mon mariage
> Brisé, et à perdicion
> Mis m'âme, et à destruccion
> Ma biauté, mon honneur, mon corps.
> Ha, très doulx Dieu miséricors!
> Comment ay-je esté si surprise!
> Lasse (*hélas*)! lasse! à tort m'en avise;
> Certes du dueil morir voulroie.
> Lasse! jamais jour n'aray joie,
>   Et à bon droit!

Ces triomphes de l'éloquence chrétienne n'étaient pas rares dans les temps de foi vive et profonde. M. Saint-Marc Girardin racontait l'an dernier à son cours de poésie française, qu'au xvie siècle, un Messinois, coupable d'adultère et d'empoisonnement, entendant de la bouche d'un orateur chrétien les châtimens réservés dans l'autre monde aux crimes qui n'ont pas été expiés dans celui-ci, se leva épouvanté, et fit à l'auditoire étonné le terrible aveu de tout ce que lui reprochait sa conscience (1).

Comment trouverions-nous les discours qui ont obtenu de pareils succès ? Hélas ! plus que faibles peut-être : nos esprits sont si forts ! J'ai sous les yeux tout le sermon qui vient d'opérer en Théodore un si grand changement : si je le transcrivais, je ne doute point que les trois quarts de mes lecteurs ne le traitassent de *capucinade*. Il n'y a point là, en effet, de ces peintures effrayantes de l'adultère, et moins encore de ces menaces, comme celle que se permit un jour un missionnaire de lancer sa calotte à une pécheresse qu'il ne désignait pas ; mouvement oratoire qui fit baisser la tête à toutes les femmes; ce qu'inter-

---

(1) Je lis dans l'*Histoire de Valenciennes*, par d'Outreman, p. 172 : « L'an 1429, le 22 febvrier, vint à Valentiennes un prédicateur renommé de l'ordre de Saint-François.... il prescha six jours de suite sur le marché de la dite ville, avec telle efficace et succès, que l'on vit brûler par monceaux les tables à jouer, les cartes et les dez; deschirer et jeter au feu les atours des femmes que l'on appeloit hanetons, et les souliers à poinctes que l'on nommoit poulaines; si bien que l'usage en fut aboly. »

préta le malin sermonaire comme un aveu général et public.

Ici rien de semblable. Un simple éloge des vertus, de la pureté de Marie. Seulement, ces quelques mots où l'on pourrait voir un reproche indirect : « Marie ne fut ne legiere parleriesse, « ne joueriesse, ne chanteriesse, ne de laides pa- « roles amaresse, *comme sont plusieurs....* »

Combien l'âme de Théodore devait être heureusement préparée par *un Miracle de Nostre-Dame*, et ouverte à la grâce, pour que des traits aussi légers y pénétrassent si avant !

Se jugeant désormais indigne d'approcher du mari qu'elle a trompé, et ne songeant qu'à se cacher et à *mater son corps* (la religion avait déjà ses Lavallière), elle se dépouille de ces ornemens dont elle était si vaine, et de ses cheveux même. Résolue de faire pénitence, pour échapper à toutes les recherches, elle prend des habits d'homme, et, après avoir quitté le toit conjugal, adresse ces adieux aux objets qu'elle laisse, et recommande au Ciel son époux :

> Hostel et meubles, je vous lais.
> Mes amis touz, et clers et lais (*laïques*),
> Le mendre (*le moindre*) aussi com le greigneur,
> Comant (*je recommande*) à Dieu nostre Seigneur ;
> Mais sur touz, par espécial,
> A Dieu, mon chier seigneur loyal,
> Qui vous et moy ait en sa garde.

> Ô douce mère Dieu, regarde
> En pitié ceste pécheresce,
> Et prie ton filz qu'il m'adresce
> Et me sequeure à ce besoing.
> De mon païs sui jà si loing !...
> Si, que je sui toute esbahie.

Elle aperçoit une abbaye d'hommes, et à la faveur de son travestissement, va s'y présenter et demande si l'on veut l'y admettre. L'abbé, qui ne soupçonne pas son sexe, après quelques questions, la reçoit en qualité de *frère minéur*, chargé des commissions au dehors. On la voit remplir par humilité les emplois les plus bas, et l'on assiste en même temps au désespoir de son mari, qui la cherche en vain dans son hôtel. La disposition du théâtre, qui, comme nous le verrons, représentait plusieurs lieux à la fois, permettait ces rapprochemens intéressans. L'auteur n'exprime pas mal dans les vers suivans la cruelle irrésolution du mari :

> La suiveray-je ! que feray !
> Oil voir (*oui certes*) ! mais où iray ?
> Las ! je ne scé de quelle part (*quel côté*).
> Le cuer de dueil pour li (*pour elle*) me part.
> Confortez-moy, biau sire Diex !

Dieu lui envoie alors l'ange Gabriel, qui lui dit d'aller au chemin du Martyr Saint-Pierre et Saint-Paul, s'il veut voir encore sa femme. Pendant qu'il se dirige vers l'endroit qui lui est indiqué, Théodore, qui a reçu du supérieur l'ordre d'aller chercher à Rougeval de l'huile à brûler, dont les moines ont besoin, s'arrête, fatiguée, au milieu de la voie du Martyr. Qu'aperçoit-elle!... Laissons-la parler :

> Lasse! je voy là mon mari.
> Je croy pour moy est moult marri,
> Car je le voy pensis et morne.
> Ne scay s'il vault miex que (*je*) retorne,
> Ou qu'en passant à li me monstre....
> Saluer le vueil en passant.
> Monseigneur, Dieu le Tout-Puissant
>   Joye vous doint (*donne*).

LE MARI.

> Amen, dan moine, et si pardoint (*qu'il pardonne*)
> A vous et à moy les pechiez
> Dont les cuers avons entechiez
>   Et enlaidiz.

THÉODORE.

> Ha! mon bon mari! Comme en diz
> Et en faiz, de nuit et de jour,
> Je travailleray de labour,
> Afin qu'eschaper le meffait
> Puisse que j'ay contre toy fait
>   Et concéu.

C'est après s'être éloignée de son mari qu'elle prononce ces regrets; car cette scène, qui pouvait être si touchante, se termine ici. Le malheureux époux ne doit plus voir sa femme que bien long-temps après, et dans quel état! Cependant, à peine l'a-t-elle quitté que Dieu envoie dire, par un autre ange, au désolé mari que ce moine à qui il a parlé est sa femme même. Le malheureux se donne au diable ; et cette scène, qui n'a pas d'autre résultat, semble peu digne de la majesté divine, et contraire au précepte d'Horace lui-même, qui ne veut pas qu'on fasse intervenir un dieu, *nisi dignus vindice nodus....*

Cependant Théodore, obligée de séjourner à Rougeval, dont l'abbaye était assez distante, à ce qu'il paraît, a bien innocemment séduit par sa jolie figure la fille de l'auberge, qui, la croyant un homme, vient, sans façon, la requérir d'amour. Théodore, indignée de cette impudence, la repousse. La demoiselle, déçue dans ses avances, jure de se venger, et ne tarde pas à en trouver l'occasion : sollicitée par un de ses amans, elle lui cède et devient mère. — Et de qui cet enfant? lui demande son père. — De frère Théodore, répond-elle. — *Grand scandale dans Landerneau!* L'abbé en est informé par l'hôte lui-même, qui apporte l'enfant à l'abbaye, et dit goguenardement au père abbé, en lui présentant le marmot :

Dans abbés (*maître abbé*), qu'ici voy présent,
Tenez, recevez ce présent
Que vous apport.
L'ABBÉ.
A moy, mon ami? c'est à tort,

Portez-le ailleurs. Vous estes nices ;
En (*ici*) ne sommes-nous pas norrices
    D'enfans petiz.

L'OSTE.

Vostre moine à mon pain fetiz
L'a fait, que le dyable y ait part !
Si (*ainsi*) demourra, se Dieu me gart,
    A l'abbaïe.

L'ABBÉ.

Vous me faites toute esbaye
La pensée, et estre en tristesce.
Pour Dieu ! dites-moy lequel est-ce,
    Ne l' celez ore.

L'OSTE.

C'est vostre moine Théodore.
    Or le gardez !

L'ABBÉ.

Ha Théodore !... Or regardez
Le hontage et le grant anui
Que par vous avons au jour d'ui....
Voirement dit-on voir (*vrai*) : l'abbit
Ne fait pas le religieux.
Comment avez si oultrageux
    Esté, biau frère !

THÉODORE.

Merci, merci, doulz abbés père,
    Merci, merci !

L'ABBÉ.

Vous l'arez, quelle vez la ci (*telle que la voici*) :
De céens vous bouteray hors,
Si me soit Diex miséricors !
Et vostre enfant emporterez ;
Autre merci de moy n'arez.

> Tenez, de céens tost yssiez;
> Alez, et si le norrissiez
> De nous bien loing.

Théodore prend sur elle l'enfant et l'infamie dont on la charge, et se garde bien de se justifier. C'est là le sublime de l'humilité, de la pénitence chrétiennes. Vous ne trouverez rien dans l'antiquité profane de comparable à cette situation, qui n'est point une fiction sans doute : quel homme aurait pu deviner tout ce qu'il peut entrer de tendresse et de dévouement dans un cœur de femme ouvert au repentir? Mais quel homme aussi, si ce n'est Racine peut-être, eût exprimé les sentimens que nous allons voir indiqués du moins dans le vieil auteur?

Théodore est chassée de l'abbaye, portant son enfant; car c'est déjà le sien, elle sera sa mère.... Mais comment le nourrir, l'abriter? Voilà la faim et la nuit qui pressent. Et elle est sans secours! et aucun moyen d'en gagner! Eh bien, elle en va demander. Malgré l'orgueil de sa naissance et de son rang, elle ne voit plus, à l'exemple de Madeleine, elle ne voit plus que sa faute et le Dieu qui pardonne. Écoutons-la, malgré le langage parfois informe du poète, écoutons-la !

> Confortez-moy à ce besoing,
> Fontaine de miséricorde!
> Car je voi bien et me recorde

> Que ceste fortune perverse
> Qui ainsi me trébuche et verse
> Me vient à cause du meffait
> Qu'envers mon bon seigneur ay fait....
> Tout je prenray en pacience,
> Touz les meschiefs qui me venront;
> Ja si grans estre ne saront.... (1)

Elle aperçoit un antre qui pourra, la nuit, lui servir de refuge, et dit à *son enfant*, comme s'il pouvait l'entendre, qu'elle le nourrira,

> Et Dieu, s'il li plaist, parfera
> Ce qui à parfaire y sera (2).
> A ces gens m'en vois (*je vais*) demander,
> Puisqu'il me convient truander (3)!
> Donnez à ce povre pécheur,
> Pour l'amour de nostre Seigneur,
> Et à ce petit orfelin....

Voilà le rôle où elle va descendre. Mais voyez-vous ici les rebuts et les railleries du monde pour *un moine coupable?* et cette fausse pitié pire que

---

(1)   Je ne saurois avoir tant de honte en partage,
      Que je n'en aie encor mérité davantage,

dit, dans Molière, un misérable couvert du masque de l'humilité chrétienne.

(2)   Faisons notre devoir, et laissons faire aux dieux.

CORNEILLE.

(3) Que ce mot ignoble, qui nous manque, est ici énergique! Et que de charme et d'intérêt dans les vers suivans où elle semble s'essayer!...

le mépris ? Eh bien, des années entières dans l'ignominie, dans la fatigue et le travail dont elle nourrit son enfant, elle endure tout. L'Esprit tentateur vient lui-même, en personne, dans une scène qui pouvait être mieux, lui proposer de la délivrer de ses maux : frappante allégorie! La Chrétienne résiste. Quand enfin sa résignation est au comble, les cieux s'ouvrent, comme pour contempler, suivant la pensée d'un ancien, le plus beau spectacle que la terre puisse offrir aux cieux : l'homme (mais c'est ici quelque chose de mieux, de mieux même qu'OEdipe), une faible femme triomphant du malheur. Jamais rien d'humain ne mérita mieux l'intervention divine; nous nous sentons transportés sans effort au milieu de la cour céleste : « Voyez-vous, dit Marie au Dieu, au Père des affligés, voyez-vous le poids de tribulation qui grève Théodore,

> Et si, béguinement le porte
> Pour vostre amour.

« Alez, répond Dieu à sa mère, alez conforter Théodore. »

Notre-Dame, accompagnée des anges, et dans un rayon lumineux, apparaît à la femme forte. — « O qui estes-vous! » lui dit Théodore ;

> Qui estes-vous, dites-le-moy.
> De la grant biauté qu'en vous voy
> Ai grant merveille.

Marie se nomme, console son amie, et disparaît. Théodore se tait, et demeure sans doute en extase, pendant que des chants se font entendre : c'est le chœur des anges, que le poète qualifie *Rondel à voix bien mélodieuse*. La poésie antique est ici retrouvée, avec tout ce qu'y ajoute de sublimité le christianisme.

Cependant *le fils de Théodore* (c'est ainsi qu'on le nomme) commence à se développer, comme nous l'allons voir :

LE FILZ THÉODORE.
Regardez, mon père, une pome :
  Est-elle belle?
THÉODORE.
Oil, mon enfant. Dont vient-elle?
  Monstre-la, çà.
LE FILZ.
Regardez celle feme-là;
En nom Dieu (*au nom de Dieu*), si me l'a donnit,
Et encore en aray, se dit,
  Une après hier.
THÉODORE.
Or te siez cy, mon enfant chier,
Et fai en ton giron les noces.
Vez-ci (*voici*) de pain deux pièces grosses,
  Tiens.

Ce dialogue, si vrai, ne se rattache pas à l'action. On a pu croire un moment que cette femme qui avait donné la pomme à l'enfant était sa mère; mais non, il n'en est plus question : elle a fait son rôle, et mérite bien le mépris où l'auteur la laisse.

Sept ans se sont passés depuis l'expulsion de Théodore. L'abbé, informé de ses souffrances et de sa résignation dans le misérable gîte qu'elle habite, la rappelle au couvent, de l'aveu de ses frères, et lui dit que, touché de sa patience, il le fera moine, ainsi que son fils. Théodore se jette à ses pieds pour le remercier, l'abbé continue :

> Mes frères, sanz arrestoison
> Cest (*cet*) enfant con moine vestez.
> Puis vueil (*je veux*) qu'à lettre le mettez,
> Et je vous ordene son maistre.
> Or vueillez en li peine mettre
>   Par amour, frère.

PREMIER MOINE.
> J'en feray mon pouvoir, biau père,
> Je vous promet.

Théodore est enfin au terme de ses souffrances. Dieu la rappelle à lui, elle l'entend, et, avant d'aller recevoir sa récompense, elle appelle en secret, au milieu de la nuit, son fils d'adoption, l'embrasse tendrement et lui dit :

> Je te pri, dès ores mais, pences
> De servir Dieu dévotement,
> Et de faire ton sauvement....
> Et aies le cuer pur enfin.
> Je suis de ma vie à la fin ;
> Pour ce, te fas-je ce comant.

> Mon enfant, à Dieu te command
> Qui te vueille aide et père estre.
> Sire, en voz mains vueil rendre et mettre
>   Mon esperit.

Elle expire, et l'enfant, effrayé de sa perte, s'écrie :

> Las ! las ! seray-je orphelin filz !
> Mon père, estes-vous trespassez !

Tout à coup l'aurore se lève, et l'abbé, qui ne croyait pas même Théodore malade, accourt, assemble ses frères, et leur fait part d'une vision qui pendant son sommeil l'a frappé : transporté dans la cour céleste, il vient d'y voir des fêtes, une noce que les anges y préparaient avec une magnificence dont il n'avait aucune idée. Une femme longtemps calomniée, couverte d'infamie, mais en ce moment rayonnante de grâce et revêtue de gloire, allait être couronnée; et cette femme, et cette reine n'était autre que Théodore. « D'où vient, se demande-t-on, que Théodore n'est pas levé? » Son absence appuie les conjectures que l'on commence à faire, on court à sa cellule, on rencontre l'enfant : « Qu'as-tu? » lui dit l'abbé. Et l'orphelin répond :

> Sire, que j'ay assez perdu.
> Mon père à moy ore parloit,
> Et m'accoloit et me baisoit,

Et prioit si très doulcement
De penser à mon sauvement,
Et il est mort.

La vérité se découvre de plus en plus, lorsque l'homme qui peut éclaircir tous les doutes, l'époux de Théodore, arrive à point marqué ; et ici, pas d'invraisemblance : le Ciel conduit tout. Dans son désespoir, le mari se jette, en présence des moines, sur le corps de sa femme, et s'écrie :

Chière Théodore ! comment
T'es-tu vers moy si longuement
Celée, quant céens estois ?
La grant amour dont tu m'aimois
Que peut-elle estre devenue ?
Dieu, ce semble, la m'a tolue (*me l'a ôtée*),
Et l'a prise à soy de touz poins.
Las ! je doy bien tortre mes poins,
Et clamer sur toy derrechief.
Suer (*ma sœur*), tu m'as mis à grant meschief
Long-temps, et tolu la leesce (*joie*);
Mais or double ci ma tristesce,
Quant te voy morte.

« Sire, lui dit le premier moine, vous devez plutôt être en joie ; »

Car tant a fait la bonne dame,
Que je tieng qu'en gloire est son âme
Certainement.

LE MARI.

E, pour Dieu ! dites-moy comment
Elle a vescu ?

L'ABBÉ.

Comment dites elle a vaincu.

Et il raconte ses victoires sur l'orgueil, sur le monde, sur elle-même. Cette réplique :

Dites comment elle a vaincu !

serait justement admirée dans Corneille.

Le récit de l'abbé touche si profondément le mari de Théodore, qu'il fait le serment de consacrer à Dieu le reste de ses jours dans les lieux saints où sa compagne est morte. Les religieux qui entourent le corps entonnent, non un chant de deuil, mais le chant de victoire, le *Te Deum*, et la pièce finit d'une manière aussi solennelle que touchante.

Si l'on excepte quelques scènes peu dignes du sujet, l'ouvrage pourrait être aujourd'hui traduit avec des développemens, et représenté.... Mais où? Sur un théâtre tout profane, produirait-il l'effet qu'il a dû produire dans un couvent, dans le couvent même peut-être où l'action s'était passée? Ce n'est ici qu'une conjecture, et malheureusement nous n'avons rien découvert qui pût l'éclaircir. Le village même de *Rougeval* ne se trouve dans aucune géographie ancienne ni moderne. Quant à Théodore, son nom pourrait bien être supposé, mais son aventure ressemble beaucoup à celle de sainte Marine, rapportée dans la *Vie des Saints* de Godescard.

Le même manuscrit contient une autre pièce un peu *gaie*, qui n'a guère de rapport avec celle-ci, et paraît avoir été faite plutôt pour un château que pour un couvent.

L'action se passe dans un monastère de femmes. La supérieure a fait prier le frère Gautier de venir prêcher au *moustier*. Pendant qu'en l'attendant elle dit ses heures avec ses religieuses, son neveu, qui est amoureux d'une des nonnes, vient au couvent avec son écuyer, sous prétexte de voir sa tante, mais dans l'espoir d'avoir un entretien avec la jeune personne dont il est épris. Au moment où il croit toucher au but de ses voeux, le *précheux* arrive, et l'impatient chevalier se voit contraint d'entendre jusqu'au bout le sermon. Quand enfin il est terminé, « Je suis mort! » se dit-il à lui-même; car il trouve le sermon assommant, tandis que les religieuses et la supérieure, par un contraste aussi plaisant que vrai (tout est relatif), se récrient sur la beauté du sermon, qu'elles trouvent trop court. L'abbesse, s'adressant à la deuxième nonne, celle que le chevalier aime et qui est pure encore, lui dit :

> Et vous, ma doulce amie chière,
> Avez bien oy (*ouï*) ce prudome?
> S'il estoit cardinal de Rome!
> Sà! il dit de belles raisons.
> Benoist soit le jour qu'uns telz homs
>   De femme naist!

IIe NONNE.

Oïl, madame ; Diex li laist
Parfaire le bien qu'a empris,
Car d'amer Dieu est moult espris,
Selon m'entente (*mon entente*).

Demeurée seule, la jeune nonne se met à genoux devant l'image de Notre-Dame, *à qui*, comme elle le dit, elle a *donné corps et âme*. Le chevalier, qui vient interrompre sa prière, lui fait une déclaration, qu'il termine ainsi :

Or me soit vostre amour donnée,
Très doulce amie.

IIe NONNE.

Sire, d'amer n'ay nulle envie,
Fors que Dieu et sa doulce mère.
Certes l'amour est trop amère
Dont ci endroit me requerez.
Ce n'est pas ce que vous querez,
Sire, pour voir.

Piqué de cette réponse, le chevalier lui offre son anneau, et lui promet, si elle consent à ses vœux, de la faire grande dame. La nonne lui répond que ses *faits* ne la touchent pas plus que ses *dits*, et elle le quitte avec un mépris marqué. Le chevalier désespéré dit à son écuyer qu'il n'a jamais rien éprouvé de tel :

Autres femmes ont cuer de plonc,
Mais elle l'a de fer trop fort.

> Quant je n'y puis trouver confort,
> Ne say que face.

On croit entendre, à quelques mots près, nos **Dorantes**. L'écuyer, qui semble le père de tous nos **Frontins**, répond à son maître qu'il ne doit pas s'effrayer des refus de la belle, et qu'elle finira par se rendre à son amour.

En effet, la jeune personne, informée du rang de celui qu'elle a refusé, vient lui dire que, s'il consent à l'épouser, elle pourra le suivre. L'amant enchanté promet que, dès la nuit, il viendra la chercher, si elle veut se rendre au lieu même où ils sont. Elle lui en donne la promesse et sort.

L'heure du rendez-vous arrivée, le chevalier s'y trouve avec son écuyer; on attend que la jolie personne s'y rende, lorsque la Vierge, qui la protége, exprime aux anges son inquiétude de voir sa bien-aimée succomber, si Dieu ne la secourt. Pendant que les anges chantent un *rondel*, pour implorer l'aide du Ciel, la jeune fille arrive, et, avant de se jeter dans l'abîme du monde, ouvert devant elle, elle a la pieuse idée de s'agenouiller à la chapelle de Marie, ouverte également à ses yeux. Quand elle a prié, elle se lève : et que voit-elle? La statue même de la Vierge,

> Si droit au travers de cest huis (*cette porte*),
> Que nullement passer ne puis,

se dit-elle. Frappée de ce miracle, elle retourne à son dortoir, non sans quelque regret.

Le chevalier, las d'attendre en vain, dit avec dépit à son écuyer :

> Voirement, qui en femme met
> Son cuer, bien le doit-on blasmer,
> Car on y trouve moult d'amer.

A peine a-t-il dit, que nous voyons revenir la belle, décidée à tenir sa promesse. Et voilà pourtant comme on juge mal des femmes! « J'ay peut-estre, dit-elle, esté *enfanstomée*, »

> Celle chapelle où ore entray,
> Par Dieu, encore me mettray
> En essay se pourray passer.
> Pener me doy bien et lasser
> Afin d'accomplir ma promesse,
> Car je seray chevaleresse.

Voilà le mot! La femme est toujours femme; il lui faut des prestiges, presque autant qu'à nous. Celle-ci pourtant, avant de franchir le pas, tient encore à ses premiers principes, et s'agenouille derechef devant la sainte image, qui, derechef aussi, descend de son piédestal et lui ferme la voie.

Plus dépitée qu'auparavant, la pauvre enfant va décidément se coucher; et les anges se mettent à chanter de plus belle, à chanter victoire! Il n'y a pas de quoi, comme nous le verrons.

L'écuyer, que ne soutient pas sa *flamme*, dit à son maître ces quatre vers qui rappellent un passage fameux de Shakspeare :

> Monseigneur, j'ai oy la vois
> De l'aloette; il est grant jour.
> Alons-m'en d'icy sans séjour,
> > Qu'on ne nous truisse (*trouve*).
>
> LE CHEVALIER.
>
> Las ! je ne say comment je puisse
> Durer, tant ay au cuer courrouz.
> Perrotin, va-t'en, ami doulz,
> Et reviens assez tost à moy;
> Car je te jur en bonne foy,
> Jamais bien ayse ne seray
> Tant qu'à elle parlé aray,
> > N'en doubtes point.

Perrotin, qui fait ici le rôle du diable, s'en acquitte si bien, que la belle, dès qu'il fait nuit, accourt au rendez-vous. Mais elle n'y est pas encore. Il faut de nouveau passer devant cette terrible chapelle et devant cette Vierge si contrariante. Que faire ?

> De passer parmi la chapelle,
> Sans dire *Ave* ne kyrielle,
> Devant l'image de Marie,

c'est fort ! Voilà pourtant ce que se propose la petite personne, car elle a fait du chemin. Elle continue :

> Trop m'a fait estre en cuer marrie,

Dont plus saluer ne la vueil,
Ne tourner devers li mon œil.

Quoiqu'elle ait *jeté son bonnet par-dessus les murs*, elle n'est pas néanmoins sans inquiétude en passant près de la statue; elle lui dit, mais sans la regarder :

Dame, dame, tenez-vous là!
Puisque passée sui de çà,
Je ne retourneray mais huy,
Ne desmais (*ni désormais*); car je voi celuy
Que j'aim de cuer et que je quier!

Et elle se jette dans les bras du chevalier, qui l'enlève et l'épouse. Elle en a deux enfans; et ce n'est que long-temps après qu'elle lui avoue qu'avant de se donner à lui, elle s'était vouée à Marie; que la Vierge, jalouse de ses droits, avait en vain, par un double miracle, essayé de la retenir. Le chevalier, effrayé de son triomphe sacrilége, rend sa femme à son premier état, et se sépare d'elle à jamais, en entrant lui-même dans un monastère. Correctif un peu sombre, qui semble jeté comme un voile sur des détails bien gracieux, mais qu'un rigorisme trop juste pouvait blâmer dans une religieuse.

M. C. Delavigne n'a pas commis la même inconvenance, en mettant, dans sa tragédie de *Louis XI*, une jeune fille qui a nom Marie, sans être engagée dans des nœuds sacrés; seulement elle a promis au Roi, devant l'image de la Vierge (que l'on ne voit pas), de taire à Nemours, son amant, le secret d'un bonheur prochain dont elle reçoit l'assurance.

Demeurée seule, Marie se dit, en se tournant vers une chapelle voisine :

<blockquote>
En parlant je deviens sacrilége,
Sainte mère de Dieu, dont le nom me protége,
O vous dans mes chagrins mon céleste recours,
Dans ma joie aujourd'hui venez à mon secours ;
Rendez mes yeux muets, et faites violence
A l'aveu qui déjà sur mes lèvres s'élance.
Prêt à s'en échapper, qu'il meure avec ma voix.
Je tremble, je souris et je pleure à la fois....
</blockquote>

Nemours arrive. Après une scène fort bien conduite, la jeune fille, sentant qu'enfin son secret lui échappe, dit à son amant :

<blockquote>
Ami, laissez-moi fuir! Le trouble qui m'agite
Peut m'arracher un mot à ma bouche interdit.
Espérez, espérez.... On vient!
(Se retournant vers la chapelle.)
Je n'ai rien dit.
</blockquote>

Le poète, se retournant aussi vers ses critiques, qui peut-être l'attendaient là, aurait pu leur dire : « Vous pensiez que, par un indiscret emploi de la religion, j'allais ici blesser des susceptibilités respectables, et me permettre quelque mot *à ma bouche interdit;* je vous prends à témoin, Messieurs, *je n'ai rien dit.*

Nous ne féliciterons pas l'auteur de l'*École des Vieillards* de s'être montré plus sage que son ancien.

Nos anciens auteurs ont pu sans inconvénient parler de la religion, même de ses abus, devant un public tout religieux. L'écrivain dramatique doit aujourd'hui se montrer plus réservé, craindre que ses acteurs, et surtout certains spectateurs ne dénaturent sa pensée.

J'ai vu jouer, il n'y a pas long-temps, cette même tragédie de *Louis XI* par des comédiens de province qui se permettaient une parodie très blâmable : Louis XI, en donnant les ordres les plus barbares au bourreau Tristan, s'interrompait pour faire de fréquens signes de croix, que celui-ci répétait burlesquement; et à chacun de ces jeux muets, que l'auteur (je n'ai pas besoin de le dire) n'a nullement indiqués, éclataient les applaudissemens et les ris d'un parterre qui ne se doutait pas que l'ignorance et que la barbarie ont été vaincues, et le seront toujours, par ce signe de la civilisation. *Sub hoc signo vinces.*

Si l'auteur de *Louis XI* avait entendu ces acclamations déplacées, il aurait bien pu dire, comme ce sage qu'on applaudissait outre mesure : *Est-ce que j'ai dit une sottise?*

Que d'écrivains à qui l'on a prêté des intentions qu'ils n'ont jamais eues! S'il m'est permis de me citer, quand je refis pour le Théâtre-Français l'ancienne pièce de Montfleury, Bernadille, après différentes offres à son juge pour le gagner, ajoutait :

Quatre mille ducats!... Vous devez m'acquitter,
Sinon sur la justice on ne peut plus compter.

Ce trait d'impudence naïve est dans le caractère du personnage, et j'étais loin de vouloir faire une épigramme contre notre honorable magistrature. Mais l'*opinion* se plaignait de quelques arrêts nouvellement rendus; et comme l'esprit de parti fait arme de tout, mes deux vers recevaient toujours des applaudissemens que je n'ai point mérités, je le proteste. Je reviens à mes manuscrits.

Nous avons ri d'une femme bien faible et trop heureuse; le manuscrit va nous en montrer une calomniée et bien à plaindre. C'est la marquise de Gaudine, dont l'aventure est sans doute historique, quoique nous n'en ayons pas découvert la source.

Une jeune marquise plus sage que la nonne enlevée, et fidèle à la Vierge comme à son mari, le voit partir avec douleur pour un lointain voyage; ce n'est pas sans raison : à peine le marquis est-il éloigné, qu'un de ses oncles, homme infernal, et qui croit avoir à se plaindre de la jeune marquise, fait cacher dans sa chambre à coucher un nain contrefait, et va chercher deux chevaliers à qui il dénonce l'infamie prétendue de sa nièce. Le nain est trouvé par eux dans la chambre, et le calomniateur, afin de s'assurer de sa discrétion, le tue lui-même, en présence de la marquise. N'ayant plus alors que ses accusateurs, et personne pour la défendre, elle est jetée dans une prison obscure, et, au retour de son mari, qui finit par la croire coupable, elle est condamnée à être brûlée vive.

Un chevalier, Anthenor, à qui elle a sauvé la vie en lui permettant de la nommer sa dame, arrive à la Gaudine (c'est le nom du château, dont je n'ai pu trouver la situation). Il demande à l'hôte chez qui il descend, des nouvelles de la belle châtelaine. L'hôte lui répond qu'elle a commis une grande faute,

> Et à ardoir (*être brûlée*) est condampnée,
> Dont le peuple, plus de cent mille,
> Pleure et gémit aval la ville,
> Car un chacun de cuer l'amoit
> Pour les grans biens qu'elle faisoit :
> N'avoit cure de nulle triche,
> Ains estoit au povre et au riche
> Doulce et courtoyse.

Ce récit est intéressant ; mais combien l'auteur de *Tancrède*, dans une situation toute pareille, est plus animé, plus poète !

> Le peuple au tribunal précipite ses pas ;
> Il la plaint, il gémit, en la nommant perfide,

Et d'un cruel spectacle indignement avide,
Turbulent, curieux avec compassion,
Il s'agite en tumulte autour de sa prison.
Étrange empressement de voir des misérables !
On hâte en gémissant ces momens formidables.
Ces portiques, ces lieux que vous voyez déserts,
De nombreux citoyens seront bientôt couverts.

Anthenor, demeuré seul, et brûlant, comme Tancrède, de sauver, au péril de ses jours, une femme qu'il ne peut croire coupable, s'adresse à la Vierge, qui le confirme dans sa résolution. Pendant qu'il revêt son armure et se couvre le visage de sa visière, car il a, ainsi que Tancrède encore, des raisons pour n'être pas connu, l'hôte lui vient décrire le convoi funèbre (qui se trouve représenté dans une miniature en tête de l'ouvrage) :

> Las ! sire, j'ay véu madame
> Bailler (*livrée*) au bourrel en ses mains (*aux mains du bourreau*),
> Et il n'en fait ne plus ne mains
> Qu'il feroit d'une povre garce ;
> Mener la veult où sera arsse (*brûlée*).
> Tout le monde la plaint et pleure.

Un peu plus loin, il nous la montre,

> Hault assise
> En la charrète, et de tel guise
> Que de touz puist estre véue.

Les chevaliers qui accompagnent l'infortunée lui disent de recommander son âme à Dieu. Elle répond :

> Priez Dieu qu'il me tiengne en foy,
> Car je sui innocente et pure
> Du fait pourquoy à tel laidure
> Sui demenée.

L'Aménaïde de Voltaire, qu'on peut aussi comparer à la marquise, est plus brillante ; mais ses emportemens contre ses juges et contre les erreurs des hommes sont moins touchans que les simples mots de la victime résignée.

> Priez Dieu qu'il me tiengne en foy,

est d'une vérité profonde : il est si difficile qu'au spectacle du crime triomphant la foi ne chancelle dans une âme encore faible. Le vrai chrétien, suivant l'auteur de l'*Imitation*, s'élève et s'éclaire d'autant plus que le malheur l'opprime :

> C'est surtout alors qu'il réclame
> Le Dieu témoin de ses vertus ;
> Qu'il l'atteste au fond de son âme,
> Quand l'homme injuste n'y croit plus (1).

Aucun prêtre n'assiste au moment suprême de

---

(1) *Tunc etiam melius interiorem testem Deum quærimus, quando foris vilipendimur ab hominibus.*

la marquise. L'esprit de l'Évangile a si long-temps été mal compris de certaines gens, que les secours spirituels étaient refusés aux condamnés. Ce ne fut qu'en 1395 que Charles VI, frappé des raisons lumineuses que lui donna Gerson dans un mémoire qui nous a été conservé, rendit une ordonnance par laquelle il fut permis aux condamnés de recevoir les secours d'un prêtre (1).

Nous sommes arrivés sur le lieu du supplice, avec l'infortunée qui doit être livrée à une mort atroce. Nous avons suivi Aménaïde également conduite au supplice ; et, malgré l'usage alors autorisé d'en appeler à Dieu des jugemens humains, en recourant aux armes, deux femmes innocentes seront donc immolées, sans qu'il se présente, pour les secourir, aucun chevalier ?...

— Il s'en présentera, gardez-vous d'en douter !

Écoutons Tancrède d'abord :

Ministres de la mort, suspendez la vengeance ;
Arrêtez, citoyens : j'entreprends sa défense....
Que la seule valeur rende ici des arrêts ;
Des dignes chevaliers c'est le plus beau partage.
Que l'on ouvre la lice à l'honneur, au courage ;
Que les juges du camp fassent tous les apprêts.
Toi, superbe Orbassan, c'est toi que je défie ;
Viens mourir de mes mains ou m'arracher la vie ;

(1) J. Gers., *Op.*, t. II, p. 427 *et seq.*, éd. Dup.

Tes exploits et ton nom ne sont pas sans éclat ;
Tu commandes ici, je veux t'en croire digne :
Je jette devant toi le gage du combat.
(Il jette son gantelet sur la scène.)
L'oses-tu relever ?

ORBASSAN.

Ton arrogance insigne
Ne mériterait pas qu'on te fît cet honneur....
(Il fait signe à son écuyer de ramasser le gage de la bataille.)
Quel est ton rang, ton nom ? Ce simple bouclier
Semble nous annoncer peu de marques de gloire.

TANCRÈDE.

Peut-être il en aura des mains de la victoire.
Pour mon nom, je le tais, et tel est mon dessein ;
Mais je te l'apprendrai les armes à la main.
Marchons.

« Ici la scène, dit La Harpe, offre pour la première fois les cérémonies du champ clos de l'ancienne chevalerie et les combats appelés *le jugement de Dieu.* »

Non, ce n'était pas *pour la première fois*, comme nous l'allons voir :

ANTHENOR (aux chevaliers).

Je dy, sans plus avant aler,
Qu'à tort condampnez ceste dame....
Qui ose dire du contraire,
Je sui prest de l'espée traire,
Et moi combatre.

LE MARQUIS (à l'oncle).

Biaux oncles, il vous fault debatre
Ce qu'il dit. L'avez entendu ?

Respondez; n'y ait attendu,
    Le fait vous touche.
            L'ONCLE.
Biaux niez (*neveu*), il ment parmy la bouche.
    Qui es-tu, dy?
            ANTHÉNOR.
Qui je suis? Né vous chaille qui.
Tant y a, je sui chevalier,
Et plus dire ne vous en quier;
Mais vezci mon gage pour elle....
            L'ONCLE.
. . . . . . Je dy que tu mens,
Et que bons est li jugemens;
    Vez ci mon gant.

Les deux champions ne sortent pas, comme dans *Tancrède*, pour se rendre au *champ d'honneur*, mais ils se battent sur la scène. L'oncle coupable (tandis qu'Orbassan ne l'est pas), se voyant terrassé par son adversaire, crie que la partie n'est point égale :

Il est jonnes, je sui ja viex!

« Avoue que tu as calomnié cette dame, lui dit Anthénor, ou je t'enfonce ce fer dans la gorge. »

Après s'être bien débattu, le calomniateur confesse son crime; et tandis que la marquise est mise en liberté, il est, lui, envoyé en prison; dénouement moins hideux et par là moins frappant que celui du dernier combat de ce genre, qui eut lieu à Valenciennes, le 20 mai 1455, en présence de Philippe-le-Bon, duc de Bourgogne, et au sujet duquel on peut voir, dans le t. Ier des *Archives du Nord*, un extrait de divers chroniqueurs, d'autant plus précieux, qu'il n'y a point là de grands mots, point de circonstances romanesques et propres à jeter un vernis d'héroïsme sur un préjugé misérable; car ce n'est point pour sauver un être faible, opprimé, mais pour je ne sais quel obscur démêlé, comme nous en voyons, que deux pauvres bourgeois, Jacotin et Cocquel, en viennent aux mains, armés seulement d'un bâton. Vous ne trouverez, dans ce simple récit, ni de ces grands coups d'épée, ni de ces mots voltairiens, de ces antithèses brillantes, et de ce cliquetis très peu philosophique; mais quand vous entendrez les hurlemens du vaincu, abattu, torturé par son adversaire; quand vous verrez le malheureux rendant le sang par le nez, la bouche, les oreilles, recevant enfin le dernier coup, le coup qui l'achève, alors de votre âme oppressée sortira ce cri de réprobation qui s'échappa de la bouche du bon duc, et vous vous demanderez comment un usage aussi absurde que sanguinaire, modifié seulement dans ses formes, mais toujours sanguinaire, est venu jusqu'à nous, à rebours du bon sens, « qui ne peut approuver, dit un des chroniqueurs (d'Outreman), que des Chrestiens remettent la décision de leurs différens aux forces naturelles, ou bien attendent un miracle du ciel, pour cognoistre la vérité. »

Avant Voltaire, au reste, l'Arioste dans son poëme de *Roland*, et madame de Fontaines dans son roman de *la Comtesse de Savoie*, avaient traité le sujet de *Tancrède*. Mais, pendant qu'on en faisait honneur au poëte italien, on ne se doutait pas que, bien avant l'Arioste même, un Français eût dramatisé ce sujet sur une scène française. Ce n'est pas la première fois que nous retrouvons dans notre vieille littérature les originaux dont on nous accusait d'être les copistes.

Robert le Diable, quoique inférieur aux ouvrages que nous venons d'analyser, a néanmoins dans son sujet quelque chose de populaire qui a dû tenter nos dramatistes. Ne nous étonnons pas de le voir d'une scène obscure de 1340 à 1350 (c'est l'époque que lui assigne M. P. Paris), devenir tout à coup en 1836, sur le *Théâtre des merveilles*, le plus suivi de nos drames lyriques. Les nouveaux auteurs n'ont guère emprunté pourtant aux chroniques de la Normandie que la position et le caractère de leur principal personnage.

Robert est un de ces hommes forcément coupables, sur qui semble peser la fatalité du crime. Lui-même s'en indigne et en demande la raison à sa mère. Elle lui avoue qu'un jour, il n'était pas né encore, fâchée de n'avoir pas d'enfant, elle eut le malheur de murmurer contre le Ciel et de s'écrier avec colère :

> Puisque Dieu mettre
> Ne veult enfant dedans mon corps,
> Sy li mette le dyable lors !

« Mon vœu impie, ajoute-t-elle, ne fut, grâce « à ton père, que trop bien exaucé ! Je ne tardai « point à devenir mère, et c'est toi que je mis au « jour. »

(Si ce ne sont ses paroles expresses, c'en est le sens.)

Cependant, comme cette dame a conservé, malgré sa faute, des sentimens religieux, Robert n'a pas été conçu seulement dans le péché : il participe encore de cette nature sainte, dont les enfans, suivant une heureuse croyance, héritent de leurs parens.

Poussé par son bon génie, je veux dire par les prières et par les larmes de sa mère, Robert, dans l'espoir d'expier ses crimes, va se jeter aux pieds du pape. Le pontife lui demande son nom, son état. Robert répond :

> Je le vous diray sans délay,
> Puisqu'il fault que je le vous die :
> Fil sui (*je suis fils*) du duc de Normandie ;
> Mais je me répute et scé bien,
> Sire, que je vail pis qu'un chien,
> Tant sui à Dieu abhominable.

Robert ay nom, surnom de Dyable.
Si que, pour Dieu, conseilliez-moy,
Ou je sui perdu, bien le voy.

Le pape consent à l'entendre. Robert à genoux lui dit :

Saint Père, je vous cri mercy;
N'aiez horreur de ma misère.
Quant mon père espousa ma mère,
Grant temps furent, à dire voir,
Qu'ilz ne porent enfans avoir,
Dont ma mère triste devint,
Et du courroux qu'elle ot (*eut*), advint
Quant elle m'ot conceû, sire,
Qu'elle dist, voire par grant ire,
Que se enfant conceu avoit,
Qu'elle à l'ennemi (*au diable*) le donnoit.
Si que, depuis que je sui nez,
J'ay esté si mal fortunez
Qu'à touz maux faire me mettoye :
Les enfans noz voisins battoie,
Et tant leur estoie grevable
Que surnom me mistrent de Dyable....
Saint Père, je tuay mon maistre
Qui me debvoit apprendre à lettré....
Desrober m'ai moult pené;
Sept hermittes, sire, ay tué
Que trouvay en un hermittage
Servans à Dieu de bon courage.
Bref j'ay esté si oultrageux
A mal faire, et si courageux,
Que tous, non pas un, me fuyoient
De si loing comme il me véoient.

Le pape, qui voit dans cette confession (aussi naïve qu'intéressante) le repentir de Robert, lui donne des instructions dont le mauvais sujet profite si bien, qu'il finit par devenir un saint. Nous ne le suivrons pas dans les fatigantes épreuves auxquelles il se soumet. On pourra en prendre connaissance dans l'ouvrage même récemment publié à Rouen par un savant éditeur, qui a eu communication du manuscrit. Je crois en avoir cité les vers les plus saillans. Je rappellerai pourtant encore un passage où Robert converti va trouver ses anciens compagnons de crime et de débauche, et veut à leur tour les convertir. Ils ne le veulent pas, eux. Robert, animé d'un beau zèle, les assomme, d'abord, et quand ils sont tous morts, il ajoute :

> C'est fait, or dormez là vos somes.
> Désormais serez prudeshomes,
> Il n'y ara point de deffault.
> Le feu à vous bouter me fault
> En l'eure, et la maison ardoir....

Son zèle ardent s'arrête néanmoins ; c'est dommage ! Il y a, dans cette manière de convertir les gens, une idée plaisante, et critique peut-être.

Mais une autre idée bien supérieure, c'est la lutte des deux principes qui se disputent l'âme de Robert : d'un côté, son mauvais génie, son indigne père, qui, du fond des enfers, veut l'attirer à lui, tandis que sa mère, au haut des cieux, prie pour l'âme de son fils et l'appelle.... Et où se trouve cette idée si profondément religieuse? Dans le drame hiératique, et sur un théâtre de couvent? Point. Au Grand-Opéra! rue Pelletier! — Pourquoi non? N'a-t-on pas vu la plus pure lumière pénétrer jusque dans le boudoir de Madeleine? *Nil desperandum.* C'est là la plus belle morale.

Nous avons encore remarqué dans ce manuscrit deux caractères énergiquement tracés. Ce sont deux martyrs. L'un, saint Ignace, dit à ses bourreaux :

> Mon bon Dieu souffri mort pour moy,
> Je veuil aussi mourir pour lui,
> Car mon ame a jà embeli
> De gloire et si enluminée
> Qu'elle est aussi comme minée
> Toute en s'amour (*son amour*).

L'autre martyr, saint Laurent, placé sur des charbons ardens, dit à l'empereur Dacien : « Tirant, »

> Qui si me martires sans cause,
> Voiz qu'en moy ce feu cy ne cause
> Chaleur nulle désordenée,
> Mais est en moy comme rousée,
> Causant doulceur et tout délit (*jouissance*).

C'est la pensée de saint Augustin, qui dit à Dieu : *Tua dulcedo craticulam beato Laurentio dulcem fecit.* Solil. XXII.

Et cependant Laurent finit cette tirade et la pièce par des imprécations où il annonce à ses bourreaux que tous les tourmens des enfers leur sont réservés. — Ce n'est pas là tout-à-fait l'esprit du christianisme. Nous le verrons plus tard, mieux compris, fournir à l'auteur du martyre de *Saint Crespin* des développemens bien supérieurs. J'en dis autant d'un miracle de *la Nativité*, ainsi que de plusieurs autres sujets qui se trouvent dans ce manuscrit, et dont je n'ai pas cru devoir parler ici, pour éviter les répétitions.

Mais je dois mentionner un Mystère remarquable dans le manuscrit de la Bibliothèque de Sainte-Geneviève, n° 164, W., dont j'aurai occasion de reparler, et où la Vierge Marie se trouve, dans son misérable gîte, surprise par les douleurs de l'enfantement. Elle est sans secours : saint Joseph en invoque. Une femme, nommée *Honestasse*, de qui peut-être viennent nos *sages-femmes*, voudrait en remplir les fonctions. Par malheur, elle est sans mains, et témoigne à saint Joseph sa douleur de n'avoir *que deux moignons qui sont enclos en sez manchons*. Son intention charitable est récompensée, car tout à coup des mains lui sont données pour aider la pauvre délaissée, et recevoir son Dieu. Ce fait est tiré sans doute de ces vieilles légendes où se complaisait la piété de nos pères, et dont on a vu plus souvent le ridicule que l'esprit. C'est un tort. « *Il ne faut point*, dit judicieusement La Bruyère, *mettre le ridicule où il ne doit pas être.* »

CHAPITRE III.

Solennités religieuses et dramatiques.

Nous avons vu, dans le chapitre précédent, les développemens prodigieux donnés à notre poésie dramatique par quelques hommes supérieurs et malheureusement inconnus. Depuis, jusques au *Mystère de la Passion* (1402), rien d'aussi remarquable sans doute. Nous devons mentionner cependant des spectacles qui appartiennent à notre sujet, à l'histoire des mœurs, des arts, et recueillir, en passant, quelques observations.

Nous voyons, dès l'année 1313, et bien souvent depuis, dans des circonstances solennelles, notre muse dramatique, au milieu des places, et sur des échafauds élevés à grands frais, nous la voyons, dis-je, étalant, dans un langage muet, et faisant *entendre aux yeux* les merveilles de la religion, que sans doute elle se sentait souvent incapable d'exprimer autrement.

Voulons-nous nous faire une idée de l'intérêt que nos ancêtres prenaient à ces représentations? lisons dans la *Chronique métrique* de Godefroy de Paris, publiée en 1827, la description du

Mystère représenté, mais non parlé, sous Philippe-le-Bel, *en l'isle Nostre-Dame :*

> Là vit-on Dieu et ses apostres
> Qui disoient leurs patenostres....
> Et là les innocents occire,
> Et sainct Jéhan mettre en martyre....
> Et d'autre part Adam et Ève,
> Et Pilate qui ses mains lève (*lave*).

Passons ensuite à ce que Froissart a si naïvement et si longuement raconté de l'entrée d'Isabeau de Bavière à Paris, lors de son mariage avec Charles VI : nous trouverons dans le langage pittoresque de notre chroniqueur, « ce ciel tout « estellé, qui s'élevoit à la première porte Saint- « Denis, et dans lequel jeunes enfans, appareil- « lés et mis en ordonnance d'anges, chantoient « moult mélodieusement ; et avec tout ce, une « ymage de Nostre-Dame qui tenoit son petit « enfant, lequel s'esbatoit à un petit moulinet. » Vous verrez plus loin, près de la Trinité, jouer « à grand esbattement une longue scène des « Croisades ; et plus loin encore, Dieu séant en sa « majesté, le Père, le Fils et le Saint-Esprit. Et « là estoient d'autres petits anges qui, descendus « du ciel, avant d'y remonter, mirent moult « doulcement une riche couronne sur le chef de « la Royne, en lui chantant tels vers :

> « Dame enclose entre fleurs de lys,
> « Royne estes-vous de paradis ? »

— Hélas! reine d'enfer plutôt, qui nous apportait des brandons de discorde. Mais le bon Froissart, *présent à toutes ces choses*, comme il le dit, s'émerveilla de plus en plus, quand le cortége arrivé, à la nuit, non loin de Notre-Dame, on vit sur une corde tendue du haut des tours, au plus haut bâtiment du pont Saint-Michel, un homme, ou bien un diable (1), armé de deux flambeaux, qui, s'élançant et parcourant la corde de l'un à l'autre bout, semblait, en agitant ses torches dans les airs, annoncer à la France sa reine — ou sa furie. C'est ce que le prudent narrateur ne dit pas, non plus que dom Félibien, qui, dans son *Histoire de Paris*, a raconté les mêmes faits.

Dix autres historiens ont décrit de semblables fêtes, où souvent les joies les plus étourdissantes du siècle étaient tempérées par la philosophie de la religion. Tantôt c'était la nativité du fils de Dieu dans une étable, et les rois admis près de lui, mais après les bergers. Tantôt c'était Hérode et ses cruautés exposés sur un échafaud, avec les bourreaux de Jésus-Christ, à l'horreur publique. Près d'eux nous venons de voir apparaître, dès l'année 1313, Pilate, cet homme faible de tous les temps, ce politique malheureux qui, depuis l'arrêt du Juste des justes jusqu'à celui de

---

(1) C'était un saltimbanque génois.

Louis XVI, n'a jamais cessé, par une ambitieuse condescendance, de tremper dans le crime et de s'en laver les mains. Tantôt « c'estoit la résur-« rection de nostre Seigneur, et Pantecoste, et « jugement dernier, qui séoit très bien, dit ma-« lignement le chroniqueur, car il se jouoit devant « le Chastelet où est la justice du Roi.... Et là « venoient gens de toutes parts, crians *Noël!* et « les autres pleuroient de joie (1). » Ailleurs on pouvait contempler le Saint-Esprit descendant sur les apôtres (sur ces hommes simples et purs); puis la trahison de Judas, puis le paradis et l'enfer; et au milieu, l'archange Saint-Michel pesant dans une balance les âmes des trépassés (2). D'autres fois on voyait « Dieu estendu en la croix, « et les deux larrons à dextre et à senestre.... et « quand le Roi (*Louis XI*) passa sur le Pont-aux-« Changes, on laissa voler parmi ledit pont plus « de deux cents douzaines d'oiseaux de diverses « sortes et façons pour divertir les gens (3), » mais non pour simuler, comme on l'a cru à tort, l'affranchissement des communes, que ledit roi pluma fort bien aussi.

Enfin dans la *Passion*, les spectateurs voyaient Jésus-Christ revêtu de tous les péchés et de toutes les misères du monde, figurés par cette robe

---

(1) Alain Chartier, *Hist. de Charles VII.*
(2) Chenu, *Recueil des Offices de France*, an 1437.
(3) Chr. de J. de Troyes.

d'ignominie et par cette croix de douleurs dont il s'était chargé, pardonner, jusqu'au dernier moment, au larron mourant près de lui dans le repentir, et n'abandonner à la justice divine que ceux qui, comme Hérode, Judas et le mauvais larron, s'étaient abandonnés eux-mêmes.

Ces spectacles, qui semblaient ne parler qu'aux yeux, en disaient plus à l'âme que nos fêtes futiles, dépourvues de raison, depuis que la Raison déifiée en a banni la foi. Dans ces siècles où le despotisme rencontrait si peu de barrières, on lui montrait du moins, à la faveur de la religion, les bergers et les rois égaux auprès de Dieu. On opposait aux tribunaux humains ce tribunal suprême où tous les jugemens seront jugés un jour. L'image à jamais mémorable de la plus criante injustice que la perversité, aidée de la faiblesse, ait consommée jamais, le Crucifix, était, dans le sanctuaire des lois, pour les Caïphe et les Pilate, un signe accusateur; dans les asiles de la misère, pour les infortunés un espoir; pour tous enfin, sur la maison de Dieu, au plus haut de nos temples, un emblème sublime, au-dessus duquel le ciel, ouvert aux justes, repoussait aux enfers les tyrans, les traîtres et les lâches.

Tout, dans ces siècles de croyance, devait puissamment ébranler l'imagination. Il n'entre pas dans notre sujet de décrire ces processions solennelles qui, aux grands jours, sortaient religieusement de nos cathédrales majestueuses, et s'avançaient, bannières déployées, et *les Corps Saints* portés à travers les populations émues, au son de mille cloches dominées par l'imposant bourdon.... Ces pompes de la religion étaient transportées sans profanation dans des spectacles religieux, quoique mêlés parfois aux erreurs, mais aussi à la simplicité des temps. Nos parlemens n'avaient pas eu besoin encore d'interdire la représentation des Mystères ; et Boileau n'avait pas dit encore :

De la foi du Chrétien les mystères terribles
D'ornemens égayés ne sont point susceptibles.

Ces ouvrages qu'à peine pouvons-nous déchiffrer aujourd'hui, comment se faire une idée de l'appareil avec lequel on les représentait? Nous lisons dans nos chroniqueurs que l'*exibition* d'un Mystère était un événement qui occupait toute une province et même ses voisines. La longueur du spectacle et celle des ouvrages, partagés en journées, était indéfinie, comme nous le verrons, et le nombre des acteurs ou figurans, si considérable, qu'on a presque eu raison de dire que la moitié d'une ville était chargée d'amuser l'autre. Et cette charge n'était point un *jeu* pour les acteurs, lesquels, tout distingués qu'ils pouvaient être dans la bourgeoisie, même dans la noblesse, s'engageaient *par corps et sur leurs biens, à parfaire l'emprise,* (à jouer jusqu'au bout); *item étoient tenus de faire serment et eulx obligier par devant hommes de fiefs et jurez de cattel et notaires, de jouer ès jours ordonnez par supérintendantz.... Item, tenus* (les jours de représentation) *de comparoistre à sept heures du matin aux hourdements pour recorder, sur peine de six patars,* etc. (Manuscrit de Louis Lafontaine *sur l'Histoire de Valenciennes,* 1553, déposé à la bibliothèque de cette ville.)

Quoique nous devions plus particulièrement nous occuper du mérite littéraire et de l'esprit des Mystères, nous n'en abandonnerons pourtant pas la partie, pour ainsi dire, matérielle.

D'abord, outre le théâtre permanent des confrères de la Passion, on en établit, à certaines époques, dans diverses provinces, de plus vastes sans doute et sur des échafauds élevés à grands frais, tantôt dans une place publique et près d'une église, quelquefois dans l'église même, souvent dans un cimetière, comme pour ajouter à la religieuse moralité des sujets celle des lieux.

Une illusion non moins grande résultait du jeu des acteurs, qui n'étaient point des *comédiens ordinaires,* mais des hommes pleins de foi dans les sujets qu'ils représentaient. La plupart des mystères qui nous restent ont été composés par des prêtres qui souvent y remplissaient eux-mêmes les principaux rôles; et ils s'en pénétraient si bien, que deux d'entre eux y jouèrent presque leur vie:

Voici ce qu'on lit dans une note citée par les frères Parfait, t. II, p. 285, sur une représentation du mystère de *la Passion*, donnée à Metz en 1437 :

« .... Et fut Dieu un sire appelé seigneur Ni-
« colle.... lequel estoit curé de Saint-Victour de
« Metz, lequel fut presque mort en la croix, s'il
« n'avoit esté secouru; et convient que un autre
« prestre fût mis en la croix pour parfaire le per-
« sonnage du crucifiement pour ce jour, et le
« lendemain ledit curé de Saint-Victour parfit
« la résurrection, et fit très haultement son per-
« sonnage, et dura ledit jeu. Et un autre prestre
« qui s'appeloit messire Jean de Nicey, qui estoit
« chapelain de Métrange, fut Judas, lequel fut
« presque mort en pendant, car le cœur lui faillit,
« et fut bien hastivement despendu, et porté en
« voye. Et estoit la bouche d'enfer très bien faite,
« car elle ouvroit et clooit, quand les diables vou-
« loient entrer et issir. »

Faut-il à présent s'étonner qu'un ouvrage représenté avec cette ferveur, tout barbare et confus qu'il peut nous paraître, électrisât des spectateurs qui bien certainement étaient plus près que nous des grandes émotions de l'âme. A défaut de nos lumières, quelques étincelles du feu sacré, qu'ils voyaient briller à travers le cahos, suffisaient pour les enflammer. Tout à coup, au milieu du spectacle où l'orgue tenait lieu d'orchestre, des cantiques étaient entonnés par les acteurs et répétés en chœur par toute l'assemblée :

> Allons faire notre *Oremus*,
> Chantons *Te Deum laudamus !*

Tel est, à peu près, le *final* de tous les miracles et mystères qui nous ont été conservés.

Maintenant, au lieu de dédaigner et de rire, tâchons, si nous pouvons, de concevoir l'effet que devait ajouter à cet accord unique de l'auteur, des acteurs et des spectateurs, la foi qui crée et qui anime tout, la foi qui, dans ces temps que nous nommons barbares, sut élever l'architecture à une hauteur qui nous confond.

L'art de la perspective, appliquée à la représentation théâtrale n'était pas négligé sans doute, puisque nous voyons de graves écrivains en parler avec admiration, eux qui avaient sous les yeux tant d'autres chefs-d'œuvre. Aussi les artistes applaudis ne manquaient déjà pas d'amour-propre. On nous a conservé le mot de ce peintre qui disait plaisamment aux admirateurs d'un paradis qu'il avait fait : « C'est bien le plus beau paradis que vous vistes jamais, ne que vous verrés. »

Quant à la musique, elle jouait sans doute un grand rôle dans les mystères. Mais en reste-t-il des monumens, et l'art y a-t-il présidé ? C'est ce que ne nous apprennent pas des hommes très savans d'ailleurs, qui ont écrit sur cette matière (1). M. Fétis, dans son introduction à la *Biographie universelle des Musiciens*, qu'il vient de publier, dit, p. 257, « que la musique dramatique n'existait point en France au temps de Louis XIII. » Faut-il en conclure qu'elle était ignorée auparavant? Non : M. Fétis lui-même parle avec intérêt de la pastorale intitulée *le Jeu de Robin et Marion*, dont un air chanté par la bergère est gravé dans le t. Ier de la *Revue musicale*. Cette pastorale, comme nous l'avons dit, est d'un contemporain et compatriote de J. Bodel, Adam de Le Halle, poète et musicien dont les chansons nombreuses se trouvent manuscrites à la Bibliothèque Royale, dans le volume qui contient *le Jeu de Saint-Nicolas*.

Des chœurs, des morceaux d'ensemble, indiqués dans plusieurs mystères, ont été crus à tort, je crois, dépourvus de tout art. L'harmonie, ou la science du contre-point, ignorée des anciens, ne l'était pas de nos pères, comme on peut le voir notamment dans le t. XVI, p. 257, de l'*Histoire littéraire de la France*, article de M. Amaury Duval.

Aux exemples cités, qu'il me soit permis d'en ajouter un, peu connu, que j'emprunte à un

---

(1) Lebeuf, Muller, Burney, Ginguené, Laborde, et depuis, MM. Amaury Duval, Castil-Blaze, Fétis.

mystère de l'*Incarnation et Nativité*, appartenant à la Bibliothèque de Sainte-Geneviève et représenté à Rouen en 1474, mais plus ancien. On va voir si nos pères étaient étrangers à la science musicale.

Un berger mélomane, pour célébrer la naissance de Jésus, veut donner à un de ses camarades, qui est fort ignorant, des leçons de musique, et lui dit :

>Or m'escoute. Premièrement
>Pour avoir de chant l'instrument
>D'où vient mainte joyeuseté,
>Tu trouveras dyapenté
>Qui contient trois tons et demy.
>— Ludin, par ma foi, mon amy,
>Se je entens ne blanc ne bis....
>Mais parle-moy de nos brebis,
>Et de ce qui leur appartient.
>— Puis deux tons et demi contient
>Dyatessaron. Qui assemble
>Les deux consonnances ensemble,
>Il peut dyapason trouver.
>— Autant en scay-je comme hier.
>— Numérales proporcions
>Ont grans participacions
>A ceulx-cy, car avec dupla
>Très grande conveniance a
>Dyapason. Puis me souvient
>Qu'à dyatessaron convient
>Sexquitertia. Et après,
>De sexquitertia est près
>Celle qu'on dit dyapenté.
>— Qu'est-ce que tu m'as raconté !
>Je n'entens rien à telz propos.

L'ébahissement de ce pauvre berger rappelle celui de la servante des *Femmes savantes* à laquelle on vient parler grammaire, et qui répond *grand'mère!* La savante aussi entre dans une explication doctorale :

> La grammaire, du verbe et du nominatif,
> Comme de l'adjectif avec le substantif,
> Nous enseigne les lois. — J'ai, madame, à vous dire
> Que je ne connois point ces gens-là. — Quel martyre!
> Ce sont les noms des mots, et l'on doit regarder
> En quoi c'est qu'il les faut faire ensemble accorder.
> — Qu'ils s'accordent entre eux ou se gourment, qu'importe?

Ici c'est de l'accord des mots qu'il s'agit, là de l'accord des sons. Et pour que la ressemblance soit plus complète, quand le docte mélomane dit gravement qu'il a parlé de l'art, l'autre, qui est à jeun, réveillé par ce mot, s'écrie :

> Vraiment! tu as parlé de lard!
> De quel lard? De pourcel?

Nous avons donc été devancés en tout : en peinture, en musique, et même en calembourgs!

Comment la poésie dramatique n'eût-elle rien produit à ces époques, quand nous la voyons cultivée, non seulement à Paris, mais encore dans nos provinces, surtout dans celles du Nord? Les chroniques de nos villes sont pleines du récit de ces représentations. Il en est une qui eut lieu dans une circonstance douloureusement mémorable, et qui rappelle *le Jeu de Saint-Nicolas,* par l'importance des événemens.

C'était en 1453. Un des princes les plus puissans alors, et le plus grand, Philippe-le-Bon, duc de Bourgogne, souverain de la Flandre, tenait sa cour à Lille, au milieu des fêtes qu'on y célébrait pour le mariage d'Isabelle de Bourgogne avec le prince de Clèves, lorsqu'on apprend que les infidèles viennent de reprendre Constantinople, d'égorger l'empereur chrétien qui la gouvernait, et de joindre à l'horrible carnage de tous les défenseurs de la croix la profanation des lieux saints. A cette nouvelle, la Flandre, en qui l'ardeur des croisades vivait toujours depuis qu'elle y avait vu ses enfans cueillir tant de palmes, et deux d'entre eux, les Baudouin, élevés successivement à l'empire, la Flandre se réveille plus énergique et plus terrible. Le duc de Bourgogne voulant seconder un mouvement qui peut entraîner toute la chrétienté, et reporter sans retour la croix dans cet Orient d'où s'est élevée la lumière du monde, fait mêler aux fêtes nuptiales la représentation d'une allégorie que les historiens nomment *Mystère* ou *Intermède,* et dans laquelle le duc et sa cour jouent les premiers rôles.

Des princes puissans et la fleur de la chevalerie assistaient à cette *solennité, qui l'emporta,* dit M. de Barante, *sur tout ce qui avait été vu en Bourgogne et ailleurs.* Elle eut lieu à Lille le

17 février 1453, et elle est connue sous le nom de *Vœu du Faisan,* parce que ce fut sur cet oiseau que, suivant un usage d'alors, furent faits les sermens de délivrer la Terre-Sainte. Les détails de cette fête nous ont été transmis par divers chroniqueurs, notamment par Olivier de La Marche, qui en fut témoin et même y prit part. Il raconte sans intérêt plusieurs intermèdes où la chevalerie est mêlée à la religion : mais en voici un sur lequel le narrateur s'arrête : « Par la porte, dit-il, où
« tous estoient passez et entrez, vint un géant....
« vestu d'une longue robe de soie verte.... et en
« sa main senestre tenoit une grosse et grand guisarme, et à la dextre menoit un éléphant sur
« lequel avoit un chasteau où se tenoit une dame,
« en manière de religieuse : sitost qu'elle entra
« dans la salle, elle dist au géant qui la menoit :

   « Géant, je veuil cy arrester :
   « Car je voy noble compaignie,
   « A laquelle me fault parler.
   « Géant, je veuil cy arrester.
   « Dire leur veuil et remonstrer
   « Chose qui doit bien estre ouye.
   « Géant, je veuil cy arrester,
   « Car je voy noble compaignie.

« Quand le géant ouït la dame parler, il la re-
« garda moult effrayément.... et là, plusieurs
« gens eulx esmerveillans, que ceste dame pou-
« voit estre. Parquoy sitost que son éléphant fut
« arresté, elle commença :

   « Hélas! hélas! moy douloureuse!...

« J'ay cœur pressé d'amertume et rigueur,
« Mes yeux fondus et flétrie ma couleur....
« Oyez mes plains, vous tous où je ravise,
« Plorez mes maux, car je suis saincte Église,
  « La vostre mère,
« Mise à ruine et à douleur amère
  « Par vos dessertes;
  « Et mes enfans
« Mors et noyés et pourris par les champs.
« Mon dommaine est ès mains des mécroyans....
  « Et moy je cours
« De lieu en lieu, et puis de cours en cours,
« Criant premier l'Empereur au secours....
« O toy, ö toy, noble duc de Bourgogne,
« Fils de l'Église, et frère à ses enfans,
« Entens à moy, et pense à ma besogne....
« Et vous, princes puissans et honorez,
« Plorez mes maux, larmoyez ma douleur....
« Par mes enfans je suis en ce mesheur,
« Par eulx seray, si Dieu plaît, secourue.... »

Après cette longue complainte, dont je n'ai pris que les traits saillans, « Mon dict Seigneur Duc, « ajoute Olivier de La Marche, regarda saincte « Église, et ainsi, comme ayant pitié d'elle, tira « de son sein un bref contenant qu'il secoureroit « la Chrestienneté, dont l'Église soy resjouit, et « voyant que mondict Seigneur avoit baillé son « vœu à Toison-d'or (*son héraut d'armes*), et que « ledict Toison-d'or le lisi, elle s'escria tout haut « et dit :

« Dieu soit servy et loué hautement,
« De toy, mon fils, doyen des pers de France,
« Ton très hault vœu m'est tel enrichiment,
« Qu'il me semble estre en pleine délivrance....

« O vous, princes, chevaliers, nobles hommes,
« Levez vos mains, tandis que nous y sommes....
« Offrez à Dieu ce que luy debvez rendre. »

Tous les princes et chevaliers présens, à l'exemple du duc, proclamèrent, ou firent écrire leurs vœux, parmi lesquels nous remarquons celui de Jehan de Chassa, qui « voue de chevaucher tant, et de ne jamais retourner la tête de son cheval qu'il n'ait vu la bannière d'un Turc abattue (1). »

La France, quoique respirant à peine de sa longue anarchie et du joug étranger, eût cédé avec joie, ainsi que son roi Charles VII, à cette impulsion de la Flandre et des *vœux du Faisan* qui retentissaient dans toute l'Europe ; mais le concours d'autres souverains, surtout de l'empereur d'Allemagne, Frédéric III, était indispensable. Le duc de Bourgogne courut lui-même en Allemagne, dans l'espoir de déterminer l'Empereur, et il ne put même le voir. De graves historiens ont assigné à la conduite et aux réponses évasives de Frédéric III divers motifs auxquels j'ose en ajouter un qui, pour être petit, n'en est que plus vrai peut-être : c'est que cet homme bi-

---

(1) Dans le grand Mystère manuscrit de la Bibliothèque de Valenciennes, les trois rois font des vœux semblables, *pour trouver le Dieu nouveau-né*. Melchior dit :

Quand à moy, j'ai déterminé
De jamais n'arrester en voye
Tant qu'à ce noble Roy je voye ;
C'est tout mon solas et desir.

zarre et jaloux de la réputation du duc de Bourgogne, aurait été blessé de cette allégorie où les princes chrétiens, *et premier l'Empereur,* se trouvaient indirectement, mais trop justement accusés d'avoir laissé tomber Constantinople aux mains des infidèles. Une croisade pourtant eut lieu, conformément au *Vœu du Faisan,* mais onze ans plus tard, et sans aucun succès, car on manquait d'ensemble. La barbarie des Turcs resta impunie, et la Croix sans soutien en Orient.

CHAPITRE IV.

Manuscrits de la *Passion* dans nos provinces du nord (1). — Singularités. — Conjectures.

Quoique le projet de relever la Croix sur les ruines de l'islamisme eût échoué, la gloire de l'avoir entrepris en demeura pourtant à Philippe de Bourgogne, et aussi à la Flandre. Cette province n'avait eu, il est vrai, dans cette circonstance, qu'à se rappeler sa vieille gloire et ses sacrifices passés. C'est ce qu'elle fit long-temps. Long-temps nous y voyons les souvenirs de la Terre-Sainte, les merveilles du Thabor et du Calvaire, mêlés aux fêtes, aux arts, à la littérature. Il suffirait, pour s'en convaincre, d'entrer dans une des bibliothèques de nos villes du nord, et de s'arrêter, par exemple, à cette magnifique *Passion*, prêchée par Gerson, et copiée, par l'ordre de ce même duc de Bourgogne, avec un luxe de peinture et de calligraphie admirable. Mais tous les monumens du passé vous diront ce que furent, au nord de la France, les arts consacrés à la religion. Nous n'avons à parler ici que des représen-

---

(1) D'autres provinces ont eu leurs Mystères. La Bretagne en possède d'intéressans, mais qui, écrits en bas-breton, ne rentrent ni dans notre travail, ni dans les origines de notre langue.

tations dramatiques. Elles y ont commencé plus tôt, comme nous l'avons vu ; nous en allons voir la prolongation, la durée.

D'Outreman, historien et prévôt de Valenciennes dans le xvi° siècle, parle d'un mystère de la *Passion* en vingt-cinq journées, représenté l'an 1547 par les principaux bourgeois de cette ville. « On y fit paroître, dit-il, des choses étranges
« et pleines d'admiration.... Ici Jésus-Christ se
« rendoit invisible ; ailleurs il se transfiguroit sur
« la montaigne de Thabor.... L'éclipse, le terre-
« tremble, le brisement des pierres et les autres
« miracles advenus à la mort de nostre Sauveur
« furent représentés avec de nouveaux miracles.
« La foule y fut si grande pour l'abord des estran-
« gers, que la recepte monta jusques à la somme
« de 4,680 livres, bien que les spectateurs ne
« payassent qu'un liard, ou six deniers chacun. »

Ce mystère, dont nous ne connaissons aucun exemplaire imprimé, madame veuve Hurez à Cambrai en possède un beau manuscrit in-fol., orné de peintures d'autant plus précieuses, qu'elles nous donnent une idée exacte de l'étendue et de la disposition des théâtres à cette époque. On y voit d'un coup d'œil le paradis, l'enfer, Nazareth, Jérusalem, etc. Le peintre, tout plein de son orgueil d'artiste, fait précéder son nom d'une devise, et signe ainsi : « Point ne mord Mort *Cailleau*. » C'est le *Non omnis moriar* d'Horace. *Pictoribus atque poetis....* Le poète valenciennois ne s'est pourtant pas nommé, lui; mais à la fin du manuscrit, après ces mots : « Chy fine la Passion et Ressurrection.... ainsi qu'elle fut jouée en Valenchiennes l'an 1547...., » on lit le procès-verbal de cette représentation, à laquelle prirent une part active les hommes les plus distingués du Hainaut. Leurs noms, grâce sans doute à l'esprit évangélique de leurs rôles, se trouvent confondus avec les noms les plus modestes. Ainsi, un seigneur de Maubray, un Henry d'Outreman, un du Joncquoi, un de l'Atre, échevin de la ville, un Bailly de Vertaing, ne craignaient pas de se commettre en jouant de pair à camarade avec Gille Velu, faisant le bon larron, et Gille Podevin, le mauvais; avec un sergent des massards et un charpentier; enfin avec des demoiselles dont nous ne savons pas la condition, mais dont voici les rôles et les noms : « La Vierge Marie et plusieurs filles de Jérusalem, représentées par Jennette Caraheu, Jennette Watiez, Jennette Tartelotte, Cécile Girard et Colle Labequin. »

Parmi ces noms, qui tous ne sont pas éteints à Valenciennes, distinguons un Roland-Girard, qualifié *clercq du Béguinage en ladite ville, et fabricateur par son art rhétorical de toutes lesdites vingt-cinq journées* (sic). Remarquons aussi que ce nom est placé après celui du *charpentier qui livra tous les hourds et les bancs.* Ainsi voilà le pauvre Girard, nouveau Gringore, *fabricateur de vingt-cinq journées*, mis au-dessous de l'homme de peine et des hourds et des bancs, avec son *art rhétorical* et ses trente ou quarante mille vers, qui sont pourtant, dit-on dans le pays, assez bien *fabriqués*. Lui ont-ils été payés *à la journée*, ou à la toise, c'est ce que le procès-verbal ne relate pas. Mais il nous apprend que cette pièce a été approuvée par révérendissime père en Dieu Robert de Croy, évêque de Cambrai; qu'enfin la représentation, qui eut lieu sur un théâtre élevé près de l'église Saint-Nicolas, dura vingt-cinq jours, et que certaines places coûtaient jusqu'à douze deniers chaque jour. Total de la recette : 4,680 livres tournois, ce qui confirme et nous explique l'assertion de d'Outreman.

Ces faits sont rapportés encore par un autre historien contemporain, Lafontaine, que nous avons déjà cité. Il donne aussi à Girard le titre de *fabricateur* que, bien long-temps après, un autre La Fontaine appliqua si heureusement à l'Auteur de toutes choses :

<blockquote>
Le Fabricateur Souverain
Nous créa besaciers....
</blockquote>

Mais un manuscrit plus précieux de la bibliothèque de Valenciennes est la *Passion* en vingt journées, où je crois avoir retrouvé en partie le texte qu'on croyait perdu sans retour, du Mystère de la *Passion*, joué à Paris en 1402, par la société pieuse qui en prit le titre de *Confrérie de la Passion*, et en obtint de Charles VI des lettres-patentes.

Ce fameux Mystère, dont un médecin d'Angers, nommé Jean Michel, refit en 1486 la deuxième partie, et un anonyme la première, vers le même temps, on n'en connaissait que ces deux versions détachées. La diction y est sans doute moins surannée que dans le texte primitif; et toutefois on trouvera dans ce manuscrit de Valenciennes des expressions et des détails qui, pour être d'un goût et d'une civilisation moins avancés, ne sont pas sans intérêt, ne fût-ce que pour les mœurs et les modes, dans la toilette de Madeleine, par exemple.

Ce manuscrit, qui diffère des textes imprimés par plus de précision, puisqu'il exprime en moins de 40,000 vers ce que J. Michel et l'anonyme délayent en plus de 67,000, ce manuscrit est pourtant loin encore, selon nous, d'être une copie exacte du *Confrère de la Passion* qui peut-être repose dans quelque vieille bibliothèque, en attendant qu'un de nos savans investigateurs le découvre et lui dise : « *Exsurge, frater!* Réveillez-vous, frère! vous et votre cadet de Valenciennes, vous avez assez dormi. Je veux vous présenter tout poudreux à nos petits *gants-jaunes* : votre poussière est aujourd'hui de mode; et vous seriez ainsi reçu jusque dans les boudoirs de nos Madeleines, qui raffolent de moyen âge. Dites-nous seulement votre nom. Quoi ! pas de nom, même sur un feuillet ! Nous mettons aujourd'hui les nôtres sur tous les murs. Et votre pays ? Vous n'êtes pas gascon. A votre air froid et demi-goguenard, je vous croirais plutôt du nord. »

Cet ouvrage, en effet, où nous retrouvons le dialecte rouchi employé par Froissart, et dont M. Hécart a publié le dictionnaire, appartiendrait-il au nord de la France; ou bien un habitant du Nord l'aurait-il copié seulement, en y ajoutant quelques traits de son crû ? Je pourrais citer des détails où se trouve je ne sais quel goût de terroir,.... La Picardie, l'Artois, la Flandre, ont eu, même dans leur sol, mais surtout dans leur civilisation, des landes que devaient défricher d'infatigables religieux, tout en se livrant à la copie (Voyez *Hist. du Hainaut* de J. de Guyse, publiée par M. de Fortia, t. XII, p. 117, et *Hist. de la Civilisation en France*, par M. Guizot, t. II, p. 72). L'homme à qui l'on doit notre Mystère, ou plutôt la copie moins ancienne que nous en avons, aurait-il été un de ces religieux dont la position exiguë semble être caractérisée dans un passage remarquable aussi par l'emploi des diminutifs que notre langue a trop dédaignés ? On vient demander secours à un pauvre moine qui vit dans un désert tellement inculte, que les racines même, les herbes et les fruits sauvages dont il se soutient, les branches, les épines et les feuilles qui lui servent d'abri, sont aussi chétifs que sa rachitique et frêle existence. Voici comment il la peint :

> Ici ne sont que rachinettes (1),
>   Herbelettes,
>   Espinettes,
>   Des fœuillettes,
>   Lieux destruitz.
>   Sous branchettes
>   Autelettes.
>   Pomelettes
>   Et poirettes
>   Sont les fruictz.
> A Dieu servir sommes instruictz ;
> Nous vivons en sévérité,
> Nous n'avons nulz beaux lieux construictz.
> Nous n'appétons que povreté;
> En silence et en charité
> Nous ne volons qu'à Dieu servir :
> Velà nostre félicité,
> Sans nous à ce monde asservir.

On me dira que j'aurais pu choisir encore des traits plus caractéristiques de nos vieilles provinces : je l'avoue. Je pourrais tirer du manuscrit de Valenciennes bien des figures empruntées aux usages, surtout aux boissons du pays. Quand, par exemple, Agabus dit qu'on lui *fait un sûr*

---

(1) *Racinettes*, petites racines, eût été plus gracieux; mais *rachinettes*, qui est plus *rouchi*, a quelque chose qui va mieux au vieil anachorète.

brassin boire; quand Malcus, à la fin de la IXe journée, promet à un Juif de lui *brasser un sûr brassin*, et qu'une vignette assez barbouillée nous montre ce Malcus buvant ou fumant (je ne sais trop lequel), mais enfin fumant ou buvant l'oubli de ses chagrins, si ce n'est pas là de la localité, qu'est-ce donc?

Rappelons une scène entière plus frappante encore.

Pour faire un tableau flamand, dans le goût de Teniers, des noces de Cana, où Jésus changea l'eau en vin, il n'y manquait que de changer le vin en bière. L'auteur n'a pas pris cette licence, il est vrai; mais quand il l'aurait prise? Paul Véronèse, dans son grand tableau du *Festin des noces de Cana*, que nous voyons au Louvre, a bien mis un fou de la cour de François Ier avec ses grelots, et un chevalier de la Toison-d'Or; de plus, les grands artistes, les femmes distinguées et les souverains de son temps, parmi lesquels le roi de France, Marie d'Angleterre, Soliman II, Éléonore d'Autriche; et sur le premier plan, lui, Paul Véronèse, avec le Titien, avec le Tintoret, ses illustres rivaux, jouant tous trois de divers instrumens : accord allégorique que l'on n'a pas compris, et qu'on a pu trouver bizarre; mais tout cet amalgame et ces anachronismes de noms et de costumes ne sont-ils pas piquans?

Qu'un poëte flamand nous traduise *nectar* par *bière de Louvain*, qu'importe, si cette bière est bonne ! et elle est excellente.

J'en dis presque autant de la scène en question. On peut se croire en Flandre quand on entend le maître dire aux convives :

> Si vous avez peu à manger,
> Si beuvez bien à l'avenant.

« Vous avez peu à manger » est une formule de modestie qu'un amphitryon flamand ne manque jamais d'employer quand la table est couverte de mets. Quelquefois il cite le texte même de ce vieux dicton du pays, où l'invitation est formulée en maxime générale :

> Quand à manger il y a po (*peu*),
> Faut se revencher sur les pots.

Le précepte est si bien suivi aux noces de Cana, que tout à coup Abias et d'autres convives s'écrient :

> Il n'y a plus de vin ès potz (*dans les pots*),
> Vécy très mauvaise nouvelle !
> — C'est assez pour perdre propos.
> — Que dictes-vous ! — Point ne le cèle :
> Je vous le déclare à deux mots,
> Il n'y a plus de vin ès potz.
> — Vécy très mauvaise nouvelle !
> — Il y faut pourvoir. — Somme toute,
> On n'en sauroit recouvrer goutte,
> Pour l'heure présente. — La feste
> Sera honteuse et déshonneste,

Et grant scandale en viendra
A l'espouse, dont il sera
A jamais honteuse mémoire.
ABIAS (*à Jésus*).
Si les gens demandent à boire,
Maistre, que leur pourra-on dire?
NOSTRE-DAME (*à Jésus*).
Mon filz, la feste fort s'empire,
Et tourne à honte et à escande
Sur l'espoux, qui lui sera grande,
Si vous-mesme n'y pourvoyés,
Car le vin fault (*manque*), vous le voyés.
Pour Dieu, saulvés-luy ce desroy.

Jésus, dont l'indulgente bonté compâtit, non à la soif fort peu évangélique de quelques convives, mais à l'embarras des époux, fait apporter six vases pleins d'eau. Nos ivrognes en pâlissent. Un d'eux jure de *n'en pas mouiller ses dents*. Un autre goguenard ajoute :

Je croy que telz frians museaux,
Comme nous, n'y feront pas presse.
(Passant le vase à son voisin.)
Or, tenez, Architriclin. — Qu'est-ce?
— Goustés, puis en faictes rapport.

Architriclin, plus intrépide, goûte, et dit avec étonnement :

Ha! vécy du vin le plus fort!
Le plus délié, le meilleur,
Le plus sec, plus cler en couleur
Qu'oncques langue d'omme gousta!
Oncques de vigne ne gouta
Goute de vin plus délié.

Les autres, alléchés par cette assurance, se mettent à boire, et reconnaissent le miracle, qui leur donne de la toute puissante bonté du Christ la meilleure opinion. Abias s'écrie, avec une verve toute bachique :

> Si scavoye faire ce qu'il faict,
> Toute la mer de Galilée
> Seroit ennuyt (*aujourd'hui*) en vin muée (*changée*);
> Et jamais sur terre n'auroit
> Goute d'eau, ne plouveroit
> Rien du ciel que tout ne fust vin (1).

Cette scène, dont nous ne prenons que les traits principaux, coule tout entière de source, et cette source, nous verrons tout à l'heure, à d'autres indices plus dignes, qu'elle a dû sortir du nord. Pourquoi notre province serait-elle déshéritée de toute poésie ? Il y a poésie partout où vit quelque sentiment généreux ; et pense-t-on qu'ils n'ont pu germer dans le nord ?

Ce n'est pas mon opinion que je vais émettre ici. Un des enfans de la Bourgogne, adopté par le Nord, dont il est député, M. de Lamartine, écrivait de Marseille, au moment de partir pour l'Orient : « Le midi et le nord de la France me
« paraissent sous ce rapport (*de la poésie*) bien
« supérieurs aux provinces centrales. L'imagina-
« tion languit dans les régions intermédiaires,

---

(1) Le vin n'était pas étranger à notre terroir ; une plaine près de Valenciennes s'appelle encore *le Vignoble*.

« dans les climats trop tempérés ; il lui faut des
« excès de température. La poésie est fille du so-
« leil ou des frimas : Homère ou Ossian ; le Tasse
« ou Milton. »

Ajoutons que, pour la poésie dramatique, l'esprit d'observation est plus nécessaire encore que l'imagination, et qu'enfin, à l'époque de nos premiers Mystères, la poésie française avait acquis dans quelques provinces, surtout dans le nord, une maturité qu'elle n'avait pas à Paris. La préférence que, dans la capitale du royaume, les hommes éclairés donnaient à la littérature latine, remontait presque au temps de Charlemagne. Quoiqu'il eût peu résidé à Paris, les ouvrages latins dont il gratifia l'École du palais qu'il avait fondée (1), sa prédilection pour la langue des Romains, qu'il parlait et qu'il écrivait familièrement, en avaient fait la *langue courtisane*, comme dit Pasquier. On n'en parlait guère d'autre dans cette cour savante où tous les savans de l'Europe, à leur tête Alcuin, pouvaient, à l'aide d'un langage commun, converser avec Charlemagne, et traiter, même devant les dames, des questions d'un intérêt universel.

M. Guizot, qui, dans son *Histoire de la Civilisation en France*, a caractérisé ces savans et ces dames, qualifie Alcuin *le premier ministre intel-*

---

(1) *Hist. litt. de la France*, t. IV, p. 223 et suiv.

lectuel de Charlemagne, et nous le montre devant son illustre auditoire, répondant en latin aux questions souvent les plus subtiles, comme on peut le voir par une de ces leçons ou conversations intitulée *Disputatio*, qu'Alcuin lui-même nous a laissée, et que M. Guizot a traduite.

Dans la correspondance latine d'Alcuin avec Charlemagne (1), nous voyons le savant abbé, s'appuyant de l'autorité de saint Augustin pour adresser au vainqueur des Huns les conseils les plus sages sur la manière de se conduire avec les vaincus, « en servant aux uns le miel des saintes Écritures, et en essayant d'enivrer les autres du vieux vin des anciennes études (2). »

Ces études, après celles de l'Écriture et des Pères, avaient pour objet les meilleurs écrivains de l'antiquité latine. Ce fut dans leurs ouvrages que se précipitèrent, avec un empressement qui se conçoit, les esprits les plus distingués de ces temps. Et qu'on cesse de croire que le flambeau allumé par Charlemagne se soit éteint avec lui; nous le voyons briller d'un nouvel éclat sous quelques uns de ses successeurs, ou plutôt dans

---

(1) Alcuin était alors retiré dans une des riches abbayes qu'il tenait de la munificence de Charlemagne, et pour lesquelles on l'a trop souvent taxé d'ambition et de cupidité. M. Guizot, par le simple exposé des faits, a répondu à ces reproches.

(2) *Aliis sanctarum mella Scripturarum ministrare satago; alios vetere antiquarum disciplinarum mero inebriare studeo.*

les nombreux écrits des Éginhard, des Hincmar, des Jean-le-Scot et de beaucoup d'autres, recueillis ou analysés par M. Guizot. Nous voyons l'École du palais continuée à Paris, où, dès le règne de Charles-le-Chauve, elle jouit d'une prospérité telle, qu'au dire de Herric, moine de Saint-Germain-l'Auxerrois, la France n'avait rien à envier à l'antiquité. Le public du temps en fut si frappé, qu'au lieu de dire l'École du palais, *Schola palatii*, on disait le palais de l'École, *palatium Scholæ* (1).

A l'École du palais succéda l'École de Paris, qui fut à son tour remplacée par l'Université, dont la splendeur, à dater du XIIe siècle, contribua beaucoup à l'agrandissement de la capitale, mais non au développement de la langue française. Les cours publics suivis par des étudians venus de toutes les parties de l'Europe n'avaient lieu qu'en latin; en latin aussi les discussions de théologie et de métaphysique. « Au latin, dit Crevier (2), se bornait l'étude des langues dans le XIIe siècle. Le français était entièrement dédaigné » (*dans l'Université de Paris*).

Ce français, qui devait être un jour la langue de Fénelon et de Racine, n'était encore, il est vrai, que cette langue romane, surnommée alors *rustica*, et qui remontait à l'invasion des Romains

(1) *Cours d'Hist. moderne*, par M. Guizot, t. III, Paris, 1829.
(2) *Hist. de l'Université de Paris*, t. I, p. 239.

dans les Gaules, ainsi que son nom de *romane* l'indique. La rustique pourtant, grâce à son origine, commençait à s'urbaniser, en suivant, quoique d'assez loin, son aînée, la romane provençale, qui s'était si brillamment développée. Tandis que la vénérable mère des plus belles langues de l'Europe n'enfantait dans la capitale de la France que des œuvres graves, et se contentait de régner sur l'Europe savante, qualifiée par un secrétaire de saint Bernard *omnis Latinitas*, la romane rustique allait bientôt produire dans nos provinces du nord des poésies françaises, qu'à leur facilité précoce on a pu croire parisiennes, et souvent à tort : c'est à tort, par exemple, que le fameux roman d'*Alexandre*, en vers alexandrins, publié vers l'an 1210, a été attribué à un Parisien. Un de ses auteurs, il est vrai, était appelé Alexandre de Paris, sans doute parce qu'il avait habité cette ville, mais il n'en était pas moins de la province de Corneille.

L'auteur du fameux Mystère ne peut-il pas avoir aussi été, comme tant d'autres venus à Paris, un Normand, ou un homme du Nord ? — Pourquoi pas un homme du Midi ? me dira-t-on. — Parce que nous ne retrouvons là ni la langue, ni le reflet de la poésie du Midi. Cette austère et âpre versification des Mystères a dû naître dans le Nord, loin des chants d'amour et des peintures de la nature physique où brille le génie méridional. Que de charme et de séduction dans le Tasse et dans la traduction en vers de son élégant interprète (qui est aussi un homme du Midi)! Mais nous y avons à peine entrevu cette Jérusalem que nous apercevrons ici lugubre à jamais, à jamais lamentable (1).

Il est un fait qu'on ne peut nier, c'est le goût qu'ont eu de tout temps nos pays septentrionaux pour les représentations religieuses. Il n'en reste plus guère, il est vrai, que des vestiges, mais frappans encore, et que le contact de Paris n'a pas effacés, si l'on s'enfonce dans cette Belgique dont nous étions si loin de toutes les manières, quand on allait de Valenciennes à Mons *dans la même journée* (huit lieues!), par une *diligence*

---

(1) Dans une société où je lisais cet ouvrage, un de mes auditeurs m'arrêtant ici : « La poésie morale, celle qui éclaire, vous paraît-elle, monsieur, étrangère au génie méridional ? — A moi, monsieur! Si j'étais à ce point aveugle et détracteur,

> Le dieu poursuivant sa carrière,
> *Verserait des flots* de lumière
> Sur son obscur blasphémateur,

a dit un poète méridional, et je n'aurais qu'à r'ouvrir les yeux pour voir. Personne plus que moi ne rend hommage aux gloires si diverses, réparties, au reste, à peu près également sur toute notre France. Si j'ose ici revendiquer pour ma province une succession depuis si long-temps délaissée, dont on n'a pas même fait l'inventaire, et qui peut s'élever à trente-cinq ou quarante mille vers tout au plus, nos compatriotes du centre, ceux de l'est et de l'ouest sont bien assez riches pour ne pas nous l'envier.

qui faisait trois fois la semaine ce tour de force, signalé dans les almanachs du temps.

En entrant dans plusieurs des principales villes de la Belgique, vous voyez, par exemple, sur les places et près des églises, ici des statues colossales de saints ou de personnages bibliques qui vous représentent des scènes pieuses; là des squelettes effrayans soulevant leurs linceuls, et sortant de leurs tombes. Le calvaire des Dominicains d'Anvers est surtout remarquable, mais moins peut-être, comme pensée, que ce que j'ai vu sur un tombeau construit à la porte d'une église d'Ostende, en mémoire d'un ancien curé de cette ville. Sur ce tombeau s'élève une geôle en fer qui peut nous donner une idée de ce qu'était *la grant geôle*, qui, dans quelques Mystères, figurait le purgatoire. C'est ici un purgatoire aussi, au milieu duquel le curé, de grandeur naturelle, et quelques autres âmes, tous entourés de flammes, soupirent après l'heure qui doit les réunir à Dieu. Une inscription placée au bas de la tombe implore les prières des passans pour les pauvres âmes, auxquelles, du haut du ciel, un ange tend la main. Dans la plupart des cimetières de la Belgique se trouvent des représentations à peu près semblables, dont le but est de rappeler aux vivans le souvenir des morts; pensée que nous partagions si bien avec nos voisins, qu'il n'y a pas long-temps encore, la plupart de nos villes du nord entretenaient une ou plusieurs voix sépulcrales, chargées, au milieu de la nuit, de murmurer ces mots à tous les habitans :

> Réveillez-vous, gens qui dormez,
> Et priez pour les trépassés !

Si, des cimetières et des places, nous entrons dans les bibliothèques et les musées de la Belgique, le passé nous y montre le même goût pour la poésie religieuse et dramatique, dont quelques confréries entretenaient le feu. La plupart de ces pièces sont en flamand, et n'entrent pas dans notre sujet; mais nous devons parler de deux corporations qui ont exercé une grande influence sur les lettres, les arts et les mœurs.

La première de ces sociétés est celle des Chambres de Rhétorique, dont l'établissement remonte à l'année 1302, suivant quelques auteurs; et à une époque bien antérieure, suivant d'autres (1).

Ces sociétés littéraires et parfois politiques, qui ont long-temps existé dans les villes de la

(1) Un écrivain exact et grave, un Allemand, Warn-Kœnig, nous apprend (*Hist. de la Flandre*, trad. par M. Gheldolf; Bruxelles, Hayez, 1835) qu'en l'année 1126, Charles-le-Bon ayant été lâchement assassiné dans l'église de Saint-Donat de Bruges, au moment où il y faisait sa prière, le peuple, touché des vertus du prince qu'il venait de perdre, le mit au rang des saints. L'auteur ajoute que l'histoire de sa mort *fut même présentée sous la forme dramatique*. Ce fait, qui pourrait donner à la Flandre le plus ancien drame connu en langue vulgaire, méritait d'être appuyé de preuves.

Belgique et de la Flandre, se disputaient la palme de la poésie dramatique sur une question proposée par la Chambre précédemment victorieuse. Le prix était adjugé à celle qui avait représenté la meilleure Moralité ou Mystère (1).

La Rhétorique de Gand ayant proposé, en 1539, la question suivante : *Quelle peut être la plus grande consolation de l'homme mourant?* il paraît que les concurrens ne la traitèrent pas conformément aux vues politiques du duc d'Albe, car je lis dans un précieux catalogue des livres défendus par Philippe II, imprimé à Anvers chez Christophe Plantin, 1570, p. 79 : « Les jeux que par cy devant ont esté joués en la ville de Gand par les dix-neuf Chambres, sur le refrain : *Qui est la plus grande consolation de la personne mourante?* »

J'ai vu dans les Bibliothèques de Gand et de Bruxelles, deux recueils, dont un (in-4°, Anvers, Guill. Silvius, 1562) est intitulé : *Spelen van sinnen*, « Jeux d'esprit. » Il contient les pièces morales représentées en 1561, au concours des Rhétoriques de Bruxelles, Louvain, Malines, Anvers, Bois-le-Duc, Lierre, Berg-op-Zoom, etc., sur cette question : *Qu'est-ce qui porte l'homme le plus aux arts?* La Chambre de Louvain ayant, dans son drame, répondu : *la Gloire*, obtint le prix.

(1) Laserna Santander, *Mém. hist. sur la Bibl. de Bourgogne*; Bruxelles, Brackenier, 1809.

L'autre recueil (in-4°, Zwole, 1607) a pour titre : *Const-thoonende juweel*, « Joyaux dramatiques, » et renferme un grand nombre d'autres drames curieux, dont un des hommes de science et de goût que possède la Belgique doit nous donner un choix et la traduction.

Dans un discours prononcé à Gand par M. Cornelissen, à une distribution solennelle de prix (Gand, Begyn, 1812), je lis qu'en 1431, au milieu des guerres entre la France et la Flandre, la Rhétorique d'Arras, qui faisait alors partie de la Belgique, distribua des prix sur la question : *Pourquoi la paix si vivement désirée tardoit tant à venir ?* Et la paix fut conclue peu de temps après dans Arras même.

L'auteur du discours nous apprend qu'il y avait souvent deux prix à remporter : l'un en flamand, l'autre en français ; mais je n'ai découvert aucune pièce écrite dans cette dernière langue pour une Chambre de Rhétorique, car rien n'indique que les tragédies sacrées de Louis Desmazures, de Tournay, aient été faites sur une question donnée.

Les Belges, qui tiennent à leurs vieilles traditions, sont fiers encore du privilége que leur accorda un de leurs souverains, l'archiduc Philippe, père de Charles-Quint, lorsqu'il érigea en 1505, à Malines, une Chambre suprême dont le réglement porte en substance : « Que la Chambre sera composée de quinze rhétoriciens et d'un nombre égal de jeunes hommes, obligés d'apprendre l'art de la poésie; que lorsque cette Chambre et ses agrégés se rendront à un concours, ils pourront de droit représenter leur drame ou jeu de moralité; qu'enfin, pour honorer dans cette Chambre, d'une manière plus particulière, le Seigneur et Marie, on y admettra quinze femmes, en mémoire des quinze joies de la Vierge. » (*Id., ibid.*)

Un chroniqueur assure que *plus de cinquante rhétoriciennes* se mirent sur les rangs, et que toutes celles qui obtinrent la préférence étaient aussi sages que belles.

M. Cornelissen nous apprend encore qu'en 1616, au milieu des dissensions qui déchiraient la Hollande, une des Chambres de Rhétorique demanda *quelle seroit la chose la plus nécessaire au peuple et la plus utile au pays.*

En l'absence ou sous l'oppression des pouvoirs politiques, il est intéressant de voir éclore, du sein des lettres, ces germes de liberté qui tôt ou tard portent leurs fruits. Heureux le peuple qui n'en abuse pas!... Mais ce goût de littérature religieusement libérale, que nous voyons fleurir jusque sous le despotisme sanguinaire du duc d'Albe, où donc nos voisins l'avaient-ils trouvé? En eux-mêmes d'abord; peut-être aussi dans les Croisades; sans doute enfin dans leurs relations commerciales avec les républiques italiennes du moyen âge. Ajoutons que ce peuple a souvent eu des princes amis des lettres : un duc de Bourgogne, par exemple, qui avait un Gerson pour aumônier; une Marguerite d'Autriche, qui faisait elle-même de jolis vers français; un comte de Flandre qui, dans une charte citée par Laserna (*Bibliothèque de Bourgogne*, 44), qualifie son bibliothécaire *mon garde-joyaux*; un autre souverain, enfin, pour qui, dès le XIIe siècle, un poète français, Chrestien de Troyes, écrivait en tête de son roman de *Saint-Graal* :

> Le plus preud'homme
> Qui soit en l'empire de Romme,
> C'est li quens Phelippe de Flandres.

Les arts du dessin n'avaient pas acquis moins de développemens sous l'influence de la confrérie de Saint-Luc, dont on peut encore aujourd'hui admirer les œuvres, notamment au Musée d'Anvers. Cette société, composée de peintres, d'architectes, de sculpteurs, de graveurs, de tisserands (on sait avec quel art ils tissaient leurs tapis), de verriers ou de peintres sur verre, etc., représentait aussi des ouvrages dramatiques. J'en ai découvert un en flamand, joué à Anvers par les Confrères de Saint-Luc à la fin du XVe siècle. On peut en voir le manuscrit original aux archives de l'Académie royale d'Anvers.

Mais sans aller si loin, et sans remonter si haut, nous pouvons retrouver avant 93, dans les cérémonies religieuses où nos villes de Flandre luttaient de piété et de magnificence, l'esprit qui avait présidé à nos anciens Mystères. Parmi les nombreuses confréries qui se partageaient et réunissaient les fidèles, il en existait une à Valenciennes, dont le but était de rappeler les souffrances d'un Dieu, et le courage des saintes femmes qui, en le bénissant, malgré ses bourreaux, le suivirent, comme nous le verrons, du prétoire au Calvaire. Pour figurer ce trajet douloureux, dans une procession annuelle accompagnée de chants lugubres, les membres de cette confrérie, composée de personnes de l'un et de l'autre sexe, portaient, les uns divers instrumens de la Passion, d'autres ce qu'on appelait le *bon Dieu de pitié*, effigie de Jésus flagellé jusqu'au sang, et qu'accompagnaient de pieuses femmes, dont une soutenait, en guidon, le suaire sur lequel était restée empreinte la face ensanglantée du Christ.

Des plaisanteries grossières contre ces femmes inoffensives, et qui, m'a-t-on dit, furent proférées la dernière année de cette procession, présageaient ces jours déplorables où des hommes aveuglés d'un esprit de vertige, que, grâce au Ciel, nous ne comprenons plus aujourd'hui, poursuivraient, sur la place de Valenciennes, d'autres saintes femmes qui marchaient saintement au supplice. Elles étaient onze, toutes religieuses, soutenues par leur foi, et peut-être aussi par l'exemple de la supérieure des Ursulines, mère Clotilde (qu'on me pardonne de nommer ici la tante de mon père) : « Je la vois encore sur « l'échafaud, à genoux, la dernière » (me disait un vieillard bien étranger à ces horreurs, mais qui avait pu en voir le spectacle); « je crois, ajou- « tait-il, je crois ouïr encore cette femme intré- « pide, encourageant ses sœurs, et chantant avec « elles les louanges de Dieu, jusqu'au moment « où l'on n'entendit plus, dans toute la ville, « qu'un silence de consternation. » Là aussi, les chants avaient cessé (1).

Quand Napoléon eut rétabli le culte, on vit reparaître, sinon ces processions dont les riches insignes avaient été détruits, du moins quelques solennités semi-religieuses où l'on retrouve l'esprit de nos anciens Mystères, et des cérémonies assez étranges.

Un respectable prêtre nommé, peu de temps avant la Noël de 1812, curé d'un village de Flandre dont il ignorait les usages, avait commencé sa messe de minuit. Quel est son étonne-

(1) *Coupables* d'avoir cherché un refuge à Mons contre les persécutions, et d'être rentrées en France à la chute de Robespierre, les religieuses de Valenciennes furent victimes (octobre 94) d'un dernier et terrible éclat du fanatisme politique, que n'ont mentionné ni *le Moniteur*, ni les historiens de la Révolution. J'ai cru pouvoir ici d'autant mieux recueillir les faits, que leurs auteurs sont morts depuis long-temps: Paix à leurs cendres!

ment de voir tout à coup scintiller, au-dessus de sa tête, une étoile artificielle, et à ce signal, les portes de l'église s'ouvrir et donner passage aux bergers, aux bergères sautant de joie, et je crois même à quelques bêtes. Le curé stupéfait veut interposer son autorité : il n'est pas compris de ses ouailles, qui se mettent alors (suivant une expression que nous verrons tout à l'heure) à lui chanter *à gueule bée,* je ne sais quel Noël en faux-bourdon, accompagné d'offrandes de fromages et d'œufs, qu'avec une imperturbable gravité nos concertans viennent déposer au pied de la crèche.

Cet usage, et quelques scènes de la Passion, qui depuis plusieurs années se sont renouvelées dans des églises du département du Nord, ont donné lieu aux instructions du 1er juin 1834, par lesquelles l'évêque de Cambrai enjoint aux curés de son diocèse de « défendre dans les églises l'adoration simulée des bergers, nommée vulgairement *Bethléem,* ainsi que la représentation de certaines circonstances de la Passion de Jésus-Christ, et tous autres semblables spectacles, qui, quoique pieux, mais d'une piété qui n'est pas suivant la science, sentent les jeux de la scène (1). »

(1) Voici le texte de ces instructions, où l'autorité des défenses est revêtue de formes élégantes :

« *Juxta Canones Conciliorum, prohibemus rectoribus ne admittant spectacula, ut ficta Pastorum adoratio, vulgò Beth-*

Voilà des faits qui nous reportent à l'origine de notre drame, quand l'adoration des Mages à la crèche, la fête des Rameaux, où Jésus, monté sur un âne, entre à Jérusalem, et d'autres anniversaires amenaient en foule à l'église un peuple ivre de joie, qui, dans son pieux délire, dansant, chantant et récitant des vers, finit par faire intervenir au milieu de la fête, jusqu'à l'âne et au bœuf de la crèche; idée étrange si l'on veut, mais que l'on comprendra si l'on sent combien il est naturel de s'abandonner à la joie la plus folle en éprouvant un grand bonheur (1), et de se figurer que le plus stupide animal n'y peut être insensible.

Telle est l'origine de cette *Fête de l'Ane* dont on a trop pourtant exagéré le ridicule, sans daigner en rechercher l'esprit. J'en dis autant de la *Fête des Fous*, instituée (selon moi) d'après la noble mission qu'eut le christianisme d'abaisser l'orgueil et de relever l'humilité. Voilà pourquoi on la nommait aussi la *Fête du Deposuit*, par allusion à ces mots du cantique de Marie : *Deposuit potentes de sede, et exaltavit humiles*,

leem, *inter officium natalitiorum Christi et alia hujusmodi, ut Passionis ejusdem, vel unius aut alterius illius circumstantiæ figurativa repræsentatio.... Quæ scenicos ludos, licèt piè, sed pietate quæ non est secundùm scientiam, redolent.* » (*Statuta diœcesis Cameracensis.* Cameraci, Lesne-Daloin, 1834.)

(1) *Recepto*
Dulce mihi furere est amico. (HOR.)

que les enfans de chœur, que tout le bas clergé, que tout le peuple même, entonnaient avec tant de joie, le jour où les supérieurs, descendus de leurs dignités, leur en abandonnaient les insignes, et leur permettaient de se nommer entre eux, parmi les plus humbles, parmi les enfans même, un *Abbé*, un *Evêque*, ou un *Roi des chanoines*. Comment n'a-t-on vu là que le ridicule !

Beaucoup de liberté était alors laissée au peuple, qui la dissipait en joies innocentes : un évêque de Paris, dans le xii° siècle, Eudes de Sully, dernièrement taxé d'intolérance, permit néanmoins aux fidèles de répéter le fameux verset jusqu'à cinq fois. C'est plus, je crois, qu'un préfet de police n'en accorderait raisonnablement de nos jours. Le chant de Marie n'était pas encore, il est vrai, *la Marseillaise du moyen âge*. Les *humbles* n'avaient pas encore pris, comme au temps de la Réforme, le *Deposuit* et l'*Exaltavit* au sérieux. Ces *fous*-là restaient sagement dans leur rôle, n'attendant que du Ciel leur *exaltation*, et ne recevant qu'en riant la crosse avec la mitre et les coups d'encensoir, et cette royauté d'un jour que le sort leur donnait ; car le sort décidait aussi des rangs, comme à notre *Fête des Rois*, qui ressemble un peu à celle des *Fous*, même encore aujourd'hui dans nos provinces du nord. Aux bruyans festins qui s'y donnent la veille de l'Épiphanie, gens de tous états se voient représentés, depuis le fou du roi jusqu'au roi lui-même; et l'écuyer-tranchant et l'échanson surtout n'y sont pas oubliés. Si ce sont là nos saturnales, il faut convenir que les mœurs chrétiennes les ont bien épurées; on peut dire même qu'il n'en reste à peine qu'une faible trace. Je lis encore pourtant dans les *Archives du Nord*, t. IV, p. 530 :

« Quand d'abondantes libations avaient convenablement célébré l'introuisation du *Roi de la table*, on se séparait pour se réunir sous son sceptre gastronomique, le jour de *l'Abbé-boit*, jour auquel il *relevoit son royaume*. Malheur au convive distrait qui ce jour-là oubliait de saluer, par le vivat obligé de *le Roi boit*, chaque rasade du fortuné monarque ! Un bouchon brûlé à la main, *le Fou* lui chantait en riant son terrifiant quatrain :

> Quand le Roi commence à boire,
> Si quelqu'un ne disoit mot,
> Sa face seroit plus noire
> Que le cul de notre pot;

et il réalisait la menace avec une impitoyable exactitude. Cette manière de *tirer les Rois* s'était répandue dans la plupart des villes du nord, et elle est encore en usage dans quelques maisons, d'où les dieux pénates ont de la peine à s'exiler. Il existe à Cambrai une autre coutume qui semble y avoir été apportée par les Espagnols. La veille de l'Épiphanie, avant le jour, les porte-faix, munis de lanternes, se réunissent sur la grand' place, et tirent entre eux un *Roi* au sort. Lorsque le hasard l'a désigné, ils le proclament par trois salves de *vive le Roi !* dont les échos sonores de la place de Cambrai ont retenti, même sous l'Empire. On revêt alors le Roi d'une tunique bleue ornée de franges d'argent, et d'une toque parée d'un semblable diadème. On lui met en main une épée, surmontée d'une orange. Ainsi accoutré, il parcourt la ville, accompagné de ses sujets, et les dons qu'il reçoit sont destinés à un gala qu'il donne à la corporation d'où il est sorti. »

Pour en revenir à ce qui a motivé les instructions de M. l'évêque de Cambrai, citons un document qui pourra faire juger si le goût des spectacles religieux est enraciné dans nos provinces du nord, puisqu'il s'y est conservé jusqu'aujourd'hui. Il est tel bourg, tel village de Flandre, plus populeux, il est vrai, plus riche, plus religieux surtout que beaucoup de villes, et dans lequel le plus vulgaire ouvrage, tiré de l'Écriture, produit plus d'effet que n'en produirait *Athalie* au Théâtre-Français.

Ayant fait prier un homme éclairé qui habite les environs de Lille de prendre sur ce sujet de sûrs renseignemens, voici ce que je lis dans sa réponse datée de Lincelles, 2 juin 1835 :

« Venons à ce qui vous est demandé touchant ces tragédies chrétiennes dont je vous ai quelquefois entretenu. Il existe depuis long-temps à Lincelles une *Confrérie* ou *Société* dite *des Rhétoriciens*. J'en ai trouvé l'origine dans un registre que chaque curé transmet, depuis bien long-temps, à son successeur, après y avoir écrit de sa main ce qui s'est passé d'intéressant à Lincelles dans le courant de l'année. J'ai vu dans ce manuscrit, qu'en l'an 1760, M. Platel, curé, ayant institué des conférences sur le catéchisme le dimanche après vêpres, dans la crainte que les jeunes gens ne se livrassent à des divertissemens défendus, engagea plusieurs personnes à représenter sur la place quelques tragédies jouées autrefois, telles que *les Croisades, le Baptême de Clovis, Sainte-Geneviève*, etc., et permit de jouer les rôles les plus importans aux *docteurs*, c'est ainsi qu'on nommait ceux qui avaient fait leurs preuves, et répondu à toutes les questions sur le catéchisme du diocèse.

« Quelque temps après s'est introduit l'usage de représenter *la Passion*, dont je vous envoie le cahier (1), et qui se joue encore tous les ans pendant les dimanches de Carême. De vous dire que ce sujet est représenté au naturel et fait bien *pâtir*, vous n'en serez pas étonné quand vous saurez qu'il n'est rien de plus misérable et de plus propre à jeter le ridicule sur le plus sacré des Mystères. (*Nous verrons que le respectable correspondant est bien sévère.*) Les tableaux les plus naturels sont ceux de la Cène, où tous les acteurs mangent comme des affamés, et ceux où les Juifs crachent à la face du Christ, le tirent de côté et d'autre avec des cordes.... Ce sont des jeunes gens habillés en femmes qui jouent les rôles de la Vierge, de sainte Véronique et de la Madeleine. De semblables scènes ont encore été jouées, il y a quelques années, à Werwick, Halluin, Comines, Tourcoing, et dans les environs de Dunkerque; mais je doute que ce soit avec plus de talent, car dans *les concours qui ont eu lieu entre ces différentes sociétés*, celle de Lincelles a souvent remporté le prix. »

On venait de me communiquer cette lettre, quand un ecclésiastique alors à Valenciennes, et qui avait vu jouer cette même pièce pendant un séjour qu'il fit à Lille, la jugea tout différemment, tant nos jugemens sont divers! Ce respectable prêtre disait que ces grandes scènes de la Passion, où Jésus insulté, battu, traîné par ses bourreaux, paraissait ruisselant de sang, avaient produit sur lui et sur tout l'auditoire un effet indicible. Nos lecteurs, qu'il est bon de précau-

(1) C'est un petit manuscrit grossièrement relié; j'en extrairai plusieurs passages.

tionner contre l'effet *possible* d'un semblable spectacle, ne savent pas sans doute que le *ruissellement* se fait ordinairement au moyen d'une outre placée sous le vêtement de l'acteur, et de laquelle, à la pression de la lance appliquée contre le côté de Jésus, jaillit une liqueur pourprée, que l'on peut prendre pour du sang. Cette manière d'émouvoir, tirée de nos anciens mystères, tient à l'enfance de l'art, où rien n'était négligé pour parler aux yeux. Des décollations même, comme nous le verrons, avaient lieu sur la scène, où l'apparence était substituée, on ne sait trop comment, à la réalité. Je lis dans *le Martyre de Saint-Paul* cette note : « La teste saulte trois saulx, et à chascun yst une fontaine. » Dans un *Miracle de Saint-Denis*, manuscrit de la Bibliothèque de Sainte-Geneviève, n° 164, W., le saint décapité pour avoir prêché l'Évangile en France, prend tranquillement aux yeux des spectateurs ébahis sans doute (on le serait à moins), prend tranquillement, dis-je, sa tête dans ses mains, et l'emporte.

Ma curiosité, piquée par la diversité des jugemens de deux hommes également éclairés, me fit lire avec attention notre mystère flamand. J'y trouvai confirmé ce mot profond du *Misanthrope*, « qu'on peut louer et blâmer tout. »

Sans doute, en ne s'arrêtant qu'à l'écorce, je veux dire à la diction, qui est souvent hérissée de fautes, on peut rejeter l'ouvrage comme barbare. L'auteur, qui était, à ce qu'on présume, quelque bon curé d'un village de Flandre, avait cultivé son jardin plus que la poésie française. Et toutefois, ce fruit de ses loisirs n'est point dépourvu de saveur. Il y a de l'onction et des larmes dans quelques scènes, d'abord dans les prédictions de Jésus, lorsqu'il entre à Jérusalem. Le peuple, informé de ses miracles, vient à sa rencontre avec des rameaux, et criant : *Hosanna, gloire au fils de David !* Bientôt après, ce même peuple, changé par les discours des scribes et des pharisiens, demande la mort du Juste à Pilate, qui répond :

Que vous a-t-il meffait? N'est-il pas votre Roi?
— Excusez-nous, Seigneur, c'est un usurpateur.
— Cependant, ce matin, vous lui fîtes honneur.
— C'est pourquoi je vous prie *de* le faire appeler.

Voilà un *c'est pourquoi* aussi vrai que naïf : le peuple n'a souvent dans ses haines d'autre motif que ses affections précédentes. La scène du repentir de saint Pierre est d'un pathétique original. Voulant se dérober au monde et pleurer dans le désert le malheur qu'il a eu de renier son maître, il entre dans une caverne où, toujours poursuivi par la même idée, il s'écrie :

Pourrai-je avoir pardon du mal que j'ai commis?

L'écho lui répond *oui*. Cette réponse, qui

pouvait être plus juste à l'oreille, suffit à l'âme de saint Pierre; ouverte aux effusions du repentir, elle renaît bientôt à l'espérance. Il n'en est pas de même de Judas : le malheureux, après son crime, livré au plus affreux désespoir, est au moment d'attenter à ses jours, quand Madeleine, cette femme toute de repentir et de charité, lui apparaît. Ce rapprochement entre le désespoir et la pénitence personnifiés me semble admirable; et l'auteur, s'élevant avec son sujet, peint en traits si vrais une femme touchée de l'amour divin, que les grands artistes de la Madeleine, chargés de nous la montrer tout entière dans son repentir, pourraient peut-être emprunter des couleurs nouvelles à cette scène, en la rapprochant d'une autre que nous citerons plus loin.

Madeleine, après avoir rappelé à Judas l'infinie bonté de Dieu, ajoute :

J'ai péché comme toi, *et* beaucoup plus encore.
Détestables péchés, que toujours je déplore;
Mais ces pleurs sont si doux, si saints! que je voudrois
Te voir, voir l'univers partager mes regrets.
Crois-moy, quand sous ses lois l'amour divin nous range,
Il s'empare du cœur d'une manière étrange,
Sur tous ses mouvemens il estend son pouvoir,
Et produit plus d'ardeur qu'on n'en peut faire voir.
Mon abord chés Simon estonna l'assemblée :
Je parus, je l'avoue, en folle échevelée,
Mais je ne pouvois plus consulter la raison;
L'amour qui m'emporta fut sans comparaison.
Hélas! dès que je fus aux pieds de ce cher maistre,

> Je commençay, tremblante, à ne me plus connoistre :
> Je perdis la parole, et parlai par mes pleurs ;
> Mais un amour secret régnoit dans mes douleurs.
> Je vis de mes péchés un abisme effroyable :
> Ma vie en un instant me parut incroyable.
> Dieu seul a pu produire un si grand changement !
> Dieu seul a pu causer mon grand dégagement !...
> Imite-moi, Judas ; attends tout de sa grâce :
> De mon penchant au mal je ne vois que la trace,
> Je ne songe au passé que pour le regretter,
> Je ne vois mes péchés que pour les détester.

Cette femme, sévère pour elle seule, qui trouve ses péchés (*peccatula*, suivant une expression touchante que nous entendrons de la bouche du Christ), qui les trouve, dis-je, plus grands que le plus grand des crimes, finit par offrir à Judas son intercession près de Dieu :

> N'oses-tu l'approcher? Ah ! je t'offre mes larmes,
> Je reprendrai pour toi ces salutaires armes ;
> Il trouve à pardonner un triomphe si beau,
> Que j'accroistray sa gloire en un pécheur nouveau.

Le malheureux, sans foi, sans espérance, est insensible même à cette charité pénétrante, et répond à peine quelques mots. Il sort : on devine pourquoi.

Cette scène et plusieurs autres pièces qui existent dans nos villes du nord, prouvent qu'avec plus d'études littéraires, on serait loin d'être dépourvu de talent poétique; que ce n'est pas seulement à des circonstances particulières qu'il faut attribuer le drame de J. Bodel, et celui dont nous avons vu à Lille la solennité en 1453; qu'enfin le *Mystère de la Passion* représenté à Paris, aux hôtels de Flandre et d'Arras, a bien pu sortir aussi de nos provinces. Le manuscrit de Valenciennes devant jeter quelque lumière sur cette question sera l'objet d'un article spécial. Je me borne à dire ici que, sans nom d'auteur, ni date, ce manuscrit in-fol., sorti de la ville de Douai, où il paraît avoir été, vers le milieu du XVIe siècle, la propriété d'un nommé Baudin de Vermelle, a appartenu à l'abbaye de Saint-Amand avant de faire partie de la Bibliothèque de Valenciennes.

Que l'écriture et l'orthographe en soient plus ou moins anciennes, l'essentiel pour nous est d'avoir dans son ensemble l'ouvrage joué, en 1402, à Paris, et de pouvoir apprécier les changemens qu'y ont faits J. Michel et l'anonyme.

Quoique ce manuscrit renferme dans un seul volume et dans un seul ouvrage tous les sujets traités depuis sous les noms de *Mystères de la Conception*, de *la Nativité*, de *la Passion*, il est néanmoins intitulé seulement : LA PASSION DE IESVCRIST, *en rime franchoise* (sic); et c'est avec raison qu'il porte ce seul titre, puisque tout ce qui, dans l'Écriture, précède la mort de Jésus, se rapporte à ce grand événement. Le titre de *Confrères de la Passion* a fait croire aux bibliographes que les Confrères n'avaient joué que

les scènes de la *Passion* refaites par J. Michel;
c'est une erreur : nul doute que ces hommes
qui, à la manière de Shakspeare, mettaient en
action tout ce qui devait frapper l'imagination et
les yeux, n'aient commencé, comme notre manuscrit, par les scènes solennelles où Dieu le
Père, dans les cieux, entouré d'anges, de patriarches, et ensuite de la Vérité, de la Justice
et de la Miséricorde, délibère sur les péchés des
hommes. Ces premières scènes sont, comme nous
le verrons, la préparation indispensable de la
Passion. Lorsque, pour la facilité de la représentation qui eut lieu à Angers, en 1486, J. Michel ne prit que la seconde moitié de l'œuvre des
Confrères, il fut obligé de la faire précéder d'un
Prologue Capital (sic), où il explique en sept
cent quarante vers fatigans ce que les Confrères
avaient mis en action et en spectacle dans la scène
du paradis (1).

Après ce début malheureux, J. Michel se relève parfois; mais il noie souvent dans une diffusion déplorable le texte des Confrères. C'est ce

(1) J'ai trouvé à la Bibliothèque de l'Arsenal un ancien manuscrit en parchemin, qui n'a pas d'autre titre non plus que
celui de *Mystère de la Passion*, quoiqu'il commence aussi par
cette scène du paradis. C'est un gros in-fol., qualifié, dans le
prologue final du premier jour, *Petit abrégié*. — *Vos abréges
sont longs au dernier point*, pourrait-on dire à l'abréviateur,
qui, du reste, a maladroitement tronqué les meilleures scènes,
pour y encadrer une innombrable quantité de miniatures.

que nous semble prouver le manuscrit de Valenciennes, et ce que soupçonnaient les frères Parfait, quand, après avoir parlé, t. II, p. 288, du Prologue de J. Michel, qu'ils ne trouvent qu'*assez ennuyeux*, ils ajoutent :

> « Comme nous n'avons vu aucun manuscrit du Mystère de la Passion, et que nous ne connoissons point d'édition qui ait précédé les changemens que fit Jean Michel, nous ne pouvons savoir en quoi ils consistent. Cependant, si l'on en juge par la versification du poëme de *la Ressurrection* en trois journées, qui est assez mauvaise, et qui est incontestablement de cet auteur, on peut assurer que les meilleurs endroits de celui-ci ne sont point de lui. »

Quant à la première partie, refaite par un anonyme, elle nous a paru supérieure au travail de J. Michel, et souvent nous la préférerons même au manuscrit de Valenciennes. En résumé, ce manuscrit a l'avantage de nous offrir, dans un cadre moins étendu, et dans un texte plus correct, l'immense Mystère. Nous croyons qu'on y retrouvera mieux qu'à travers les non-sens et la diffusion de J. Michel, l'empreinte indélébile de l'œuvre originale.

Pourquoi nos meilleurs littérateurs, et notamment M. Villemain, n'en ont-ils pas eu connaissance ! Le peintre habile du *Tableau de la Littérature au moyen âge* a pourtant pressenti tout ce qui pouvait ressortir du sujet de la *Passion*; et il est intéressant de voir (t. II, p. 269) à quel point, dans son analyse d'un ouvrage inconnu, la sagacité du critique a deviné le génie du poète (1).

Après avoir déploré la stérile prolixité de notre poésie dramatique dans le xv͏ᵉ siècle, M. Villemain ajoute : « S'il est cependant une portion de la « littérature qui soit intimement liée avec toute « l'existence d'un peuple, qui serve à la fois à « former ses mœurs et à les constater, c'est le « théâtre. »

Cette observation s'applique surtout au drame de la *Passion*, qui, par la religieuse horreur du sujet, l'âpreté du style et des mœurs, et l'incohérent amas de scènes mi-partie barbares ou frivoles, traversées par de grands sillons de lumière, est peut-être *l'expression* la plus vraie de la société française au xv͏ᵉ siècle.

M. Villemain regrette éloquemment que le Mystère de la Passion, dans un siècle de croyance, ait manqué de poète : je crois en avoir trouvé un dont le génie sans doute est encore offusqué par un débordement de vers inutiles et d'absurdités grossières, mais qui en sort bien souvent radieux, ou bariolé de couleurs infinies.

---

(1) D'autres écrivains distingués ont traité les Mystères plus sévèrement que M. Villemain. M. de Sainte-Beuve, dans son *Tableau de la Poésie françoise au* xv͏ıᵉ *siècle*, dit : « Quant aux beautés dramatiques qui pourraient en grande partie expliquer l'impression produite par les Mystères, nous avouerons que, dans tout ce qui nous a passé sous les yeux, nous n'en avons découvert aucune, de quelque genre que ce fût. »

Qu'on ne s'étonne donc pas si je parle avec détail d'un ouvrage qui dispensera d'en voir beaucoup d'autres, et qui est le chef-d'œuvre du genre, le chef-d'œuvre peut-être de toute poésie française dans le xve siècle : étonnant ambigu où nous pourrons parfois entrevoir réunis Corneille, Racine, Scarron et Molière !

CHAPITRE V.

Mystère de la Passion.

Quel sujet! Milton et Racine lui-même en sont loin encore. Ce n'est pas seulement ici, comme dans *le Paradis perdu*, *l'avant-scène;* comme dans *Athalie*, *la précursion du plus grand événement dont le monde ait été le témoin et l'objet* (1); c'est cet événement lui-même, arrivant à une époque de corruption désorganisatrice telle que, de l'aveu de tous les écrivains profanes, d'accord en ce point avec l'Écriture, une rénovation universelle était devenue indispensable: *Renovabis faciem terræ*. C'est ce que va faire le christianisme, et c'est ce qu'étaient loin de prévoir les Romains, et, à leur tête, le plus grand historien de l'antiquité, Tacite, quand il parlait si brièvement *du Christ, supplicié sous le règne de Tibère, par l'entremise de Ponce-Pilate* (2).

Le génie des arts et des lettres, dans toute sa splendeur, n'eût point suffi à un pareil sujet; mais dans la représentation du grand mystère,

---

(1) Tel est le sujet d'*Athalie*. J'espère le prouver bientôt.
(2) *Christus, Tiberio imperitante, per procuratorem Pontium Pilatum, supplicio affectus erat.* Annalium, Lib. XV, §. XLIV.

tel qu'il fut joué d'abord, la foi, qui peut tout agrandir, suppléait sans doute à l'insuffisance de l'art. Nous savons quel était ordinairement le lieu de la scène. Plusieurs échafauds la remplissaient; le plus élevé et le plus éloigné représentait le séjour de Dieu, des anges et des saints; et d'autres échafauds, au milieu, divers lieux de la terre. Plus bas, se trouvaient les enfers dont l'entrée, que nous avons pu tout à l'heure entrevoir, était figurée par la gueule d'un dragon qui s'ouvrait, quand les diables en sortaient, et qui se refermait sur eux.

Il ne fallait rien moins que le ciel, les enfers et la terre pour exposer la grande action dont nous allons parler, et qui, malgré ses épisodes et son immensité, se rattache à un but unique : le sacrifice d'un Dieu fait homme, souffrant et mourant pour l'exemple et le salut des hommes. Nous verrons que tout vient aboutir à ces dernières paroles de Jésus expiant sur la croix les péchés du monde : *Consummatum est.*

Dès l'ouverture de la scène, dont nous avons cité les premiers vers, l'auteur s'élevant sur l'aile des prophètes et surtout d'Isaïe (je ne parle ici que de la pensée) dans les conseils suprêmes, nous montre Dieu le père sur son trône, entouré de ses anges. Dans sa bonté, l'Être divin voudrait que tous les hommes eussent part au bonheur des élus; mais sa justice veut que ce bonheur soit acheté. De là un long débat entre les attributs personnifiés de Dieu : c'est d'un côté, la Paix et la Miséricorde ; de l'autre, la Justice et la Vérité. Les péchés commis devant s'expier, l'infinie bonté du Créateur se résout à immoler son propre fils au salut des hommes.

A peine cette idée, qui lie la première scène à la dernière, est-elle entrevue, que l'enfer s'émeut, et de son gouffre s'élance Lucifer, qui fait à ses confrères cet énergique appel :

> Diables d'enfer horribles et cornus (1),
> Gros et menus, aus regardz basiliques,
> Infâmes chiens, qu'estes-vous devenus ?
> Saillez tous nudz, vieulx, jeunes et charnus,
> Bossus, tortus, serpens diaboliques,
> Aspidiques, rebelles tyranniques,
> Vos pratiques de jour en jour perdez.
> Traistres, larrons, d'enfer sortez, vuidez....
> Venez à moy, mauldis espritz dampnez !

Tous les diables accourent. Il faut remarquer dans cette scène la manière dont ils s'injurient et s'accusent les uns les autres de leurs tourmens que rien ne peut suspendre. Lucifer, toutefois, paraît un moment se calmer. Un de ses suppôts lui inspire une heureuse idée : c'est un nouveau crime à commettre envers Dieu, pour dérober l'homme à sa miséricorde. Après avoir souri à ce

---

(1) Nous préférons ici au manuscrit de Valenciennes, le texte imprimé ; mais quand nous le citerons, ce sera plus exactement qu'on ne l'a fait jusqu'ici.

bon conseiller : « J'enrage de joie de te ouyr, » s'écrie Lucifer, avec une alliance de mots remarquable, et sans doute en grinçant les dents de plaisir.

Comment n'être pas frappé du contraste qu'offre l'imposant spectacle de la première scène avec tous ces damnés inopinément vomis par l'enfer, avec ce feu roulant de malédictions et d'outrages?

Athalie n'a rien d'aussi tranché. Quelque infernal que soit son caractère et celui de Mathan, ils pâlissent devant Lucifer. Pour retrouver ce contraste admirable, faut-il donc remonter à Milton? ou plutôt Milton, bien postérieur à notre Mystère, serait-il venu prendre (j'en demande pardon à nos voisins), prendre au moins connu de nos dramatistes français la plus frappante idée du *Paradis perdu?*.... Non, ce n'est pas à un auteur français que Milton aurait cette obligation, mais à un poète latin, né, il est vrai, sur notre terre aussi, et auquel Milton, ainsi que notre dramatiste, aurait fait des emprunts. Ce poète latin, dont on ne citait guère que la lettre qu'il écrivit à Clovis pour le féliciter sur son baptême, est saint Avit ou Avite, né vers le milieu du ve siècle, d'une famille sénatoriale d'Auvergne, et mort évêque de Vienne en 525 (1).

(1) Butler et l'abbé Godescard, dans leurs *Vies des Saints*, parlent de saint Avit et de quelques uns de ses ouvrages, mais ils ne mentionnent pas même le plus important de tous.

Cet homme de génie et de vertu est un de ceux que M. Guizot, dans son *Histoire de la Civilisation*, a vengés de notre injuste oubli. Après avoir parlé des circonstances intéressantes de la vie, surtout de la sagesse et de la fermeté du saint prélat, l'historien critique s'arrête particulièrement sur trois de ses poèmes latins, qui n'en font qu'un, pour ainsi dire, et sont intitulés : le premier, *la Création*; le second, *le Péché originel*; le troisième, *le Jugement de Dieu*. En les lisant, on se croit dans *le Paradis perdu*.

« Ce n'est point par le sujet et le nom seuls,
« dit M. Guizot, que cet ouvrage, *en trois chants*,
« rappelle celui de Milton; les ressemblances sont
« frappantes dans quelques parties de la concep-
« tion générale et dans quelques uns des plus im-
« portans détails. Ce n'est pas à dire que Milton
« ait eu connaissance des poèmes de saint Avite :
« rien sans doute ne prouve le contraire; ils
« avaient été publiés au commencement du
« XVI° siècle, et l'érudition à la fois classique et
« théologique de Milton était grande; mais peu
« importe à sa gloire qu'il les ait ou non connus;
« il était de ceux qui imitent quand il leur plaît,
« car ils inventent quand ils veulent, et ils in-
« ventent même en imitant. Quoi qu'il en soit,
« l'analogie des deux poèmes est un fait littéraire
« assez curieux, et celui de saint Avite mérite
« qu'on le compare de près à celui de Milton. »

C'est ce que fait M. Guizot. Nous regrettons de ne pouvoir le suivre dans la lutte qu'il établit entre les deux poètes, lutte sublime d'où Milton ne sort pas toujours vainqueur. Obligé de rentrer dans mon sujet, je ne citerai que le passage suivant, où saint Avite, traduit par M. Guizot, peint les fureurs de l'ange déchu, à l'aspect du bonheur d'Adam et d'Ève dans le paradis terrestre :

« L'étincelle de la jalousie éleva dans son âme une vapeur soudaine, et son brûlant chagrin devint bientôt un terrible incendie. Depuis peu tombé du haut du ciel, il avait entraîné dans les bas lieux la troupe liée à son sort. A ce souvenir, et repassant dans son cœur sa récente disgrâce, il lui sembla qu'il avait perdu davantage, puisqu'un autre possédait de tels biens, et la honte se mêlant à l'envie, il épancha en ces mots ses amers regrets :

« O douleur ! cette œuvre de terre s'est tout à coup élevée devant nous, et notre ruine a donné naissance à cette race odieuse ! Moi, vertu, j'ai possédé le ciel, et j'en suis maintenant expulsé, et le limon succède aux honneurs des anges ! Un peu d'argile, arrangée sous une mesquine forme, régnera donc, et la puissance qui nous a été ravie lui est transférée ! Mais nous ne l'avons pas perdue tout entière ; la plus grande partie nous en reste ; nous pouvons, nous savons nuire. Ne différons donc pas ; ce combat me plaît ; je l'engagerai dès leur première apparition, tandis que leur simplicité, qui n'a encore éprouvé aucune ruse, les ignore toutes, et s'offre à tous les coups. Il sera plus aisé de les abuser pendant qu'ils sont seuls, et avant qu'ils aient lancé dans l'éternité des siècles une postérité féconde. Ne permettons pas que rien d'immortel sorte de la terre ; faisons périr la race dans sa source ; que la défaite de son chef devienne une semence de mort ; que le principe de la vie enfante les angoisses de la mort ;

que tous soient frappés dans un seul : la racine coupée, l'arbre ne s'élèvera point. Ce sont là les consolations qui me restent, à moi déchu. Si je ne puis remonter aux cieux, qu'ils soient fermés du moins pour ceux-ci : il me semblera moins dur d'en être tombé si ces créatures nouvelles se perdent par une semblable chute ; si, complices de ma ruine, elles deviennent compagnes de ma peine, et partagent avec nous les feux que je prévois. Mais pour les y attirer sans peine, il faut que moi, qui suis tombé si bas, je leur montre la route que j'ai parcourue volontairement ; que le même orgueil qui m'a chassé du royaume céleste, chasse les hommes de l'enceinte du paradis. »

On peut voir dans Milton le même discours, avec quelque chose de plus imposant encore. L'auteur du Mystère, que nous reverrons tout à l'heure dans une scène de diables fort originale, a sans doute moins d'élévation et de poésie que saint Avite et que Milton, mais plus de mouvement et d'énergie peut-être. Ce n'est que quand il veut faire parler Dieu qu'il demeure comme *accablé sous la majesté* de son sujet, suivant l'expression de l'Écriture.

Voici pourtant quatre vers remarquables que (dans le manuscrit de Valenciennes) Dieu le père adresse à Lucifer, comme au plus orgueilleux des anges déchus. Celui qui portait la lumière (son nom l'atteste) en fut ébloui le premier. Leçon terrible ! qui n'a pas empêché la chute d'autres astres.... *De cœlo stellæ ceciderunt.*

  O Lucifer, d'orgoeul esprictz,
  Contaminé d'ingratitude !

> Pour ton arrogante altitude,
> En enfer tu trébucheras!

Ce mot *trébucher*, qui, s'il faut en croire Voltaire(1), cité par Laveaux, *n'a jamais été du style noble,* Corneille en a fait souvent un admirable emploi, notamment dans ce passage du troisième Livre de son *Imitation,* où, exprimant la même pensée que notre vieil auteur, il relève ce mot par une opposition frappante, et nous fait voir la justice divine précipitant les anges rebelles, du haut de leur orgueil, *au plus creux de l'abîme :*

> Au plus creux de l'abîme elle a fait *trébucher*
> Ces astres si brillans de gloire et de lumière.

M. N. Lemercier, sans tenir compte d'un purisme étroit, qui n'a que trop appauvri la langue oratoire et poétique de Corneille et de Bossuet, fait dire à son Plaute, avec autant de noblesse que de force :

> Et qui droit en ses mœurs veut voir son fils marcher,
> Marchant plus droit que lui ne doit point *trébucher*.

Il me semble que nos orateurs mêmes pourraient placer ce mot heureusement. J'en dis autant de *altitude* et de *contaminé;* l'un plus sonore que *fierté*, l'autre plus noble et plus étendu que *souillé*. Mirabeau, avec son *arrogante altitude,* qui s'appuyait sur le génie, était-il souillé

---

(1) Commentaire sur *Rodogune*, acte IV, sc. v.

de ses vices? je ne sais, mais sa gloire en est *contaminée*.

Revenons à l'enfer, ou plutôt sortons-en, et voyons le paradis sur terre, dans l'image des saints époux Joachin et Anne, de qui doit naître la mère du Sauveur. Joachin, au milieu des riches campagnes et de tous les biens que Dieu lui a donnés, et sur lesquels il porte des regards reconnaissans, est seul d'abord; il entre dans une de ses bergeries, et s'adressant à ses serviteurs :

Et puis, mes bergers, en nos pars (*parcs*)
Comment se porte bergerie?
  ACHIN, *premier Berger.*
Agneaulx y sont partout espars,
Delà, deçà, en toutes pars;
C'est une plaisance infinie.
  JOACHIN.
Le Créateur en remercye.
  MELCHY, *second Berger.*
Vos portières (1) bien fructifient,
Et ne sçauroit-on trouver lieu
Ne place où ils (*elles*) ne multiplient.
  JOACHIN.
J'en suis tenu à louer Dieu.
  ACHIN.
Jamais vos ouailles n'avortent :
Et c'est ung fruict gros et noué
Que tous les ans ils vous apportent.
  JOACHIN.
Le nom de Dieu en soit loué!

(1) Brebis en âge de porter des petits.

Avec quel intérêt et quel art cette même réponse se trouve ici variée !

Joachin veut aussi s'acquitter envers les pauvres, qui représentent Dieu sur la terre. « Vous réserverez le tiers de mes biens, dit-il à son aumônier,

> Pour les povres et voyagers
> Qui par Nazareth passeront,
> Et viendront de divers quartiers ;
> C'est de quoy confortés seront.
> Mes biens point n'en amoindriront,
> S'il plaist à Dieu de paradis.
> De tous ceux qui demanderont,
> Qu'il n'y en ait nulz escondits.

Où trouver encore, dira-t-on, de ces mœurs des vieux temps ? Lisez ce passage des *Harmonies poétiques et religieuses* de M. de Lamartine :

> Je bénis Dieu du miel que dans ma coupe il verse.
> D'autres n'ont que l'absinthe ; et moi, grâce au Seigneur,
> J'ai ce que leur misère appelle le bonheur :
> Un toit large et brillant sur un champ plein de gerbes,
> Des prés où l'aquilon fait ondoyer mes herbes,
> Des bois dont le murmure et l'ombre sont à moi,
> Des troupeaux mugissans qui paissent sous ma loi,
> Une femme, un enfant ; trésors dont je m'enivre,
> L'une par qui l'on vit, l'autre qui fait revivre !
> Un foyer où jamais l'indigent éconduit
> N'entre sans déposer son bâton pour la nuit ;
> Où l'Hospitalité, la main ouverte et pleine,
> Peut donner, sans peser, le pain de la semaine....
> Une harpe, humble écho d'espérance et de foi,
> Et qui chante au dehors quand mon cœur chante en moi,

Le repos, la prière, un cœur exempt d'alarmes,
Et la paix du Seigneur, joyeuse *dans les larmes.*

En effet, malgré les apparences, du sein de ces prospérités patriarcales va surgir la douleur, mais aussi la même résignation. Comment deux hommes placés à une si grande distance, en des temps si divers, sans s'être concertés, s'accordent-ils si bien sur les moyens de bénir Dieu ? Voilà sans doute une des *harmonies* les plus *religieuses* qui se soient rencontrées jamais ! Si nous n'entendons pas dans l'auteur du Mystère les accens du chantre des *Méditations* et des *Harmonies,* c'est que la harpe de David était muette alors, ou plutôt n'était pas accordée ; et pourtant le vieux dramatiste essaiera d'y toucher tout à l'heure.

Nous avons laissé Joachin donnant des ordres pour qu'aucun pauvre ne fût *escondit* (*éconduit,* suivant l'expression identique de M. de Lamartine). Dans le manuscrit de Valenciennes, c'est devant sa femme qu'il répand ses bienfaits ; elle l'en félicite avec une expansion pleine de grâce, et la part active qu'elle y prend la rend plus touchante encore. Voyez comme elle s'anime à l'idée qu'on pourrait fermer, bien plus que sa porte et sa bourse, son cœur aux malheureux :

> Ce seroit inhumanité
> De clore par austérité (*dureté*)
> Son cœur contre un povre indigent,
> Quand il n'y a roy ne régent

Qui n'ait ce qu'il a en tout lieu
Pour aidier les membres de Dieu.

Que sont, en effet, les grands aux yeux de la Religion? les dépositaires du bien des pauvres. Et les pauvres? les *membres de Dieu*. En voici deux, l'un boiteux, l'autre aveugle. Délicats du monde, que leurs infirmités, leur langage et leurs cris ne vous rebutent point :

LE BOITEUX.
Notables gens, donnez.
L'AVEUGLE.
Donnez
A chestuy (*à celui*) quy n'y poeult rien vir (*voir*).

Ils répètent les mêmes phrases, et sans doute sur le même ton. Joachin s'approchant d'eux :

Voilà argent pour vous pourvir ;
Tenez, c'est une bourse plaine.
L'AVEUGLE.
Dieu la vous voeulle remérir.
ANNE.
Boiteulx, tenez, pour vostre paine
Allégier, et vous mieux nourir,
Tenez cela.
LE BOITEUX.
Doulce et humaine,
Noble dame, Dieu la vous rende !

A côté de cette scène touchante, il s'en trouve une autre (toujours dans le manuscrit de Valenciennes) qui prouve que la friponnerie est de tous les temps, et que l'homme charitable doit se précautionner contre les piéges qui lui sont tendus, sans pourtant s'armer contre des misères trop réelles, d'une méfiance qui lui sécherait le cœur,

> Et clouerait le bienfait aux mains du bienfaiteur.

L'auteur, en l'absence de Joachin et d'Anne, amène sur la scène deux coquins, dont l'un, qui a plus d'un tour dans son sac, feignant que le froid l'*affole*, se nomme *Claquedent*, et l'autre *Babin*, mot qui, d'après le Dictionnaire Rouchi, signifie *niais, imbécille*. Babin, malgré son nom et son air bête, est plus rusé que Claquedent même, auquel il persuade de faire l'enragé et de se laisser lier par lui, pour mieux exciter la compassion. Claquedent, entouré de cordes par Babin, se met à grincer des dents et à pousser des cris lamentables qui attirent l'épouse de Joachin. Cette sainte femme veut le soulager, Babin lui crie de ne pas le toucher :

> Ha, dame, m'amye,
> Laissiez, quoi ! ne le touchiez mye ;
> Il vous mordra !

Après une longue scène d'effroyables grimaces d'un côté, et d'une tendre compassion de l'autre, Babin dit qu'il va emmener Claquedent, et reçoit de l'argent de la dame charitable, qui lui recommande de bien soigner son camarade, et de revenir *quand l'argent lui fault*. Babin, sur cette

seconde recommandation, répond plaisamment :
O! madame, sans nul deffault.

Aussitôt qu'Anne s'est retirée, Claquedent dit à Babin : « Tost desloye » (*vite, délie-moi*); mais celui-ci voulant profiter, comme Raton, du mal qu'un autre Bertrand s'est donné, lui dit :

> Attends ung peu, j'y advisoye :
> T'as ta robe (*tu as ton compte*), et my, par art gent,
> Je garderay tout cest argent.

Claquedent, qui se voit pris dans son piége, pousse cette fois au naturel des cris de possédé. Babin n'en tient compte, et lui dit avec une allusion remarquable à la fable du Renard et le Bouc :

> Adieu, Claquedent dans la fosse;
> T'y demourra jusqu'à demain.

Au meurdre! au voleur! s'écrie le coquin enchaîné, tandis que l'autre s'enfuyant dit sans doute aux personnes qu'il voit venir de ne pas s'approcher de l'*enragié* :

> Ne le touchiez mye;
> Il vous mordra!

Enfin on vient au secours de Claquedent, et comme on lui demande qui l'a mis en cet état, il répond :

> Un laroncheau plain de malfaict.

Tout le comique de la scène est résumé dans ce mot : *un laroncheau!* Un diminutif de larron, *mettre dedans* un double fripon qui se croyait passé maître ! C'est ainsi que Patelin dit d'un autre fripon son cadet : « Il m'a trompé, moi qui trompe quelquefois les autres. »

Ce Patelin que je viens de nommer, et dont l'original n'appartient ni aux Grecs ni aux Latins, cette scène excellente, et d'autres que nous citerons, prouvent que le génie de la comédie existait depuis long-temps parmi nous, indépendamment des circonstances qui ont pu le développer.

Nous voilà loin de la *Passion :* c'est que ce sujet est immense. La *Passion* est l'histoire du monde, de la vertu, des vices et des misères; et la vertu, tout lui sert de creuset, les misères et les vices.

Anne et Joachin n'étaient pas encore assez éprouvés, sans doute, pour la gloire à laquelle Dieu les réservait. Quoique mariés bien jeunes et depuis près de vingt ans, ils n'ont pas d'enfant encore. On sait quelle défaveur était attachée à cette privation dans les familles juives, qui toutes se promettaient et se sont si long-temps flattées qu'on verrait naître d'elles le Sauveur du monde. Toutefois Anne et Joachin se résignent à la volonté de Dieu. J'ai omis les vœux naïfs que, dans les deux scènes citées, les pauvres et les gueux leur adressent pour qu'ils voient *amplyer et multiplyer leur lignye.* Ces mots, qui renouvellent leurs regrets, ne leur arrachent pourtant aucun murmure.

Il fallait une autre épreuve. Un prêtre de qui les saints époux attendaient leur consolation va combler leur douleur, ou plutôt achever d'épurer leur vertu, car tout rentre dans les vues de la Providence, même un mauvais prêtre, c'est-à-dire ce qu'il y a de plus funeste, et de plus rare aujourd'hui, grâces au ciel !

Joachin ayant été porter son offrande au temple de Jérusalem, en est repoussé par un pontife aveugle, qui publiquement lui reproche de n'avoir pas d'enfant. Joachin, qui sent peser sur lui l'anathême du prêtre et le mépris du monde, attéré d'un outrage qu'il voit retomber sur la plus chérie des femmes, s'en éloigne et arrive au milieu des champs, où il rencontre ses bergers. Par un contraste remarquable, l'homme opulent et malheureux entend ces pauvres gens qui se livrent sans souci à leur joie naïve. Voici le couplet que chante ou récite l'un d'eux, au moment où le maître arrive en soupirant :

> Pastourelles et pastoureaulx
> Soufflent dedans leurs chalumeaulx,
> Et puis chantent à gueule ouverte,
> En gringotant motelz nouveaulx,
> Faisant gambades, tours et saulx
> Sur les larris et l'herbe verte.

Mais écoutons l'homme religieux :

JOACHIN.

. . . . En tel desconfort,
En mon cueur je dois estre fort
A porter ceste adversité.
Si j'endure perplexité,
C'est peult-estre pour mon offense.
Je songe, je rumine, je pense,
Tant de choses que veulx-je dire.
Est-il à moy de contredire
La volunté du Créateur?
Nenny, je suis son serviteur :
Ce qui luy plaist, il me doit plaire.
Il luy a pleu de rien me faire,
Dois-je doncques en mon couraige
Estre troublé d'un mien oultraige,
Et en prendre si grand soulcy,
Puisqu'il luy plaist qu'il soit ainsy?

Le ton de ces vers est noble et ferme. Mais le sentiment qui les a dictés a inspiré, dans des douleurs plus vives, au chantre des *Méditations*, une prière à Dieu, un hymne véritable dont nous ne rappelons que la fin :

J'adore en mes destins ta sagesse suprême ;
J'aime ta volonté dans mes supplices même.
Gloire à toi ! Gloire à toi ! Frappe, anéantis-moi !
Tu n'entendras qu'un cri : Gloire à jamais à toi !

Si quelque sceptique de notre siècle voyait dans ces grandes résignations la moindre exagération poétique : Vous qui avez le malheur de ne croire pas à la plus élevée des vertus chrétiennes, pourrait-on lui dire, vous qui peut-être aussi méconnaissez l'esprit de nos pères, lisez, non dans un ouvrage d'imagination, mais dans Joinville, la scène qui suivit le moment où Saint-Louis acquit l'affreuse certitude que son frère, qu'il aimait tant, et ses plus braves serviteurs venaient de périr, égorgés par les infidèles :

« Comme nous cheminions, dit Joinville, vint
« vers nous frère Henry, prieur de l'hospital de
« Ronnay, qui, s'adressant au Roy, lui baisa la
« main toute armée, et luy demanda s'il scavoit
« aucunes nouvelles de son frère le comte d'Ar-
« tois : et le Roy lui respondit que ouy bien :
« c'est à scavoir qu'il scavoit bien que son frère
« estoit en paradis. »

Le prieur alors s'apercevant de l'émotion du Roi, sans plus lui parler de ses pertes, s'étendit sur quelques avantages remportés :

« Et le bon Roy luy respondit, ajoute Join-
« ville, que Dieu fût loué de ce qu'il lui envoyoit ;
« et en disant cela, luy commencèrent à cheoir
« des yeux les grosses larmes à grand abondance ;
« en manière que tous ceulx qui estoient pré-
« sens, voyant ainsi plorer le Roy, par grand pitié
« et compassion se mirent à plorer comme luy,
« en louant le nom de Dieu (1). »

Voilà le sublime de la résignation, non seulement dans le saint Roi, mais *dans tous ceulx qui estoient présens.*

(1) J'ai suivi ici l'édition de Laperrière, 1609, où ce dernier trait est plus heureusement placé.

Le peintre de Joachin reproduit donc ici fidèlement les mœurs des patriarches et celles du temps où il touchait. La religion y répandait son esprit dans toutes les classes. Cela nous explique ce passage du manuscrit de Valenciennes, où Joachin reçoit les consolations les plus hautes de deux pauvres bergers auxquels il s'est ouvert. « Hélas ! ajoute-t-il :

> Hélas ! je suis mis
> En povre penance.
> — Tous ses ennemis
> On vainc par souffrance.
> — Je suis à oultrance (*d'outre en outre*)
> Tresperchiet d'ennuict (1).
> — Fuyr faut la branche
> Quy trop blesche ou nuict.
> — Je suis débouté.
> — Vous aurez bonté.
> — Las ! on m'abandonne.
> — Dieu tout faict guerdonne.
> — Le monde me fuict.
> — Dieu vous fait conduict.
> — Nul ne me voeulx voir.
> — Dieu vous voeulx avoir.

Joachin, après avoir remercié ces bons serviteurs de leurs sentimens, leur dit qu'il va se recueillir avec Dieu, et il les quitte.

Cependant sa désolée compagne arrive. Inquiète, elle cherche son mari et demande à l'une

---

(1) Percé jusques au fond du cœur
D'une atteinte imprévue aussi bien que mortelle.
CORNEILLE, *le Cid.*

de ses servantes où il est. Celle-ci, après un pénible embarras qui l'empêche d'avouer à sa maîtresse ce qu'elle vient d'apprendre, pressée par ses questions et ses ordres, finit par lui dire que Joachin, repoussé du temple par le grand-prêtre, et en butte à l'horreur de tous, est parti.

La malheureuse épouse, accablée de tant de coups, laisse tomber ces mots entrecoupés :

> O gens meschans !
> Que nous sommes à tous infestes (*odieux*) !
> Or sont en tristesses nos festes ;
> Nos bienfaicts et nos dons perdons....
> . . . . O tristesse, ô misère !
> Trop me serre,
> Trop me faict d'ennuict et de paine.
> Confort n'ay de mère....
> Trop amère
> M'est ceste nouvelle soubdaine.
> C'est par moy que tel vitupère (*blâme*),
> Las ! compère (*atteint*)
> Joachin sans joie mondaine.
> Dieu, qui tiens tout en ton domaine,
> Tost ramaine
> Joachin pour moy désolé.
> Faict tant que par ta grace humaine
> Tu l'amaine
> En lieu où il soit consolé. (*Ms. de Valenciennes.*)

Que d'intérêt et de charme, dans ces derniers vers surtout !

Les saints époux, quoique encore éloignés l'un de l'autre, ont en même temps une même vision qui prépare la venue du Messie. L'ange Gabriel leur ordonne de se rendre séparément au temple par la porte dorée, et d'y renouveler leurs vœux. Au moment où ils vont y entrer, ils s'y rencontrent, et voici (suivant l'exemplaire de la Bibliothèque Royale) par quel dialogue, ou *duo*, ils expriment leurs sentimens :

ANNE.

Joachin, mon amy très doulx,
Honneur vous fais et révérence.

JOACHIN.

Anne, m'amye, vostre présence
Me plaist très fort : approchez-vous.

ANNE.

Hélas ! tant j'ai eu de courroux
Et de soulcy pour vostre absence !
Joachin, mon amy très doulx,
Honneur vous fais et révérence.

JOACHIN.

Dieu a huy besogné sur nous,
Et monstré sa grant préférence.
Cueur saoul ne scet que jeun pense :
Leurs souhais n'ont les hommes tous.

ANNE.

Joachin, mon amy très doulx,
Honneur vous fais et révérence.

JOACHIN.

Anne, m'amye, vostre présence....

On voit ici ce qu'*autrefois, dans le vieux temps,* la femme était devant *son seigneur et maître.* Celle-ci, quoique sûre de son ascendant, ne se permet qu'un mot de reproche : *Tant j'ai eu de courroux !* Elle ajoute aussitôt : *et de soulcy pour vostre absence.* Et elle réitère ses témoignages de tendresse et de respect. Joachin, cependant, préoccupé des promesses de l'ange, s'exprime avec le ton grave qui le caractérise, et en maxime générale. La modeste épouse, sans discuter ce langage de l'expérience, répond :

Joachin, mon amy très doulx....

Et les saints époux vont renouveler leurs vœux dans le temple.

La scène du manuscrit de Valenciennes, plus près de la nature, l'est trop pour nous, et elle ne vaut pas celle que nous venons de citer. Mais notre auteur reprend l'avantage quand il laisse le grand-prêtre s'humilier saintement devant l'erreur qu'il a commise. A peine les époux l'ont-ils informé des grâces que Dieu leur promet, qu'il leur dit :

J'ay fally. Las! compassion
Ayez sur moy de ma rigoeur.
Ce que je voy me faict le coeur
Perchiet de doeul, quoyqu'en joye.
O Dieu, tu monstre ta doulceur,
Ou tu voeulx plus que ne pensoye.
Las! seigneur, voluntier scauroye
Comment Dieu vous a consolé.
   JOACHIN.
Moy estant ainsy désolé
Que scavez, sur les champs j'oys (*j'ouïs*)
L'angel (*l'ange*) dont je fus resjoys,
Qui me dict que d'Anne marrye (*affligée*)
Viendroit fille dicte Marie,
Dont viendroit le souverain Roy
Qui mettroit tout en bon aroy, etc.

Le vœu des époux est comblé : nous voilà à la naissance de Marie, à qui sainte Anne, en la voyant si *gente*, adresse ces paroles :

> Tu es tant belle !
> Jamais de telle
> Ne fut au monde....
> De Dieu l'ancelle (*la servante*)
> Très pure et monde.
> Tu es féconde,
> Nulle seconde,
> Et n'auras, doulce colombelle,
> Car la grâce de Dieu redonde,
> Et jusqu'aux cieux superabonde !
> Anges chantent de la nouvelle.

Il y a du charme jusque dans ce désordre maternel et saint.

Lorsque Marie est arrivée à l'âge de trois ans, ses parens lui apprennent qu'ils l'ont vouée à Dieu, et lui demandent si elle veut venir au temple pour s'y consacrer et y apprendre les saintes Lettres. « Père, répond-elle, j'ai bon vouloir d'apprendre, »

> Si une fois suis en ce lieu,
> Jamais *je ne fus* si heureuse (1).

La sainte famille est au moment de s'acheminer vers le temple, lorsque trois parens éloignés et assez brusques, arrivent. Il faut les laisser parler et interroger la jeune vierge. Nous allons voir,

---

(1) *Je ne fus* pour *je n'aurai été*, incorrection familière aux enfans.

dans plusieurs traits du dialogue, quelques éclairs précurseurs d'*Athalie* :

ARBAPANTER.
Honneur, santé et bonne vie
Vous doint Dieu, parent Joachin.

JOACHIN.
Très bien soyez venu, cousin.

BARBAPANTER.
Salut vous fais et révérence,
Car je sais par expérience
Qu'estes nostre amy et affin (*allié*).

JOACHIN.
Très bien venu soyez, cousin.

ABIAS.
Anne, dame de grant value,
Révéremment je vous salue,
De couraige franc et begnin.

ANNE.
Très bien venu soyez, cousin.

ARBAPANTER.
Est-ce pas icy vostre fille,
Marie, que je vois si habille,
Si gracieuse et si doulcete ?

JOACHIN.
Ouy certes....

BARBAPANTER.
Saige, courtoise et amyable,
A tous vos amys acceptable....
(A Marie.)
Que dictes-vous ?

MARIE.
Rien que tout bien (1).

---

(1) *Rien que tout bien*, de Dieu sans doute, de ses bienfaits, de ses grandeurs. Dans ces réponses si précises et déjà dignes de celle qui doit être le modèle de son sexe, le ton et le regard de

ABIAS.

Avez nécessité?

MARIE.

De rien.

ARBAPANTER.

Que voulez-vous?

MARIE.

Vivre en simplesse.

BARBAPANTER.

Et l'estat mondain?

MARIE.

Je le laisse.

ABIAS.

Que souhaitez-vous?

MARIE.

Dieu servir.

ARBAPANTER.

Après?

MARIE.

Sa grace desservir (*mériter*).

BARBAPANTER.

Voulez-vous pompeux habit?

MARIE.

Non.

ABIAS.

De quoy parée?

MARIE.

De bon renom (1).

l'angélique enfant doivent achever le développement de sa pensée.

(1) *Parée de bon renom!* Cette admirable image paraîtra peut-être ici bien hardie; elle était naturelle aux Hébreux, qui voyaient partout dans l'Écriture Dieu *revêtu de gloire, de puissance, etc.* Saint Paul dit : *Revêtez-vous de charité.* C'est

ARBAPANTER.
C'est bien dict !

MARIE.
En Dieu seul espère (*j'espère*),
Car c'est celuy qui tout supère (*surpasse*)
Par éternelle providence.

Joachin ayant dit à ses parens qu'ils allaient conduire leur enfant au temple, Arbapanter demande à Marie, de même qu'Athalie au petit Joas, si un autre genre de vie ne lui plairait pas mieux. Marie répond :

Pas ne m'en soulcye,
Mais prie la Bonté infinie
Qu'à mon besoing me réconforte.

LA CHAMBRIÈRE (*à Marie*).
Vous porteray-je ?

MARIE.
Je suis forte
Assez pour cheminer ve tem.

Je n'ai pu trouver ce que signifie *ve tem* (qui rime avec Hierusalem) : si, par une contraction naturelle dans la bouche d'un enfant, cela veut dire vers temple ou vers Dieu, le sens est très beau.

Marie, en effet, monte les quinze degrés du temple, d'un pas ferme et sûr, ce qui frappe d'étonnement tous les spectateurs. On voit que ces quinze degrés pour aller jusqu'à Dieu sont

d'après l'Écriture que M. de Lamartine nous peint, en traits si fiers,

Adonaï vêtu de gloire et d'épouvante....
Et Dieu s'enveloppant de son divin courroux.

figuratifs de quinze vertus, telles que *l'humilité*, *l'obédience*, *la sapience*, etc. Malheureusement cet ingénieux passage du manuscrit de Valenciennes manque de correction et de clarté.

En rappelant la grande scène d'*Athalie*, à propos de ce fragment de scène, je ne prétends point qu'on y trouve ni cette combinaison profonde où les réponses ingénues d'un enfant percent de coups redoublés la mégère qui tient sur lui le poignard suspendu, ni cette beauté de style à laquelle rien n'est comparable, non; mais ce qu'on ne peut s'empêcher de reconnaître, ce sont des traits frappans de ressemblance dans le caractère à la fois humble et fier de Marie et de Joas, c'est surtout la précision de leurs réponses. En entendant Marie et ses mots coupés, elliptiques, on a dû se rappeler ce dialogue serré entre Athalie et Joas :

Comment vous nommez-vous? — J'ai nom Éliacin, etc.

Cette locution *j'ai nom* est souvent employée dans le moyen âge. Marie de France dit :

Marie *ai num*, si sui de France.

Nous avons entendu un personnage fameux dire au pape, en se dévoilant :

Robert *ay nom*, surnom de dyable.

L'auteur d'*Athalie* et des *Plaideurs* était loin d'ignorer l'idiome naïf et parfois un peu cru de nos pères; mais il n'était pas facile d'en faire usage à la cour d'un roi qui disait des tableaux les plus vrais de Teniers : *Otez-moi ces magots*, et qui répondit un jour à Racine, qui lui proposait de lui lire Amyot : *C'est du gaulois.* (*Mémoires* de Louis Racine; Paris, Lenormant, t. V, p. 3.)

Lorsque Marie est installée dans le temple, on la voit occupée à prier et à lire; et comme on lui dit :

> Tousiours estre en dévotion
> Et en prière est impossible;

elle répond :

> En lisant la saincte Escripture,
> Jamais ne me treuve en malaise.

Athalie aussi dit à Joas :

Dieu veut-il qu'à toute heure on prie, on le contemple?

et Joas aussi dit à Athalie :

J'adore le Seigneur, on m'explique sa loi,
Dans son livre divin on m'apprend à la lire.

Marie ne cause pas moins d'admiration à ses compagnes par ses discours que par son travail. Une d'elles semble craindre pour l'avenir, Marie lui dit :

> Qui met en Dieu tout son espoir,
> Il ne peut faillir à avoir
> Biens assez à sa suffisance.

Joas répond à Athalie :

> Dieu laissa-t-il jamais ses enfans au besoin ?
> Aux petits des oiseaux il donne leur pâture.

Racine, ou plutôt le petit Joas (car l'homme qui *jouait à la procession avec ses enfans,* comme nous l'apprend son fils, sait au besoin s'effacer), le petit Joas, disons-nous, a dû, en lisant l'Écriture, être bien content de ces mots : *Dat escam pullis;* il les a retenus, et il en fait une admirable application.

Marie continue :

> Tandis que sommes en ce lieu,
> Contemplons les haults faicts de Dieu
> Qui font l'âme très pure et nette.
>
> LA SECONDE FILLE A MARIE.
> Qui est celle qui pourroit dire
> Je feray aussi bel ouvrage
> Que vous faictes, fille très sage ?
> Il n'en est point de si habille.
>
> MARIE.
> Tout vient de Dieu, mes belles filles,
> Par quoy honorer le devons.

Quelle sagesse dans ces réponses !

> Contemplons les haults faicts de Dieu
> Qui font l'âme très pure et nette.

On sent, en effet, que l'âme, en s'élevant à cette contemplation, s'épure....

Le Psalmiste répond ici aux critiques qui trouveraient le langage de Marie et celui du petit Joas trop fort pour leur âge : « Dieu fait briller sa sagesse dans les plus faibles enfans. » *Sapientiam præstans parvulis.*

Certainement, Racine n'a pas eu connaissance de cet ouvrage. Il n'en est que plus curieux de contempler, d'un côté, le plus magnifique de nos poètes prêtant au fils des rois, à leur descendant inspiré, les richesses de sa diction ; et, de l'autre, cette naïveté qui plaît tant dans l'enfance, et dans l'enfance aussi de notre langue, dont le bégaiement semble ici se confondre avec les mots charmans de la sainte et petite Vierge. Dans le grand vers racinien, la pensée se déroule avec magnificence, tandis que, dans ces petits vers de huit pieds, emmaillotée, pour ainsi dire, elle semble parfois n'en pouvoir sortir tout entière.

Aussitôt après l'angélique entretien de Marie et de ses compagnes, Satan, qui sans doute l'a entendu, Satan inquiet et les regards blessés de cette clarté si pure, vient nous offrir un nouveau contraste, et se précipitant du fond de son abîme sur la scène :

>Dyables tout plains d'enragerie,
>Espritz où est forcenerie....
>Hau ! Lucifer, prince des dyables,
>Appelle les espritz semblables
>A ceulx qui font maux innombrables,
>Affin de m'oster hors d'esmoy.
>LUCIFER.
>Et qu'y a-t-il, Sathan ?
>SATHAN.
>Je voy

Ce que jamais diable ne vit.
BÉLIAL.
Sathan, Sathan, rappaise-toy;
Conte à Lucifer nostre roy
Que c'est que ton esprit ravit.
SATHAN.
Je croy quant je lui auray dit
Que de despit il crevera....
Tout nostre enfer destruit sera,
Nostre renom s'abolira,
Et bref nous serons destruits tous.
LUCIFER.
Sathan, qu'y a-t-il? dis-le nous!
SATHAN.
Une vierge sur terre est née,
Si saige et si morigenée,
Et en vertus si très parfaicte!...
Je ne croy point qu'elle soit faicte
De la matière naturelle,
Comme les autres (1).
LUCIFER.
    Et que est-elle?...
SATHAN.
Elle est plus belle que Lucresse,
Plus que Sara dévote et saige,
C'est une Judic en couraige,
Une Hester en humilité,
Et Rachel en honnesteté.
En langaige est aussi bénigne
Que la Sibille Tiburtine.
Plus que Pallas a de prudence;
De Minerve elle a la loquence,
C'est la non pareille qui soit;
Et suppose que Dieu pensoit

---

(1) *Oh! le méchant diable! et quel coup de griffe!* s'écriait une dame devant qui je lisais ces vers.

Rachepter tout l'humain lignaige
Quant il la fist.

La plus sainte des vierges ne pouvait être mieux louée que par ce démon. Il y a là une confusion de la fable et de la vérité qui ne va pas mal au caractère et à l'*esmoy* du pauvre diable.

Nous ne suivrons pas tous les développemens du rôle de Marie, qui était représentée par plusieurs personnes, et qu'on voyait passer successivement de trois ans à huit, ensuite à treize, enfin au moment où, devenue la mère d'un Dieu, en le voyant couché sur la paille et dans une étable du plus pauvre village de la plus pauvre des provinces, seul refuge qu'elle et saint Joseph aient pu lui trouver, elle bénit les desseins de la Providence, avant d'admettre à la divine crèche les bergers et les rois.

On ne pouvait mieux entrer dans l'esprit de l'Évangile qu'en nous montrant de pauvres bergers qui, conduits par une inspiration céleste, viennent les premiers adorer le Seigneur, tandis que trois Mages, qui étaient des sages et des rois, guidés par l'Écriture et par une étoile lumineuse, mais arrêtés par de vains doutes, n'arrivent qu'après. Dans leur suite, il est vrai, se trouve un ergoteur qui, interprétant les prophéties comme les Juifs charnels, ne peut comprendre qu'un Dieu, qui est la grandeur même, ait choisi pour descendre sur terre les lieux et l'état les plus humbles. Comment se figurer, en effet,

> Que celuy Roy en terre naisse,
> En qui gist la plus grant haultesse
> Que jamais nul roi puisse avoir.
> JASPAR (*un des rois*).
> Chevalier, vous avez dict voir (*vrai*).
> Vous faites très bon silogisme!

C'est ce qu'on aurait pu dire à un poète illustre, quand il adressait à je ne sais quel esprit-fort en falbala ces vers tristement fameux :

> Écoutez, ô prodige ! ô tendresse ! ô mystère !...
> Le fils de Dieu, Dieu même, oubliant sa puissance,
> Se fait concitoyen de ce peuple odieux ;
> Dans les flancs d'une juive il vient prendre naissance ;
> Il rampe sous sa mère, il souffre sous ses yeux
> Les infirmités de l'enfance.
> Long-temps *vil ouvrier*, le rabot à la main,
> Ses beaux jours sont perdus dans ce *lâche* exercice....

Voilà comment Voltaire entend l'humilité sublime de la religion. On peut donc faire de beaux vers et tomber dans de grands écarts, lorsque l'on perd de vue cette étoile qui doit guider petits et grands. C'est ce que commencent à comprendre les rois de la pensée et les chefs des peuples : *Et nunc reges....* Un d'eux qui est mage et roi, Balthazar, résiste à l'incrédule, qui lui dit qu'en cherchant le Christ il perdra ses pas.

> BALTAZAR.
> Cela ne m'arrestera pas.

Un prouverbe dit (que j'appreuve)
Que celuy qui bien quiert, bien treuve.

« Frappez et l'on vous ouvrira. » Ce mot de l'Évangile est ici rajeuni par la naïveté de l'expression, plus saillante encore dans la bouche d'un roi.

Quelquefois l'auteur ajoute à son sujet des détails qui ne manquent ni d'imagination ni de moralité : par exemple, Hérode, pour que le Messie ne pût lui échapper, ayant ordonné le massacre de tous les enfans de son âge, apprend que par une trop juste méprise son propre fils a été victime de son arrêt barbare (1).

Quand ce même Hérode est abandonné sur un lit de douleur à ses remords, on voit à son chevet deux diables qui lui présentent un couteau, en lui conseillant de s'en servir pour se délivrer de la vie. A peine a-t-il cédé à cette infernale inspiration que tous les diables s'emparent de son âme et vont la porter dans l'enfer; et tandis qu'il y est livré à des tourmens effroyables, on entrevoit sur la terre les funérailles magnifiques qui lui sont préparées. Ce rapprochement en dit plus que tous les discours.

Quelques peintres semblent avoir emprunté à

(1) Auguste ne regardait pas ce meurtre comme une méprise, quand il disait, au rapport de Macrobe, qu'il valait mieux être le pourceau que le fils d'Hérode, *melius Herodis porcum esse quàm filium.*

notre vieux théâtre ces doubles scènes ; mais il est rare qu'elles soient aussi heureusement liées que celles d'un ancien tableau qu'on voit au Louvre, et dans lequel Aman accusé par Esther devant Assuérus, quoiqu'assis encore à la table du roi, à travers ses honneurs, aperçoit déjà en perspective, ainsi que le spectateur, la place et le fatal gibet, terme et châtiment de ses crimes.

CHAPITRE VI.

Suite du Mystère de la Passion.

Le premier personnage qui apparaît dans le drame de la *Passion*, tel que J. Michel l'a détaché de ce qui précède, est saint Jean-Baptiste. « Envoyé pour préparer les voies du Seigneur, » comme l'avait prédit Isaïe, le *Précurseur* répondait au peuple étonné de sa sainteté et qui le saluait comme le Messie : « Il viendra après moi. Je ne suis pas digne de délier les cordons de ses souliers. »

Son sermon nous donnera une idée de ce qu'était au xve siècle l'éloquence française et religieuse, dont si peu de monumens sont venus jusqu'à nous. La vétusté et l'âpreté du style vont bien à ce premier missionnaire, revêtu de peaux et sorti du désert, où il se nourrissait, dit l'Écriture, de sauterelles et de *miel sauvage* : expression qui me semble caractériser son éloquence à la fois onctueuse et inculte.

Le discours suivant, délayé par J. Michel en près de cinq cents vers et en deux parties, est moins long de moitié dans le manuscrit de Valenciennes, que nous allons suivre.

Saint Jean, après avoir annoncé que le royaume des cieux approche et qu'il est temps de faire pénitence, ajoute :

>   Je suis venu pour le vous dire,
>   Car cheluy m'a volus eslire
>   Quy fut, quy est, et quy sera,
>   Et pour nous tous en croix morra;
>   Pour ce, préparez sa venue.
>   La prophétie est advenue :
>   *Parate viam Domini....*
>   Partant, je parle icy à tous :
>   Amandez-vous, amandez-vous !
>   Amandez-vous, povres meschans;
>   Amandez-vous, bourgeois, marchans,
>   Sans tant amasser biens mondains.
>   Hé, estes-vous tant incertains
>   Du chemin que debvez tenir?
>   Mectez paine de retenir
>   Mes bons et seurs enseignementz :
>   Se vous avez deux vestementz,
>   Et de richesse quy vous point,
>   Donnez à ceulx quy n'en ont point....
>   Vous aultres, seigneurs, gentilz hommes,
>   Juges, commis, officiers,
>   Quy debvez estre les piliers
>   Soustenans la chose publique,
>   Ne soustenez débas ne pique
>   Envers aucunes simples gens;
>   Soyez de vos gaiges contens,
>   Sans violence ne rapine (1).

(1) On peut voir dans Juvénal des Ursins, an 1404, 1405, et dans le discours prononcé par Gerson en 1405, devant Charles VI, et commençant par ces mots : *Vivat Rex!* tout ce qu'avaient d'à-propos ces apostrophes aux hommes se disant les piliers de la chose publique, et qui en étaient les fléaux.

> Chacun en équité chemine....
> Et vous acquerrez sans doubtance
> La gloire qui toujours durra,
> *In seculorum secula.*

Ces derniers vers sont ainsi refaits par J. Michel :

> Et vous acquerrez sans doubtance
> En la haulte Jérusalem
> Son éternelle gloire. *Amen.*

Au lieu de « richesse qui vous point » (*qui vous tourmente, comme l'aiguillon du remords*), il met *des richesses au grand point.* C'est remplacer une pensée vraie par une platitude.

Il y a d'ailleurs, sur les vers les plus rocailleux du prophète agreste, une mousse qu'il fallait y laisser.

Si le ton de la scène était grave alors, en revanche celui de la chaire était quelquefois assez gai, et surtout hardi. Qu'on en juge par ce passage d'un sermon qu'Olivier Maillard prêcha dans la ville de Bruges en 1500, devant Philippe Ier, père de Charles-Quint, et devant la reine, qui gouvernaient alors la Flandre : « Dictes-moy par vostre « âme, s'il vous plaît, avez-vous point poeur d'estre « dampnez? — Hé! frère, direz-vous, pourquoi « serons-nous dampnez? Ne veez-vous pas que « nous sommes si soingneux de venir en vos ser- « mons tous les jours, et puis nous allons à la « messe, nous faisons des aulmônes, nous disons

« tant d'oraisons : Dieu aura pitié de nous et nous
« exaulcera. — Seigneur, vous dictes bien, mais
« vous ne dictes point tout... A qui commence-
« rai-je premier? A ceux qui sont en ceste cour-
« tine, le prince et la sua altesse la princesse. Je
« vous asseure, seigneur, qu'il ne souffit mye
« d'estre bon homme; il faut estre bon prince, il
« faut faire justice, il faut regarder que vos sub-
« jectz se gouvernent bien. Et vous, dame la prin-
« cesse, il ne souffit mye d'estre bonne femme;
« il faut avoir regard à vostre famille qu'elle se
« gouverne bien, selon droit et raison. J'en dictz
« autant à tous autres de tous estats ; à ceux qui
« maintiennent la justice, qu'ils facent droit et
« raison à chascun. Les chevaliers de l'ordre qui
« faictes les sermens qui appartiennent à vostre
« ordre, les sermens sont bien grans, comme l'en
« dit, mais vous en avez faict un aultre premier,
« que vous gardez mieux : c'est que ne ferez rien
« de ce que vous jurerez. Ditz-je vrai? En bonne
« foy, frère, il est ainsy. Tyrez oultre. Estes-
« vous là, les officiers de la pannetrye, de la frut-
« terye, de la boutilerie?... Où sont les trésoriers,
« les argentiers? Estes-vous là, vous tous qui faic-
« tes les besognes de vostre maistre, et les vostres
« bien! Accoustez : à bon entendeur il ne fault que
« demi mot. Les dames de la court, jeunes gar-
« ches, illecques; il faut laissier vos alliances, il
« n'y a ne sy ne qua. Jeune gaudisseur là, bonnet

« rouge (1), il fault laissier vos regards. Il n'y a
« de quoy rire, non. Femmes d'estat, bourgeoises,
« marchandes, tous et toutes généralement quelz
« qu'ilz soient, il se fault oster de la servitude du
« dyable. »

Dans un autre discours, dont le texte français n'est pas venu jusqu'à nous, mais qui, suivant l'usage du temps, a été imprimé en latin, le malin sermonnaire apostrophe ainsi quelques femmes coquettes : « Est-ne pulchrum quod uxor unius
« advocati.... vadat sicut una principissa, et quod
« portet aurum in capite, et in collo et in zonâ?...
« Dicetis fortè : *Maritus noster non dat nobis*
« *tales vestes, sed nos lucramur ad pœnam nostri*
« *corporis*. Ad triginta mille diabolos talis pœna ! »

Vous pouvez voir encore aujourd'hui, dans les églises de la Belgique, des chaires qui paraissent avoir été faites pour ces sermons prêchés à Bruges, et où le sérieux et le grotesque se trouvent aussi étrangement mélangés. Ainsi, à Sainte-Gudule de Bruxelles, on admire avec raison les statues courbées d'Adam et d'Ève qui, chassés par l'ange du paradis terrestre, supportent les misères humaines, figurées par la chaire de vérité, dont le poids semble les écraser. A côté de cette grande idée, qu'apercevez-vous? Près d'Adam, un aigle et d'autres attributs de la force. C'est bien;

---

(1) On ne se découvrait alors à l'église que pendant l'Évangile et à l'élévation.

mais autour d'Ève, regardez donc! Un paon, d'abord, se mirant dans ses plumes; puis, un autre animal, fort joli, mais d'une légèreté! un charmant écureuil; enfin (ce n'est pas tout) : un perroquet! et, je crois même, un singe mordant dans une pomme; mais je n'en suis pas sûr, et j'aime mieux croire, pour l'honneur de l'artiste, que je me suis trompé.

Olivier Maillard ne ménageait pas plus les tyrans que les femmes : Louis XI venait d'établir les postes, moins peut-être dans des vues d'utilité publique, que dans l'intérêt de son despotisme. C'est ce qu'Olivier Maillard fit entendre spirituellement, un jour que le tyran l'envoya menacer de le faire jeter à l'eau, s'il ne se taisait.
— *Dites au Roi,* répondit l'intrépide missionnaire, *que j'irai plus vite en paradis par eau, que lui avec ses chevaux de poste.*

Cette indépendance, nos orateurs chrétiens la puisaient dans la religion et dans les exemples de leurs prédécesseurs. Le mystère offre ici, d'après l'Évangile, un de ces exemples mémorables.

Le nouveau roi Hérode ayant abandonné sa femme, pour vivre avec Hérodiade, femme de son frère qu'il a séduite, le peuple murmure, et se plaint que le désordre règne partout, dans l'état comme à la cour. Quel remède opposer aux maux dont chacun souffre, et qui osera porter jusqu'au trône la vérité, qu'une femme perfide en écarte?

Qui ? Saint Jean-Baptiste. Nouveau Nathan, il vient trouver le couple adultère, et s'adresse d'abord à Hérode, qui, par malheur, n'est point un David :

> Sire, Dieu te doint bonne grace.
> Je viens devers ton tribunal
> Pour toy remonstrer le grand mal
> Où ta folle plaisance tend,
> Dont ton peuple en est mal content,
> Et Dieu premier. Car quant au point,
> Je te dy qu'il n'appartient point
> La femme à ton frère tenir....
> Tel cas n'est pas fraternité,
> Mais plus que bestialité :
> Tu vois bien les oiseaux petits,
> Qui en eux ont cœurs si gentils
> Que chacun se tient à son per,
> Sans aultres frauder ne tromper.
> Or commetz-tu ung adultère
> Ort et vil encontre ton frère.
> Ne scay qui t'en puet excuser.
>
> HÉRODE.
>
> Il ne se fault point amuser
> A me venir icy reprendre ;
> Car vous povez assez entendre,
> Jehan, mon amy, que de long-temps
> Voluntiers escoute et entends
> Vos paroles et vos sermons
> Qui me semblent plaisans et bons,
> Quand vous louez en général
> Le bien faict, et blasmez le mal....

« Mon père, je veux bien me faire ma part dans un sermon, je ne veux pas qu'on me la fasse, » disait, à je ne sais quel missionnaire, Louis XIV, qui, en effet, avait une assez belle part à se faire, quand Bourdaloue, parlant devant lui et madame de Montespan contre l'adultère, *frappoit comme un sourd*, écrit madame de Sévigné, *disant des vérités à bride abattue, et allant toujours son chemin, sauve qui peut!*

Saint Jean poursuit ses vérités *à bride abattue*. Hérode se fâche, et lui dit d'aller prêcher la pénitence au *commun et au populaire*. Hérodiade va plus loin : elle reproche à son royal amant d'*escouter de tels vieulx bigots*. Pour elle, elle ne peut les souffrir, *vu qu'ils sont si très mal courtois ;* elle ajoute :

> Il a tant jeusné par ces bois,
> Qu'il n'a pas demy de cervelle.

Saint Jean lui parle du loyal époux qu'elle a quitté ; il lui reproche de ne pas plus craindre Dieu que le monde. Elle l'interrompt, furieuse, et ne craint pas de dire au Roi :

> Monseigneur, vous estes bien beste
> De tant ouyr ce vieil marmot ;
> Il ne sauroit parler ung mot
> Que ce ne soit à vostre honte.
> Toutefois vous n'en faictes compte,
> Et semble que vous le craignez,
> Vu que différez et feignez
> De le mettre en bonne prison (1).

---

(1) L'année même où ce Mystère était à Paris dans sa plus grande vogue, « on parloit fort de la Reyne (Isabeau de Ba-

HÉRODE.
Je luy feray bien sa raison....
Pour l'amour de vous, belle amye,
Pensez qu'il n'eschappera mye.

Il y a dans ce mélange de galanterie et de férocité une vérité effrayante. De quoi n'est pas capable l'homme subjugué par une femme sans frein ? Celle-ci a une fille déjà grande, et qui a reçu d'elle *la plus belle éducation* : elle danse *à ravir*. Un jour qu'elle a déployé ses talens devant le Roi, il en est si transporté ! (*Monseigneur, vous estes bien beste*, serait-on tenté de lui dire) si transporté, qu'il fait le serment de lui accorder ce qu'elle voudra. A l'instigation de sa digne mère, qui brûle de se venger, elle prie qu'on leur apporte (effroyable prière !) la tête de saint Jean dans un plat. L'imbécille tyran, après quelque hésitation, cède, pour n'affliger pas cette *belle enfant*. « *Noluit eam contristare*, » dit naïvement l'Évangile. Le saint précurseur du Christ est tiré de prison par un bourreau, pré-

---

vière) et de monseigneur d'Orléans (dit l'archevêque de Reims, Juvénal des Ursins, *Histoire de Charles VI*) : la Reyne, en un jour de feste, voulut ouyr un sermon, et y eut un bien notable homme, lequel à ce faire fut commis ; lequel commença à blasmer la Reyne en sa présence, en parlant des exactions qu'on faisoit sur le peuple, et comme le peuple en parloit en diverses manières, et que c'estoit mal fait, dont la Reyne fut très mal contente. » Voir ce sermon dans l'*Histoire des ducs de Bourgogne* de M. de Barante, an 1405.

curseur aussi des bourreaux de Jésus, car il raille ainsi sa victime :

> Çà, maistre, çà, saillez dehors ;
> Vécy le vostre dernier metz
> Dont vous serez servy jamais.
> Baissez-vous, vous estes trop hault.

SAINT JEAN-BAPTISTE.

> Amy, puisque finir me fault,
> Pour tenir justice et raison,
> Accorde que face oraison
> A Dieu par pensée dévote.

Il s'agenouille, mais la jeune furie, impatiente d'avoir son présent, presse le bourreau de faire son office, et elle lui avance le plat. Il lui dit de se retirer un peu, parce qu'il craint que le sang ne l'effraie. Après cette précaution, Grognard (c'est le nom du bourreau) abat la tête du saint, en lui disant :

> Or, tien, ton procès est complet ;
> Prens ce cop, si feras de feste.
> (*Ainsi tu seras de la fête.*)

FLORENCE.

> Grognard, délivre-moy la teste,
> Car je ne l'ose recueillir.

GROGNARD, *la mettant dans le plat*.

> Or, tenez, portez-la bouillir,
> Rostir, ou faire des pastés.

Elle porte le plat à sa mère, qui, assise dans un festin, près de son amant, se jette sur la tête sacrée et la perce d'un couteau (1).

(1) Saint *Jean* Chrysostôme, près de tomber martyr de son courage et des fureurs de l'impératrice Eudoxie, disait dans un

Aussitôt après cette scène malheureusement historique, l'auteur, comme pour s'élever avec l'âme du saint martyr au-dessus d'un monde souillé par tant de vices et de crimes, nous transporte aux cieux. Dieu le père lui-même annonce la gloire du précurseur, et les anges chantent ses louanges.

Après le martyre de saint Jean-Baptiste, l'évocation des apôtres nous montre avec quelle promptitude la Religion, privée d'un de ses membres, en recouvre douze autres. *Uno avulso, non deficit alter.*

Jésus, arrivé au moment de renouveler la face du monde, va chercher d'abord, pour en faire les instrumens de ses desseins, non des grands, ni même des savans, mais de pauvres ouvriers, des pêcheurs de poisson, instruits, il est vrai, à supporter patiemment leur sort sans envier celui des autres, et par-dessus tout à craindre, à servir Dieu. Cette science, que nous pourrions tous en-

---

de ses éloquens adieux aux *Joannites* (c'est le nom qu'avaient pris ses intrépides sectateurs) : « Vous savez, mes amis, la véritable cause de ma perte : c'est que je n'ai point tendu ma demeure de riches tapisseries ; c'est que je n'ai point revêtu des habits d'or et de soie ; c'est que je n'ai point flatté la mollesse et la sensualité de certaines gens. Il reste encore quelque chose de la race de Jésabel, et la grace combat encore pour Élie. Hérodiade demande encore une fois la tête de Jean, et c'est pour cela qu'elle danse. » (*De l'Éloquence chrétienne dans le* IVe *siècle,* par M. Villemain.)

vier, nous allons la trouver dans ces paroles du vieux Zébédée à ses fils, pendant qu'ils raccommodent leurs filets :

> Mes enfans, congnoissez que c'est
> De nostre povre nature humaine.
> En ce monde n'a point d'arrest,
> Le temps court et ainsi nous maine,
> Et qui quiert richesse mondaine
> Il la fault gaigner loyaument,
> Ou encourir d'enfer la paine
> A jamais, pardurablement.
> J'ay en povre simplicité
> Vescu sans avoir indigence,
> Je vis selon ma povreté ;
> Si j'ay petit (*peu*), j'ay patience.
> Mes enfans, j'ay mis diligence
> A pescher et gaigner ma vie.
> Assez a qui a souffisance.
> Des grands biens je n'ay point d'envie.
> Jehan et Jacques, or aprenez
> A congnoistre vent et marée....
> Si vous avez bonne denrée,
> Vendez bien et à juste prix,
> Et merciez Dieu, la vesprée (*le soir*),
> De tout ce que vous aurez pris.

On conçoit qu'à de tels hommes Jésus disc, comme dans l'Évangile :

> Laissez ces opérations,
> Suyvez-moy, soyez diligens,
> Je vous feray pescheurs de gens,
> En lieu de pescher des poissons.
> Je feray qu'on orra vos sons
> Et vostre doctrine parfonde,

Par toutes les parties du monde,
Pour le salut des créatures.

Pierre, André, Jacques, Jean, Philippe, Thomas, Jude, Simon, tous pauvres artisans ou pêcheurs, suivent sans peine Jésus, qui, pour n'exclure aucun état, convertit en même temps Barthélemi, un noble, un grand terrien, à qui il adresse ces paroles :

> Ne metz plus ta félicité
> En l'estat de nobilité :
> Combien que tu sois fils de prince,
> Et seigneur de noble province,
> Laisse ces pensées terriennes,
> Si verras (*ainsi tu verras*) les célestiennes,
> Qui moult te pourront profiter.

Barthélemi, touché des paroles de Jésus, se mêle aussitôt, quoiqu'en habit de prince, parmi les disciples, qui gardent leurs habits d'ouvriers, et il devient un illustre apôtre.

Enfin une conversion non moins grande, et plus étonnante sans doute, est opérée par le Sauveur sur un homme (il ne faut décourager personne), sur un usurier, qui depuis a été saint Mathieu l'Évangéliste. Il promet, après un repentir sincère, de renoncer à tout gain illicite, et de restituer ce qu'il a pu acquérir injustement. Jésus lui répond :

> Tu pourras lors trésor avoir
> Du ciel, en éternelle joie.

Cet ouvrage, précieux sous plus d'un rapport, nous fait connaître souvent les mœurs même les plus frivoles de l'époque où il a été composé. Voulons-nous savoir quel était le langage d'une femme à la mode et d'un petit-maître au xve siècle, entrons dans le boudoir de Madeleine, cette grande pécheresse, peu de temps avant sa conversion. Elle est seule d'abord avec ses suivantes, Pérusine et Pasiphée. Nous suivons ici le texte de J. Michel.

<blockquote>

MAGDALEINE.

Que l'on fasse chère joyeuse
A chascun qui céans viendra.

PASIPHÉE.

On fera la chère amoureuse,
Selon ce qu'on entretiendra (1)...

MAGDALEINE.

Je veuil estre à tous préparée,
Ornée, diaprée et fardée,
Pour me faire bien regarder.

PASIPHÉE.

Dame à nulle aultre comparée,
De beauté tant estes parée
Qu'il n'est besoin de vous farder (2).

MAGDALEINE.

Apportez-moy tost mon miroir
Pour me regarder.

PASIPHÉE.

Bien, madame.

</blockquote>

(1) Dans le manuscrit de Valenciennes, il n'y a qu'*une chambrière*, sans autre indication. Elle ne dit pas *entretiendra*, mais *selon ce que on l'entendra*.

(2) L'art n'est point fait pour toi, tu n'en as pas besoin. (*Zaïre*.)

MAGDALEINE.
L'esponge et ce qu'il fault avoir (1),
Mes fines liqueurs et mon basme.
PÉRUSINE.
Je croy qu'au monde n'y a femme
Qui ait plus d'amignonnemens (2).
MAGDALEINE.
Qui n'en auroit, ce seroit blasme
De soy trouver entre les gens (3).
PASIPHÉE.
Voicy vos riches onguemens
Pour tenir le cuir bel et frais,
Vos bonnes senteurs et pigmens,
Qui fleurent comme beaux cyprès,
Et n'ont pas esté prins ci près ;
Le tout vient du pays d'Egipte (4).
(Icy se lave Magdaleine le visage et se mire, puis dict :)
Suis-je assez luisante ainsi ?
PÉRUSINE.
Très.
C'est une droicte imaige escripte (5).
MAGDALEINE.
Et ma tocquade (6)?

(1) Ms. de Val. : *Esponge et de eau pour laver ;* et *miroer* pour *miroir*.

(2) Ms. de Val. : *Plus beaux acoustrementz.* Le mot *amignonnemens* nous semble plus gracieux.

(3) Puis-je empêcher *les gens* de me trouver aimable? dit Célimène. Cette expression *les gens* est fort naturelle dans la bouche d'une coquette qui veut plaire à *tout l'univers,* comme Alceste le lui reproche.

(4) Ms. de Val. : *On n'en a que du lieu d'Égipte.*

(5) On dit encore dans nos provinces : *Belle comme une image.*

(6) Ms. de Val. : *Et ma vesture ?*

PASIPHÉE.

Lapolite (*élégante*).

MAGDALEINE.

Mes oreillettes?

PÉRUSINE.

A la mode.

MAGDALEINE.

Dressez ces tapis et carreaux.
Respandez tost ces fines eaux,
Les bonnes odeurs, par la place;
Jetez tout, vuydez les vaisseaux :
Je veuil qu'on me suive à la trace.

D'après ces deux textes, il y aurait peu de différence entre la Madeleine de 1402 et celle de 1486. C'est que les Madeleines de toutes les époques se ressemblent, au costume près : qu'elles portent des *oreillettes*, ou des *pendans d'oreilles*, des *tocquades* ou des *toques*, il y a dans l'esprit de certaines femmes, tout changeant qu'il est, des traits qui ne changent pas. Par exemple :

Je veuil qu'on me suive à la trace,

est d'une coquetterie de tous les temps. Déjà, dans l'antiquité, Vénus exhalait l'ambroisie après elle :

Ambrosiæ que comæ divinum vertice odorem
Spiravére;

et l'un de nos poètes a caractérisé, par une analogie plaisamment métaphorique,

Ces personnes de bien, dont l'honneur est entier,
Et qui de leurs vertus *parfument* le quartier.

Un *fashionnable* de 1486 (car nous ne le voyons pas dans le manuscrit de Valenciennes), le comte de Rodigon, est introduit chez Madeleine et lui parle ainsi :

> Très belle et gracieuse face,
> Qui tout deuil et chagrin efface,
>   Et déchasse
>   Tout danger ;
> Vostre heureuse accointance trasse (1)
> Et veuil du tout à vostre grâce
>   Me ranger.

MAGDALEINE.

> Gentil escuyer gracieux,
> A face pleine et rians yeux,
>   Très joyeux,
>   Sans changer ;
> Très bien venez, car, sur mes dieux,
> Je ne vous quiers en plaisans jeux
>   Estranger.

On peut voir, par cette scène, que nous ne donnons pas en entier, tout ce qu'il y avait déjà chez nous d'élégante corruption. Les marquis de Molière ne parlent guère autrement. Le rhythme des vers, remarquable aussi, ne l'est pas moins dans les vers suivans du manuscrit de Valenciennes.

Marthe, sœur de Madeleine, d'un caractère bien opposé au sien et à celui de La-

---

(1) *Attire*, de *trahere*. Alceste dit à Célimène :
> Le trop riant espoir que vous leur présentez
> Attache autour de vous leurs assiduités.

zare, leur frère, se peint ainsi dans un monologue :

> Je me travaille et me desbats
> En fervente sollicitude,
> Et à ménager hault et bas
> Sogneusement metz mon estude.
> La vie active est assez rude
> Qui curieusement (*avec soin*) la maine,
> Mais Dieu en rend béatitude
> Lassus (*là haut*), en l'éternel domaine.

A ces vers, dont presque tous les mots sont spondaïques et graves comme ce qu'ils expriment, succèdent aussitôt ceux-ci, où nous retrouvons, pour ainsi dire, la légèreté de Madeleine et de son frère :

> Ma sœur Magdaleine,
> De fol désir pleine,
> S'esbatz et pourmaine,
> Chantant ses chansons.
> Mon frère Lazare
> Porte haulte care (*allure*),
> Ses chiens hure et hare,
> Et souvent s'esgare
> Parmi les buissons...

Veut-on des vers d'un caractère plus différent encore, et où l'énergie se joint à l'originalité, qu'on passe à la scène où l'auteur, ne croyant pouvoir rendre trop odieux Judas, qui doit trahir son maître, suppose qu'après avoir tué son père, il est devenu le mari de sa mère. La malheureuse, en apprenant que ce monstre est son fils, exhale, dans ces phrases entrecoupées, l'horreur qui l'oppresse :

> O Dieu puissant! ô quel horreur!
> Quel erreur!
> Quel forfait!
> O le très haultain plasmateur!
> Qui sera le réparateur
> Du malheur,
> Déshonneur,
> Que j'ay faict?...
> Las! ciel à toy je me deulx;
> Venge-toi sur moy si tu veulx,
> Des griefs d'eulx
> Vicieulx
> Que je porte.
> Terre qui nous soutiens tous deux,
> Pour nos péchés libidineux,
> En bas lieux
> Ténébreux
> Nous transporte.

Jocaste, dans une situation pareille, n'a pas des accens plus tragiques. L'auteur descend ensuite sans effort, ou plutôt s'élève au ton de la meilleure comédie.

Nous venons de voir le contraste des caractères de Marthe et de Madeleine; ils achèvent de se développer dans un dialogue qui annonçait la grande scène du *Misanthrope* entre Célimène et Arsinoé.

Marthe prenant sa sœur à part, pour lui apprendre les discours qu'on tient sur elle, s'exprime ainsi (d'après J. Michel):

> Ma sœur,

Dire vous veuil ce que j'entends (1) :
Vous vous donnez à tous péchez,
De tous vilains faicts approchez,
Et faictes tant de deuil à tous
Que nous en sommes mal couchez (2),
Et tous nos parans reprochez,
Seulement pour l'amour de vous.

MAGDALEINE.

Seulement pour l'amour de vous,
Ma seur, je vouldroye à tous coups
A vostre volonté complaire.
Ceulx qui parlent de moy sont foulz,
Et quand de parler seront soulx,
Au moins ne peuvent-ils que se taire.

MARTHE.

Au moins ne peuvent-ils que se taire,
Quand vous cesserez de mal faire,
Et que la bouche leur clorrez :
Mais quand vous penserez parfaire
Vos délictz pour au monde plaire,
Rien que reproches vous n'orrez (*n'entendrez*).

MAGDALEINE.

Rien que reproches vous n'orrez,
Et jamais honneur ne verrez
A homme qui est mal parleur.
Si mes plaisans faicts abhorrez,
Le danger pour moy n'encourrez,
Soulciez-vous de vous, ma seur.

---

(1) *Ce que j'entends dire de vous.* Le Ms. de Val. porte : *Remonstrer vous voeulx voz malz grands.* La correction de J. Michel est ici très heureuse, et rappelle la sc. v, act. III, du *Misanthrope*.

(2) Ms. de Val. : *Courrouchez.* Ce mot, tout vieux qu'il est, valait mieux que *mal couchez*. Les autres changemens ne méritent guère d'être mentionnés.

Cette scène est piquante jusque là ; mais J. Michel ne la quitte pas qu'il ne l'ait rendue fatigante. Il se croit toujours obligé d'ajouter aux développemens de son prédécesseur.

Voici pourtant une scène où J. Michel est resté en arrière ; elle se passe entre les deux larrons qui doivent partager le supplice de l'Homme-Dieu, et Barabbas, ce misérable, qu'à la honte des jugemens humains, les Juifs préférèrent au Juste des justes. Le dialogue des trois coquins a toute la jactance du crime :

> GESTAS, *mauvais larron.*
> Je ne crains rien, ne Dieu, ne diable,
> Ne homme, tant soit espoventable,
> Quand il me courouche une fois.
> Je ne fais doubte d'estrangler
> Un homme, non plus qu'un sangler
> De manger le glan par lez bois.
> DISMAS, *bon larron.*
> Je destrousse par les chemins
> Tous bons marchans et pélerins,
> Quand puis mettre sur eulx la patte.
> GESTAS.
> Je suis des crocheteurs le maistre,
> Et n'est huis (*porte*), coffre ne fenestre
> Que je ne crochette ou abatte.
> BARRABAS.
> Je suis Barrabas homicide,
> Plein de toute sédition,
> Qui ne paye tribut ne subside,
> Et ne veuil ne secours ne aide
> Pour faire quelque motion (*émeute*).
> J'ay tué sans permission

> Ung homme parmi ceste ville,
> Dont pas ne fais confession,
> De peur de justice civile.

J. Michel, qui annonce ces caractères à peu près de même, ne les fait pas agir. C'est lever le gibier pour ne pas le tirer. Dans le manuscrit de Valenciennes, au moment où nos *industriels* regrettent de laisser leurs talens oisifs, une villageoise qui porte des pigeons au temple de Jérusalem (c'était l'offrande ordinaire des pauvres) est arrêtée par les voleurs. J. Michel aura trouvé ces pigeons peu dignes de gens qui venaient d'ouvrir une si grande bouche. Mais le peu d'importance du vol est ici relevé par les circonstances. Barabbas s'étant jeté sur le panier de la pauvre femme, elle crie de toutes ses forces :

> Le murdre (*au meurtre*)! je suis desrobée.
> GESTAS.
> Comment crye-elle à geulle bée (*béante*)!

Le bon larron dit que *les pinions* (sic) *sont maigrets ;* et peut-être déjà par un remords salutaire il y renonce. Le mauvais larron les trouve fort bons et veut s'en emparer. Barabbas les lui dispute, et voilà les deux coquins tirant, chacun de leur côté, les volatiles malheureuses, et voulant *en avoir aile ou pied;* c'est de là qu'est venue, peut-être, cette locution populaire. La bonne femme, témoin intéressée du combat et très sensible, on le conçoit, à la perte de ses *pinions*, pleure et crie *à geule bée*. Des archers qui guettaient les voleurs, arrivent et les mettent d'accord, en les mettant dans la prison, d'où ils iront au prétoire. Tout cela est mieux lié et plus en action que chez J. Michel.

Madeleine, malgré sa mondanité et ses réponses piquantes, finit cependant par ouvrir les yeux. Il est vrai qu'elle ne se rend pas d'abord au conseil que lui donne sa sœur de suivre la morale de Jésus-Christ; mais l'ayant entendu lui-même annoncer sa parole, un soudain changement s'opère en elle, et son repentir s'exhale, mais en vers inférieurs à ceux que nous avons cités p. 159. Ses larmes sont bien plus touchantes pourtant que celles de ses suivantes, Pérusine et Pasiphée. Leur conversion, opérée par l'exemple de leur maîtresse, peut être vraie, mais l'Évangile n'en dit rien; et il fallait, comme l'auteur original, s'y tenir, au lieu de diviser l'intérêt qui doit se porter uniquement sur Madeleine. Voici quelques vers que J. Michel prête à Pérusine :

>Hélas! que nous avons commis
>De péchés, et nos cœurs soubmis
>   A vanité!
>Premier, avons tout bien obmis,
>Et aux biens de ce monde mis
>   Félicité.
>Tant dansé, par joliveté;
>Tant parlé, par oisiveté;
>   Et banqueté!... etc.

Madeleine, après avoir informé sa sœur de son repentir, se détermine à s'aller jeter aux pieds de Jésus. Elle sait qu'il assiste à un festin magnifique chez Simon le pharisien. Quelle démarche pour une femme qui sent enfin le fardeau de ses fautes! N'importe, elle ira seule.... Suivons-la dans sa pénible irrésolution :

> Hélas! or suis-je parvenue
> A l'ostel que tant désiroye;
> J'aperçoy mon bien et ma joie....
> Povre femme, que doys-tu faire?
> Seras-tu si hardie d'entrer,
> Et ta maladie monstrer
> A cil qui en est le vray mire (*médecin*)?
> Entrer! Comment l'as ozé dire,
> Pécheresse désordenée!
> La plus vile des ordes née
> Se doibt-elle trouver en place
> Devant tant digne et saincte face?...
> C'est le meilleur que je retourne.
> Retourner! femme, que dis-tu?
> Cueur vuide de toute vertu,
> Qu'est-il de ta bouche sailly?
> Auras-tu le cueur si failly?...
> Veulx-tu faire ta mansion (*demeure*)
> Au puits d'abomination?
> Mouras-tu, de soif asservie,
> Devant la fontaine de vie?...
> Je ne scay : si j'entre dedans,
> Je scandalizeray les gens....
> Non, j'entreray secrettement,
> Plourant mes péchez humblement,
> Non pas pour m'asseoir au-dessus,
> Mais aux pieds du très doulx Jhésus,

> Requérant mercy des meffais
> Que j'ai pensez et dictz et fais.

Elle se traîne alors aux pieds de Jésus, les baigne de ses larmes, les essuie avec ses longs cheveux, et répand sur celui à qui seul tout hommage est dû, ces parfums que, peu d'instans auparavant, elle prodiguait pour le monde. Les convives et le maître de la maison murmurent. « Quoi! disent-ils, cette femme partout diffamée, « oser se présenter ici! et Jésus la souffrir à ses « pieds! Il ne sait donc pas l'emploi qu'elle fait « de sa jeunesse et de sa beauté? Il n'est donc « point un vrai prophète? »

Jésus, qui comprend et les murmures et les pensées de tous, leur propose la parabole touchante des deux débiteurs, et, opposant sa miséricorde aux rigueurs d'un monde implacable, il relève, par ces mémorables paroles, la pécheresse en proie aux remords, mais pleine de foi dans la bonté de Dieu :

> Lève-toy, femme, va en paix.
> Pardonnez te sont tes meffaits,
> Ta parfaite foy t'a saulvée.

Remarquons aussi les paroles suivantes de Jésus à un pharisien (il est bien étonnant que J. Michel les ait supprimées) :

> Moult de péchiez
> Qu'elle avoit en son temps commis,

> Luy sont pardonnez et remis,
> Car elle a grandement aimé.

Dilexisti multum, o femina,
Tui fletus tua peccamina
    Diluerunt,

dit Jésus à Madeleine, dans un mystère latin du xiie siècle. Ce *peccamina*, ce touchant diminutif, trouvé par la charité chrétienne, comme l'*ingenioli mei* de la religieuse Hroswithe l'a été par l'humilité, vous ne les verrez ni dans Tacite, ni dans Cicéron : Tacite, pour blâmer, et Cicéron pour se louer, trouveraient plutôt des augmentatifs.

L'entrée de Jésus à Jérusalem et ses prédictions puisées dans l'Évangile, sont des plus imposantes. Quoiqu'une partie du peuple vienne au-devant de lui, avec des rameaux et des chants d'allégresse, il dit, en s'adressant à Jérusalem :

> Le peuple fait joye,
> Mais mon cueur larmoye
> Si te laisse nue (*abandonnée*).
> JAYRUS (*un des principaux Juifs*).
> Fille de Syon,
> En dévotion
> Tu reçois ton roy....
>   JÉSUS.
> Lamentation,
> Désolation
> Sur toy venir voy.

Le contraste est frappant. Les prédictions de Jésus, comme celles du grand-prêtre dans *Athalie*, étaient sans doute accompagnées de chants. C'est ce que semble indiquer le retour d'un même vers et le mot *balade* dont est précédée cette inspiration lyrique :

> Hiérusalem, noble cité fleurie !
> Temple de paix, sainct sanctuaire eslu !
> Le temps sera, sans doubter, tost venu...
> Tes ennemys viendront autour de toy,
> Pour te jecter en piteuse ruine ;
> J'en ay pitié, j'en ay douleur en moy ;
> Car trop mal vit en qui péché domine (1)...
> Hiérusalem, pleure, pleure ton roy.
> Tes ennemis te tiendront en aboy,
> En te rasant jousques à la racine.
> Après ma mort, plus n'aras de requoy (*repos*) ;
> Car trop mal vit en qui péché domine.

Des enfans d'Israël arrivent, chantant des chœurs, qu'assurément nous ne comparerons point à ceux d'*Athalie*, mais qui auraient pu en donner l'idée. Des pharisiens veulent chasser les enfans du temple, et reprochent à Jésus de les souffrir. Il leur répond, à peu près comme dans l'Évangile : *Sinite parvulos....* Et il trouve dans cet à-propos un texte au long sermon qu'il adresse aux Juifs, et dont voici le début :

> Ouy, de la bouche des enfans
> Parfaicte est de Dieu la louange...
> Telle louange est mieux choisie
> Que n'est la vostre ypocrisie.

Les pharisiens et les scribes, furieux, cherchent

---

(1) Version de J. Michel : *Qui en péché domine.*

à mettre Jésus en défaut, et lui adressent plusieurs questions. Ses réponses achèvent de les confondre. Nous n'en citerons qu'une, puisée dans l'Évangile de la *Femme Adultère*. Ils vont chercher cette femme, et se disent entre eux : Ce Jésus qui ne prêche que le pardon, interrogeons-le de nouveau. S'il nous répond qu'il faut la condamner, il sera en contradiction avec lui-même et perdu dans l'esprit du peuple; si, au contraire, il veut qu'on l'acquitte, il viole la loi, et il en subira la peine. « Jésus, » lui dit un de ces hypocrites,

>Nous voulons bien ouyr ta voix
>Sur ceste femme que tu voys,
>Qu'en adultère avons surprise.
>Nous avons, par la loy Moyse,
>Que devons toutes, sans tarder,
>Telles meschantes lapider
>Qui violent leurs mariaiges :
>Toutesfois, tu tiens tes langaiges
>Qu'on doit faire miséricorde
>A tous povres pécheurs : accorde
>Doncques l'un et l'autre contraire,
>Et nous dis lequel debvons faire :
>Ou la punir, selon la loy,
>Ou luy pardonner, selon toy.

L'argument est pressant. Jésus n'y répond pas d'abord. Il se baisse, et il écrit, du doigt, sur la terre, ces mots de Jérémie (à ce que l'on a cru, car l'Évangile se tait) : *Terre, terre, écrivez que ces hommes sont réprouvés!*

Quoi qu'il en soit, les ennemis de Jésus triomphent. Un d'entre eux lui dit, avec ironie sans doute :

>Maistre, donne solution
>A l'argument qu'avons touché.
>###### JÉSUS.
>Celuy qui sera sans péché
>D'entre vous, si vienne bon erre (*avec assurance*),
>Et jette la première pierre
>A l'encontre de ceste femme.
>Si vous l'accusez de diffame,
>Pour ce qu'elle a la loy faulsée,
>Vous-même l'avez transgressée
>Peut-estre trop plus griesvement.

Les hypocrites, confondus, se retirent sans avoir osé condamner la femme adultère, qui reste tremblante devant son sauveur. Plus coupable que Madeleine, mais aussi repentante, elle trouve près du Père de toute miséricorde une égale indulgence. Seulement, il lui dit, en la renvoyant, ces mots consacrés : *Ne péchez plus.*

D'autres guérisons, plus miraculeuses encore, sont opérées par Jésus. Le frère de Marthe et de Madeleine, Lazare, cet homme dissipé, livré à toutes ses passions, est mort ; il est enseveli, on l'a descendu dans la tombe : rien ne semble pouvoir l'en tirer. A la prière de ses sœurs, Jésus le ressuscite. Lazare, alors revenu de loin, car il a été jusqu'aux enfers (ce qui n'est pas très orthodoxe), raconte à Madeleine et à Marthe ce qu'il a vu.

Il peint d'abord le purgatoire, où les justes qui n'ont pas expié leurs fautes languissent

> D'estre ainsi privés de leur bien,
> Car qui n'a son Dieu, il n'a rien.
> Là sont en piteuse ordonnance
> Les âmes des bons trespassés,
> Pour acomplir la pénitence
> D'aucuns de leurs vices passés.
> Là sont leurs tourmens amassés,
> Selon que leurs offenses sont :
> La paine au délict correspond.

La peinture de l'enfer est plus énergique :

> Au plus bas est le hydeux gouffre
> Tout de désespérance taint,
> Où sans fin ard (*brûle*) l'éternel souffre
> Du feu qui jamais n'est estaint...
> Hydeux puis, abismes parfons,
> Remplis de pécheurs jusqu'au fons
> Qui là reçoivent leurs souldées (*leur solde*);
> Là crient les âmes dampnées,
> En leur créateur blasphémant...
> Leurs regrets sont mort pardurable,
> Et leurs cris, de piteux hélas ;
> Leurs tourmens, paine intollérable,
> Sans jamais espoir de soulas......
> Là sont condampnés et jetés
> Ceulx qui meurent en griefz péchés.
> Mal reposent les mal couchés.
> Là sont leurs âmes tourmentées,
> Abreuvées de l'ire de Dieu,
> Et très asprement asgitées...
> Hélas ! hélas ! qui penseroit
> A ces dures afflictions,
> Je crois que jamais on n'auroit
> Tant de folles affections.

> Prenons-y nos reflections,
> Et y pensons pour l'avenir,
> Et nous ne pourrons mal finir.

Ce sermon (car c'en est un, et quel effet, dans la situation de Lazare, il devait produire sur Marthe, sur Madeleine, et par contre-coup sur l'auditoire!) ce sermon, dis-je, est sans doute celui des confrères. J. Michel, à qui nous l'empruntons, se sera contenté de changer quelques vers. Voici les deux derniers, d'après le manuscrit de Valenciennes :

> Nous voullantz en tous bien régler,
> Et nous ne polrons mal finer.

Cela est plus vieux, ainsi que ce vers, où pourtant je regrette un mot :

> Pour *paracomplir* la penance,

dit plus que *accomplir la pénitence*, et, je crois, exprime mieux l'expiation complète du purgatoire. Du reste, on retrouve dans les deux textes ces belles expressions : *Teint de désespérance, abreuvé de l'ire de Dieu* ; ce vers énergique :

> Où sans fin ard l'éternel souffre ;

enfin ce vers, plus remarquable encore par sa naïve et proverbiale moralité :

> Mal reposent les mal couchés.

Cependant un des disciples de Jésus, Judas, guidé par l'envie et la cupidité, va s'engager à livrer son maître à ses ennemis. Des esprits infernaux, ses vils désirs personnifiés sans doute, lui apparaissent, et l'un d'eux lui tient ce langage :

> Pourquoy vis-tu tant povrement?
> Tu endures nécessité,
> Tu es près aussi nud qu'un ver;
> Tu as très grand froid en yver,
> Tu brûles de chaud en esté.
> Tu n'as rien que mendicité;
> Méchante povreté te gaste.
> Au tems que tu servois Pilatte,
> Tu entretenois les seigneurs,
> Et avois des biens et honneurs,
> Ainsi comme un homme de bien,
> Et maintenant tu n'as plus rien....
> Tu poeulx bien congnoistre et entendre
> Que les juifs quièrent à prendre
> Ton maistre, qui est sans pareil,
> Et tiennent au jour d'huy conseil
> Pour trouver fachon et moyen
> De le tenir en leur loyen (*lien*).
> Partant, va-t'en secrettement
> En ce conseil hastivement.
> S'ils t'offrent argent et bon prix,
> Treuve manière qu'il soit pris,
> Et en trahison si leur livre.

Un remords salutaire vient pourtant l'arrêter : il rapproche sa conduite de celle des autres apôtres, qui sont en ce moment en prière. Cette idée, qui pouvait l'arracher au crime, va l'y précipiter.... Toutefois, comme le Mathan d'*Athalie* :

> Du Dieu qu'*il* a quitté l'importune mémoire
> Jette encore en *son* âme un reste de terreur,
> Et c'est ce qui redouble et nourrit *sa* fureur.

Il voudrait aussi, dans ses cruels transports,
A force d'attentats perdre tous ses remords.

En vain reviennent-ils de nouveau, il les repousse par cette effrayante sortie :

> Il ne me chault (*ne m'importe* d'estre damné !
> En despit de Dieu non pareil,
> Et de tous les anges du ciel...
> En despit de tous ceulx et celles
> Qui furent, sont et pourront estre,
> En despit de Jésus mon maistre,
> Fasse Dieu le pis qui pourra !

Jusque-là on voit qu'il cherche à s'étourdir, et que, même dans ses transports furieux, l'aiguillon de la conscience se fait sentir encore. C'en est, pour ainsi dire, le dernier battement.... Une sinistre insensibilité a tout-à-fait glacé son âme, lorsque, décidé sur les moyens de livrer son maître, Judas, prenant le masque,

> Affecte (*comme Mathan*) une fausse douceur,
> Et par là de son fiel colorant la noirceur...

Laissons-le, comme Mathan encore, se peindre lui-même :

> Cautement (*prudemment*) dissimuleray
> Tout mon faict, affin que mon maistre
> Ne puisse mon vouloir congnoistre...
> Couvrir fault ma prodition,
> Et, soubz fainte dévotion,
> Dextrement celer l'entreprise.
> Et pour ce, me fault par faintise
> Simuler le doux, le bigot,

> Le bon proud'homme, le dévot,
> Que l'on ne se défie de moy.

Un des apôtres apercevant Judas, dit :

> Il m'est bien advis que je voy
> Judas, qui vient tout assimply.

Tout assimply achève de peindre l'hypocrite qui, ne pouvant plus même être désarmé par le plus doux reproche du meilleur des maîtres (*Amice, ad quid venisti?*), vient, pour mieux le signaler à ses bourreaux, et, d'accord avec eux, lui donner son baiser déicide.

Tous ces faits sont dans l'Évangile, ils ont pu soutenir l'auteur ; mais voici une scène qui n'y est qu'indiquée, et à laquelle le génie réuni de Corneille et Racine n'aurait pu suffire. Comment notre vieux poète pourra-t-il s'en tirer ? Pas trop mal, surtout vers la fin, que je vais seule extraire :

Jésus annonce à sa mère la mort horrible et prochaine à laquelle il doit se soumettre. Elle veut l'engager à quitter Jérusalem ; il lui rappelle les Écritures, qui doivent s'accomplir. Elle le conjure de ne pas la rendre témoin de son supplice, et de lui donner auparavant la mort, ou du moins une âme insensible à la douleur. Il lui répond :

> Ce ne seroit pas vostre honneur
> Que vous, mère tant doulce et tendre,
> Veissiez vostre vray fils estendre
> En la croix et le mettre à mort,
> Sans en avoir aucun remort

De douleur et compassion.
Et aussi le bon Siméon
De vos douleurs prophétisa,
Quand entre ses bras m'embrassa,
Dit que le glaive de douleur
Vous perceroit l'âme et le cueur
Par compassion très amère.
Pour ce, contentez-vous, ma mère,
Et confortez en Dieu vostre âme.
Soyez forte, car onques femme
Ne souffrit tant que vous ferez;
Mais en souffrant, mériterez
La lauréole de martire.
— O mon filz, mon Dieu et mon sire...
Excuse ma fragilité,
Si par humaines passions
Ai faict telles requestes vaines.
— Elles sont doulces et humaines,
Procédantes de charité,
Mais la divine volunté
A prévu qu'aultrement se face.
— Au moins veuillez de vostre grâce
Mourir de mort brefve et légère.
— Je mourray de mort très amère.
— Doncques bien loin, s'il est permis.
— Au meilleu de tous mes amys.
— Soit doncques de nuict, je vous pry.
— Mais en pleine heure de midy.
— Mourez donc comme les barons (*les saints guerriers*).
— Je mourray entre deux larrons.
— Que ce soit sur terre et sans voix.
— Ce sera hault pendu en croix.
— Attendez l'âge de vieillesse.
— En la force de ma jeunesse...
— Ne soit vostre sang respandu !
— Je serai tiré et tendu,

Tant qu'on nombrera tous mes os...
Puis perceront mes piedz et mains,
Et me feront playes très grandes.
— A mes maternelles demandes
Ne donnez que responces dures.
— Accomplir fault les Escriptures.

Après que Judas a livré l'homme-Dieu, avec les circonstances rapportées dans l'Évangile, un autre disciple de Jésus, Pierre, ayant tiré son épée pour le défendre, abat l'oreille du soldat qui portait la main sur son maître. Et c'est ce même Pierre qui, un moment après, rougit de se montrer le disciple de la vérité, et la renie devant une servante d'auberge. Inconséquence trop commune en certains hommes d'ailleurs courageux, et qui finissent quelquefois par se réveiller, comme Pierre, au cri de leur conscience, figuré par le chant du coq.

Jésus ayant ordonné à ses disciples qui avaient tiré l'épée, de la remettre dans le fourreau, afin que les Écritures s'accomplissent, se laisse emmener par ses ennemis. Ces scènes du plus haut intérêt sont trop faiblement traitées pour qu'on en puisse rien extraire. Nos pères, avec leur foi robuste, en jugeaient sans doute autrement.

Ici commençait pour eux ce spectacle d'un pathétique immense, ce débordement d'amertume et d'outrages dont Jésus va être abreuvé jusqu'à sa dernière heure. Il faudrait entrer dans cette mer d'ignominie pour apercevoir le but élevé d'un semblable ouvrage, et quelle résignation devaient inspirer à des hommes de foi ces souffrances d'un Dieu.

Outragé par ses accusateurs, poursuivi par les clameurs d'un peuple égaré, et presque abandonné de ses disciples, Jésus, traîné de tribunal en tribunal, est enfin ramené d'Hérode à Pilate, le seul juge qui, en sa qualité de gouverneur de la Judée pour les Romains, puisse porter un arrêt de mort.

Pilate, convaincu de l'innocence de Jésus, qu'il voit d'ailleurs défendu par quelques hommes de bien, témoins éclairés de ses vertus et de ses miracles, voudrait rester dans ce juste milieu qui, entre des passions opposées, est la sagesse même et souvent le courage, mais qui change de nom entre l'innocence et le crime. Ce déplorable juge, monté sur son tribunal, y flotte dans la plus horrible incertitude.

D'un côté sont les persécuteurs de la vérité; ses défenseurs de l'autre.

Les premiers, qui sont des pharisiens, osent accuser le Christ d'irréligion : on leur rappelle sa piété, sa charité, les guérisons opérées par lui, peu de jours auparavant, sur deux infortunés. Un pharisien, ne pouvant nier ces guérisons, répond avec colère :

> Il a sané (*guéri*), point n'est desbat;
> Ouy, mais c'estoit jour de sabbat.

Voilà ce qu'on reproche à Jésus. Mais Jésus reproche avec plus de raison aux pharisiens de ne comprendre point ces mots de l'Écriture : « J'aime encore mieux charité que sacrifice. » Tel est l'esprit de l'Évangile, résumé dans ces mots serrés, mais où la pensée est trop à l'étroit : *Qui laborat, orat. Travailler* (pour soulager ses frères et en vue de Dieu), *travailler, c'est prier.*

Mais recueillons quelques passages du plus grand des procès qui jamais ait été débattu.

PYLATE.

Or çà, seigneurs, il conviendra
Ung peu vostre faict modérer.
Vous avez pu considérer
Ce que j'ai faict pour vous en somme.
Vous avez amené cest homme
Chargé de plusieurs démérites,
Digne de mort, comme vous dictes ;
Comme d'avoir tout subverty,
Le peuple et la loi perverty,
Et beaucoup de mal advenu.
Toutesfois vous avez bien veu
Que de toute ma diligence
L'ay enquis en vostre présence,
Conjuré et examiné ;
Néantmoins n'a déterminé
Rien qui tourne à son préjudice,
Ne dont la réale justice
Doive sa mort sentencier.

ANNE (*grand-prêtre*).

Il ne s'en fault jà soucier,
Car il ne dira chose aucune
Qui tourne à sa malle fortune...

CAYPHE.
Tu voys les accusations
Que nous, principaulx de la loy,
Soustenons et certifions...
Puisqu'une foys il se dict roy,
César offense, somme toute,
Et contre luy commet desroy.
PYLATE.
A le juger y a grant doubte.

Voilà déjà l'homme faible fléchissant devant le méchant qui parle avec audace.

Quelques justes, parmi les Juifs, vont prendre la défense de Jésus. L'aveugle-né, qui a été guéri par lui, commence :

Celui qui jamais ne meffit,
Mais est pur, juste et innocent,
Et qui vient pour nostre proffit,
De le pugnir on se consent !..
TUBAL.
Il a gari les langoureux,
Car il a puissance divine.
Ne soyez pas si rigoureux.
Sa mort par envie on machine,
Et sa vie nous est nécessaire.
Jugement sur luy point n'assigne.
PYLATE.
O très haulx dieux ! que dois-je faire ?
NYCODESME.
C'est le Christ au monde venu.
CAYPHE.
Séducteur est, pécheur publicque.
L'AVEUGLE-NÉ.
Pour sainct homme l'avons cogneu.
ANNE.
Il use d'art diabolique.

TUBAL.

Mais il a vertu angélique (1).

JÉROBOAM.

Il use de cherme et de sort.

JAYRUS.

A faire miracle il s'applique.

PYLATE.

Le doy-je condamner à mort?

CAYPHE.

Selon la loy, il doit mourir.

JAYRUS.

Mais selon la loy il doit vivre.

JÉROBOAM.

Fol est qui le veult secourir.

NYCODESME.

Mais plus fol qui à mort le livre.

L'AVEUGLE-NÉ.

Jamais à nully (*à personne*) ne fist tort.

ANNE.

Ses faictz et dictz ne fault ensuivre.

PYLATE.

Le doy-je condamner à mort?

JAYRUS.

Garde de le juger à craincte.

CAYPHE.

Garde de César offenser.

NYCODESME.

Le jugeras-tu par contraincte?

ANNE.

Veulx-tu faire la loy cesser?

CAYPHE.

Despeche, c'est trop attendu.

(1) C'est ce que les défenseurs du christianisme répondaient aux Celse, aux Porphyre, aux Julien, et aux autres Romains ou Juifs qui traitaient de *diablerie* des miracles de charité.

JAYRUS.
Garde de faire faulx rapport.
PHARÈS.
Il fault qu'il soit en croix pendu.
PYLATE.
Le doy-je condampner à mort (1)?
Brief, conscience me remort
Si j'assiez sur luy jugement.
Mais voicy, pour faire aultrement,
Un bon moyen que j'ay trouvé,
Et si (*ainsi*) tiendrons la voye moyenne.

Cette *voye moyenne*, l'ordinaire ressource des caractères faibles, est précisément ce que le bonhomme Chrysale, qui est de cette famille, appelle *un accommodement*. Or, ce terme moyen, c'est de faire grâce à Jésus, après l'avoir abreuvé d'outrages. C'est aussi cette voie que suivirent, dans le procès de Louis XVI, plusieurs de ses juges qui ne voulaient pas sa mort, mais qui, à l'exemple de Pilate, n'opposèrent que des *expédiens* à l'audace des accusateurs et à l'aveuglement du peuple. Revenons aux Juifs. Pilate leur ayant dit :

Et que feray-je de Jésu
Vostre roy?

(1) Ce dialogue rappelle souvent *Polyeucte*; nous retrouverous des rapports frappans entre Pilate et Félix, et aussi entre Pilate et le père de Nicomède, immolant à la politique de Rome, non son Dieu, mais son propre fils. Pilate semble avoir inspiré les traits les plus frappans de ces deux rôles si vrais, notamment l'exclamation :

Ah! ne me brouillez pas avec la République!

TOUS ENSEMBLE.

Ce mot nous déplaît.
Tolle, tolle! maine au gibet!

PYLATE.

Seigneurs, attendez s'il vous plaist.
Cause n'y voy, je vous affie.

TOUS ENSEMBLE.

Tolle, tolle! maine au gibet!
Et tantost nous le crucifie!..

PYLATE.

Vous voulez que je me consente
A juger personne innocente,
Tant seulement pour vostre envye.

RABANUS.

Oste-le, et nous le crucifie.

PYLATE.

Vous estes enragés, je croy.
Crucifiray-je vostre roy?
La croix est la mort plus villaine
Que peult porter nature humaine.
Parquoy, s'il a mort desservye (*mérité*),
Et s'il fault qu'il perde la vie,
Ne veuillez pas à ce contendre
Si noble sang en croix espandre
Qui du sang royal se renomme.

CELCIDON.

Prévost, jamais roi ne le nomme,
Car ce mot-là trop fort nous pince.

JÉROBOAM.

Nostre roy n'est ni nostre prince,
Et n'avons ni roy, ni seigneur,
Fors César, le grant empereur,
A qui devons tous obéir.

Et quel était *le grant empereur* que ce peuple aveugle préférait au Juste des justes qui venait l'arracher à l'esclavage? Quel? Celui qui fit peser le joug le plus honteux sur la race humaine; celui qui la méprisa le plus; celui qui disait, en sortant du sénat : *Peuple né pour la servitude!* Tibère, en un mot.

Pilate, pour inspirer quelque pitié aux ennemis de Jésus, l'a fait ignominieusement flageller : tout son corps n'est plus qu'une plaie. Comme il en peut à peine soutenir les débris, on l'attache à l'infâme poteau; on le revêt, par dérision, de la robe des rois; on lui donne pour sceptre un roseau, et l'on enfonce sur sa tête une couronne d'épines. Sa face auguste est couverte de sang et de crachats. En butte à tant de barbarie et d'outrages, il se tait, comme l'agneau qu'on va immoler. Ses plaies ayant collé son habit à sa peau, un des bourreaux dit, en le dépouillant :

> Ce semble un mouton qu'on escorche,
> La peau s'en vient avec l'habit.

Pilate le montrant alors à ses ennemis, prononce ces mots fameux : *Ecce homo*, qui, avec le déchirant spectacle dont ils sont le sanglant résumé, produisaient sans doute sur nos pères un effet d'autant plus profond que les bourreaux de la sainte victime en demeuraient plus implacables. Un d'eux ose reprocher à Pilate d'être encore trop *mixte*. Le prévôt, sensible à ce reproche et à la crainte de déplaire à l'empereur, crainte qu'il exprime avec une naïveté qu'on a si justement admirée dans le beau-père de Polyeucte, le prévôt se dit à lui-même :

Pour rien je ne vueil offenser
César, ne luy désobéir.
Item, si je me fais haïr
A ces seigneurs, ils trouveront
Moyen qui me déposeront,
En me reprenant d'injustice,
Et feront perdre mon office.
Parquoy j'aime mieulx, tort ou droit,
Le juger, car mal m'en viendroit
Quelque jour, je vois bien que c'est (1) !
(Il s'assiet en la haulte chaire.)
Or çà, seigneurs, puisqu'il vous plaist
Que je face ce jugement,
Pour l'amour de vous seullement,
Volontiers en prendray la charge...
Mais pour laver ma conscience,
En signe de mon innocence,
Devant tous veuil laver mes mains,
A la coustume des Romains;
Car de sa mort acteur ne suis,
Et mes mains bien laver en puis.
De son sang me tient net et monde (*pur*).

PHARÈS.

Tout son sang descende et redonde
Sur nous et sur tous nos enfans,
Tant que jamais n'en soyons francz,
Si péché ou coulpe s'y fonde.

ABIRON.

Si fault que le danger en fonde,
C'est sur nous tous, petitz et grandz.

EMELIUS.

Tout son sang descende et redonde

(1) Voir *Polyeucte*, act. V, sc. 1re, v. 13 et suiv.

Sur nous et sur tous nos enfans !
RABANUS.
Tant que nous serons en ce monde,
Et fusse jusqu'à dix mille ans,
Nous en serons participans,
Si fault que sa mort nous confonde.
TOUS ENSEMBLE.
Tout son sang descende et redonde
Sur nous et sur tous nos enfans !

A cet anathème sanglant et redondant sur eux et sur leurs descendans, le faible Pilate n'osant rien opposer, prononce la condamnation déicide.

CHAPITRE VII.

Fin du Mystère de la Passion.

L'ENFER a tressailli, et les cieux se sont émus; ils ont répondu, quoique trop faiblement, aux sentimens de l'auditoire. Mais ici, un silence de consternation est la seule préparation possible au dernier attentat. Presque tout ce qui se dit est trop au-dessous de ce qui va se faire.

Nous arrivons au moment à jamais lamentable où Jésus, dans l'état où nous l'avons vu, contraint à porter lui-même sa croix jusqu'au lieu de son supplice, et cheminant, parmi les coups et les outrages d'un peuple frénétique, après avoir versé de nouvelles larmes sur la prochaine destruction de Jérusalem, adresse ces mots à quelques femmes qu'il voit pleurer :

Ne veuillez pas plorer sur moy !

Écoutons quelques unes de ces femmes. L'auteur, par les mots entrecoupés qu'il leur prête, et quelquefois par le rhythme qu'il a choisi, peint avec vérité leur accablement :

MAGDALEINE.
Mon doulx maistre, mon doulx Jésu,
A quel part es-tu parvenu !

Hélas! las! qu'es-tu devenu?..
  Cueur douloureux,
  Que doy-tu faire?
Ton maistre perd, sans rien mésfaire,
  La mort l'oppresse.
   MARTHE.
Triste dueil, amère détresse,
Mettent mon cueur en telle oppresse,
  Que plus n'en peult.

L'*oppresse* est heureusement exprimée dans ce petit vers contracté, tombant avec la voix.

Et Marie, la mère de Jésus? Est-il un langage humain qui puisse égaler ses douleurs? Non. Le poète se trouve encore ici trop au-dessous de son sujet, pour que nous le citions. Il aurait bien dû, pour se tirer d'affaire, s'appuyer de l'autorité de l'Évangile d'abord, ensuite de saint Boniface, qui dit que la Vierge tomba comme demi-morte, et qu'elle ne put prononcer un seul mot : *nec verbum dicere potuit.*

Quant aux partisans et aux disciples de Jésus, les uns découragés se sont éloignés ou se taisent ; la plupart, voyant dans ce qui se passe l'accomplissement des Écritures, espèrent.

Arrêtons-nous, avec l'homme-Dieu chargé de sa croix, et forcé de gravir le chemin escarpé du Calvaire : ce chemin est celui de la vie, où l'on peut voir une foule égarée, quelques scélérats, et çà et là un petit nombre de gens de bien, trop souvent à l'écart. Laissons parler d'abord les bourreaux de Jésus, c'est-à-dire les plus lâches persécuteurs de la vérité :

Ier BOURREAU (à Jésus).
Marchez, villain.
IIe BOURREAU.
Le cueur luy fault.
IIIe BOURREAU.
Tenez, comme il va chancelant.
IVe BOURREAU.
C'est quant il a veu en allant
Ces bigottes plourer si fort ;
Il en a prins tel desconfort
Qu'il demourra, ce croy, derrière.
PYLATE.
Que ne les chassez-vous arrière ?

Voilà l'homme faible à l'unisson des plus vils scélérats. Mais un homme de bien et de cœur va lui parler : c'est ce centurion qui, témoin des derniers momens de Jésus, finit, suivant l'Évangile, par se convertir. N'en soyons pas surpris : déjà tout soldat, tout Romain qu'il est, il ne peut voir, sans en être ému, tant de barbarie d'un côté ; de l'autre, tant de résignation, de douceur. On voit qu'il n'est pas loin d'embrasser la défense du Christ. Il s'adresse à Pilate :

Prévost, vous perdez vostre temps,
Qui ainsy le chassez, hélas !
Vous voyez qu'il est si très las
Qu'on ne lui peult plus peine offrir,
Ne nul travail, sans mort souffrir.
Regardez le fardeau qu'il porte :
Il n'est créature si forte...

Commandez ung peu qu'on attende
Pour y mettre provision.
PYLATE.
Vous dictes bien, centurion.
S'il porte charge et pesans fais,
Se ne suis-je pas qui le fais ;
Mais ces maulvais Juifs très félons.

Pilate, toujours de l'avis du dernier interlocuteur, d'après le conseil du centurion, fait appeler Simon, pauvre paysan qui passe, afin d'aider Jésus à porter sa croix.

L'ambitieux Pilate, qui envierait les plus hautes charges, dédaigne cette croix ! et le pauvre qui s'y voit appelé en ignore lui-même la grandeur, et veut s'y dérober. Vérité déplorable ! Ah ! quand il traîne en murmurant le poids de ses misères, si le pauvre savait que ces misères, cette croix, il les partage avec son Dieu ! s'il connaissait le prix que promet sa justice au malheur résigné ! Mais trop souvent laissés dans une désespérante ignorance, les infortunés, nos frères, sont encore dépouillés par nous, par nos cruels discours, du seul bien que nos pères avaient pu leur transmettre ; la foi dans l'avenir.

Et lorsque tant de malheureux tournent leur désespoir contre Dieu, contre la société, contre eux-mêmes, nous nous en étonnons, après avoir dédaigné à leurs yeux cette croix, ce sublime fardeau qui seul les soutenait !

Nous allons retrouver dans les réponses du

pauvre Simon de Cyrène, comme dans les railleries des ennemis de Jésus, les erreurs de nos jours, car l'Évangile en est surtout l'histoire.

SYMON.

Hélas ! et que me demande-on,
Qui m'efforcez par tel moyen ?

Ier BOURREAU.

Tes espaules le sçauront bien,
Avant le retour, ne te chaille.

IIe BOURREAU (*à Pylate*).

Sire, je vous commetz et baille
Cest homme qui vous quiert et trace (*vous cherche*).

SYMON.

Ha ! messeigneurs, sauf vostre grâce,
Pas ne vous quiers en vérité.
Vous m'avez si espoventé
Que je ne puis membre lever.
Et se vous me volez grever,
J'apelle pour ma saulve garde.

LE CENTURION.

Nenny, bon homme, tu n'as garde.
Mais pour Jésus mieulx supporter,
Qui ne peult plus sa croix porter,
Et demeure cy sans subside,
Il faut que tu luy face ayde,
Et porter ceste croix pour soy (*lui*).

SYMON.

Ha ! messeigneurs, pardonnez-moy !
Pour rien jamais ne le feroye,
Car tant de vergogne en auroye...
Vous scavez le grant deshonneur
Que c'est huy (*aujourd'hui*) de la croix toucher !

En effet, au fardeau de la croix se joint une

fausse honte cent fois plus pesante pour un *esprit-fort*.

Cependant Simon, touché de compassion pour Jésus, dont il voit la douceur, les souffrances, se résigne, et dit à Pilate :

> Je feray vostre volunté.
> Moins il me poise en vérité
> De la honte que vous me faictes.
> O Jésus ! de tous les prophètes
> Le plus sainct et le plus begnin !..

Combien l'homme de l'Évangile est supérieur au bûcheron de la fable, qui ne se résigne à porter son fardeau que par crainte de la mort ! Ici, c'est la charité qui a tout fait. Tu ne croyais soulager que ton frère ; mais ton frère souffrant, c'est Dieu même ; et te voilà, Simon, marchant avec ton Dieu au-dessus de nos petitesses ; t'élevant de l'amour à la résignation, et bientôt à la foi, sans autre lumière que ton cœur (1) !

Jésus étant arrivé au Calvaire, les cieux et l'en-

---

(1) Est-ce en mémoire de Simon que, dans nos villes du nord, *un porte-sacq* (*Registre des Choses communes de la ville de Valenciennes, juin* 1648 *et passim*) avait le privilége de porter sur ses épaules, aux processions solennelles, une lourde croix, et d'être accompagné de tous ses camarades, travestis en bourreaux, et nommés encore aujourd'hui à Valenciennes *los del' cros* (gueux de la croix)?... Mais ce privilége, d'où vient qu'aucun homme distingué ne le partageait avec le portefaix ? Oh ! c'est que trop souvent on a laissé au peuple ce que la croix a de plus lourd. On se contente de la porter aujourd'hui à la boutonnière.

fer interviennent de nouveau ; mais, sans nous arrêter aux discours que l'auteur prête à Dieu le père, aux anges et aux démons, l'Évangile, qui parle seulement des ténèbres répandues sur la terre en ce moment suprême, l'Évangile est bien assez grand, assez miraculeux, pour que nous n'ayons pas besoin d'en sortir. L'enfer et les cieux, d'ailleurs, ne sont-ils pas tout entiers au Calvaire quand des hommes barbares, avec un raffinement de cruauté inouïe, déchirent en riant, clouent sur une croix et abreuvent de fiel l'innocente victime qui ne se plaint pas même et prie pour ses bourreaux ?

>Père qui tes servans eslis,
>Et en qui toutes choses sont....
>Pardonne-leur s'ilz ont mespris,
>Car ilz ne savent pas qu'ilz font.
>(*Car ils ne savent ce qu'ils font.*)

Quelle sublimité pratique ! Où trouver rien de pareil ? Aussi Jean-Jacques, dans un des éclairs de son génie, trop souvent offusqué de ténèbres, s'est-il écrié : *Oui, si la vie et la mort de Socrate sont d'un sage, la vie et la mort de Jésus sont d'un Dieu.*

Telle est la puissance de la vérité, ou, comme l'a dit saint Augustin, telle est l'efficacité du sang d'un Dieu répandu pour tout homme qui veut en profiter, qu'un des deux malfaiteurs attachés près de Jésus en croix, et sur lequel une goutte de ce sang a rejailli sans doute, ouvre les yeux, reconnaît Dieu même, implore son pardon, et en obtient cette promesse :

> Et certainement je te dis
> Que pour le désir qu'en toy voy,
> Ceste journée en paradis
> Seras colloqué (*tu seras placé*) avec moy.

Et ce n'est point ici, comme la scène de notre *fac-simile*, un emprunt fait aux légendes ou à des écrits apocryphes, mais à l'Évangile.

D'autres miracles, moins étonnans sans doute que cette conversion *in extremis*, mais pourtant remarquables, s'opèrent en ce moment; car, tandis que Marie et les saintes Femmes, accompagnées de saint Jean l'Évangéliste, reçoivent les derniers mots et les derniers soupirs de Jésus; tandis que le ciel s'obscurcit, que la terre s'ébranle, et que d'autres prodiges marqués dans l'Écriture se manifestent, quelques hommes aveugles persistent dans leur endurcissement, leurs blasphêmes; mais d'autres, émus de ce qu'ils voient, se disent entre eux :

> CENTENIER.
> Je me vueil d'ici départir,
> Esbahi de ce que j'ay veu.
> MARCHANTONE.
> Nous avons assez atendu,
> Ils n'ont plus que faire de garde.
> CENTURION.
> Quand le faict de Jésus regarde,

Sa mort griefvement me déplaist.
EMELIUS.
Nous voyons maintenant que c'est
Ung très sainct prophète que luy.
CENTURION.
Et verè filius Dei
Erat iste, et de rechef
Je dis que ce sainct homme cy
Etoit filz de Dieu le hault chef...
PHARÈS.
Il avoit divine puissance,
C'estoit le sauveur d'Israël.
ABIRON.
Et je ne fais plus de doubtance
Que ce ne fust l'Emanuel.
SALMANAZAR.
O jugement fol et cruel
Que noz seigneurs ont pourchassé!
NEMBROTH.
O prévost, juge criminel,
Tu l'as à dure mort chassé.
ALBIRON.
Je me repens, j'ai offensé,
J'en bas ma coulpe, *peccavi*.
EMELIUS.
Oncques si sainct homme ne vy,
Ne si plain de saincte doctrine.
PHARÈS.
Las! si je l'ai trop mal servy,
Peccavi, j'en bas ma poytrine.
RABANUS.
Jamais je ne vy si grant signe (*miracle*).
Partons-nous d'icy.
SALMANAZAR.
    Retournons.
Trop avons creu la gent maligne.
Allons-nous-en, sa mort pleurons.

Revertentur percutientes pectora sua, dit l'auteur, qui, empruntant ces mots à l'Évangile, parle indistinctement latin ou français à ses acteurs, et jette souvent dans son dialogue des expressions et même des phrases latines, fort bien placées dans la bouche d'un soldat romain, comme le centurion. Elles ne conviennent pas moins aux apôtres, qui, tributaires de l'empire romain, en attendant qu'ils en fussent les maîtres, du moins spirituellement, adoptaient déjà la langue universelle qui devait porter l'Évangile dans toutes les parties de la terre. Ajoutons que l'auteur, quoiqu'il n'y ait pas pensé sans doute, en nous montrant aussi des Juifs qui devaient perdre un jour jusqu'à leur langue maternelle, y renonçant déjà pour prendre celle de leurs vainqueurs, offre en quelque sorte un prélude des effets inouïs de la destruction de Jérusalem qui suivit la mort du Sauveur.

A peine Jésus a-t-il, en exhalant son dernier soupir, recommandé à saint Jean sa mère, qui se trouve au pied de sa croix; à peine a-t-il prononcé ces mots : *Consummatum est!* que les ténèbres répandues sur la terre redoublent. Des anges viennent alors, dans un chant lugubre, renouveler les prophéties sur Jérusalem :

> Fille de Syon !
> Lamentation,
> Désolation

Et confession
Prends pour ta lyesse.
Quand ton roy te laisse
En fleur de jeunesse,
Ta couronne cesse...
— Tu as trop meffait,
Quand huy as deffaict
Ton Christ, ton saulveur.
Pleure ton forfaict,
Congnois ton erreur.
— O peuple mauldit,
Par erreur séduyt,
A péché conduyt,
Congnois ton offense.
— Le ciel s'obscurcit,
Le jour seuffre nuict,
La terre frémit,
Sentant telle oultrance.

Jean-Baptiste-Rousseau (rencontre remarquable) dit sur le même rhythme :

Un bruit formidable
Gronde dans les airs ;
Un voile effroyable
Couvre l'univers ;
La terre tremblante
Frémit de terreur ;
La lune sanglante
Recule d'horreur.

Les ténèbres qui couvrirent la terre à la mort de Jésus-Christ doivent-elles être regardées comme figuratives ou réelles ? Les historiens Thallus et Phlégon, qui, d'accord avec les écrivains sacrés, en ont parlé, les attribuent à une éclipse ; mais une éclipse ne devait point arriver alors. Aussi les Chinois, plus instruits en astronomie que les Romains, ont-ils consigné ce fait dans leurs annales, comme un prodige qui avait déconcerté tous les calculs de leurs astronomes (1).

Si l'on voulait voir des figures dans les miracles de l'Évangile, que seraient, par exemple, cet aveuglement et la lèpre dont Jésus a guéri plusieurs hommes? L'aveuglement et la lèpre du cœur. Et ce paralytique ranimé par sa main charitable? Un pécheur insensible. Et le Lazare, déjà dans l'infection de sa tombe, soulevant son linceul pour s'en débarrasser, et se réveillant à la voix qui l'appelle? Un de ces malheureux qui, morts à toute vie morale, enveloppés d'iniquités, et dès long-temps dans leur corruption, en sortent quelquefois par miracle. Véritable résurrection!

Mais ce ne serait là qu'un reflet de la vérité. Je reviens au mystère, du moins à une scène extraordinaire que nous avons laissée.

Judas n'a pas tardé à connaître son crime; mais au lieu de se tourner vers Dieu, il s'approche de l'arbre fatal, poursuivi par l'idée d'attenter à ses jours. A peine a-t-il invoqué l'enfer, que la plus effroyable des Furies lui apparaissant :

Meschant, que veulx-tu qu'on te face?

(1) *Hist. de la Chine*, citée par Colonia, Liv. I, ch. x; Paris, Gauthier, 1826.

> A quel mort veulx-tu aborder?
> — Je ne scay ; je n'ay œil en face
> Qui daigne les cieulx regarder.
> Qui es-tu ! — Sans plus demander,
> Je suis... pour venger ton offence.
> — D'où viens-tu ? — Du parfont d'enfer.
> — Quel est ton nom ? — Désespérance....
> — Approche et me donne allégeance,
> Si mort puelt mon dueil alléger.

Quel dialogue ! et quelle admirable allégorie ! Le poète (car il l'est bien ici) ne s'en tient pas là ; la clémence divine vient luire un moment aux yeux du coupable : Désespérance la repousse. *Mon âme est oppressée,* dit Judas. — *Ce n'est point de contrition,* lui répond la Furie,

> Mais c'est de rage ramassée (1).
> Rien ne vault, ta grâce est passée...
> Damné es, en lieu pardurable.

Alors l'infortuné exhale ces sons dont le redoublement guttural serait bien burlesque, s'il n'était effroyable comme le râlement de la mort :

> O rage ! estrainte redoutable (2) !
> Rage enragée et tant rageable,
> Dont rage en enrageant rend force,
> Faut-il qu'en efforçant m'efforce,
> Et que de force renforcée,
> Je forcène qui me parforce
> A forcer ma fin forcenée !

(1) Et dans mon cœur souffrant *j'amassais* la vengeance ! dit le Coriolan de Laharpe.

(2) Monime, au moment de se suicider, apostrophe aussi *l'étreinte redoutable* : « Et toi, fatal tissu ! »

Désespérance l'aide alors à monter sur l'arbre. C'est là que, comme Didon du haut de son lit de mort, il prononce les dernières paroles, *novissima verba*, qui semblent imitées de *l'Énéide*, avec cette différence pourtant que le suicide n'est point présenté chez le poète chrétien avec des traits intéressans, mais bien sous un aspect hideux, le seul qui lui convienne (1). Voici comment finit Judas :

> Je me donne âme, corps et biens,
> Sans jamais en excepter riens,
> En despit de Dieu qui me fist,
> A tous les diables ! — Il suffit !

lui répond Satan, car il est là, comme on peut bien le croire. Judas se passe la corde au cou, se laisse tomber de tout son poids, et les diables, qui accourent, se livrent, sous son corps suspendu, à une horrible joie. Ils guettent son âme au passage, afin de l'emporter aux enfers, mais elle ne sort pas !

SATHAN.
Je m'esbahis bien de ce cas...
BÉRITH.
L'âme est encor dedans ses trippes,
Qui de son ordure s'abreuve ;
Et si la pance ne luy creuve,
Nous perdons cy nostre saison.
SATHAN.
Bérith a très bonne raison,

(1) Virgile a pourtant mis, dans son enfer, ces gens
> Qui n'ont pu supporter, faibles et furieux,
> Le fardeau de la vie, imposé par les dieux.

> Car par sa bouche orde et maligne
> Qui baisa son maistre tant digne,
> Elle ne puelt., ne doit passer.

« Icy creuve Judas par le ventre, les trippes saillent dehors, l'âme sort, et avant que les dyables l'emportent, elle dit : »

> Ah ! mauldicte âme malheurée,
> Enragée et désespérée....
> Le ver de dur remort
> Sans fin me poingt et mord,
> Et demeure (*et je reste*) obstinée ;
> Mais en mon dolent tort
> Je ne quiers réconfort,
> Puisque je suis damnée.

Pour sentir tout le mérite de cette scène de désespoir et d'horreur, qu'on la rapproche du touchant repentir de la Madeleine, ainsi que l'a fait le bon curé que nous avons cité.

Le texte de J. Michel, suivi dans ces dernières scènes, est moins diffus que de coutume, et aussi plus clair, plus correct que le manuscrit de Valenciennes.

L'œuvre immense que nous venons d'extraire n'est, si l'on veut, qu'une pierre informe, mais, selon nous, bien précieuse, et à laquelle il n'a manqué, pour briller de tout son éclat, qu'une main plus habile qui la mît en lumière.

A la mort de Jésus-Christ devait finir *le Mystère de la Passion*. La *Résurrection* est un autre sujet, que différens auteurs ont traité, mais qui n'a rien fourni de remarquable, qu'une pièce en monosyllabes, connue seulement de quelques curieux, dit un bibliographe. Elle est très curieuse en effet ! en voici un échantillon :

De	Sort
Ce	Fort
Lieu,	Dur,
Dieu	Mais
Mort	Très
Sort ;	Sûr, etc.

Ce sont là des bagatelles difficiles que recherchaient nos pères. Il est au reste des tours de force et des jeux de mots d'un goût plus mauvais dans le grand drame que nous avons examiné ; ce qui n'empêche pas sa supériorité sur la plupart des mystères qui l'ont suivi, et qui (si l'on en excepte ceux dont nous parlerons), ne sont souvent que des imitations serviles. J'en remarque pourtant une, bien comique : c'est le personnage de Pilate, transporté tout entier dans le mystère intitulé : *La Vengeance et destruction de Hierusalem, exécutée par Vespasien et son fils Titus*. Vous trouverez dans cette pièce, qui est très rare, Pilate vivant encore, et toujours le même, toujours dans sa place, et tremblant toujours qu'on ne la lui ôte. Rien de plus naïf que cette espèce de confession qu'il fait à un de ses amis, et que le sang d'un Dieu versé par sa faiblesse semble lui arracher :

Vous scavez que je refusay

> A le juger, et m'excusay
> Tant que je peu. Mais toutefois
> Les Juifs crioient à plaine voix
> Contre moy, se ne le jugoye
> Ennemi de César seroye.
> Lors, craignant que ne fusse osté
> De l'office de prévosté,
> A eulx me voulus condescendre,
> Et condamnay Jésus à pendre
> Entre deux larrons en la croix,
> Contre la loy, contre les drois,
> Car je scavoye certainement
> Qu'il estoit pur et innocent.

Effrayant aveu, inspiré par la crainte! car il craint surtout qu'on ne revienne sur son arrêt, et qu'on ne le mette sous les yeux du nouvel Empereur. Il ne le cache pas à sa femme, devant qui il s'écrie :

> O traistre maulvais que je fus
> De le juger! Las! que dira
> L'Empereur, quand il apprendra
> Que j'aurai faict telle injustice?
> Bref, il m'ostera mon office.

Sa femme, pour le rassurer, lui dit :

> Pas ne se fault tant accuser.
> Bien vous en pouvez excuser
> Par devers l'empereur de Rome.
> Au fort aller, ce n'est qu'un homme :
> Plusieurs avez jugez à mort,
> Mais oncques ne vous vis si fort
> De grant desplaisance entrepris.
>
> PYLATE.
>
> Taisez-vous! Il m'est trop mespris.
> Oncques ne fis si maulvais faict.

Bien scay que j'en seray deffaict (*mis à mort*);
Et en perdray ma seigneurie.

Ce dernier trait est excellent. Ce prévôt qui craint, *après* avoir perdu la vie, de perdre encore sa seigneurie, est frappé d'une monomanie de pouvoir bien tenace. Qu'un magistrat, qu'un homme en place, qui a honoré ses fonctions, y perpétue le bien qu'il fait, rien au monde de plus beau : mais Pilate, qui, après le crime dont le souvenir le poursuit, a cependant gardé son siége! et qui le garde encore! et qui le gardera! nous rappelle ce malheureux que nous voyons, dans l'enfer de Virgile, siégeant pendant l'éternité (*sedet, æternumque sedebit, infelix!*) et répétant à tout jamais, d'une voix lamentable : *Témoins de mes tourmens, apprenez à craindre le Ciel, et à respecter la justice!*

Le caractère ambigu de Pilate est un de ceux qui ont dû prêter le plus aux jugemens contradictoires. Si le rapport qu'il fit à Tibère sur la mort et la résurrection de Jésus-Christ était venu jusqu'à nous ; si ce document précieux avait pu se faire jour, d'abord, à travers l'indifférence aveugle, et plus tard à travers les craintes fondées qu'inspirait aux Romains l'établissement du christianisme, un semblable écrit eût-il du moins fixé sur son auteur l'opinion des hommes? Nous en doutons, quand nous voyons, d'un côté, Saint Justin et Tertulien s'autoriser de ce rapport, pour faire presque de Pilate un chrétien (1), et quand, de l'autre, Phlégon, Adon, Eusèbe, nous montrent ce même Pilate, malgré ce rapport consciencieux, terminant dans le désespoir, et peut-être par un suicide, une vie malheureuse; où faut-il placer sa mémoire? Au Vatican, aux Gémonies? Ni si haut, ni si bas peut-être, mais bien dans ce milieu où vacilla sa vie entière, dans ce milieu où beaucoup de gens (qui ne s'en doutent pas) ne cessent de flotter entre leurs passions et la vérité. Pilate, qui l'avait dite à Tibère cette vérité, ne paraît pas pourtant s'en être déclaré l'apôtre, peut-être parce qu'il n'y croyait pas. Saint Justin, dans son *Apologie*, dit bien à l'empereur Antonin : « On n'a qu'à consulter les actes de Pilate qui se conservent dans les archives de Rome, pour s'y convaincre que Jésus-Christ a guéri des aveugles, des paralytiques, des lépreux, et qu'il a ressuscité des morts. » Mais Pilate, ainsi que la plupart des Romains et des Juifs, ne regardait-il pas ces miracles comme des actes de magie? C'est ce que saint Justin ne nous apprend pas.

Quoi qu'il en soit, il n'est pas étonnant que le juge de Jésus-Christ ait été jugé sévèrement par les Chrétiens.

Dans la pièce dont nous venons de parler, il

---

(1) *Pilatus et ipse jam pro suâ conscientiâ christianus.* (Tertul., *Apologet.*, cap. XXI.)

est damné sans rémission par le *Meneur du jeu*, qui pourtant ajoute que si son crime lui avait *contrit* ou brisé le cœur,

> Dieu luy eust octroyé pardon,
> Aussi bien qu'il fist au larron;
> Aussi eust-il faict à Judas,
> Nonobstant tous ses maulvais cas.

Disons ce qu'était le *Meneur du jeu*.

Ce personnage, en dehors de l'action, remplissait dans nos vieux Mystères, à l'instar du chœur dans la tragédie grecque, ce qu'Horace appelle *officium virile*, le rôle d'un homme de bien. Le *Meneur du jeu* commentait souvent les paroles de l'Écriture, et en faisait ressortir les leçons salutaires. Cette morale à bout portant se ressentait, il est vrai, de l'enfance de l'art, mais du moins elle prouve que nos vieux dramatistes en avaient vu le but et la hauteur. Les enseignemens de l'Écriture ont d'ailleurs tant de portée, que si ces sujets sacrés étaient aujourd'hui représentés devant nous, nous aurions bien souvent besoin que le *Meneur du jeu* nous donnât des éclaircissemens dont pouvaient se passer nos pères. La politique ne les absorbait pas. Quelles étaient alors les matières à *l'ordre du jour*? La *Nativité*, la *Passion* et la *Résurrection de Jésus-Christ*. A l'époque même où cette mystérieuse trilogie était représentée par les Confrères de la Passion, les mêmes spectateurs qui la voyaient le soir sur le théâtre, avaient pu, le matin, en entendre à l'église le développement dans la bouche d'un chancelier Gerson, par exemple; et ce n'est point, comme on le verra, une simple conjecture qui m'a fait prononcer ici ce nom illustre.

Le drame de la *Passion*, comme le sermon de Gerson sur le même sujet, se termine par une pieuse allocution que le *Meneur du jeu* adresse aux spectateurs :

> Puisqu'avons eu temps et espace.
> De réduire en brief par escript
> La Passion de Jesucrist,
> Ayons-en recordation,
> Affin que par compassion
> Puission mériter messouen (*un jour*),
> Et en la fin, gloire. Amen.

Les Confrères de la Passion pouvaient parler ainsi : leurs représentations dramatiques étaient des solennités religieuses. Pour laisser aux fidèles le loisir d'y assister, les jours de fêtes, les curés avançaient l'heure des Vêpres. L'église et le théâtre se touchaient alors (1).

Mais cet accord ne dura pas. Les auteurs et acteurs de Mystères ayant perdu leur autorité,

---

(1) Et ce n'était pas seulement à Paris, comme nous le dit Parfait. Nous lisons dans les savantes *Recherches* de feu M. Bodin *sur l'Anjou*, que, lors de la représentation du *Mystère de la Passion*, qui eut lieu à Angers en 1486, *on célébra une grande messe au milieu du parterre; le chapitre de la cathédrale avança ses offices, afin que les chanoines pussent assister au spectacle.* (*Registres de la cathédrale d'Angers.*)

on chassa, dit Boileau, *ces docteurs prêchant sans mission* (1).

Ce ne fut que dans le xviiie siècle que d'autres *Confrères* se persuadèrent qu'avant d'aller souper chez Glycère ou chez Pompadour, ils devaient prêcher morale, et que c'était là leur *mission*. Un des nouveaux apôtres, nommé frère Arouet, et beaucoup plus connu sous son nom de terre, se traitait lui-même, avec quelque raison, de *capucin indigne*; car bien souvent, en plein théâtre, il interrompait l'action pour adresser à ses fidèles des choses, édifiantes sans doute, mais

---

(1) *Les Confrères de la Passion* existaient pourtant encore en 1615, comme on le voit par la requête qu'adressèrent à Louis XIII les comédiens de l'hôtel de Bourgogne, impatiens de les remplacer, et qui *prient humblement Sa Majesté d'écarter ces gorges de Diotime.* (*Parfait*, t. III, p. 260.) Voyez-vous l'érudition grecque, comme pour en accabler ces malheureux confrères, devenus *inutiles*, *préjudiciables* (ce sont leurs rivaux qui l'assurent), *et scandaleux!*... On croit entendre le loup plaidant contre l'âne, afin qu'on sacrifie *ce maudit animal, ce pelé, ce galeux, d'où venait tout le mal.* « En effet, cette con- « frérie, ajoute la requête, n'a jamais reçu ni produit que de « gros artisans, comme on le voit par leur institution.... au « moyen de quoi ils ne peuvent scavoir beaucoup d'honneur ni « de civilité, comme dit Aristote. » — Voilà le coup de grâce, Aristote! Il n'y avait alors rien à répondre à cela, et les pauvres confrères purent reprendre la route de Flandre, ou de Saint-Jacques, après avoir doté la France d'un théâtre où devaient bientôt paraître *Saint-Genest, Polyeucte, Athalie*, et *le Festin de Pierre*, cette pièce tant irrégulière, mais si originale,

Quoi qu'en dise Aristote et sa docte cabale.
1er vers du *Festin de Pierre*.

dont il riait le premier dans sa barbe, quand, avec d'autres révérends, il se remettait en goguettes. Aussi tous ses sermons ont-ils fait beaucoup d'incrédules : on y voit toujours le *Meneur du jeu*.... Et Dieu sait de quel jeu ! Ce n'est plus un *mystère*.

Nous venons de voir la fin de la *Passion*; citons les derniers vers d'une tragédie de Voltaire; prenons *Sémiramis* :

> Par ce terrible exemple, apprenez tous du moins
> Que les crimes secrets ont les dieux pour témoins.
> Plus le coupable est grand, plus grand est le supplice.
> Rois, tremblez sur le trône, et craignez leur justice.

Athalie, dira-t-on, finit par quatre vers tout pareils. Oh, non ! la différence est grande. Racine, qui savait que c'est dans l'action ou dans le dialogue que doit se trouver la moralité du drame, et que personne n'aime, surtout au théâtre, ces leçons à brûle-pourpoint, Racine ne se tourne pas ainsi vers les rois, pour les endoctriner; mais le grand-prêtre, toujours occupé de son royal pupille, lui adresse des conseils où tous les rois peuvent prendre leur part, sans qu'on ait l'air de la leur faire :

> Par cette fin terrible, et due à ses forfaits,
> Apprenez, roi des Juifs, et n'oubliez jamais,
> Que les rois dans le ciel ont un juge sévère,
> L'innocence un vengeur, et l'orphelin un père.

CHAPITRE VIII.

Mystère du Vieux Testament. — Actes des Apôtres. — Saint-Crépin et Saint-Crépinien. — Sainte-Barbe. — Saint-Martin.

L'intérêt du grand drame représenté par les Confrères de *la Passion* à l'hôpital de la Trinité, après des années d'un succès dont notre histoire n'offrait pas d'exemple, avait fini par s'épuiser. Où trouver un sujet de cette nature ? Il n'en existe point. On remonta aux sources moins pures, quoique souvent sublimes, du vieux Testament. Mais les grandes beautés que de nos jours encore nous avons vues sortir de ces mœurs primitives ou saintes, et de sujets tels que *Joseph, Saül,* les *Machabées*, auxquels nous joignons la parabole de *l'Enfant Prodigue,* ces beautés, sous la plume de nos vieux écrivains, sont encore informes ou plutôt à naître. M. Villemain a cité du *Sacrifice d'Abraham* quelques vers qui assurément n'annonçaient pas *Iphigénie,* quoiqu'il y ait du naturel dans cet adieu d'Isaac :

> Adieu, mon père ;
> Recommandez-moy à ma mère,
> Jamais je ne la reverrai.

Un poète latin avait dit mieux encore :

Nunquàm ego te...
Aspiciam posthac, at certè semper amabo.

Je ne la verrai plus, je l'aimerai toujours !

Nos vieux dramatistes français réussissent mieux dans l'expression des sentimens énergiques. Voyons, dans le Mystère du *Vieil Testament*, Aman gonflé de sa colère, se parlant à lui-même, ne voyant plus rien que Mardochée qui ne l'a pas salué, et n'entendant pas Zarès, sa femme, qui lui dit :

Qu'avez-vous ? dictes, je vous prie.
AMAN.
Vers moy tout chascun s'humilie.
ZARÈS.
Vostre cueur est en grant estif.
AMAN.
Ung povre malheureux chétif!
ZARÈS.
Le cueur avez si fort troublé...
AMAN.
Ung estrangier, ung avollé!
ZARÈS.
Et qui est-il? Qu'a-t-il meffaict?
AMAN.
Voire qu'on ne scait dont il est.
ZARÈS.
Vous estes mallement esmu.
AMAN.
Ne dou grant dyable il est venu.
ZARÈS.
Mais qui? Dictes vostre pensée.
AMAN.
C'est ce pautonnier Mardochée

Qui jamais ne me fist honneur.
Et il n'y a si grant seigneur
En cour qui ne me chaperonne (1),
Comme appartient à ma personne.

Voilà comment on annonce un personnage. L'entrée du Glorieux de Destouches, qu'on a justement admirée, est, selon nous, moins caractéristique :

TUFIÈRE, *marchant à grands pas.*
L'impertinent !
PASQUIN, *lui présentant une lettre.*
Monsieur....
TUFIÈRE, *marchant toujours.*
Le fat !
PASQUIN.
Monsieur....
TUFIÈRE.
Tais-toi.
Un petit campagnard s'emporter devant moi !
Me manquer de respect, pour quatre cents pistoles !

Aman est furieux, lui, qu'on ne l'ait pas salué; c'est plus fort. Mais il y avait là, dans l'opposition qui doit frapper Aman, entre l'attitude de Mardochée et celle de tous les Persans, il y avoit là, dis-je, une source de poésie d'où le vieil auteur n'a tiré que deux ou trois vers assez secs, et qui a fourni à Racine un des plus magnifiques développemens que nous connaissions :

L'insolent devant moi ne se courba jamais.
En vain de la faveur du plus grand des monarques,

(1) Qui ne m'ôte son chapeau.

> Tout révère à genoux les glorieuses marques ;
> Lorsque d'un saint respect tous les Persans touchés
> N'osent lever leurs fronts à la terre attachés,
> Lui, fièrement assis, et la tête immobile,
> Traite tous ces honneurs d'impiété servile,
> Présente à mes regards un front séditieux,
> Et ne daigneroit pas au moins baisser les yeux !...
> Du palais cependant il assiége la porte :
> A quelque heure que j'entre, Hydaspe, ou que je sorte,
> Son visage odieux m'afflige et me poursuit,
> Et mon esprit troublé le voit encor la nuit.
> Ce matin j'ai voulu devancer la lumière :
> Je l'ai trouvé couvert d'une affreuse poussière,
> Revêtu de lambeaux, tout pâle : mais son œil
> Conservoit sous la cendre encor le même orgueil.

Quelle énergie ! et que d'images ! Chaque mot en offre une. Remarquons seulement ce *lui, fièrement assis*, et la place de ce *front séditieux*, mais surtout de cet *œil* qui se relève et qui nous frappe au bout du vers, comme il épouvante Aman.

Nos peintres demandent des sujets de tableaux ; qu'ils ouvrent donc Racine.

Aman, quand il a obtenu d'Assuérus la condamnation de *tous* les Juifs pour *un seul* qui l'a offensé, s'écrie dans le vieux mystère :

> Je vous auray, très fière gent,
> Je vous auray, despit commun,
> Je vous auray ! Pour l'amour (*à cause*) d'ung,
> Vous en serez trestous pugnis,
> Tant qu'en scauray en tous pays
> Où j'ai pouvoir et dominance.

Il y a encore dans cette apostrophe un mouvement remarquable, et le germe, quoiqu'informe, de cinq des plus beaux vers qui soient dans notre langue. Dans ces mots répétés : *Je vous aurai*, il faut sous-entendre *en ma puissance*, ou *sous mon glaive*, c'est-à-dire *vous n'existerez plus*. C'est ce que Racine traduit par ces mots effrayans : *Il fut des Juifs !* Voyons toute sa *traduction* :

Je veux qu'on dise un jour aux siècles effrayés :
Il fut des Juifs ! Il fut une insolente race !
   Très fière gent.
Répandus sur la terre, ils en couvroient la face :
   En tous pays
Où j'ai pouvoir et dominance.
Un seul osa d'Aman attirer le courroux ;
   Pour l'amour d'ung.
Aussitôt de la terre ils disparurent tous.
  Vous en serez trestous pugnis.

C'est ainsi que nous voyons dans l'*Énéide* Pallas (la déesse de la sagesse !) détruisant toute la flotte des Grecs, pour la faute légère d'un seul, *unius ob noxam*. Et pourtant Virgile lui-même est ici inférieur à nos deux poètes :

Un seul osa d'Aman attirer le courroux ;
Aussitôt de la terre ils disparurent *tous*.

Tous ! Un peuple entier n'est aux yeux de ce Caligula qu'une tête à abattre, un point à effacer du globe. Et l'insensé ne se doute pas que ce peuple y restera jusqu'à la fin des siècles, et que

c'est lui, son oppresseur, qui va en disparaître !
Voilà surtout ce qui me frappe dans ces vers de
Racine, et même dans ceux du *Vieil-Testament*.

Le mystère des *Actes des Apostres* n'offre rien
d'aussi beau. Ce n'est pas que les supplices de ces
héros du christianisme ne soient extrêmement variés, car la barbarie des tyrans était inépuisable,
mais l'attitude des martyrs est toujours la même.
Ecoutons saint Étienne succombant sous les pierres dont ses bourreaux l'accablent :

>Doulx Jesucrist, salvateur des humains,
>Le chef enclin, à vous je tendz les mains
>En suppliant, par grant dévotion,
>Que par ces gens qui sont trop inhumains
>Ne prolongez ma dure passion.

Je lis quelque chose de bien supérieur à ces vers
dans un *soliloque* où saint Augustin dit à Dieu
que, par sa grâce, saint Étienne a trouvé des douceurs jusque dans les pierres qui lui portaient la
mort : *Tua enim dulcedo Stephano lapides torrentis dulcoravit.*

Nous allons voir cette pensée développée dans
le mystère de *saint Crespin et saint Crespinien*,
publié en 1836 par MM. Dessalles et Chabaille,
d'après un manuscrit anonyme du xve siècle,
conservé aux Archives du Royaume, section historique. On lit sur la couverture : « Ce Ystoire
« fut joué le jour Saint-Crespin... 1458, et mené
« par moy, Challot Chandelier.

« C'est de la confrarie monseigneur Saint-Cres-
« pin et monseigneur Saint-Crespinien, fondée
« en l'église Nostre-Dame de Paris, aux maistres
« et aux compaingnons cordouenniers, et fut joué
« aux Carnieux, l'an 1459. — Chandellier. »

L'action se passe à Soissons, l'an 287 de l'ère chrétienne. Deux pauvres cordonniers, les frères Crespin et Crespinien, venus de Rome avec saint Quentin, pour prêcher l'Evangile dans les Gaules, y font de nombreuses conversions. Le temps n'était plus éloigné où le paganisme allait de toutes parts se dissiper devant la lumière.

Le gouverneur des Romains, Rictiovaire (*Rictius Varus*), inquiet et furieux des succès remportés par les deux frères, les fait arrêter et traîner devant lui. Il les interroge. La douceur de leurs réponses forme un heureux contraste avec les emportemens du gouverneur-prévôt et de ses conseillers. Un d'eux, hors de lui de ce qu'il entend dire à saint Crespinien du mystère de la conception, s'écrie :

> Haro! las! je suis forcené....
> Dy-moy comment ce pourroit estre
> Que une vierge peust grosse estre,
> Sans compaignie d'omme avoir?
> Qui de vous feroit son devoir,
> On vous feroit tantost mourir.
> Sire, comment povez souffrir
> Qu'ilz diffament ainsy nos dieux
> Qui ont fait la terre et les cieux,

Et ont créé trestout le monde?
IIe CONSEILLIER.
Certes, mon cuer de duel habunde.

Il y a ici, entre les deux croyances, un choc, ou plutôt un chaos de discours d'où ne jaillissent pas encore ces traits lumineux qui nous frapperont dans *Polyeucte;* mais déjà la vérité s'y trouve. Rictiovaire, désespérant d'en triompher, a recours aux supplices : c'est là sa dernière raison. Allez, dit-il aux bourreaux,

> Alez-moy cy tantost querir
> Des alesnes ; c'est mon plaisir.

Il ajoute, en style aussi barbare que son action, qu'il les leur fera *bouter* aux doigts, afin qu'ils meurent de ces outils dont ils vivaient, car, à défaut de sens, il ne manque pas d'esprit; il a ce trait de ressemblance avec d'autres tyrans.

Les bourreaux apportent des alènes, et, en présence du gouverneur et de ses conseillers, les enfoncent *jusqu'au manche* dans les doigts des deux saints, qui, loin de se plaindre de l'horrible supplice qu'on leur fait endurer, « en regracient moult doulcement leur Dieu. » Ce sont les expressions d'un des bourreaux.

Rictiovaire, qui comprend le mauvais effet produit sur le peuple par son impuissance, est furieux de la paisible résignation des saints, quand l'un d'eux lui dit :

> Ce n'est que baing (*douceur et rafraîchissement*)

De ce que nous fais endurer :
Avec Dieu nous feras durer
En paradis après la fin.
RICTIOVAIRE.
Haro! las! je suis à ma fin!
Haro! haro! j'enrageray!
Haro! ne scay que je feray!

On vient au secours du malheureux prévôt, qui, par une combinaison excellente, paraît être ici le supplicié, tandis que les martyrs sourient à leurs tortures. C'est la mise en action de l'épigramme de Marot :

>Lorsque Maillard, juge d'enfer, menoit
>A Montfaucon Samblançay l'âme rendre,
>A votre avis, lequel des deux tenoit
>Meilleur maintien? Pour vous le faire entendre,
>Maillard sembloit homme que mort va prendre;
>Et Samblançay fut si ferme vieillard,
>Que l'on cuidoit pour vray qu'il menât pendre
>A Montfaucon le lieutenant Maillard.

De l'avis de ses conseillers, qui le consolent et l'encouragent, Rictiovaire fait enlever la peau du dos des impassibles saints, et il ne peut arracher de leur bouche une plainte, un mot qui démente leur foi. C'est alors que, résolu de s'en débarrasser, il les fait précipiter dans la rivière d'Aisne, chacun une pierre, ou plutôt une meule au cou, *au lieu de collier*, dit un des bourreaux. On est loin de croire qu'ils en reviennent, lorsque les *tirants* (les bourreaux) accourent, et racontent ainsi à Rictiovaire et à son conseil le résultat de l'exécution :

PREMIER TIRANT.

Sire, oyez ce que dire vueul :
Ces deux qu'avons en la rivière
Gettés, ilz sont à lie chière (*à cœur joie*),
 Oultre passés.

IIe TIRANT.

La rivière, qui fort gelée
Estoit, est chaude devenue
Comme eau de baing....
Les meulles qu'en leur col ont mis
Emportent, dont je m'esbahis
Et merveille très grandement.

IIIe TIRANT.

Il ne leur griève nullement
A porter ne c'une chemise.
Nostre loy sera en bas mise,
Sire, se n'y remédiez ;
Tout le peuple les syeut aux piés
 Pour ce fait-cy.

IIIIe TIRANT.

Il en a jà, je vous affy,
De crestiennés plus de mille.

Après un redoublement de fureur dont il ne peut plus varier l'expression, le prévôt se laisse un peu calmer par ses conseillers, qui lui disent que Crespin et Crespinien ont usé d'un enchantement que le feu seul peut détruire. (De là l'usage de brûler les sorciers.) Nous n'avons qu'un moyen de nous en délivrer, lui dit-on, c'est de les *faire ardoir ou bouillir*.

Rictiovaire se rend à cet avis. Une grande

chaudière pleine d'huile et de plomb est allumée. Les saints y sont jetés. Les bourreaux, le conseil, le prévôt viennent souffler le feu et *se ardoir eux-mêmes.*

N'entendant plus les deux martyrs parler : *Ils sont morts,* se disent-ils.

Tout à coup, sortant la tête de la chaudière,

SAINT CRESPIN.
Mon Dieu, mon Roy, mon créateur !
Vueilles avoir de nous mercy !...
SAINT CRESPINIEN.
De nous mercy et remembrance !...

Qu'on juge de la stupéfaction des tyrans ! Le prévôt, qui ne se contient plus, semble au moment de crever de rage, quand la chaudière bouillonnant éclate et le tue, lui et tous ses suppôts. Les martyrs en sortent sains et saufs, et l'on ne sait comment le drame finirait, si l'auteur n'amenait, pour en couper le nœud, les deux empereurs Dioclétien et Maximien, qui font décapiter les deux héros, car tout est double dans la pièce, ce qui en affaiblit l'intérêt en le divisant. Elle est tellement chargée de détails, qu'au lieu de regretter la Ire journée, dont les éditeurs nous apprennent la perte (qu'on aperçoit à peine), je serais tenté de croire que c'est une main officieuse plutôt que celle d'un Vandale qui l'a supprimée.

Dussent MM. Chabaille et Dessalles me prier de *laisser là ma serpe, instrument de dommage,* j'ajouterai qu'on aurait pu retrancher encore la VIe journée, la plus intéressante peut-être pour nos pères. Disons-en quelques mots.

La pièce étant finie et les saints enterrés, l'auteur fait venir à Soissons, sur leur tombe, de nombreux personnages, entre autres saint Cyr, saint Éloi, le pape, un archevêque avec des cardinaux. Les deux martyrs sont exhumés et leurs corps transportés dans une chapelle qu'on leur élève. Des malades s'y rendent en foule, et de nouveaux miracles s'accomplissent aux yeux des spectateurs dont la foi robuste était infatigable. Pour nous, pour notre impatience moderne qui veut être nourrie de colifichets, et qui trouve des longueurs dans un distique, il y aurait dans cette VIe journée surabondance de merveilles, ce qui n'ôte rien au mérite des actes précédens. Je suis certain qu'ils n'ont été surpassés dans aucun des miracles où des saints et saintes sont martyrisés.

Le moins faible de ces ouvrages, le mystère des *Actes des Apôtres*, représenté long-temps après (à Bourges en 1536 et à Paris en 1541), exigeait sans doute une mise en scène plus pompeuse; mais, outre que le style en est d'une grande pauvreté, qu'est-ce que saint Thomas sortant d'un four brûlant et marchant sur des fers rouges; saint Pierre et saint Paul, après leur mort, apparaissant à Néron; saint Denis même portant sa tête, comme nous l'avons vu dans un autre ouvrage, qu'est-ce que tout cela (littérairement parlant), près de cette chaudière ardente où, à l'aspect du calme des martyrs, les transports furieux des tyrans bouillonnaient!

Le seul reproche à faire peut-être à cette combinaison si neuve, c'est ce mélange de sérieux et de comique, où le ridicule, il est vrai, tombe sur le crime; mais avouons qu'il y a quelque chose de plus digne d'un sujet semblable, par exemple dans cet imposant mépris que l'immortel auteur *des Martyrs* imprime au peuple avili et à l'empereur-bourreau, ce Galérius, dont l'âme, dans un corps déjà livré aux vers, est abrutie au point qu'il vient, entouré de femmes impudiques, *rivales de la mort*, se distraire au spectacle de la mort des martyrs. Ce sont là des peintures sévères, dignes de Bossuet.

Mais lorsque, dans une école inférieure, se rencontre pourtant une idée, hors des lieux communs, fût-elle noyée dans un amas de détails rebutans, comme dans un mystère de *sainte Barbe* que nous venons de lire, il faut l'en extraire cette idée. La voici :

Une jeune princesse de Nicomédie (dès longtemps patronne d'un illustre collége), sainte Barbe, élevée dans le paganisme, mais éclairée par la religion du Christ, refuse de sacrifier à de fausses divinités, surtout à Vénus. Dioscorus, son aveugle père, ou plutôt son tyran, désespéré d'abord, et bientôt furieux, l'abandonne à des docteurs, professeurs de mensonge, qui se chargent de la corrompre. Leurs leçons n'ayant pu la changer, on la livre à des bourreaux qui se flattent d'en triompher, en faisant rugir sur elle une mort affreuse. Elle ne la craint pas. Les supplices ont commencé : elle les brave tous. Enfin un des tyrans croit avoir découvert le secret de *sa foiblesse* : « Qu'on la dépouille *nue*, dit-il, et qu'on l'expose *nue* à tous les regards. » Oh! alors, cette jeune vierge qui bravait la mort et les supplices, est épouvantée de la torture morale où l'on va l'attacher, que dis-je! à laquelle on la livre de l'aveu de son père. Elle est dépouillée de ses vêtemens : malgré l'auréole qui déjà l'entoure, des regards sacriléges vont jouir de son indicible embarras, et l'on ne voit pas trop où s'arrêterait cette scène hardie, si un ange envoyé du ciel par la Vierge des vierges, ne venait jeter sur celle qui l'implore un voile secourable, et frapper de cécité ses bourreaux.

Cette perle est malheureusement ternie au milieu d'un tas de boue, car déjà l'on remarque dans la pièce un mélange de plaisanteries grossières qui nous rebutent dans la plupart des drames de la fin du xve siècle, et que nous trouvons jusque dans les pièces de l'Hôpital de la Trinité, où s'étaient glissés les *Enfans sans-souci*.

Dans le mystère de *saint Crespin et saint Cres-*

pinien, tout porte un caractère de bonne foi qui est le cachet de ces sortes d'ouvrages. C'est un fait remarquable que ce ton soutenu dans de bons artisans que nous ne voyons jamais au-dessus de leur état, *ultrà crepidam*, et que la Religion cependant élevait, tandis que les passions en dégradent tant d'autres.

Plusieurs historiens ont parlé des *Confrères de la Passion*, aucun n'a mentionné le *théâtre des Frères Cordonniers*, non plus qu'une autre confrérie que nous verrons (ch. IX) occupée d'un drame qui nous donnera une haute idée de la corporation à laquelle nous le devons.

Quoique ces corporations n'existent plus en France, on en voit pourtant encore quelque trace dans nos villes du Nord. Ainsi, divers corps de métiers se réunissant, le jour de leur fête, se rendent dans leur paroisse où une grand'messe est chantée, et où la statue du saint qui fut le serviteur de Dieu, le bienfaiteur des hommes, est ornée de bouquets et portée en procession. Son panégyrique, que le curé fait ordinairement, est entendu des bonnes âmes, tandis que les autres s'en vont au cabaret voisin, d'où ils ne sortent, avec peine, que quand le bedeau vient leur dire qu'on ne prêche plus et que la procession commence.

Il y a quelques années, dans une de ces villes, le curé, qui était encore en chaire, en voyant rentrer ses ouailles enluminées, crut devoir joindre au panégyrique du Saint un éloge de la tempérance : cela ne fut point du goût de nos buveurs. Retournés au cabaret, ils jurèrent qu'il n'y aurait plus à l'avenir de panégyrique. Les pauvres curés ne font pas ce qu'ils veulent : le sermon fut supprimé. Ainsi, après les mystères, nous n'aurons plus même de panégyrique; bientôt plus de saints, même en peinture; et plus d'illusion. Mais le genièvre, la pipe et le *faro* nous restent. Compensation.

C'est cependant dommage de se trouver si loin de ces jours de nos pères où tout un peuple, se divertissant par devoir, s'enivrait pieusement des plus profondes joies. Quoique nous ayons déjà parlé de ces représentations données dans les provinces avec plus d'éclat qu'à Paris même, voici un Mystère manuscrit de la Bibliothèque Royale (fonds La Vall. 51), qui nous offrira de nouveaux détails, et des rapprochemens curieux. C'est une *Vie de saint Martin par personnaiges*, jouée en 1496 à Seurre, ville de Bourgogne, qui a bien perdu de son importance. L'auteur, nommé *Andrieu de la Vigne* (il y a de la poésie dans ces noms-là), rend compte lui-même des circonstances de la représentation dans un procès-verbal, trop diffus sans doute, mais qui doit être rapporté en substance (1). Nous y apprenons,

(1) Le savant auteur de l'article DE LA VIGNE (*Biographie uni-*

d'abord, que le 9 mai de l'an 1496, *maistre André, ou Andrieu de la Vigne, natif de La Rochelle,* un vicaire de l'église de Saint-Martin de Seurre, et plusieurs honorables bourgeois de ladite ville s'assemblèrent « pour faire coucher sur un registre la Vie Monseigneur saint Martin par personnaiges, en façon que, à la voir jouer, le commun peuple pourroit voir et entendre facillement comment le noble patron dudit Seurre en son vivant a vescu sainctement et dévotement. »

On voit ici cette intention de nos vieux dramatistes d'instruire le peuple par de grands exemples. De là l'idée que le Ciel lui-même devait prendre part à leurs jeux et en favoriser l'*exhibition*. Malheureusement une grande pluie survint au moment du *mystère* qui avait lieu en plein vent :

« Tous les joueurs, dit l'auteur, se myrent en arroy, chacun selon son ordre, et à sons de trompetes, clerons, menestriers, haulx et bas instrumens, s'en vindrent en ladite église monseigneur Saint-Martin, chanter un salut moult dévostement, affin que le beau temps vînt pour exécuter leur bonne et dévoste entencion en l'entreprise du dit

verselle) n'a eu connaissance ni du manuscrit qui va nous occuper, ni de deux farces dont nous parlerons, ni du lieu de naissance d'A. de la Vigue. Il réfute l'opinion de ceux qui le croient de la Savoie, mais il n'en émet aucune. Nous allons apprendre par A. de la Vigne lui-même qu'il était de La Rochelle. Connu jusqu'aujourd'hui par quelques poésies légères et par son *Journal de Naples*, qu'il entreprit à la demande de Charles VIII, A. de la Vigne mourut en 1527.

Mystère ; laquelle chose Dieu leur octroya, car le lendemain qui fut lundy, le beau temps se mist dessus, dont commandement fut fait à son de trompete par messeigneurs les maires et eschevins que nul ne fust si osé ne si hardy de faire œuvre mécanique en la dite ville, l'espace de trois jours ensuivant esquelz on devoit jouer le Mystère. »

Cette obligation de chômer, et presque de s'amuser, sous peine correctionnelle, est fort remarquable.

Après la *monstre* ou le *cri* (1) qui se fit par toute la ville et par tous les joueurs *acoustrez, chacun selon son personnaige*, et où se trouvait bien *neuf vingts chevaulx*, la représentation enfin commença par une scène de diablerie : une pluie avait, le premier jour, empêché le spectacle ; et maintenant voilà qu'au moment où les diables sortent de l'enfer *par dessoubs terre*,

---

(1) Nous n'avons pas *le cri* de ce Mystère, mais en voici un des *Actes des Apôtres*, lequel fut fait dans tous les carrefours de Paris, le 16 décembre 1540, — *tant par maistres et gouverneurs du dict Mystère, que par gens de justice, rétoriciens, et aultres gens de longue robe et de courte, tous bien montez selon leur estat* :

    Pour ne tumber en damnable décours
    En noz jours cours, aux bibliens discours
    Avoir recours, le temps nous admoneste :
    Pendant que paix estant nostre secours,
    Nous dict : je cours ès royaulmes, ès cours ;
    En plaisant cours faisons qu'elle s'arreste ;
    La saison preste a souvent chaulve teste,
    Et pour ce honneste œuvre de catholicques,
    On faict sçavoir à son et crys publicques,
    Que dans Paris ung Mystère s'appreste,
    Représentans Actes apostoliques.

Satan, qui doit pousser *hurlemens horribles*, est suivi de Lucifer, lequel ayant trop approché sa lumière du haut-de-chausses de son compagnon, le pauvre diable est tout à coup en feu, et pousse au naturel des cris de possédé. L'assemblée s'épouvante; on se hâte de porter secours au démon et de le *dévestir*. Le voilà sauvé. Mais les autres joueurs, témoins de ces contre-temps, commençaient à se refroidir et à douter des intentions du ciel.

« Touteffois, dit le narrateur, moyennant l'aide de monseigneur sainct Martin, qui prist la conduite de la matière en ses mains, les choses allèrent mieulx cent foys que l'on ne pensoit…. Ainsi doncques fut joué le dict Mystère, si tryumphament, aultentiquement et magnifiquement (*ces trois adverbes joints font admirablement*), sans faulte quelle qu'elle fust au monde, qu'il n'est point en la possibilité d'omme vivant sur la terre le sçavoir si bien rédiger par escript qu'il fut exécuté par effect. »

Tout ici est extraordinaire : d'abord un auteur content de ses acteurs ; mais aussi quels acteurs ! Quoiqu'au nombre de plus de cent trente, nous voyons au procès-verbal qu'ils étaient choisis et les rôles distribués par le maire et des notables de la ville; que les joueurs prêtaient serment.... de se conformer sans doute aux intentions de l'auteur, sans qu'il fût besoin d'ajouter *et de n'avoir pas de migraines* : les rôles de femmes étaient joués par des hommes qui se voyaient sous l'œil du ciel, sous la protection de saint Martin. Faut-il, après cela, s'étonner de leur patience, et de la dimension de leurs rôles et de la longueur de la représentation qui, pendant trois jours de suite, commença entre sept et huit heures du matin, et dura presque sans interruption jusques à cinq et six heures du soir?

Au procès-verbal se trouvent joints aussi les noms des personnages et ceux des joueurs. En voici quelques uns :

Sathan. — Poincenot.
Luciffer. — Oudot.
Le père sainct Martin. — Messire Oudot Gobillon.
La mère sainct Martin. — Estienne Bossuet.
Sainct Martin. — Jehan de Poulloux.
Le premier chapellain. — Messire Pierre Robillart.
Le second prestre. — Messire Jacques Bossuet.
L'évesque des Arriens — Frère Pierre Caillot.
Le secretain. — Frère Guénot de la Faye.
Le portier. — Broutechou.
Le brigand Toutlyffaut. — Le Roy Fallot, etc.

Ce qu'il y a là de plus remarquable, c'est le nom de l'immortel Bossuet, né, comme on sait, à Dijon, près de Seurre, d'une famille qui occupait depuis long-temps dans cette province, dit sa biographie, un rang honorable.

Il est intéressant de voir, dès 1496, dans une pieuse solennité, deux Bossuet, dont un est chargé d'un personnage de prêtre. Et comme si ce nom de Bossuet eût porté bonheur au poète, son rôle est un des mieux écrits. Quoique placé en second, il parle le premier au jeune Martin, et commence ainsi, de ce ton noble et digne, bien au-dessus duquel pourtant devait s'élever le Bossuet à venir :

> Celuy qui fait là-bas régner
> Toute chose en vraye value...
> C'est celuy seul qui enseigne heur (1),
> Et toute chose pardurable,
> Desquelles je suis enseigneur,
> Et à tous humains doctrinable;
> Sa doulceur est tant ineffable
> Qu'il n'est nul qui la sceust escripre.
> Nonobstant, mon filz amyable,
> Entends ce que je te veulx dire.

Tout n'est pas cependant de ce ton soutenu, et l'on pourrait croire que les *Enfans sans-souci* ont passé par là, quand on entend le diable qui avait failli être brûlé, apostropher ainsi, en rentrant en scène, son camarade Lucifer :

> Malle mort te puisse adorter (*assaillir*),
> Paillart, filz de putain, coquu!
> Pour à mal faire t'enorter,
> Je me suis tout brûlé le cu.

Mais une bigarrure plus forte, c'est que le jour où l'on ne put représenter *la Vie de saint Martin*, on joua, en sortant de l'église, et comme pour *peloter en attendant partie*, une petite farce des plus licencieuses, qui se trouve dans le même manuscrit. Nous en parlerons.

(1) On connaît le début du fameux discours de Bossuet : « Celui qui règne dans les cieux..... est aussi le seul, etc. »

Egayer, comme dit Boileau, même les mystères les plus saints, était un besoin caractéristique de l'esprit français. Qui croirait que, dans le mystère des *Actes des Apôtres,* au moment douloureux où saint Paul va être lapidé, l'auteur mette dans la bouche de ses bourreaux ce dialogue :

— Apporte-moy. — Quoi ! — Ung caillou.
— Et à moy une pierre dure.
— Mais où prinse ? — Ne te chaille où.
— Apporte-moy. — Quoi ! — Ung caillou.
Viendras-tu ! — Attendez un pou,
J'ay mis ma main en une ordure.

C'est ce que les auteurs de cette époque pourraient dire souvent. Dans un *Mystère de saint Fiacre* (MS. de la Bibliothèque de Sainte-Geneviève, n° 164, W.), l'auteur abandonne son sujet au moment le plus intéressant, pour se jeter dans une farce ignoble, tout-à-fait étrangère à l'action. L'ouvrage n'offre d'ailleurs rien de remarquable qu'une exposition où le père et la mère de saint Fiacre se désolent de la sagesse de leur fils. Cette idée singulière se trouve exécutée aussi, mais d'une manière plus saillante, dès le début du *Mystère de saint Martin.* Son père, qui était dans le iv° siècle un de ces tyrans militaires que Rome imposait à la Gaule, parle ainsi de son fils à sa femme, d'un ton de matamore, dont le mauvais goût n'est pourtant pas sans vérité :

Je veulx qu'il soit désormais aux vacarmes ;

Carmes, moynes, pour ses rudes alarmes,
Larmoyer face ; à noyse et à contens
Tant qu'il ait fait plusieurs gens mal contens,
Tandis qu'il est en la fleur de jeunesse...
Batant, frappant ; peut hanter combatans,
Bataillant fort, tant qu'il soit en vieillesse.

Si l'auteur a voulu nous faire juger de la dureté et de l'absurdité de l'homme par son style, il n'y a pas mal réussi. Le vieux païen va jusqu'à souhaiter que son fils fréquente les mauvais lieux : « Jeunesse encore le gouverne », dit-il,

Mais bien le verrez aultrement,
Si le dieu Mars ung peu l'yverne.
Il ne suyt bourdeau, ne taverne,
Comment seroit-il cault et fin ?
Mais qu'il ait passé la poterne
D'amours il fera belle fin.

On pourrait croire que l'auteur chrétien calomnie ici les mœurs du paganisme, si l'on ne savait ce qu'elles étaient depuis long-temps. Le jeune Martin, dont la pureté naturelle en a été choquée, est au moment d'embrasser le christianisme ; il en a déjà les vertus, lorsque son père lui vantant les plaisirs dont jouissent les gens du monde, le jeune homme, aussi sage que le vieillard est fou, lui répond :

Tel aujourd'huy s'esjoyst de la feste,
Qui puis après petitement s'en loue,
Et tel son bruyt aujourd'uy magnifeste
A qui demain mort baille sur la joue.

Fortune après du demourant se joue,
Ne plus ne moins c'un chat d'une souris.

Il y a du La Fontaine dans ces vers.

Martin cependant, a embrassé le métier des armes, pour obéir à son père, et il se trouve, au milieu de l'hiver le plus dur, jeté parmi des militaires pour qui ses principes et sa conduite sont un objet continuel de railleries. Je me figure un de mes plus honorables compatriotes, le brave N., avec qui j'ai fait plusieurs de mes classes. La conscription l'ayant, vers les dernières années de l'Empire, arraché sans fortune aux études solides qu'il achevait, il se décida résolument à servir, malgré les obstacles qui nous semblaient insurmontables. Je me rappelle toutes les inquiétudes de ses amis en le voyant, lui, si faible alors de complexion, partir simple soldat; lui, si religieux et si doux, jeté au milieu de gens qui, même sous Napoléon, ne se piquaient pas de tolérance.

Arrivé au corps, savez-vous quel fut son premier acte de courage devant ses nouveaux camarades? De s'agenouiller le soir au pied de son lit, et d'y rendre grâce à Dieu de sa journée. Qui le croirait! on le plaisante; mais lui, incapable de toute désertion et de poltronnerie, tient bon, dédaigne les railleurs, et quelques jours après, se montre encore plus intrépide, en se détachant de la foule, pour aller entendre une messe, à la barbe des incrédules. Redoublement de railleries; qu'un soldat ordinaire eût lavées dans du sang; mais notre enfant du Nord devait manifester autrement sa valeur. Les occasions ne se faisaient pas attendre à cette époque : à peine arrivé à l'armée, on vous menait à l'ennemi. N. le vit sans pâlir, inébranlable aux coups de feu, comme aux plaisanteries : ce n'en était pas une assurément que cette effroyable campagne de Russie; N.... la fit tout entière, alla jusqu'à Moscou, et ce fut sous ses murs, qu'après les traits de l'intrépidité la plus calme, il reçut de Napoléon, avec la croix, le grade de capitaine.

Dans l'épouvantable retraite, où, sous le frimas meurtrier, ses plus vigoureux compagnons tombaient par milliers, hélas! autour de lui, N., comme si sa charité l'eût réchauffé, résista, couvrant, à l'exemple de saint Martin, couvrant de son manteau ses frères expirans, et s'enveloppant de courage.

Pourquoi l'historien trop affligeamment vrai (si l'on peut l'être trop) du plus affreux de nos désastres, n'a-t-il pas eu connaissance de plusieurs de ces traits d'une charité intrépide, inspirés par une foi profonde! Ils nous auraient par momens rappelé, au milieu de désolations sans espoir, ce rayon d'en-haut qui souvent sur la Terre-Sainte illumina nos pères.

Nous avons laissé saint Martin au milieu d'un hiver rigoureux, en butte aux railleries de ses compagnons d'armes. En voici quelques uns : ce sont des nobles, peu dignes de leur rang. Laissons-les parler néanmoins :

LE MARQUIS (à *saint Martin*).
Hau ! chevalier, sus, chevaulchez appoint.
LE DUC.
A sa façon, bref, je ne m'entens point.
Que veult-il faire ? il est toujours derrière.

Apparemment qu'il dit quelque prière.

Martin ! hau, hau! je vous jure et prometz
Qu'à guerroyer il sera mal habile.
LE COMTE.
Allons devant faire noz entremetz
Dans Amiens, la gorgiase ville.

Martin s'est arrêté devant un pauvre qu'il a trouvé presque nu sur la route d'Amiens, et à qui, suivant le récit de Sulpice-Sévère, il donne la moitié de son manteau. L'auteur du drame indique ainsi cette action charitable :

« Pause, tant qu'il (Martin) ait coppé son manteau, et le marquis le regarde faire de loing; puis, sainct Martin s'acoustre de l'autre partie le mieulx qu'il peut, dont ses compagnons s'en mocquent. »

LE MARQUIS.
Que diable fait-il !
LE COMTE.
C'est l'homme le plus inutile,
A mon gré, que je vis jamais.

« Savez-vous (continue un de ces hommes utiles) qu'il vient de donner une partie de son manteau à un vieil coquin que vous avez vu grelotant à la porte de la ville? — Il est fou! il est fou! »

Lorsque nos *sages* voient arriver le fou presque sans manteau, ils *vous le drapent de la belle façon*, comme ils diraient aujourd'hui :

LE DUC (*à Martin*).
Chevalier, volez-vous toujours
Chevaulcher ainsi laschement?
LE COMTE.
Je croy qu'il pence à ses amours.
LE MARQUIS.
Despéchez-vous légièrement.
LE DUC.
Je m'esbahis terriblement
Comme cueur avez si volaige
D'avoir gasté si meschamment
Ce manteau, n'esse grant dommaige?
LE COMTE.
Bien monstrez que pas n'estes saige.
SAINT MARTIN.
Mes amys, cessez ce langaige,
Car avoir perdu ne le pence.
LE MARQUIS.
Beaux seigneurs, laissons ce baigaige,
Par luy (*selon lui*) faisons trop grant despence.

On voudrait voir ici ces hommes durs humiliés; on voudrait que, tombés dans un grand danger, ils n'y montrassent que leur trouble, tandis que l'homme *inutile et à guerroyer peu habile*, les sauverait par son sang-froid. Mais ce n'est pas là la marche de l'auteur, qui suit pas à pas la vie de son héros. Il le fait loger dans une auberge (1) où, pendant son sommeil, Jésus lui apparaît revêtu d'un manteau dont il a donné la moitié au pauvre. Cette vision le porte à se faire baptiser. C'est ainsi que la première des vertus chrétiennes, la charité, conduit à la foi.

Tout cela est beau, mais l'ouvrage est loin de se soutenir. Fécond, comme la vie du saint, en vertus modestes et en longues prières, il paraîtrait aujourd'hui peu intéressant. De soldat devenu évêque, Martin prêche son père et sa mère. Il ne fait qu'irriter le premier, mais il convertit la seconde. Ses débats contre les Ariens sont fatigans, mais ils pouvaient intéresser à une époque où tant de discussions théologiques occupaient les esprits.

Un des discours du saint, qui, quoique mal écrit, est du moins en situation, c'est celui qu'il tient à des voleurs entre les mains de qui il est tombé en traversant une forêt, et qui sont sur le point de le massacrer. Ils l'ont attaché à un arbre, mais ils n'ont pu enchaîner sa parole; il s'en sert, et demande d'abord au plus acharné, pendant que les autres se sont retirés, ce qui peut l'engager à immoler ainsi des innocens : le brigand répond avec une effrayante naïveté :

(1) De nombreuses auberges en Picardie portent encore aujourd'hui l'enseigne du *Grand Saint-Martin*; et la porte qui, de Paris, nous conduit dans cette province, a conservé un nom cher à l'humanité.

> Par la mortbieu! je ne faulx point,
> Quand je les tiens, de les abattre.
> Et n'en eussé-je qu'ung pourpoint,
> Aujourd'hui trois et demain quatre.

Mais, lui dit saint Martin, ne crains-tu pas d'être repris?

LE VOLEUR.

> Je suis seur que se j'estois pris
> Et appréhendé de justice,
> Vu le mestier que j'ai appris,
> Qu'on feroit de mon corps office.

C'est moins à ton corps que tu dois penser, lui répond le saint, qu'à ton âme ; cette âme que tu as reçue du ciel pour l'orner de vertus, en quel état la présenteras-tu au juge d'en-haut, à ce grand hôte? Crois-tu n'avoir point à compter avec lui?

Frappé des paroles du saint, le brigand commence à réfléchir et se dit à lui-même :

> Hellas! trop me suis délicté
> A faire des maux essécrables,
> Dont après ma charnalité
> S'en yra à tous les grans diables.
> O appétis désordonnez,
> En enfer vous serez dampnez!

SAINT MARTIN.

> Mon amy, ne vous condampnez,
> Dieu est plain de miséricorde.

LE VOLEUR.

> Laissez m'en paix! vous me tannez.
> Que pendu soi-ge d'une corde!

Ce coquin, *tanné* des coups que son âme reçoit, est plein de naturel.

Saint Martin, sans se décourager, continue à verser le baume sur les plaies saignantes du coupable, et lui montre le bon larron expiant ses fautes dans le repentir. Ranimé par cet exemple, le voleur met en liberté saint Martin, lui demande sa bénédiction, et dit naïvement qu'il renonce à *l'estat mondain*. La légende en effet nous apprend qu'il se fit ermite.

Saint Lidoire, évêque de Tours, étant mort, le clergé, les autorités et les habitans de la ville se rassemblent, et, suivant les libertés de l'Eglise gallicane, procèdent à l'élection de son successeur. Le début de cette scène est assez imposant. Martin est élu à l'unanimité. Mais retiré dans un monastère fondé par lui, il s'y dérobe à tous les honneurs. « Il fallut, dit la légende, avoir recours à un pieux stratagème pour le tirer de son monastère. » Ce stratagème, d'après la scène du drame, est plus digne d'une comédie que de la gravité du sujet. Le maire de Tours demande aux échevins quel moyen on pourrait employer pour faire sortir Martin de son couvent et s'emparer de sa personne. — J'en sais bien un, dit *un rustaut de ville* :

> Je m'en yroye
> Tout fin droit heurter à sa porte,
> Et en pleurant je lui diroye
> Que brief ma femme s'en va morte....
> Lors voulra la voye entreprendre
> De venir jusqu'en ma maison,

Par ainsi vous le pourrez prandre,
Et le traicter à la raison.

Ainsi dit, ainsi fait : le saint, ému de charité par les fausses larmes du rustaut qui menace de se noyer ou de se pendre si sa femme meurt sans confession, sort, malgré l'heure avancée de la nuit, est saisi au corps, et après s'en être bien défendu, fait le dénouement de cette pieuse farce, qu'on pourrait appeler *l'Évêque malgré lui.*

Mais la scène la plus hardie de l'ouvrage, parce qu'elle signalait un abus fréquent à cette époque, est celle dont l'auteur a pris l'idée à Sulpice-Sévère, qui la raconte ainsi : « Auprès du monastère de Saint-Martin était une chapelle qu'on avait érigée sur le tombeau d'un prétendu martyr. La dévotion attirait un grand concours de peuple en ce lieu; mais l'évêque ne crut point légèrement à la sainteté des reliques qu'on y vénérait. Les informations qu'il fit auprès des anciens de son clergé augmentèrent encore ses doutes. Il se rendit au lieu dont il s'agit, avec quelques uns de ses religieux. Étant sur le tombeau, il pria Dieu de lui faire connaître qui avait été enterré en cet endroit; puis se tournant à gauche, il vit un spectre hideux, auquel il commanda de parler. Le spectre dit son nom, et le saint évêque comprit que c'était un voleur supplicié pour ses crimes, que le peuple honorait comme un martyr. Il fit démolir l'autel, et par là mit fin à la superstition. » *Atque ita populum superstitionis illius absolvit errore,* dit Sulpice-Sévère.

L'auteur du drame a rendu ce récit plus frappant encore. Aux paroles du saint, le spectre sort de terre et s'écrie, comme le moine de Le Sueur :

> Je suis dampné,
> Et mys à tourmens essécrables ! (1)

Cette apparition et l'aveu que fait de ses crimes le saint prétendu devaient produire un grand effet sur l'auditoire et le rendre plus circonspect sur les honneurs qui ne sont dus, suivant Grégoire-le-Grand, qu'aux serviteurs de Dieu, aux bienfaiteurs des hommes.

Andrieu de la Vigne va plus loin, lorsqu'il met ce vers dans la bouche de saint Martin, à qui l'on rend honneur :

> Honneur à Dieu seul appartient.

M. Casimir Delavigne, dans *Louis XI*, fait dire aussi à saint François de Paule :

> C'est Dieu seul, mes enfans, qu'on implore à genoux ;
> Moi je ne suis qu'un homme et mortel comme vous.
> Regardez, j'ai besoin qu'un appui me soulage :
> Infirme comme vous, je cède au poids de l'âge ;
> Il a courbé mon corps et blanchi mes cheveux.
> Voyant ce que je suis, jugez ce que je peux....
> Ne vous aveuglez point par trop de confiance ;
> Consoler et bénir, c'est toute ma science.

---

(1) *Justo Dei judicio condemnatus sum!* s'écrie le malheureux Raymond, dans le tableau de Le Sueur. — Le sujet qu'offre ici le poète à nos peintres n'est pas moins terrible.

De ces beaux vers qui ont pour but de rehausser encore par l'humilité le saint caractère de François de Paule, je ne serais pas surpris que certains niveleurs eussent conclu qu'il n'y a aucune différence entre un homme et un homme, et qu'on peut traiter de la même manière les reliques d'un saint et celles d'un voleur. Cela paraît absurde à croire : c'est pourtant ce que firent les réformateurs qui jetèrent à la voirie les restes vénérés de saint Martin de Tours.

Il existe un autre Mystère de *Saint Martin*, imprimé vers 1500, dont M. Brunet a vu chez M. Techener un exemplaire qui appartient à la bibliothèque de Chartres. Quoiqu'on m'eût dit ce Mystère inférieur au précédent, désirant pourtant en connaître l'esprit et ce qu'il contient de plus remarquable, je priai un de mes amis de faire prendre à Chartres des renseignemens sur ce sujet, et je reçois, au moment de mettre sous presse, la note suivante : « C'est un petit in-4° de 7 pouces
« de hauteur et 5 de largeur, composé de 32 feuil-
« lets à 2 colonnes, 40 lignes chacune. Les carac-
« tères sont en petit gothique, et les personnages
« ou acteurs au nombre de 53. Le premier feuillet
« est orné d'une gravure en bois représentant
« saint Martin à cheval, et un boiteux allant à sa
« rencontre. »

J'espérais, je l'avoue, quelques autres détails;

mais cette note n'en sera pas moins précieuse pour plusieurs lecteurs.

J'aurais pu, dans ce chapitre, parler davantage de nos martyrs, étaler leurs supplices, leurs douleurs triomphantes : « C'est assez d'en donner *la fleur,* » me disait un ami qui connaît son public. Combien peu d'hommes, en effet, peuvent dire avec Pascal : *L'exemple de la mort des martyrs nous touche, car ce sont nos membres, nous avons un lien commun avec eux!* Ce lien s'est bien relâché. S'il conservait sa force, si les Chrétiens étaient.... chrétiens, la tragédie sacrée serait pour nous quelque chose même de plus grand que la tragédie nationale. Les Grecs s'intéressaient, nous nous intéressons presque autant qu'eux à leurs héros imaginaires, aux demi-dieux de leurs superstitions barbares : et les héros du christianisme nous trouveront indifférens ! Il y a long-temps que notre fabuliste l'a dit :

>L'homme est de glace aux vérités,
>Il est de feu pour le mensonge.

CHAPITRE IX.

Saint-Louis. — Pierre Gringore.

Près des *Confrères de la Passion*, hommes pieux que Charles VI encourageait, *afin* (dit-il dans ses lettres-patentes), *afin qu'un chacun par dévocion se puisse et doibve adjoindre à iceux*, près de ces hommes de piété, disons-nous, n'avaient pas tardé à s'élever des enfans de plaisir, les *Clercs de la Bazoche*, les *Enfans sans-souci*, qui finirent par tout bouleverser (1).

Ce n'est pas que les amis des moeurs et du passé ne protestassent, que même quelques uns de nos *diables*, en devenant vieux, ne se fissent *ermites*, et ne fissent aussi des *Moralités*, voire même des *Miracles* ou d'autres *Mystères*. C'est à

(1) Les clercs de procureurs, très nombreux à Paris, y formaient, dès le règne de Philippe-le-Bel, une corporation, ayant, comme beaucoup d'autres, des priviléges, des grades, et le droit de se nommer un chef, qualifié *le Roi de la Bazoche*. C'est cette société, qui donnait, à certaines époques, des représentations dans la grand' salle du Palais, aujourd'hui Palais de Justice. C'est là probablement que fut joué, de son vivant, le pauvre avocat Patelin. *Les Enfans sans-souci*, qu'on voit, surtout sous Louis XII, luttant d'esprit et de licence avec les *Bazochiens*, étaient des jeunes gens de plaisir et de tout état, qui jouaient aussi des farces et des soties. Leur chef s'appelait *le Prince* ou *le Roi des Sots*.

une de ces heureuses conversions que nous devons l'espèce de Miracle dont nous allons parler : la *Vie* entière d'un *Saint par personnaiges,* mais d'un saint qui fut un grand roi, et, ce qui n'est pas indifférent pour nous, un roi de France. Notre muse tragique, que nous avons vue déjà s'efforçant de solenniser des faits tirés de notre histoire, va rentrer dans ce riche domaine, et s'arrêter encore à cette époque, la plus intéressante peut-être des temps modernes, le règne de Louis IX; et le poète la suivra, cette histoire, avec tant d'exactitude, que ses vers pourront quelquefois suppléer à l'absence de documens historiques.

Mais quel est ce poète? Pierre Gringore ou Gringoire, cet enfant sans-souci, tour à tour saltimbanque ambulant et entrepreneur de farces et *soties* sous Charles VIII et Louis XII, héraut d'armes du duc de Lorraine, dans le duché de qui il était né, rimeur ascétique plus tard et dévot sincère; à la fin poète tragique, mais connu seulement jusqu'aujourd'hui par quelques farces de sa jeunesse, dans l'une desquelles il avait joué lui-même aux halles de Paris, le pape Jules II, alors en guerre avec la France (1).

(1) Un des camarades de Gringore, Pontalais, fit aussi, dit Duverdier, des Mystères et Moralités, après des tours assez hardis. C'est lui qui un jour s'avisa d'aller annoncer lui-même son spectacle à la porte de Saint-Eustache (on ne connaissait pas encore les affiches). Le curé, qui prêchait en ce moment, voyant

Avant d'apprécier Gringore dans son meilleur ouvrage, jetons un coup d'œil sur ses premiers écrits. Il n'y épargnait personne, frappait à droite, à gauche, partout, sur ces gens de tous les états, de toutes les couleurs, et qui, *depuis Adam sont en majorité.* Dans une de ses farces, intitulée *le Jeu du Prince des sots,* où il jouait le premier rôle, il dit, en s'adressant au public :

> Honneur, Dieu gard les sotz et sottes :
> *Benedicite!* que j'en voy !

Déjà, dans le *cri* qui se faisait par toute la ville pour annoncer le spectacle, je remarque ces vers :

> Sotz lunatiques, sotz estourdis, sotz sages,
> Sotz de villes, sotz de chasteaux, villages,
> Sotz rassotez, sotz nyais, sotz subtils,
> Sotz amoureux, sotz privez, sotz sauvages,
> Sotz vieux, nouveaux, et sotz de toutes âges,
> Sotz barbares, estranges et gentilz,
> Vostre Prince, sans nulles intervalles,
> Le mardy gras joura ses jeux aux Halles.

Je ne sais comment le public de nos jours, un peu moins humble que celui d'autrefois, recevrait de pareils complimens. L'auteur, qui passe en revue les diverses professions, ne les ménage pas davantage; mais ses traits sont lourds, il faut en convenir. On ignorait encore cet art d'aigui-

---

tout à coup son sermon déserté, sort lui-même de l'église, et dit au farceur : « Pourquoi tabourinez-vous quand je prêche? — Et pourquoi prêchez-vous quand je tabourine? » répondit Pontalais, avec une insolence qui lui valut six mois de prison.

ser l'épigramme, quoiqu'on fût loin de manquer de malice. Je trouve, par exemple, plus d'audace que d'esprit dans ces vers d'une farce où Gringore ne craignit pas de s'attaquer à Louis XII lui-même :

> Libéralité interdicte
> Est aux nobles par avarice ;
> Le chief mesme y est propice ;
> Et les subjects sont si marchans
> Qu'ilz se font laiz, sales marchans.
> Nobles suyvent la torcherie.

Il y a peut-être un peu plus de finesse dans le dialogue de la *sotise du Nouveau Monde;* mais le sujet, assez obscur aujourd'hui, demanderait un long et froid commentaire : l'esprit ne s'analyse point. Le personnage allégorique que Gringore met en scène sous le nom de *Pragmatique* est cette ordonnance par laquelle Saint-Louis avait rendu aux abbayes et cathédrales de France le droit d'élire leurs abbés et leurs évêques : véritable base des libertés de l'Eglise gallicane, contre laquelle Jules II s'élevait. Malgré les prétentions de ce pape, plus fait pour porter l'épée de Paul que les clés de Pierre, on ne peut approuver la licence du poète, qui, encouragé, *dit-on,* par Louis XII, livra, sur des tréteaux, au ridicule le chef spirituel de la chrétienté. S'opposer à l'ambition de Jules II était un droit; mais respecter son caractère, un devoir. Les abus venus en terre sainte doivent être extirpés avec précaution, ou l'on risque d'arracher le bon grain avec l'herbe. C'est ce que la main imprudente de Luther ne tarda point à faire reconnaître.

Les plaisanteries de Gringore seraient fort innocentes, si un pape n'en était l'objet. On nous le représente armé d'un bâton avec lequel le Père des chrétiens menace, en baragouin italien, d'assommer Pragmatique :

Io tiengno presto lo mio bastonne...
PRAGMATIQUE.
Ha Dieu ! ha povre Pragmatique !
Cil qui te debvoit maintenir,
Premier te vueil faire mourir.
Dieu, je t'en demande vengeance !

Ici du moins, quoique digne des halles, où elle était jouée, l'allégorie est claire. Il n'en est pas de même dans toute la pièce. L'auteur est loin d'avoir développé son idée, comme l'a fait en 1819 un écrivain ingénieux, dans les *Aventures de la Fille d'un Roi,* qu'il nous montre, malgré sa naissance, en butte à des outrages dont son père lui-même ne peut la préserver. Que dis-je ! Ses premiers adorateurs, qui s'étaient chargés de la défendre, portent sur elle une main hardie et tentent de l'associer au déshonneur de Lucrèce. On ne conçoit pas ce moment d'erreur ; mais l'étonnement redouble quand on apprend que l'objet déplorable d'un pareil attentat est cette fille légitime de Louis XVIII, conçue en Angleterre et née en France en 1814, d'une bonne *constitution*, mais tombée, depuis l'aventure, dans un état de langueur visible, et pour surcroît, forcée de garder *la Chambre*.

Cette excellente plaisanterie nous laisse voir tout ce qui manque à la pièce ancienne.

Les farces de Gringore, grâce aux travestissemens des acteurs, et à la malignité du public, obtinrent plus de succès que leur auteur d'estime. Il n'avait laissé que la réputation d'un bouffon satirique; et M. Victor Hugo est loin de l'avoir relevé dans son roman de *Notre-Dame de Paris*.

Qui croirait cependant que ce Gringore, connu dans l'histoire sous le nom de *Mère-Sotte* et de *Prince des Sots*, par allusion aux deux rôles qu'il avait joués dans cette société des *Enfans sans-souci*; qui croirait, dis-je, que ce farceur cachât sous sa casaque et ses méchans grelots le cœur d'un honnête homme, l'esprit et parfois le talent du plus noble écrivain! Telle est l'importance des premiers pas que l'on fait dans le monde, comme l'a dit un de nos poètes :

<small>L'impression demeure. En vain, croissant en âge,
On change de conduite, on prend un air plus sage;
On souffre encor long-temps de ce vieux préjugé,
On est suspect encor lorsqu'on est corrigé (1).</small>

<small>(1) Gringore n'avait pourtant que le masque de la folie. Sa</small>

En vain, pour se débarbouiller de son plâtre et de sa farine, *le Prince des Sots* se plongea-t-il dans les sources pures de l'Écriture Sainte; sa *Paraphrase des sept très précieux et notables pseaumes du royal prophète David*, et ses *Heures de Nostre-Dame translatées en françoys et mises en rhytmes* ne sont aujourd'hui connues que des amateurs de livres rares.

Il est probable néanmoins que ces travaux de conscience procurèrent à Gringore (outre l'honneur d'être enterré après sa mort à Notre-Dame) d'estimables relations, et donnèrent de lui une haute opinion, comme on peut le voir dans le titre du manuscrit qui va nous occuper :

« Cy comance la vie monseigneur Saint-Loys,
« roy de France, par personnaiges, composée par
« Pierre Gringoire, *à la requeste* des maistres et
« gouverneurs de la dicte confrairie du dit Saint-
« Loys, fondée en leur chapelle de Saint-Blaise,
« à Paris. »

Quelle était cette confrérie de Saint-Louis? Se composait-elle d'un des six grands corps des marchands de Paris, ou bien de simples artisans, de barbiers, par exemple, comme on pourrait le croire? Non, les barbiers étaient encore à cette époque assimilés aux chirurgiens. Nous les voyons

devise, *Raison partout*, qu'on lit au manuscrit que nous allons examiner, on la trouve déjà sur ses premières bagatelles, sur les plus folles.

sous Louis XI (1) faire, sur un malheureux archer condamné pour vol à être pendu, la première opération de la taille, *experimentum in animâ vili*, comme ils disaient. Ils avaient alors pour patron saint Cosme, et pour chapelle l'église de ce nom, dont on vient de faire en 1836 un prolongement de la *rue Racine*.

En 1610, les barbiers, se prétendant toujours disciples de saint Cosme, sont poursuivis par les chirurgiens devant le parlement de Paris : l'affaire était encore pendante que nos barbiers se mettent à chanter victoire, et font même chanter un *Te Deum*, bigarrent leurs enseignes de boîtes, de bassins, quittent l'église de Saint-Sépulcre, où s'assemblait leur *communauté*, et à la fête de leur prétendu patron, se rendent à Saint-Cosme en robe longue et en bonnet carré, lorsqu'intervient l'arrêt du Parlement qui les déboute de leurs prétentions et les contraint à retourner à Saint-Sépulcre, où l'on dit alors plaisamment qu'ils étaient enterrés (2).

Les malheureux barbiers n'ont pu se relever de ce coup. En vain se sont-ils accrochés aux *sommités*, aux plus hautes coiffures; la Révolution, qui les a renversées, a entraîné la chute des coiffeurs. Un de ces pauvres diables me disait un jour, du plus grand sang-froid : « Monsieur, quand j'ai vu

(1) *Art de vérifier les Dates*, t. I, p. 625.
(2) Pasquier, *Recherches sur Paris*, p. 835.

venir les *Titus*, j'ai prévu tous nos maux, et que bientôt un duc et pair ne serait plus distingué d'un laquais. Ah! si Napoléon avait voulu!.... Mais, remarquez, monsieur, qu'il n'a jamais prétendu mettre de poudre, ni se laisser *accommoder*; cet homme-là a fait beaucoup de mal à la France. » Revenons.

Il nous semble prouvé que les barbiers-chirurgiens n'invoquaient pas dans leurs jours d'orgueil et de prospérité, Saint-Louis, le patron du mérite modeste. A l'époque où Gringore composa son ouvrage, quelle association s'honorait-elle de porter le nom, les armoiries, l'image et la bannière de notre grand roi? Un des six principaux corps des marchands, où se trouvait déjà peut-être un Poquelin, un aïeul de l'auteur du *Misanthrope* : « C'étoit, dit Sauval (1), le corps des tapissiers et « merciers qui avoit pour patron Saint-Louis... « Charles VI, ajoute-t-il, leur permit de tenir leur « confrairie au Palais, dans la salle de Saint-Louis. « Plus de cent ans après, ils ne la tenoient point « ailleurs et l'y auroient tenue encore à l'ordi- « naire, si en 1508 elle n'eût été empêchée des « procès de la cour. Cet empêchement néanmoins « ne les déposséda pas; car si le jour de leur fête « il leur arriva de ne pouvoir s'assembler dans la « salle de Saint-Louis, le Parlement leur aban-

---

(1) *Antiquités de Paris*, t. II, p. 476.

« donna la grande salle du Palais avec les bancs et
« tout le reste. »

Cette salle est précisément celle où, avec la permission de Louis XII, les Bazochiens, quand ils avaient quelque pièce à jouer, dressaient leur théâtre sur la fameuse table de marbre qui, par l'incendie de 1618, fut détruite, dit Sauval, avec toutes les statues de nos rois qui décoraient la salle. Or, il est probable que dans cette même salle, devant la statue de Saint-Louis, fut représenté cet ouvrage, image fidèle de son âme.

Le premier et les derniers feuillets, qui manquent malheureusement au manuscrit, nous auraient transmis sans doute des détails curieux sur la représentation et les noms des acteurs, ceux des personnages, parmi lesquels s'en trouve plus d'un très comique, et que Gringore a pu fort bien jouer. J'avoue que je donnerais toutes les descriptions de batailles dont nos chroniques regorgent, pour quelques pages où j'apprendrais que tel jour, dans le palais même où vécut Saint-Louis, on a pu le voir revivre, tour à tour puissant et captif, mais toujours chrétien, toujours roi; bon sur son trône envers les malheureux, grand dans les fers devant ses ennemis. Il serait intéressant de savoir comment étaient alors jugées, présentées par un homme aussi populaire que Gringore, les expéditions heureuses ou malheureuses, et aussi les vertus du saint Roi, avec lequel le bon roi

Louis XII avait plus d'un rapport. Ce précieux commentaire nous manque; heureusement nous avons en partie le texte; occupons-nous-en.

C'est un grand in-folio sur vélin, de 352 pages, inscrit à la Bibliothèque Royale sous le n° 2191.

Tandis que les premières farces de Gringore sont venues jusqu'à nous, imprimées dès 1490 à Paris, on se demande comment un ouvrage de l'importance de celui que nous examinons, composé dans la maturité de l'âge par un homme aussi connu, est resté tout-à-fait ignoré! Peut-être à cause de certains traits qui auront blessé quelques hommes puissans. Si le poète avait pu prévoir cette suppression de son drame, et s'en plaindre à Louis XII, le bon prince eût bien pu lui répondre : « Eh! mon pauvre Gringore! que ne « *farçais*-tu encore contre moi, ou bien contre le « pape? on t'aurait laissé passer. Mais point : tu « vas nous présenter un saint, un grand homme, « et d'autres personnages dont souvent la con- « duite est la condamnation du présent! Et tu te « plains, *Roi des Sots* que tu es, qu'on te mette « à l'écart! Mais tu l'as mérité. » Quoi qu'il en soit, écrit pour de bons bourgeois du vieux temps, et après avoir été représenté par eux, ce grand drame sera resté dans les archives de la confrérie; de là aura passé à Saint-Germain-des-Prés, car il porte aussi la marque de cette abbaye; enfin il est venu s'engloutir dans le dépôt des manuscrits de la Bibliothèque Royale, amas effrayant de paperasses inutiles et de richesses inappréciables, dont M. P. Paris va publier un catalogue raisonné.

Le chef-d'œuvre ignoré de Gringore, le seul ouvrage de lui qui mérite l'estime de la postérité, est divisé en neuf parties ou *livres*, comme le *Mystère des Actes des Apostres*, et quelques autres de cette époque où l'on n'avait pas encore admis la division par *actes*.

L'action commence à l'année 1226.

Louis VIII, après de nombreux exploits, venait de mourir sans testament, laissant la couronne de France à l'aîné de ses fils, Louis IX, âgé de onze ans, et la régence à la reine Blanche sa femme, mais verbalement, en présence seulement de quelques évêques et seigneurs. Plusieurs grands vassaux, notamment les comtes de Champagne, de La Marche, et le duc de Bretagne, jaloux de l'autorité royale, et s'autorisant de l'absence de dispositions testamentaires, veulent contester à la Reine-Mère le droit de gouverner son fils. Une éducation militaire suffit, selon eux, à un jeune roi. Dès la première scène, voici sur quel ton ils osent en parler à la Reine :

LE DUC DE BRETAIGNE.
Vous le faictes entretenir
A un tas de frères prescheurs,
Bigotz, ses maistres et recteurs.
Cela certes ne nous peult plaire,

LE CONTE DE LA MARCHE.

En voullez-vous ung moine faire,
Qui presche d'esglise en esglise?
Quelque chose qu'on en devise,
Cela nous desplaist, somme toute.

LE CONTE DE CHAMPAIGNE.

Ung prince doit aymer la jouzte,
Estre large et habandonné :
Pour ce cas est roy ordonné
Et en triumphal estat mis.

LA ROYNE.

Il fault craindre Dieu, mes amys.

Après quelques autres propos, les seigneurs se retirent en disant à la Reine :

Dame, de vous congé prenons.

LA ROYNE.

Nobles princes, nobles barons,
Dieu vous vueille de mal garder.

Cette formule de politesse royale est ici d'autant mieux placée, qu'on y peut voir une menace que la jeune et courageuse Reine ne tardera point à réaliser.

La seconde scène se passe entre le jeune Roi et un *frère prêcheur*, son gouverneur, qui lui dit, entre autres choses : « Vous devez »

Vous faire priser et aymer
A vostre simple popullaire,
Affin que puissiez à Dieu plaire ;
Car ung roy fier et orgueilleux,
Inconstant et avaricieux,
Ne peult régner longue saison.

S. LOYS.
>Je vueil tout faire par raison,
>Moyennant la divine grâce.

Qu'on relise dans *Athalie* les instructions du grand-prêtre à son royal pupille, on verra que les deux auteurs ont compris de même la plus noble mission du christianisme.

Blanche, qui vient assister à cette scène intéressante, se dit en entrant :

>Je ne saroye estre à mon aise,
>La journée que ne voy Loys :
>Mon filz à le veoir m'esjoys
>Trop plus qu'on ne pense. Il me semble,
>Quant nous sommes nous deux ensemble,
>Que suis en un droit paradis.
>Voulluntiers escoute les dis
>Des Jacobins frères prescheurs
>Qui lui monstrent les bonnes meurs
>Que jeunes roys doivent avoir.
>Je voys (*je vais*) jusques là pour savoir
>Comme il se porte.

>Je passois jusqu'aux lieux où l'on garde mon fils,
>Puisqu'une fois le jour vous souffrez que je voie
>Le seul bien qui me reste et d'Hector et de Troie ;
>J'allois, seigneur, pleurer un moment avec lui :
>Je ne l'ai point encore embrassé d'aujourd'hui.

C'est le même sentiment qui a dicté ces vers. Seulement Andromaque n'a pas cette image du séjour céleste, que la sainte Reine entrevoit déjà près de son fils. Mais aussi, le vieux poète est loin encore de cet art plein de charme, et de ce vers surtout que Racine place à dessein le dernier, et dont une femme de beaucoup d'esprit (une femme!) assure n'avoir pas senti la beauté.

Mais si, comme l'a dit avec une profonde vérité M. de Chateaubriand, l'Andromaque de Racine est *la mère chrétienne*, combien l'est davantage Blanche, lorsque dans la scène où nous sommes, elle adresse à son fils ces mots :

> Mon amy, mon cher fils Loys,
> Plus aymer je ne te sçauroye
> Que je fais : mais mieulx aymeroye...
> Mon filz, posé que tu soyes roy,
> A te veoir mourir devant moy
> Que te veoir ung péchié cometre.

Nous passons la scène où le frère prêcheur a déjà paru peut-être assez *jacobin*, non qu'il ne rende justice aux véritables nobles, qu'on trouvait même alors, mais en trop petit nombre, il faut l'avouer.

L'auteur ramène sur la scène les comtes de Champagne, de la Marche, et le duc de Bretagne, qui ont résolu de s'emparer de l'esprit du jeune Roi, ou de s'armer contre son autorité. Que trouvent-ils en entrant au palais ? Des pauvres à table, mangeant et buvant à cœur joie, et sans façon aucune ; ils sont là comme chez eux. L'ébahissement des trois seigneurs redouble quand ils voient passer devant eux Louis, qui ne les remarque pas, eux grands terriens ! et qui s'approche des pauvres, auxquels il dit avec bonté :

S'il vous fault rien, qu'on le demande,
Mes amys. Mais tout doulcement
Buvez, mangez atrempement :
Trop boire et manger nuyt au corps
Et à l'âme. Soyez recordz
Que oncques excès ne vallut rien.

LE LADRE (un des pauvres).

Ha sire ! de vostre grant bien
Remercier nous vous devons.
Nostre reffection avons
Tous les jours à vostre maison.

LE DUC.

Bref, il n'y a point de raison...
Et luy-mesmes les sert à table !
Mieux <i>(il)</i> ayme l'estat misérable
Qu'il ne faict le seigneurial.

DE CHAMPAIGNE.

Puisqu'il veult estre libéral....

DE LA MARCHE.

Il se monstre par trop benyn.

LE DUC.

Voyons quelle sera la fin ;
Regardons tout et sans mot dire.

Les trois seigneurs sont stupéfaits, quand ils voient Saint-Louis (car il est saint déjà dans les intentions de l'auteur), quand, dis-je, ils le voient ému de compassion pour le plus à plaindre de ces infortunés (un lépreux dont le corps tombe en pourriture), s'approcher de lui, l'embrasser, embrasser son frère, un membre de Dieu, vouloir panser ses plaies,... Tout à coup le pauvre malade s'écrie qu'il *se sent tout renouvellé,*

Ha, sire, vostre seigneurie

M'a remis en plaine santé...
Maintenant suis sain et joyeulx.
S. LOYS.
Remerciez le Roi des cieulx,
Mon chier amy, et non pas moy.

Les seigneurs, frappés du miracle dont ils n'ont perdu aucune circonstance, en causent entre eux. On croit qu'ils vont se rendre à ces marques éclatantes de la protection du ciel, et se soumettre au prince qui en est l'objet. Point. Les ambitieux interprètent le miracle d'une manière aussi imprévue que caractéristique. Écoutons-les :

LE DUC.
Trop esbahir je ne me puis
De cecy.
DE CHAMPAIGNE.
Velà ung grant cas.
Mais pourtant ne lairons-nous pas
A parfaire nostre entreprise.
DE LA MARCHE.
Peult-estre Dieu tant le prise
Qu'il veult qu'il vive en continance,
Sans avoir la préeminance
Sur les Francoys, ne seigneurie.
LE DUC.
Je croy que Dieu veult que le prie
Et qu'il laisse mondanité.
Aux armes n'est point usité,
Mais en toute bigoterie.
DE CHAMPAIGNE.
Dieu ne veult point qu'il seigneurie,
Nous le voyons bien par cecy.

Après avoir fait, en espérance, un moine du

meilleur de nos rois, ils sortent pour lever contre lui leurs armes. Je ne crois pas qu'il fût possible de mieux mettre l'histoire en scène. L'action de Saint-Louis servant lui-même les pauvres et les pansant, est rapportée par Joinville, mais combien elle ressort ici par l'encadrement !

Dans une comédie de M. Duval, *le Complot de famille,* dont l'action se passe sous Louis XVI, un comte de Grandval, plus noble encore par ses sentimens que par sa naissance, vit dans une terre, uniquement occupé du bien-être de tout ce qui l'entoure. Cet homme de bien, dans qui l'on a cru voir le vertueux Malesherbes, est loin d'être compris de quelques étourdis de sa famille, et d'une folle qui le croit fou. La bande futile a quitté un moment Paris pour venir au château de Grandval s'assurer si ce qu'on leur a dit de leur parent est vrai, et, au besoin, pour le faire interdire. Ils ne sont pas long-temps sans porter leur arrêt : un d'eux en formule ainsi les considérans :

Un seigneur de son nom qui cultive sa terre,
Qui prend d'un paysan l'habit et la manière,
Qui, de chaque manant fait lire le bambin,
Et peut-être aux grands jours va chanter au lutrin ;
Qui ne veut point avoir de chasse réservée,
Qui supprime ses droits, et même la corvée ;
Qui nous met en prairie un magnifique étang,
Parle d'orge ou d'avoine, en dépit de son rang ;
Est fait pour végéter dans une métairie...

Dieu ne veult point qu'il seigneurie,

dit un des seigneurs de Gringore. — On fait au comte de Grandval des représentations bien comiques, et qui le seraient encore davantage si notre habile dramatiste avait pu, comme le vieil auteur, nous montrer son noble personnage instruisant lui-même ses *bambins*, et peut-être les pères qui en ont grand besoin. La folle bande accourue de Paris serait tombée au milieu d'une grave leçon, dont le maître n'eût pas été distrait par leur arrivée : *Quel scandale! Le comte de Grandval maître d'école! Il ne nous voit pas, tant il est absorbé,* etc. C'est alors que ses chers parens l'eussent pris à part, et, comme dans l'ouvrage de M. Duval, eussent dit, entre autres choses :

LA MARQUISE.
Vos vassaux ont-ils donc besoin de savoir lire ?
LE DUC.
Et dès qu'ils auront lu, c'est qu'ils voudront écrire.
LE BARON.
Et quand ils écriront, que diront-ils de nous?
LE COMTE (*en riant*).
Ils diront, mes amis, que vous êtes des fous....

Nous avons laissé Saint-Louis entouré de ses pauvres. Sa mère effrayée lui apprend que les trois seigneurs dont nous connaissons les projets viennent de se déclarer contre lui; elle ajoute :

Je suis plaine de desconfort
Quand voy, comme povez entendre,

Que ceulx qui vous deüssent deffendre
Vous veullent la guerre livrer.

S. LOYS.

Dieu m'en saura bien délivrer...
Hommes font guerre, il est notoire,
Mais Dieu seul donne la victoire;
Ses servans au besoin ne laisse (1).

LA ROYNE.

Veu que vous estes en jeunesse...
On veult dessus moy entreprendre.

S. LOYS.

Je suis tout prest de vous deffendre
Encontre tous, je le dis franc...

LA ROYNE.

Tu as le couraige très bon,
Mon enfant; mais en ta jeunesse
Il me semble que c'est simplesse
Te voulloir armer.

S. LOYS.

Pourquoi est?
Mais que mon peuple me voye prest
De combattre, il s'efforcera
De m'aider et me gardera....
N'en faictes aucune ygnorance.

LE FRÈRE PRESCHEUR.

Dieu vous vueille donner puissance
De résister aux ennemys !

Le frère prêcheur, qui n'a presque pas quitté la scène, représente à peu près le *Meneur du jeu*, mais avec plus d'art que dans d'autres Mystères, puisqu'il est lié à l'action. Quand la Reine et son

(1) Dieu laissa-t-il jamais ses enfans au besoin ?
dit le petit Joas dans *Athalie*.

fils sont sortis, il finit en adressant au public l'allocution suivante:

> Frères, seurs, que présentement
> Avez veu le commencement
> De la vie monsieur Sainct-Loys,
> Ayés couraiges resjouys,
> En luy suppliant désormais
> Qu'il prie Dieu qu'ayons bonne paix
> Au noble royaulme de France.
> Adieu, prenez en paciance.

Ce premier acte pourrait être aujourd'hui remis en scène, tel qu'il est. Ce serait un spectacle intéressant, dans un des châteaux où l'on devait jouer *Esther*, de voir la jolie princesse de C...., par exemple, représentant la reine Blanche; le jeune duc d'A.... le petit roi; M. de N.... le frère prêcheur; le tout avec les accessoires, les costumes, et jusques au parler naïf du vieux temps. Rien ne serait plus curieux.

Le second acte commence par Saint-Louis et sa mère, qui ont appelé à leur secours trois personnages dont les traits et le costume étaient sans doute allégoriquement caractérisés, suivant l'usage de ce temps: l'un est Bonconseil, l'autre Chevalerie, et le troisième Populaire. Ce dernier, qui n'est autre que le peuple de Paris, dit au Roi:

> Ne soys de riens estonné:
> Je suis armé, embastonné,
> Pour combatre vos ennemys.
> Sire, je me suis en point mis,
> De bon cueur et de bon couraige.

Bonconseil persuade aisément au Roi de tomber sur ses ennemis, avant qu'ils aient eu le temps de se fortifier dans leurs châteaux. Louis, accompagné de Chevalerie, et de Bonconseil, qui ne le quitte jamais, prend congé de sa mère. Nous allons le suivre et changer bien souvent de lieu.

Les seigneurs qui avaient douté de la valeur du Roi ne tardent pas à en sentir les effets. Le comte de Champagne, assiégé par lui dans son château, se dit à lui-même, assez peu poétiquement, tout poète qu'il était :

> Quant à mon cas pense,
> Il n'y a rime ne raison.
> Serai-je cause que traïson
> On face à sa noble personne?
> Et sa mère qui est tant bonne !...

Ce dernier vers rappelle, mais bien discrètement, la passion que le comte Thibault, depuis roi de Navarre, conçut, *dit-on*, pour la reine Blanche, car rien n'est moins prouvé. Gringore ne la suppose pas de cette expédition, où pourtant elle accompagna son fils, qu'elle aida puissamment à soumettre Thibault. Dans le drame, Louis est seulement avec Bonconseil et Chevalerie, lorsque le comte de Champagne vient se rendre, en lui disant :

> Devant la transillustre face
> Du triomphant prince royal
> Je me viens purger de mon mal,
> Requérant pardon et mercy.

LE ROY LOYS.

Beau cousin, très bien venez cy ;
Joyeulx suis de vostre venue.

LE CONTE.

Sire, j'ay ma faulte congneue
Et l'offence que j'ay commise,
Faisant contre vous entreprise.
Je m'en repens. A vous me donne,
Cueur, corps et biens habandonne
Pour vous servir et nuyt et jour.

LE ROY.

En signe de paix et d'amour,
Je vous vueil beser à la bouche.

LE CONTE DE CHAMPAIGNE.

Prince esprouvé comme or en touche,
Très bon, très juste et très puissant,
En toute vertu florissant,
Jamais ne vous seray contraire.

Il tint parole. Les autres seigneurs ne l'imitèrent point en cela; après une feinte soumission, ils tentent de s'emparer de la personne du Roi, qui, informé de leur complot, dit douloureusement :

Las ! je voy
Que fidélité n'a plus lieu.
Pensent-ilz point qu'il soit ung Dieu
Qui a pouvir sur tous les hommes,
Et que par lui esleuz nous sommes ?...
Hellas ! je ne pense point
Leur avoir meffait.

Au moment d'être pris par ses deux ennemis qui ont réuni toutes leurs forces (tous ces faits sont historiques), il se retire, de l'avis de Bonconseil, dans le château-fort de Montlhéry, d'où il envoie un héraut à Paris pour y demander du secours.

Nous passons au palais de la Reine, à Paris. Blanche, seule, pense à son fils, aux dangers que lui font courir ses implacables ennemis,

> Envyeux, comme on peult savoir,
> Qui taschent tous les jours d'avoir
> Du royaulme gouvernement;
> Mais je sçay que piteusement
> Il seroit gouverné par eux.

Ainsi parle la Reine, quand le héraut est introduit. Il lui apprend les dangers que court le Roi. Blanche, effrayée, regrette que Bonconseil ne soit pas là pour la guider. Bonconseil, se présentant, dit ingénieusement à la Reine :

> Je ne suis guère loing de vous.
> LA ROYNE.
> Las! Bonconseil, comme aurons-nous
> La sacrée magesté royalle
> En ceste cité principalle?
> C'est Paris qui lui veult complaire.
> BONCONSEIL.
> Il fault avoir le Popullaire,
> Qui l'ira quérir où il est.
> LE POPULLAIRE.
> Soiez asseur que je suis prest
> De partir pour l'aller quérir,
> Car je doy le Roy secourir
> En son besoing, c'est la raison.
> LA ROYNE.
> Oultre plus, il fault qu'advison

Qui conduira cest appareil.
LE POPULLAIRE.
Il faut que ce soit Bonconseil.
BONCONSEIL.
C'est bien dit : j'yray avec vous,
Et vous mettray en ordre tous.
Par ainsi mènerez le Roy
Dedans Paris et son arroy,
En despit de ses ennemys.
LE POPULLAIRE.
Puisqu'à ce faire suis commis,
J'y employrai et corps et âme.
LA ROYNE.
Or allez tost.
BONCONSEIL.
Très noble dame,
Je vous prie, n'ayez peur de rien.

Lorsque Bonconseil est sorti avec Populaire, nous passons aussitôt sous les murs de Montlhéry, où nous entendons le duc de Bretagne dire au comte de la Marche :

Cousin, nous ne sommes pas bien.
Penser nous fault de notre affaire,
Car j'entends que le Popullaire
De Paris s'esmeut contre nous.

Laissons-les causer à l'écart, et suivons le Populaire chez le Roi.

LE HÉRAULT.
Sire, voyez
Bonconseil qui admène icy
Le Popullaire pour vous querre.
LE POPULLAIRE.
Si quelqu'un vous veult faire guerre,

> Je suis tout prest de le combatre.
> Venez vous hardiment esbatre
> A Paris, c'est vostre cité
> Qui a tousjours, d'antiquité,
> Entretenuz les roys de France.
> Nul ne vous peult faire nuysance,
> Mais que croyez les habitans
> D'icelle, qui sont consentans
> Vous faire plaisir et service.
> Bonconseil fait régner justice,
> Parquoy vostre cas bien se porte.
>
> ### LE ROY.
> Le Popullaire me conforte,
> Car il m'ayme de tout son cueur.
> Parquoy prie nostre Seigneur
> Qu'en paix il les vueille tenir.

Le Roi rentre dans sa capitale, accompagné du Populaire, que Bonconseil conduit. Que n'en a-t-il toujours été de même !

L'allégorie est ordinairement froide ; mais ici, les faits, tous conformes à l'histoire ou aux traditions, font de ces personnages fictifs des vérités vivantes.

Ainsi Frédéric II, empereur d'Allemagne, au milieu de ses démêlés avec le Pape, ne doutant pas que le roi de France ne prenne la défense du Saint-Siége, fait demander à Saint-Louis, par un de ses agens, de se rendre à un lieu fixé. Le Roi consulte Bonconseil, qui reconnaît dans cet agent Oultraige, et devine que l'intention de l'Empereur est de s'emparer de la personne du Roi. Saint-Louis se rend au lieu indiqué, mais accompagné de Chevalerie, ce qui déconcerte l'Empereur. Il se tourne alors vers l'Église, veut lever sur elle un impôt, et lui envoie Oultraige. Elle ne répond pas.

OULTRAIGE.
Haullà! hollà! qui est icy?
Hau! faictes-vous la sourde oreille?
L'ESGLISE.
Et qui a-t-il?
OULTRAIGE.
Qu'on s'appareille (*qu'on s'apprête*),
Tost du decyme (*de la dîme*) me bailler.
L'ESGLISE.
Quoy! me voullez-vous travailler
Maintenant?
OULTRAIGE.
Paix! vieille bigotte.
Baillez-le-moy, que ne vous oste
Tous voz biens, à peu de langaige.
L'ESGLISE.
Nous veult l'Empereur par Oultraige
Le decyme faire paier!
OULTRAIGE.
Garde-toy bien de délayer (*différer*),
Aultrement tu auras des coups...
L'ESGLISE.
Hellas! pensez-vous point l'offence
Que commettez, gens exécrables,
Quant vous touchez par viollance
Sur dévotes gens vénérables!
OULTRAIGE.
Et çà, çà, de par tous les diables!
Sanctè, sanctorum meritis,
J'emporteray ceci gratis,
Puis on pensera du surplus.
L'Empereur l'a ainsi conclus.

Et c'est ce qu'il fit. Aussi le Populaire, que guidait toujours Bonconseil, s'écrie :

Pardieu ! l'Empereur est bien lasche !

Dans la lutte de la puissance spirituelle contre la force brutale, l'Église, que nous venons de voir si humble, se montra invinciblement opposée aux mauvaises passions et aux envahissemens de Frédéric II. Pour éveiller les rois sur ses prétentions ambitieuses, pour éclairer les peuples sur leurs vrais intérêts, il fallut tout l'éclat des foudres ecclésiastiques : c'était alors la seule lumière; elle ne fit point faute.

Louis, de l'avis non seulement de Populaire, mais de tout son peuple, fait faire à l'Empereur de vives remontrances, et s'efforce de mettre un terme aux malheureux débats de l'Empire et du Sacerdoce, lorsqu'il est frappé de la maladie au milieu de laquelle il promet à Dieu de se croiser, et d'aller délivrer les Chrétiens d'Orient de leur dure captivité : *pieuse extravagance*, dit un historien qui n'a pas vu tout l'avantage qui, de ces expéditions généreuses, devait résulter pour la civilisation et pour l'affranchissement des peuples dont les tyrans, à commencer par Frédéric, se voyaient arrachés à leurs stupides vexations, aux guerres abrutissantes qu'ils se faisaient entre eux (1).

(1) « Louis IX n'avait pas seulement pour but de défendre les

Louis, après avoir tout disposé pour la croisade, remis la régence à sa mère, et contraint à le suivre les seigneurs qui pouvaient le plus troubler la paix du royaume, partit pour Cluny, où se trouvait le pape, des mains de qui il voulait recevoir la croix. Cette imposante cérémonie, dont je ne me souviens pas d'avoir vu ailleurs les détails, est ici traitée avec assez de noblesse et de vérité pour que nous en citions une partie.

Le Roi, en entrant dans la salle où se trouve le pape, dit à ses chevaliers :

>Sus tost, Chevalerie,
>Rendre luy fault honneur, obédience.
>LE PAPE (*aux cardinaux*).
>Voicy le Roy. Allons, je vous en prie,
>Par devers luy, en humble révérence.
>LE ROY.
>Vostre Saincteté et Clémence
>Jesus vueille en paix maintenir,

états chrétiens de Syrie, et de combattre les ennemis de la foi, mais de fonder une colonie qui eût réuni l'Orient et l'Occident par l'heureux échange des productions et des lumières. Nous avons fait connaître.... une lettre du sultan du Caire, d'après laquelle il est facile de voir que le roi de France avait d'autres desseins que ceux d'un conquérant. L'historien Mézerai dit formellement que le projet du roi de France était d'établir une colonie en Afrique.... « Pour cela, ajoute Mézerai, il emmenoit avec lui grand nombre de laboureurs et d'artisans, capables néanmoins de porter les armes et de combattre en cas de besoin. » Le témoignage de Mézerai est confirmé par celui d'Aboul-Mahassen, auquel M. Michaud renvoie, *Hist. des Crois.*, t. IV, l. xvi.

Père sainct.
(Luy baise la main.)
LE PAPE.
La noble présence
Du très chrétien roy de France
Vueille son plaisir obtenir.
LE ROY.
Devers vous suys voullu venir
Pour auchune cause certaine,
Et ma Chevallerie admaine
Pour nous transporter oultre mer.
CHEVALLERIE.
Père sainct que devons aymer,
Curs, corps et biens nous emploirons
Pour vous obbéir, et yrons
Oultre mer, se le commandez.
LE PAPE.
Puys qu'ainsy est que prétendez
Faire à Dieu service agréable,
Prince puissant et amyable,
La croix sur vous je poseray,
Après aussy je croyseray
Vostre Chevalerie.
(Le pape les croise.)

Plusieurs prélats demandent la permission d'accompagner Saint-Louis en Terre-Sainte. Le pape, après la leur avoir accordée, prononce sur tous, du haut de la chaire de saint Pierre, ces paroles solennelles :

Je vous donne absolucion
De tous les péchez qu'avez fais,
En vous pardonnant vos meffais ;
A tous ceulx aussy qui yront
Oultre mer, et croisés seront
Pour soustenir foy catholique.

Il y a loin de cette scène à celle où nous avons vu Gringore représentant le pape sous des traits ridicules. Nous pouvons regarder ceci comme une sorte de réparation, mais on y pouvait trouver quelque chose de plus imposant encore. Dans le *Jeu de saint Nicolas*, les croisés marchent gaîment à la mort, lorsque l'ange leur montre les cieux ouverts. Comment le pape n'a-t-il pas ici ce mouvement d'éloquence, lui, *claviger cœli*, « porte-clefs du ciel, » comme on le nommait? si pourtant ce mot *porte* exprime bien le *ger*, ce pouvoir d'un homme, vice-*gérant* de Dieu; car on ne disait pas *clavifer*, comme l'on disait *Lucifer*, *thurifer*, etc. (1).

Dans la scène suivante (Shakspeare ne va pas plus vite), nous sommes chez les Turcs, au milieu d'un marché où nous voyons deux mécréans s'approcher d'une croix, que les chrétiens captifs y ont fait élever. Un de ces Turcs nommé Brandiffer (le nom est pittoresque) ne voit pas cette croix de bon œil. A la manière dont il va en parler, on le prendrait pour tel chrétien de notre connaissance, quand son camarade, qui a nom Billonart, lui ferme ainsi la bouche :

> Ung chacun de ses dieux ordonne,
> Comme il lui plaist. N'en parlons plus.

(1)   *O fortunatum, nosset sua si bona, regnum,*
  Cujus Roma arx est, et cœli claviger auctor!
  Script. Rer. francic., t. VII, p. 302.

C'est ainsi que Sévère dit dans *Polyeucte* :

J'approuve cependant que chacun ait ses dieux,
Qu'il les serve à sa mode.

Deux chrétiens viennent, de leur côté, parler de l'espoir qu'ils ont de voir arriver bientôt le roi de France, dont on leur a donné depuis peu des nouvelles. Leur entretien est interrompu par un bateleur qui conduit un ours et qui se met à crier :

Çà, maistre ! çà, çà, venez çà.
Tournez-vous ung petit, tournez.
Petis enfans, mouchez vos nez,
Si verrez mon esbatement.
Un petit sault joyeusement,
Pour l'amour de la compaignie.
Vous verrez, je vous certiffie,
Mon ours que voyez cy, voler,
Ainsy comme ung oiseau en l'er,
Présupposé qu'il n'a point d'elles.
Et puis monstrera ceulx et celles
Qui dorment grasse matinée...

On croit entendre un de nos bateleurs. Celui-ci fait le tour de l'*honorable société*, en suivant son ours, qui tout à coup s'éloigne de lui et va pisser contre la croix, ce qui révolte les chrétiens. Un d'eux dit à son ami :

Il me fait mal de veoir cela.
    LE BATELEUR A L'OURS.
Tenez-vous droit. Hollà ! hollà !
Vécy une chose nouvelle.
Quoy ! mon ours trépine et chancelle

Ainssi comme s'il estoit ivre.
Se Jupiter ne le délivre....
Hélas ! mon povre ours, tu es mort.
Jamais si saige n'en auray.
Ne sçay de quoy je gaigneray
Ma vie doresnavant, hélas !

Les chrétiens présens disent que c'est par miracle que l'ours est mort. Un d'eux ajoute :

On ne scauroit trop honorer
La croix où Jesus Crist pendit.

BRANDIFER.

Jésus estoit homme maudit,
Cherchant sa vie par les chemins,
Menant ung grant tas de coquins
Qui abusoient les povres gens.
Povres souffreteux indigens
Estoient ainssy comme leur maistre.

Et pour prouver que l'ours n'est pas mort par miracle, *je vais*, dit-il, *frapper moi-même cette croix*. Il la frappe. Aussitôt sa main se dessèche, ce qui commence à le faire réfléchir. Son compagnon Billonart, qui lui succède, et à qui l'on raconte le double prodige, loin d'y croire, se conduit, malgré sa tolérance, comme la brute (je parle de l'ours) dont on a vu plus haut la stupide action ; et, comme l'ours, il est frappé de mort.

Ce triple prodige qui convertit au christianisme Brandifer et le bateleur, est sans doute une tradition populaire qui s'était conservée jusqu'au temps de Gringore. Guillaume de Nangis est le seul historien qui l'ait sommairement rapporté.

Des miracles bien autrement constatés, ce sont les prodiges de valeur que fit éclater Saint-Louis à Mansoura, et l'ascendant qu'il sut garder sur ses terribles vainqueurs, jusque dans les fers où l'avait fait tomber un enchaînement de malheurs inouïs. C'est à cette situation intéressante que passe aussitôt le vieil auteur, sans mentionner même le sort funeste du comte d'Artois, avant-coureur de tant de désastres. Les *amiraux* (les chefs ennemis) consentent à mettre en liberté Louis et les siens, à des conditions dont la douceur peut étonner. Louis les accepte, et promet simplement de les exécuter. Un des amiraux lui dit :

>Mais tu nous jureras icy,
>Devant toute la seigneurie,
>Que tu regnyes le filz Marie,
>Se tu ne nous tiens ta promesse.
>LE ROY.
>Je n'en feray rien. C'est simplesse :
>Dire que de bouche ou de cueur
>Je regnye Dieu, mon créateur ;
>Jamais cela ne passeray,
>Jamais je ne le regniray !

Un personnage allégorique, que nous avons vu en Europe, traitant si mal l'Église, et qui n'a pas eu beaucoup de chemin pour se faire Turc, Oultraige, entendant les amiraux se plaindre que Louis leur *réponde trop fièrement*, lui dit :

>Se n'accordez tout maintenant
>Aux admiraulx, je t'occiray ;
>Par pièces te deppeceray :
>Nulli n'y soroit contredire.
>   LE ROY.
>De mon corps, tu le peulx occire ;
>Mais l'âme, qui est immortelle,
>Ne sera mise en ta tutele (1).

Un des amiraux, qui s'est persuadé que tant de vertus et de noblesse pouvaient s'inoculer par une simple opération de chevalerie, dit au Roi :

>Je vueil que je soys de ta main
>Chevallier : Roy francoys, je prie
>Que ay l'ordre chevallerie
>De par toy.
>   LE ROY.
>   Voulontiers l'auras,
>Pourvu que te baptiseras.
>. . . . . . . Soyes Chrestien :
>Je te donneray plus de bien
>En mon royaulme que tu n'as.
>   LES ADMIRAULX.
>Par Mahommet ! je ne vueil pas
>Estre Chrestien.
>   LE ROY.
>   De par moy
>Ne seras donc point, par ma foy,
>Fait chevallier.

Voilà bien le plus fier Chrétien que nous

---

(1) Mais le cœur d'Émilie est hors de ton pouvoir.
CORNEILLE, *Cinna*.

vîmes jamais, disait un de ses ennemis étonnés. Et qu'on n'oublie pas la position où se trouvait le roi de France quand il gardait ainsi son caractère, et qu'il donnait du nôtre une si haute idée aux Musulmans. L'auteur n'avait pas besoin de le faire menacer par un personnage fictif. De vrais Turcs, ulcérés par leurs pertes, étaient là, tenant sur la gorge du prisonnier-roi le glaive suspendu.

Je retrouve cette scène historique dans une tragédie latine du père Baudory, intitulée *S. Ludovicus in vinculis*, et imprimée en 1750. Cet ouvrage remarquable fut joué cinq ans après, au collége des Jésuites, à Valenciennes, à une distribution de prix, dont j'ai sous les yeux le programme, imprimé dans cette ville, chez J. B. Henry, 1755.

Parmi les dramatistes français qui, depuis, ont traité le même sujet, M. N. Lemercier a fait ressortir, dans le dialogue suivant entre le soudan d'Égypte et Saint-Louis, la grande distinction qui sépare les deux religions : d'un côté, la force brutale, ou la chair, Mahomet; de l'autre, l'esprit ou le Christ :

L'un, de tous ses rivaux fut l'exterminateur.
— L'autre, des affligés le doux consolateur.
— L'un promet à nos sens d'éternelles délices.
— L'autre ravit notre âme à d'éternels supplices.
— Il nous cache la mort, s'il ne peut nous sauver.
— Il nous montre la mort, et nous la fait braver.

— Il fait les rois du monde.—Aux cieux il nous couronne.
— Il commande.—Il conseille.—Il punit.—Il pardonne.

Louis, mis en liberté avec ses prélats et ses chevaliers, leur propose de visiter à pied les lieux saints. Ils y consentent. Suivons-les, en laissant de côté les scènes étrangères où l'auteur nous distrait, comme pour donner à nos bons pélerins le temps de cheminer. Les voilà arrivés devant Cana. Arrêtons-nous à cette première station, où Jésus fit son premier miracle.

LES PRÉLATZ.
Sire, réjouyr vous devez,
Car tant avez fait de chemin
Que au lieu où Dieu fist d'eau vin
Estes arrivé aujourd'huy.

LE ROY.
J'en loue et remercie celuy
Qui tout scait, tout congnoist et peult.

CHEVALLERIE.
Tout le cueur au ventre me meuft
De la joye que j'ay d'y estre.

C'est en effet, comme nous le voyons dans Joinville, le sentiment qu'éprouvaient les Chrétiens en visitant ces lieux, objets de tant de souvenirs.

Hommage aux voyageurs, aux écrivains illustres qui, de nos jours surtout, ont réveillé en nous ces hauts sentimens!

Les prélats montrent à Louis d'autres lieux encore, avant d'y arriver :

Velà la montagne Tabor
Où la transfiguracion
Fut de Jhésus.

LE ROY LOYS.
Devocion
Devons avoir à ce saint lieu,
Quant Jésucrist, le filz de Dieu,
Y monstra sa divinité
Aux apostres et aux prophettes.

Les derniers malheurs ne tardent pas de frapper le saint Roi. Il apprend successivement que les Anglais menacent d'envahir la Normandie; que la régente, sa mère, l'illustre Blanche, si digne de gouverner la France en son absence, est morte; qu'enfin les Turcs, aussitôt son départ, au lieu de rendre à la liberté, suivant les conventions, les prisonniers chrétiens, les retiennent, et exercent sur eux les traitemens les plus barbares. Quelle est la douleur du bon Roi de ne pouvoir aller aussitôt les secourir, de se voir forcé d'ajourner ses projets sur l'Orient, et de se rembarquer pour la France!

Quelque fermeté que la reine Blanche eût mise dans le gouvernement du royaume, elle n'avait pu empêcher tous les excès. Outre ces bandes de vagabonds qui, sous le nom de *pastoureaux* et sous le prétexte d'aller au secours du Roi, rançonnaient les campagnes, d'autres mauvais sujets exerçaient dans les villes toutes sortes de vexations sur le peuple, et trouvaient dans la véna-

lité de la justice l'impunité de leurs méfaits. Un pouvoir exorbitant était délégué au prévôt de Paris, et malheureusement, comme l'observe Joinville, « la prévosté estoit lors vendue....; et
« quant il avenoit que aucuns l'avoit achetée, si
« soustenoit leurs enfans et leurs neveus en leurs
« outrages (*en leurs excès*); car les jouvenciaus
« avoient fiance en leurs parens et en leurs amys
« qui la prévosté tenoient.... Le Roy fist enquerre
« par tout le royaume et par tout le pays où il
« pourroit trouver homme qui feist bonne et
« roide justice, et qui n'espargnât pas plus le riche
« homme que le povre. Si li fu enditié (*indiqué*)
« Estienne Boilyaue, lequel maintint et garda si
« la prévosté, que nul mal faicteur n'osa demou-
« rer à Paris qui tantost ne feust pendu ou des-
« truit; ne parent, ne lignage, ne or, ne argent
« ne le pot garantir. »

Nicolas Boileau, *grand-prévôt* du Parnasse, sous Louis XIV, et l'effroi des mauvais auteurs, descendait de cet Étienne dont nous allons voir deux actes d'une *roide justice*, bien conformes aux derniers mots de Joinville, mais qu'aucun ancien chroniqueur n'a cités. Se trouvent-ils dans un manuscrit inédit d'Étienne Boileau, mentionné dans le VIe vol. de l'*Histoire Moderne* de M. Guizot? C'est ce que je n'ai pu vérifier.

De quelque manière que Gringore ait eu connaissance de ces faits, il va nous les exposer avec tous les caractères de la vérité qui distinguent son ouvrage et qui doivent le rendre extrêmement précieux.

Une veuve, encore jeune, a un fils que, malgré tous ses écarts, il faut aimer *trop plus*, dit-elle (1). A peine ose-t-elle ainsi se plaindre à lui de ses chagrins:

> Toutes les foys que me recorde
> Des maulx que tu me fais, mon filz,
> Mes membres sont tous desconfis...
> A suyvre folle compaignye,
> Cuyde-tu qu'il t'en prenne bien?

LE FILZ.

> Paix, paix! vous n'y entendez rien.
> Voullez-vous que bigot je soye,
> Et que le monde point ne voie?
> Pardieu! vous la me baillez belle!
> Tenir me voullez en tutelle,
> Pour ce que vous estes ma mère.

L'auteur peint ici fort bien un de ces *enfans sans souci* qu'il n'avait que trop vus, quand il était des leurs. Tous ces vers sont pleins de naturel (littérairement), et le plus comique est jeté le dernier.

(1) *Trop plus* exprime bien l'excès d'un sentiment où la mesure est de n'en pas avoir, où il faut aimer *trop* pour aimer *assez*, soit dit en langage d'amant, de mère, et aussi d'enfant gâté (je demande pardon aux dames du rapprochement) : un de ces petits gourmands, déjà gorgé de bonbons, s'écriait : « *J'en veux encore, moi! — Et combien en veux-tu? — J'en veux* TROP, *là!* » C'est le mot de toutes les passions.

LA MÈRE.
Tu as jà la part de ton père
Mangée....

J'ai connu un de ces vauriens qui n'avait rien appris et ne voulait rien faire. Il avait pourtant arrangé, en variations, *les commandemens de Dieu* :

Tes père et mère voleras,
Afin de vivre honnêtement,

disait-il, et il le faisait. Poursuivons :

Tu hantes ruffiens et paillars,
Pippeurs et joueurs de hazars
Où il n'y a sens, ne raison.
Je t'ai racheté de prison
Par plusieurs foys.

On vous tirait donc aussi de prison, moyennant finance. Le bon temps!... pour messieurs les *ribauds*.

LE FILZ.
Le dyable y ait part!
Tousjours me tencez tost et tart,
Ainsi qu'on feroit d'un novice.

LA MÈRE.
Si tu es repris de justice,
Je mourray de dueil, par mon âme.

LE FILZ.
Maugré en ait bien de la femme!

Elle finit par lui dire qu'elle craint qu'il ne fasse avec les gens qu'il hante *quelque tour vilain*.

LE FILZ.
Eh! le prévost est mon parrain;
Cela me met hors de soucy.

Voilà des vers de situation! Toute la moralité de l'épisode est là.

LA MÈRE.

C'est ton parrain, il est ainsy ;
Mais tu ne fais pas comme luy.

LE FILZ.

Comment! vous ne *cessastez* huy (1)
De me rompre l'entendement...
Taisez-vous : je suis assez grant
Pour faire ce que j'ai affaire.
Je m'en voys. Vous avez beau braire,
Je feray comme je l'entends.
Pourquoy ne passeray-je temps
Comme les aultres? Je m'en voys.

(Icy s'en va.)

LA MÈRE.

Je ne scay pas que j'en feray.
Par devers le prévost yray,
Mon compère Estienne Boyleau,
Car j'ay espoir que bien et beau
Le corrigera de parolle.
Je l'ayme tant, que j'en suys folle !

Voilà pourquoi il la traite si bien ! Enfant gâté, enfant ingrat. Si, quand il était jeune, elle lui eût dit, comme Blanche à son fils : *J'aime mieux te voir mort que coupable....* Mais laissons parler le prévôt, à qui la pauvre mère est allée faire ses doléances :

ESTIENNE.

Certes, ma commère, m'amye,
Ce n'est que par vostre simplesse.

---

(1) Cet augmentatif de *cesser* nous semble ici bien remarquable.

Vous l'avez durant sa jeunesse
Mal corrigé, et maintenant
Qu'il est beau filz, puissant et grant....
Envoyez lay par devers moy,
Et je vous prometz, par ma foy,
Commère, je feray si bien,
Qu'il ne vous robera plus rien.
   LA MÈRE.
A Dieu vous commands, mon compère.
   ESTIENNE.
A Dieu soyez.

Changement de scène et de ton :
   LE FILZ.
 Le dyable y ait part !
Aux ribaudes et au hazart
Tout ce qu'avoys est despendu (*dépensé*);
Mais je n'en suys guère esperdu,
Car ma mère m'en baillera...
Vueille ou non... il le fault.
Tantost luy donneray l'assault,
Car d'or et d'argent je n'ay point.
   LA MÈRE.
Mon filz est venu tout à point
Pour l'envoyer vers mon compère.
   LE FILZ.
Il me fault de l'argent, ma mère.

A cet exorde *ex abrupto*, la pauvre femme s'écrie qu'elle n'en a point.—*Empruntez*, répond-il, et il part de là pour vanter les délices que lui et ses *bons compagnons* se procurent :

  A gaudir nous baignons (1),
 Et faisons mille bonnes chères,

(1) *Se baigner*, pour *se plaire à*, est un mot plein de poésie, qui va bien à cet enfant gâté, plongé dans les plaisirs.

> Et n'y a choses tant soient chères
> Qu'on n'ait par argent. Sans doubtance,
> Passer temps vueil, vivre à plaisance,
> Tandis que je suys en jeunesse;
> Et mais que je vienne en vieillesse,
> Je prendray travail et soucy.

Voilà le libertin de tous les temps, l'homme d'Horace qui attend, pour passer la rivière, que l'eau soit écoulée. T. Corneille fait dire à D. Juan :

> Encor vingt ou trente ans des plaisirs les plus doux,
> Toujours en joie! et puis nous penserons à nous.

Et il n'a pas plus le temps d'y penser que notre jeune libertin de réparer ses torts. Sa mère, sans savoir à quoi elle l'expose, l'envoie chez le prévôt, sous prétexte de lui emprunter dix écus.

LE FILZ.
> Mon parrain a assez de quoy
> Prester argent, je m'y envoys.
> Je gaudiray à ceste foys!

Encore un vers de situation, quand on connaît le dénouement.

Le jeune fou entre chez le prévôt, et lui dit avec une naïveté d'impudence qui est très comique :

> Dieu vous tienne en prospérité,
> Monsieur mon parrain.

ESTIENNE.
> Mon filleul,
> Que dictes-vous? scavoir le vueil...

LE FILZ.
> Ma mère vous prie que sur gaige
> Luy prestez dix escus.

ESTIENNE.
                    Pourquoy faire?
Esse chose si nécessaire?
Quelqu'un la veut-il travailler?
        LE FILZ.
Mon parrain, c'est pour me bailler :
La vérité vous en devize.
        ESTIENNE.
Menez-vous quelque marchandise?
        LE FILZ.
Nenny, c'est pour passer le temps.
        ESTIENNE.
A ce que je voy et entends,
Vous êtes ung mauvais garçon...
Mon filleul, gardez la maison,
Et besongnez, vous ferez bien ;
Car vous ne povez gaigner rien
A hanter ung tas de paillars,
Pippeurs, macqueraulx et pillars,
Dont il ne peult nul bien venir.
        LE FILZ.
Je ne m'en scauroie tenir.

Le parrain continue ses remontrances, auxquelles le filleul fait toujours même réponse. Il aime, lui, *les bons compagnons. Chacun son goût et son opinion. Et puis il ne saurait les quitter.*

        ESTIENNE.
Vous ne scauriez? Ha! non? non?
Je vous prometz que sy ferez.
Par ma foy, vous les lesserez,
Vueillez ou non ; et vous prometz
Qu'avec eulx vous n'yrez jamais ;
Et sy ne despendrez les biens
Vostre mère, puys que vous tiens
Pour ce jour d'uy dessoubz ma main.

LE FILZ.

Je vous cryé mercy, mon parrain...
ESTIENNE.

. . . . . . A vostre conscience.
Je vous condampne par sentence
D'estre ennuyt au gibet pendu
Et estranglé. Au résidu,
Bourreau, prenez ce mignon tost.
LE BOURREAU.

Fait sera, monsieur le Prévost :
Subget suys, obéir vous doy.
ESTIENNE.

Ostez lay hors de devant moy.
LE FILZ.

Hélas, hélas! miséricorde!
LE BOURREAU.

Vecy une assez grosse corde
Pour vous lier bien serrement.
LE VARLET.

Il y a desjà longuement
Que ne gaignasmes nulz deniers.
LE BOURREAU.

Quand les prévostz estoient fermiers,
Mon varlet, vous devez entendre
Que jamais ils ne faisoient pendre
Les gens, se n'estoit par la bourse.

Ils sortent avec le patient.

Dans l'autre scène, un fripon, convaincu d'avoir nié un dépôt de cent écus, en promet trente, comme une chose toute naturelle, au prévôt, qui est son compère, s'il veut l'absoudre et faire en sorte que les cent écus lui restent. Le prévôt, sans lui répondre, montant sur son tribunal, condamne le coquin au gibet. *Mon compère!* s'écrie celui-ci.

ESTIENNE.
De rien n'y sert le compairage.
Puisque suys commis en l'office
Où il fault que face justice,
Je la feray, sans plus attendre,
Au grant, au petit et au mandre,
Car le bon Roy le veult ainsy.

Le Populaire, qui entend ces arrêts, se félicite de pouvoir désormais échapper aux coquins et vaquer à ses affaires.

Cette justice expéditive peut nous paraître bien turque. Elle était dans les mœurs et les nécessités du temps. Pouvait-on punir trop sévèrement, par exemple, un Enguerrand de Coucy, dont l'histoire nous rapporte une atrocité que nous allons voir exposée dans Gringore avec des détails, la plupart inconnus.

Chez un bon abbé de Saint-Nicolas, près de Laon, se trouvaient trois enfans de la Flandre sur l'âge desquels les historiens ne sont pas d'accord. Le confesseur de la reine Marguerite, femme de Saint-Louis, les qualifie *nobles jouvenciaux*, et Joinville *nobles enfans*. Gringore, dont l'opinion se rapproche tout-à-fait de celles-ci, ne donne au plus âgé que quatorze ans. Le langage qu'il leur prête, ainsi qu'à leur mentor, est, comme nous l'allons voir, plein de charme.

A l'ouverture de la scène, l'abbé de Saint-Nicolas, entrant chez ses élèves, leur dit :

Or çà, mes gentilz escuiers,

Aprenez-vous bien le langaige
De France?

PREMIER.

De très bon couraige,
Père abbé, taschons de l'apprendre.

Il leur promet, s'ils étudient bien, qu'ils iront jouer en la forêt. — « En la forest! *s'écrie le second.* Chasserons aux petits connins! (*lapins*). »

Dans une scène suivante, deux gardes forestiers nous apprennent combien le seigneur de Coucy, maître de la forêt, est jaloux de ses droits de chasse et terrible envers ceux qui oseraient y porter la plus légère atteinte. Il vient de leur donner l'ordre d'arrêter le premier délinquant, car *il faut des exemples.* Mais revenons à l'abbaye de Saint-Nicolas et aux pauvres enfans.

L'abbé, après s'être félicité de la douceur et de la gentillesse de ses élèves, leur dit qu'ils ont assez étudié, et qu'ils peuvent aller *s'esbattre* en la forêt.

Avec quelle joie naïve ils reçoivent cette permission, s'arment de leurs petits arcs, et s'en vont *triomphans!* suivant l'expression de l'abbé. La vie est à cet âge si légère, l'air et le ciel si doux, la terre si riante! *On voudrait s'emparer de toute la nature,* comme le dit Marie Stuart sortant de sa prison.

Emportés par leur âge, les trois jolis chasseurs passent de la forêt de Saint-Nicolas dans celle de Coucy, contiguë, et s'arrêtent sous un couvert touffu, où l'on voit encore aujourd'hui, dit M. Ernest de Lépinois (*Histoire* inédite *de Coucy*), une antique pierre surmontée d'une croix, élevée en leur mémoire.

Assistons au dernier moment de bonheur qui reste à ces infortunés.

PREMIER.
Ces arbres sont beaulx!
Et puys le doulx chant des oyseaulx
Nous resjouissent à merveilles.

DEUXIÈME.
Nous voyons choses nompareilles
En ce boys.

Malheureux enfans ! quittez-le ce bois, fuyez au plus tôt ! Vous ignorez combien est vrai le vers menaçant, que tout à l'heure encore peut-être vous expliquait le bon abbé :

Fugite hinc, ó pueri! latet anguis in herbá.

Un monstre est caché sous ces fleurs. Ces arbres qui vous semblent si beaux seront les instrumens de votre supplice, et ces lieux de bonheur votre tombe.

Les pauvres enfans voyant près d'eux un *connin*, lui décochent leurs flèches, croient l'avoir atteint, et le poursuivent en poussant des cris de joie. Les gardes, à l'affût, les saisissent, et comme ils se débattent, Enguerrand arrive.

MESSIRE ENGUERRAN.

Qu'esse que ces paillars ont fait,
Forestiers ?

LE PREMIER (*forestier*).

Monseigneur, ils chassoient
En vostre boys, et pourchassoient
Le gibier parmi ses buissons.

MESSIRE ENGUERRAN.

Ha traistres ! ha paillars garçons !...
En ma forest ! Je regny Dieu
Se jamais partez de ce lieu.

Pendant qu'il se livre à son brutal transport, deux hommes traversent la forêt. Il leur crie, leur demande ce qu'ils sont, où ils vont. — Nous allons à Laon, disent-ils. — Et votre métier ?

— Pardonnez-moy ; de mon office
Suys exécuteur de justice.
Monseigneur, je ne vous mentz point.

MESSIRE.

Tu es venu aussi à point,
Le sangbieu ! que (*si*) t'avois mandé.

LE BOURREAU.

Ce qui me sera commandé
J'acompliray.

MESSIRE ENGUERRAN.

Pren ces paillars,
Traistres, larrons, pendars, pillars,
Et à cest arbre me les pends.

LE BOURREAU.

C'est assez dit, je vous entends.
(Icy prent le premier.)
Çà, venez.

PREMIER.

Que voullez-vous faire !

LE BOURREAU.

Je vous vueil, pour le faire court,
En ce bel arbre, hault et court,
Estrangler, les aultres aussi
Qui sont avec vous.

PREMIER.

Qu'esse cy,
Jésus! et dont vient cest oultraige?
Nous n'avons fait aucun dommaige
En vostre forest.

LE BOURREAU.

Il vous fault,
Pour passer temps, monter là-hault.

Le second, ne soupçonnant pas qu'un même sort l'attend, se dit à lui-même :

Hélas! et fault-il que je voye
Mourir si généreux enfant!

LE VARLET (*du bourreau*).

Vous en aurez tanstost (*aussitôt*) autant;
Et si estes bel et mignon.

LE BOURREAU.

Aussy aura son compagnon,
Car il m'est commandé.

TROISIÈME.

Hélas!
On nous vent bien cher le soulas
Qu'en ce boys avons voulu prendre.

LE PREMIER.

Mes compagnons, il fault entendre
Que vecy la fin de nos jours.
Nul ne nous peult faire secours,
Mourir fault, sans nulz contreditz.
Je pry Dieu qu'en son paradis
Au jour d'uy le voyons tous troys.
Adieu, mes amis.

(Yci le gette le bourreau.)

LE BOURREAU.

    Hault le boys,
En velà jà ung despêché.
   LE VARLET.
Il n'a guère loug-temps presché,
Mon maistre.
   LE BOURREAU *prent le deuxième.*
    Au plus près de luy
Serez ataché au jour d'uy,
Car vous estes enfant de sorte.
   DEUXIÈME *monte.*
En Jesucrist me réconforte,
En luy seul est mon espérance.
Hélas! hélas! nostre plaisance
Est montée en dueil et courroux.
   TROISIÈME.
Ha! beau cousin, que ferons-nous?
Mourir nous fault cruellement,
Et le porter paciamment,
Mon amy.
   DEUXIÈME.
    Hélas! que diront
Noz nobles parens, quant sauront
Nostre mort très dure et amère.
   TROISIÈME.
Je plains mon père.
   DEUXIÈME.
    Et moy ma mère....
   MESS. ENGUERRAN.
Meshuy despêche lay paillart.
   LE BOURREAU *le gette.*
Regardez se je suis fetart;
Le velà despêché soubdain.
L'autre.
   LE VARLET.
    Je le tiens par la main,
Tout aussy comme une espousée.

Il est tendre comme rosée,
Le jeune enfant.

Il plaisante, le misérable ! Les tigres jouent avec leur proie.

LE BOURREAU (*à son varlet*).
Tay toy ; tay toy....
(A l'enfant.)
Mon amy, montez après moy,
Et pensez à Dieu.
(Icy l'atache.)
DEUXIÈME.
A grant tort
Nous faictes endurer la mort ;
Mais force est prendre en pacience.
Nostre bon père abbé ne pense....
Sans avoir aucun mal commis,
Tous troys sommes à la mort mis
Par ung homme plain de malice !
Las ! où est droit, où est justice,
Où est amour, fraternité,
Où est pitié et charité ?
Il ne les fault plus ycy querre.
LE BOURREAU *le gette*.
Despêché est ; sans plus enquerre :
Il nous faisoit trop long sermon.

Enguerrand, qui s'est tu pendant toute l'exécution, dit, en donnant un *pour-boire* au bourreau :

Velà le vin du compagnon.

Quelle scène de douleur et d'horreur ! A quel point de férocité l'ignorance et des habitudes brutales ont-elles pu conduire un despote jaloux de ses droits ! Des droits ! il croyait, dans son stupide orgueil, en avoir sur la vie des hommes, et pouvoir les traiter comme ces animaux en butte à ses plaisirs barbares. Cette opinion, si répandue avant que les maximes de l'Évangile eussent changé les mœurs, avait trop familiarisé l'homme avec le sang. De là, jusque sur l'échafaud, ces plaisanteries qui aujourd'hui nous révolteraient, et qu'on ne pardonnerait plus même aux bourreaux. Ce mélange d'horreur et de gaîté, trop fréquent dans les œuvres du moyen âge, on dirait que nos pères s'y complaisaient, car ces scènes sont ordinairement traitées avec soin. Mais je n'en connais aucune dont le dialogue soit plus profondément naturel, aucune non plus qui offre à la peinture, comme à la poésie, de plus frappans contrastes.

Voyez cette épouvantable figure, ce valet du bourreau, tenant le jeune enfant *comme une espousée*, et, dans son langage de cannibale, le trouvant déjà *tendre comme rosée*. Shakespeare n'a rien de plus fort.

De même que, suivant l'observation de Buffon, dans son parallèle du Lion et du Tigre, le premier, même dans un mauvais genre, est souvent le meilleur, tandis que le second est cruel bassement et sans nécessité ; ainsi le bourreau et son valet ont des nuances qui les distinguent : le premier, quoiqu'il n'ait du lion que son habitude du sang, semble toutefois moins méchant, surtout lorsqu'il impose silence à ce bas coquin, et quand, se retournant vers le petit martyr qu'il va immoler, il lui dit presque avec douceur de *penser à Dieu*. Il est vrai qu'il n'y pense pas, lui, pour lui-même : il croit apparemment n'en avoir pas besoin, non plus qu'Enguerrand, qui est là, qui l'entend, et que n'éclaire pas ce mot lumineux, dont l'auteur lui-même n'a pas vu la portée peut-être.

On n'oubliera pas dans ce douloureux tableau, car il sera fait et par un grand artiste, l'attendrissement, les regrets que les deux gardes expriment à part, en voyant les victimes de leur indiscrète fidélité.

> Ils estoient (*dit l'un*) les plus gracieux
> Que je véisse onc en ma vie.
> — Je vous promet z (*ajoute l'autre*) et certiffie
> Que l'abbé ne s'en tera pas.

Il entre, ce pauvre abbé, cherchant ses enfans. Quel spectacle ! Et quelle scène, si le poète ou l'orateur était à la hauteur de son sujet, quand l'homme de Dieu dénonce au Roi le crime d'Enguerrand. Louis, saisi d'horreur, a peine à croire à tant de scélératesse. Il se fait répéter les faits par l'abbé, qui lui dit :

> Il les a faict livrer à mort
> Tous troys. Le plus viel des enffans
> N'avoyt qu'environ xiiii ans.

Le Roi ayant demandé quelle est leur famille, l'abbé répond :

> L'un est cousin, il est commun
> A messire Gilles de Brun,
> Vostre connestable de France.
> Les autres, n'en faictes doubtance,
> Ne sont pas de moindre lignie.

Demeuré avec Bonconseil, le Roi dit :

> Quand au villain meffaict je pense
> Du seigneur de Coucy, j'en suis
> Si courroucé, que plus n'en puis,
> Et feray à justice tort,
> S'il ne meurt de pareille mort
> Qu'il a faict les enfans mourir.

Quoique l'autorité royale, combattue par celle des grands, fût loin d'être alors ce qu'elle a été depuis, le Roi fait emprisonner Euguerrand dans la tour du Louvre et le cite à son tribunal. Enguerrand réclame le droit d'être jugé par les pairs de France. Il comparaît devant cette assemblée, présidée par le Roi. Mais la plupart des juges, à commencer par le Roi même, sont parens ou alliés de l'accusé. Ils se récusent et se retirent, à l'exception du Roi, qui, resté presque seul sur son siége avec un petit nombre de conseillers, n'en persiste pas moins à vouloir prononcer contre le coupable la peine du talion. On intercède : dans l'histoire, ce sont les grands, les chevaliers. L'auteur du drame, pour ne pas multiplier les acteurs, ce qui pourtant ici était nécessaire, ne fait intervenir qu'un personnage que nous avons déjà vu; c'est Chevalerie, qui dit au Roi :

> Hellas ! sire,
> Ne vous plaise pas esconduire
> Vostre noble chevallerie.
> Plaise vous luy saulver la vie ;
> Et il paiera amande telle
> Qu'il vous plaira.

Après qu'Enguerrand abattu a été forcé de crier merci, le Roi prononce cet arrêt, en tous points conforme à l'histoire :

> Se n'estoit que je me consens
> Beaucoup plus à miséricorde
> Qu'à justice... Si, vous recorde
> Que, pour sa vie acquiter,
> Il en payra, sans point doubter,
> Dix mille livres (1) pour l'amande.
> Et oultre plus, je lui commande
> Qu'il soit, sur peine de le pendre,
> Trois ans pour aider à deffendre
> La Terre-Saincte d'oultre mer,
> A ses despens ; car trop blasmer
> Ne le puis de ce qu'il a faict.
> Et aussi j'ordonne en effect
> Que deux chappelles on fera
> A ses dépens.

Quant à l'argent, ajoute le Roi,

> ... Je vueil que faire on en voise
> Une maison-Dieu à Pontoise...
> Aux frères mineurs une église
> A Paris.

L'arrêt suprême, auquel Bonconseil assiste, est

---

(1) 190,000 fr. de notre monnaie. Le sou d'alors en valait 19 d'aujourd'hui.

confirmé par Populaire, qui termine l'acte en bénissant la justice du Roi.

Cet Enguerrand *condamné* à défendre la Terre-Sainte, nous montre combien le zèle religieux des grands vassaux était ralenti.

Il n'en était pas de même du saint Roi, qui nourrissait le désir d'aller défendre nos colonies d'Orient et secourir les Chrétiens qui y étaient restés. De nouvelles atrocités commises sur eux par les Mameluks, et l'espoir décevant que lui donnait le roi de Tunis d'embrasser le christianisme le déterminèrent à entreprendre une seconde croisade. Chevalerie, qui représente la noblesse, est prêt à le suivre ; mais Populaire s'écrie :

> Hellas ! tout le sens me deffault
> Quant je pense à la départie
> Du bon Roy.

Quant à Bonconseil, quoiqu'il parle longuement, on ne comprend pas trop s'il approuve cette expédition. Elle a généralement été blâmée, car on juge généralement d'après le succès. Mais concevons ce que voulait Saint-Louis, et ce que nous voyons de nos jours : la mer affranchie de ses pirates, la Chrétienté de honteux tributs, nos frères de leurs chaînes, le commerce de ses entraves, et l'Orient, si long-temps courbé sous le plus avilissant despotisme, se relevant enfin, à l'aide de la croix !... Dieu en ordonna autrement.

Saint-Louis, parti pour l'Afrique, après avoir remporté sur les Sarrasins de rapides succès, est atteint, près des ruines de l'ancienne Carthage, de la cruelle maladie qui vint rompre tous ses projets et ne lui laissa que le temps de léguer, de son lit de mort, à son fils présent de hautes leçons, à tous un grand exemple. Cette situation sublime est la seule qu'offre encore l'ouvrage de Gringore, mais elle est fort bien préparée.

Dès son départ, le saint Roi, comme s'il avait un pressentiment de sa fin prochaine, semble de plus en plus détaché des honneurs de la terre. A propos du titre modeste de *Louis de Poissy* qu'il se donne, parce qu'il était né dans ce village, Chevalerie lui dit :

Que ne vous appellez-vous Roy?

Il fait cette réponse intéressante, où nous voyons que ces *rois de la fève*, sortis d'un gâteau, et venus jusqu'à nous dans leur règne éphémère, sont d'une ancienneté dont peu de dynasties approchent :

    Mon amy, je suis par ma foy
    Ainsi comme un roy de la febve
    De qui la seigneurie est bresve :
    De son royaulme un soir faict feste....
    Lendemain, il n'en est plus rien.
    Le royaulme aussi que je tien,
    Comme luy, puis perdre soudain ;
    Car nous n'avons point de demain
    Au monde.

Mot trop vrai, trop tôt réalisé, malheureusement pour la France.

Saint-Louis se sentant tout à coup défaillir, laisse tomber ces mots :

> Mon humaine fragilité
> Déchet de tous point....
> Et pour ce, vueillez tost entendre
> A préparer ung lit de cendre,
> Sur lequel je me coucheray,
> Et mon esprit à Dieu rendray.
> Considérant, sans plus enquerre,
> Que je suis venu de la terre,
> Et qu'en terre retourneray.
>   L'ÉGLISE.
> Bien, Sire, je prépareray
> Ung lit de cendre pour vous mettre.

Remarquons que cette personnification de l'Église et celle de Chevalerie ont ici quelque chose de plus solennel que ne l'eussent été un simple prêtre et un chevalier.

Après qu'on l'a couché sur un lit de cendre, Chevalerie et l'Église dépeignent ainsi, mieux que ne l'a fait Nangis lui-même, l'attitude du saint, à son dernier moment :

> Le bon seigneur a les mains joinctes,
> Eslevant ses corporelz yeux
> Très humblement devers les cyeux ;
> De pitié que j'ay, je m'en pasme.
>   L'ÉGLISE.
> Il a rendu sa dévote âme
> Entre les bras du doulx Jhésus....

MYSTÈRES. 363

CHEVALLERIE.
A rendue l'âme.
L'ÉGLISE.
C'en est faict.

Philippe, présent au dernier moment de son père, donne, avec l'Église et Chevalerie, des ordres pour qu'on l'embaume et qu'on le transporte en France.

Après avoir entrevu le *grant dueil de l'ost* (*de l'armée*), suivons cette pompe sainte et funèbre, ou plutôt arrivons en France avant elle, avec la nouvelle de la mort du Roi ; nous allons entendre des regrets dont l'histoire nous a parlé :

LE POPULLAIRE.
Ha le bon roy !
Il a observé la justice,
Il a soutenu la police
Honnestement, selon la loy,
Droit et raison.

BONCONSEIL.
Ha le bon roy !
Toute l'Église millitante
A esté docte et florissante,
Paisible, vivant à requoy
Durant son temps.

LE POPULLAIRE.
Ha le bon roy !
Il supportoit bourgoys, marchans,
Mesmes les laboureurs des champs,
Pugnissant gens plains de desroy,
Pillars, larrons.

BONCONSEIL.
Ha le bon roy !

Simples, ygnorans supportoit,
Pauvres, mendians confortoit,
Observant de Jhésus la foy,
Redoubtant Dieu.
LE POPULLAIRE.
Ha le bon roy !

Ce dernier vers résume bien cette oraison naïve.

Avec quelles larmes, quels applaudissemens ou quel douloureux silence étaient-ils entendus ces mots, dont on fit peut-être à Louis XII, quand il mourut, une glorieuse application !

Nous ne pouvons mieux terminer ce drame, où l'histoire est si bien suivie, et dont malheureusement nous avons dû passer plusieurs scènes trop faiblement traitées. Il en est une que nous ne regrettons pas, c'est celle où, d'après l'arrêt porté par Louis IX, on marque d'un fer rouge les lèvres d'un homme qui a blasphémé. Cette justice barbare appartient plus au temps qu'à Saint-Louis, et heureusement la scène est fort mal faite ! Nous la laissons pour nous occuper de la fameuse moralité des *Blasphémateurs*, dont le but semble avoir été de suppléer à l'insuffisance des lois de Philippe-Auguste et de Saint-Louis contre les gens convaincus de blasphème.

CHAPITRE X.

MORALITÉS.

Les Blasphémateurs, etc.

Le mépris seul, ou le ridicule devait, mieux que les lois, faire justice du travers des *Blasphémateurs*. Aussi, pouvait-on regretter cet ouvrage, dont on ne connaissait, d'après Duverdier, que le titre, lorsqu'un curé de Normandie en découvrit, chez un marchand de ferrailles à Rouen, un exemplaire, qu'il acheta vingt sous, et que la Bibliothèque Royale a racheté huit cents francs en 1818. Cet exemplaire, sans date, le seul qui existât peut-être, est sorti des presses de Pierre Sergent, qui imprimait à Paris de 1531 à 1540. Réimprimé en 1820 *à très petit nombre*, par la Société des Bibliophiles, il l'a été de nouveau en 1831, mais à *quatre-vingt-dix exemplaires*, dont l'exécution ne fait pas moins d'honneur aux presses de M. Crapelet, et aux soins de M. Silvestre, qu'au goût dispendieux de M. le prince d'Essling, qui a fait tous les frais de l'édition (1).

(1) Des caractères du xvi⁰ siècle ont été fondus exprès ; et non seulement le format d'agenda et les grossières vignettes de Pierre Sergent, mais jusqu'à ses lourdes fautes d'impression, traitées comme celles du manuscrit le plus précieux, tout a été

Pour que rien ne manquât au succès des *Blasphémateurs*, le savant Dibdin, un Anglais! en a fait le plus pompeux éloge, dans son *Voyage bibliographique, archéologique et pittoresque*, traduit en français par MM. Licquet et Crapelet (Paris, 1825). Notre bienveillant voisin cite même, de la pièce française, des vers, qui ne sont pas les meilleurs, et qu'il admire outre mesure... Ne nous plaignons pas, et venons à l'ouvrage.

Dans un prologue assez emphatique, mais précieux en ce qu'on nous y montre sur leurs *estals* les personnages qui doivent jouer, *l'acteur* ou meneur du jeu s'exprime ainsi :

>Nostre intendit et vouloir principal
>Est de monstrer à tous humains pécheurs
>L'iniquité icy en général
>Que font vers Dieu les faulx blasphémateurs.

Ici un lourd sermon de cinquante vers.

>Se je suis long et prolixe en langaiges,
>Je seray brief, de peur qu'il vous ennuye,
>En devisant le nom des personnaiges.

reproduit avec une fidélité qui a dû coûter à des typographes aussi élégans que corrects, mais où plusieurs de leurs confrères se seraient trouvés fort à l'aise. L'édition de 1820, moins exactement fautive, sera moins recherchée. Quand un jour l'amateur de vieilles choses tombera sur un exemplaire de l'édition Silvestre, il pourra s'écrier, dans la joie de son âme :

>Oui, c'est la bonne édition !
>Voilà bien, pages quinze et seize,
>Les deux fautes d'impression
>Qui ne sont pas dans la mauvaise !

> Vous povez voir là sus en ces estaiges
> La déité souveraine et divine....
> Il convient bien que je vous détermine
> De ces trois-cy le nom et le raport :
> Voicy Guerre et cy près lui Famine,
> Et cest aultre-cy s'appelle la Mort.
> Ce gallant-là qui porte si hault port
> Ce faict nommer le grant Blasphémateur...
> Voylà Briette plaine de déshonneur.

Cette Briette est une coquine qui parle, jure, boit et se conduit comme ses amans. Les autres blasphémateurs sont désignés sous les noms de l'Injuriateur, son Fils, le Négateur et le Renieur. Ce dernier ne se borne pas à renier Dieu en paroles, comme Henri IV, qui, à la prière du père Coton, son confesseur, remplaça le malheureux juron de *jarnidieu* (je renie Dieu) par celui de *jarnicoton*. L'homme qui renie Dieu avec réflexion est un malheureux insensé. Le Négateur, qui prétend qu'on ne doit rien affirmer, qui en vient à douter de tout, à douter de lui-même et de ce qu'il éprouve, est plus digne de la comédie. Quand il se plaint du tort qu'on lui a fait, des coups de bâton qu'il a reçus, et qu'on lui répond : *Dites que vous croyez avoir reçu des coups de bâton, vous ne devez rien affirmer;* ce n'est point là une bouffonnerie, mais un argument *ad hominem*, et digne du système. Voilà le comique de Molière. Son devancier ne va pas jusque là. Les différens blasphémateurs ont, à peu près, la même physionomie : ce sont souvent des impies ignobles. Pour élever l'impie jusqu'au ridicule, Molière en fait un grand seigneur, un don Juan, doué de qualités brillantes. Sans cela, il tombait au-dessous du mépris.

Notre vieil auteur lui-même a senti par momens la nécessité de relever son principal personnage. Il y a du don Juan dans son entrée en scène :

> BLASPHÉMATEUR *incipit (commence)*.
> Ung chascun a bien congnoissance
> De mon port et de ma noblesse,
> Possédant or et grant chevance
> Pour maintenir ma gentillesse.
> Je veux toujours vivre en lyesse
> En despit de tous les vivans...
>   Fy de paysans,
>   Fy de marchans,
> Au regart de ma regnommée !
>   Gentilz gallans
>   Seront fringans
> Par le sang bieu ! c'est ma pensée.
>   Puis qu'il m'agrée,
>   Toute l'année
> Je maineray jeux et esbatz ;
>   De mon espée
>   Gente et parée
> Turay villains chetifz et matz.

Il ne se soutient pas long-temps de cette manière, *vadit*, « il s'en va » dit l'auteur ; mais une autre combinaison nous le montre, dans la scène suivante, affaissé déjà par ses excès. Il est couché. Le diable vient lui conseiller de se rendre à je ne sais quelle réunion de mauvais sujets, et de jurer surtout, s'il veut avoir bon air :

> Jure la mort de ton Jésus,
> Le sang, les plaies, la passion ;
> Tes ennemys seront vaincuz
> Et te donront laudation,
> Car c'est belle opération
> De jurer Dieu à chascun poinct ;
> C'est présent la vacation
> D'ung homme qui veult estre craint.

Il n'en était pas ainsi dans le grand siècle : « Rien n'est moins selon Dieu et selon le monde, » dit Labruyère.

Le Blasphémateur suit si bien le conseil du diable, que tout en se levant, affaibli, chancelant, à chaque effort qu'il fait, un gros juron sort de sa bouche ; et c'est une idée aussi vraie qu'effrayante, de nous montrer un malheureux, le pied dans la tombe, insultant encore Dieu ! Enfin il sort, appuyé sur Briette, qu'il nomme *la belle*, et il se rend à la réunion.

Bientôt commence une longue orgie dans laquelle les blasphémateurs, y compris Briette, jurent, jouent, s'enivrent, et renouvellent sur un crucifix qui parle et qui se plaint, les injures et les barbaries exercées par les Juifs au Calvaire. Au milieu de ces effroyables détails, entremêlés de mots obscènes, que l'on ne peut citer, le libertin cassé qui nourrit encore son imagination de peintures lascives, nous rappelle ce voluptueux qui, dans un excellent tableau de Ducis, s'écrie :

> Du plaisir ! le reste est chansons ;
> Moquons-nous de nos Aristarques.
> Un seul mot dit tout : Jouissons !
> Et puis laissons filer les Parques....
> Mais hélas ! O transport si doux !
> Voix séduisante d'une belle,
> Lorsque je m'abandonne à vous,
> J'entends crier : Caron t'appelle !...

Ici ce n'est pas Caron, mais l'Église qui vient en personne, armée de textes saints, faire aux blasphémateurs des remontrances, dont ils se moquent. Elle leur annonce la mort. Un d'eux lui répond :

> Va-t'en sans demeure,
> Ta longue demeure
> Nous porte tristesse.
>
> L'ÉGLISE.
>
> Qui son péché pleure,
> Son âme il asseure
> Quant péché délaisse.
>
> LE NÉGATEUR.
>
> Vivons en lyesse (*joie*),
> La mort-Dieu ! et qu'esse
> Qu'estre loqueteux !

L'Église désolée se retire. La Mort, après plusieurs scènes inutiles, arrive, accompagnée de spectres hideux. Le Négateur est sûr de leur résister :

> De cela je ne doubte point,

dit-il. La plupart résistent, tant qu'ils peuvent, mais enfin la Mort les emporte et les livre aux démons. Les enfers, ouverts devant nous, nous laissent voir leurs âmes en proie à d'indicibles tortures. Au milieu de lamentations interminables, comme ce qu'elles expriment, le mot *jamais*, ce mot des damnés, retentissant dans le gouffre de l'éternité, vous glace :

> A jamais icy demourer!...
> Jamais d'icy ne départir !
> Jamais !...

Et jamais ne voir Dieu! c'est leur plus grand supplice.

Ces infortunés, se livrant alors à leur désespoir, maudissent leurs parens qui les *debvoient faire en Dieu croire*, se maudissent les uns les autres ; et comme si leurs tourmens n'étaient pas assez grands, Lucifer s'efforce encore de les accroître ; et pour accroître aussi l'amas de ses victimes, il crie à ses subordonnés :

> Allez tenter, maulditz truans,
> Allez tenter tous les humains ;
> Allez, allez, merdoulx truans,
> Faictes jurer Dieu et ses sainctz.
> Allez-moy quérir ces putains
> Qui sont si clauldes et si fières,
> Pour les baigner dedans noz bains,
> Et les coucher en nos littières.
> Amenez-moy ces tavernières
> Qui vendent à faulse mesure....
> Allez tenter toute nature

De pécher contre Dieu en somme....
Allez, diables, allez à Romme,
Allez à Paris et Bordeaulx,
Allez à Rouen, à tout homme,
Pour me quérir ces plaideraulx.
N'oubliez ces advocaceaulx
Qui empoignent des deux costez,
Car ilz seront, si je ne faulx,
En enfer rotiz et tostez.
Allez par le monde, et ostez
Dévotion du populaire;
Vous en avez bien les postez.
N'espargnez curé ne vicaire.

Voilà de la verve! Vous ne trouverez rien de pareil, même dans la *Condampnation de Banquet*, moralité de la même époque, dont le style est faible, mais la conception très originale.

Une bande de gens menant joyeuse vie, sous les noms de guerre de Mangeons-Tout, Lasoif, Bois-à-Vous, Sans-Eau, etc., sont traités *à bouche que veux-tu* chez le gros et splendide Banquet, qui les a reçus avec quelques dames, et Dieu sait quelles dames! L'une est la Friandise, l'autre la Gourmandise, une autre la Luxure. Tout à coup, au moment où moins ils y pensent, nos rians convives, assaillis par une troupe d'ennemis effrayans, hideux, et qui ont pour noms: Lacolique, Lagoutte, Lajaunisse, Esquinancie, Hydropisie, etc., se mettent à pousser en chorus avec leurs fidèles compagnes, des cris de possédés. Une de ces demoiselles, Gourmandise, je crois, est saisie à la gorge par Esquinancie, tandis que Luxure, sa fille (remarquons cette parenté), tombe entre les mains du terrible Lagoutte, qui la met à la torture. Bois-à-Vous, Sans-Eau, et autres *bons vivans* restent sur le carreau. Le demeurant de la bande joyeuse en est réduit à se jeter dans les bras de Sobriété, qui appelle Remède à son secours. Gros-Banquet, traduit devant Expérience, est condamné à mort. La sentence porte que Ladiète fera l'office de bourreau. Le malheureux demande à se confesser, il harangue l'assistance, tout le monde le plaint, le confesseur l'absout et Ladiète l'étrangle.

Cette pièce, qui est le développement ingénieux et bien follement sage d'une moralité ou plutôt d'un dialogue de Lachenaye sur le même sujet, existe manuscrite dans plusieurs bibliothèques publiques et particulières de Flandre. Quoique sans indication d'auteur, ni de pays, j'y trouve encore certain goût de terroir qui me ferait croire que la Flandre aussi peut la revendiquer. Ce Gros-Banquet, ce riant Bois-à-Vous, cet intrépide Lasoif portent sur eux leur certificat d'origine. Ce sont des figures telles que notre flamand Teniers, Wateau de Valenciennes et Boilly de la Bassée en ont si souvent crayonnées.

Deux autres moralités bien importantes par le sujet se trouvent dans un manuscrit anonyme et sans date de la Bibliothèque Royale (La Vall. 63). La première n'est guère qu'un dialogue entre un

Français et un Anglais, mais il est tout de caractère et de circonstance; car on ne peut douter qu'il n'ait été composé à l'époque où, sous le commandement de François de Guise, nous reprîmes Calais à l'Angleterre.

Obligé de quitter cette ville, l'Anglais entre en scène fort triste, et ne pouvant comprendre comment les Français ont pu s'en rendre maîtres :

>Yl y a plus de deulx cens ans
>Que de père en fils là-dedans
>Angloys y faisoient leur demeure.

Le Français cherche à le consoler; ce sont les chances de la guerre, lui dit-il :

>Savés-vous pas bien qu'Édouart
>Tiers y planta son estandart,
>Après un siége douze moys,
>Et qu'il en chassa les Françoys,
>Lesquels y perdirent leur bien?
>L'ANGLOYS.
>Compaignon, cela je sai bien.

La réponse est d'une excellente naïveté.

Mais quelle *moralité* y a-t-il dans ce dialogue? Oh! très élevée. C'est parce qu'ils ont abandonné leur religion, comme ils venaient de le faire, que les Anglais ont perdu leurs possessions dans le saint royaume de France. Toute la pièce aboutit à ce but. L'Anglais, dont l'orgueil paraît n'avoir pas voulu s'appuyer sur Dieu même, s'écrie :

>Nous avyons sy fortes murailles!

Le Français répond que cela contre Dieu n'est rien.

L'ANGLOYS.

Hélas! nous la gardions si bien!...

LE FRANÇOYS.

O gent par trop fière et superbe!

Cette opposition est développée dans un dialogue un peu diffus, mais où l'on peut remarquer cette conclusion dans la bouche du Français :

>Malureux donq l'homme
>Qui se fye en somme
>Au bras de la chair!
>Heureux se doibt dire
>Qui de Dieu désire
>Son secours chercher!

Cette petite pièce est d'un grand prix, comme monument historique, mais elle eût mieux encore mérité son titre de *moralité*, si, mettant en opposition deux grands peuples faits pour s'estimer, l'auteur leur eût plus expressément rappelé que, malgré des humeurs, des croyances contraires, et des intérêts même, ils se doivent aimer enfin : tous les hommes sont frères.

La seconde de ces pièces est l'ancienne fable *des Membres et l'Estomac* que Ménénius racontait au peuple romain, pour lui montrer qu'il était de son intérêt de rester uni au sénat. L'auteur anonyme du drame a pour but, lui, de faire sentir aux communions séparées de Rome que, privées du chef universel dont l'autorité les guidait, elles doivent *flotter à tous vents de doctrine*, comme dit Bossuet, et périr dans leur foi. Telle est la *moralité* résumée dans ces rimes :

> Nous sommes tous membres, branches ausy.
> Crist nostre corps et tronce par ainsy
> Nous joinct en luy, pour nous fruict produyra,
> Ou aultrement en douleur et soulcy
> Membre du corps divisé périra.

Cet ouvrage n'était pas joué sans doute, car nous ne voyons pas comment on aurait pu faire agir et parler le Chef, le Cœur, les Jambes et le Ventre. L'emploi du dialogue était alors poussé fort loin. M. Silvestre vient de me communiquer, dans un encadrement sous verre, l'échantillon d'une farce dont on a récemment découvert le premier feuillet sous le parchemin d'un vieux livre, avec les noms des *personnages* ; ce sont : Formage, Farine, Petit-Tournois et Tartelette. On ne dit pas où se passait la scène, ni comment agissaient tous ces bons comestibles. C'est ce que nous apprendrons peut-être quelque jour, par la découverte d'un autre feuillet.

Dans le manuscrit cité plus haut (La Vall. 63) se trouve une moralité, intitulée : *Tout-le-Monde*. C'est un personnage allégorique. Voici le portrait qu'en fait un de ses interlocuteurs :

> Ausy souvent que le vent vente,
> Du Monde le cerveau s'esvente ;
> Parfoys est dur, parfoys est mol ;
> Sans aelles souvent prent son vol,

Sans yeulx veult voir chose latente :
Dont concludz, la chose est patente,
Qu'aujourd'huy Tout-le-Monde est fol.

Mais cet inconséquent qu'on méprise, inconséquence étrange ! on cherche à lui plaire, à se modeler sur lui ! « On ne peut faire autrement, dit-on. *Il faut être comme Tout-le-Monde.* — Mais ce Tout-le-Monde, cet être inexplicable, qu'on ne peut éviter, ni choquer impunément, où est-il ? où le rencontrer ? » Un des interlocuteurs l'appelle :

Hau, Tout-le-Monde ! es-tu là-bas ?
Amont, hau ! Tout-le-Monde, amont !
   TOUT-LE-MONDE.
D'où vient cela que ses gens m'ont
Sy afecté, que voulés-vous ?
   LE TROISIÈME (*interlocuteur*).
Nous voulons t'avoir avec nous,
Sy c'est toy qui es Tout-le-Monde.
   TOUT-LE-MONDE.
Ouy, c'est moy.
   LE PREMIER.
    Que l'on me confonde
Sy onc à ma vye je fus
Tant estonné, ne si confus
De voir Tout-le-Monde en ce poinct,
Diférent de robe et pourpoinct,
De bonnet et de tous abis....
   TOUT-LE-MONDE.
Es-tu de cela estonné ?
S'on m'a dyvers habis donné,
Où sy je l'ay eu a credo (*crédit*),
Saige pas bien faire un credo ?

LE TROISIÈME.
Qu'esse que Tout-le-Monde babille?
Vestu est de blanc, gris et noir.
LE PREMIER.
C'est Tout-le-Monde qui s'habille
A crédict, pour honneur avoir.

La manie de briller aux dépens d'autrui n'est donc pas seulement de nos jours : c'est une vieille maladie. Tout-le-Monde, celui d'autrefois, en avait une autre : il voulait être noble. Il travaillerait aujourd'hui à se faire riche, ou à le paraître. Il n'est plus.

Mais il a laissé une fille, bien autrement puissante, et sans doute, en sa qualité de femme, plus mobile encore et plus difficile à saisir. On la nomme Opinion, et elle est proclamée la reine du monde. Reste à savoir où est son trône.

Si nous le cherchons, d'abord sur les lieux éclairés par la philosophie seule, tel homme plein de bonne foi et de connaissances variées sur d'autres matières, nous assure que le christianisme n'existe plus. — Dans votre quartier peut-être, lui répond un de ses adversaires ; mais la rue Taitbout et Ménilmontant même ne sont pas le bout du monde. « Que nos regards embrassent l'Europe, dit M. Droz dans sa *Philosophie morale*, et nous verrons bientôt quelle foule de personnes éclairées le christianisme anime et dirige. » Le docte académicien, après avoir cité un nombre infini de peuples où les lumières de l'Évangile ont été répandues dans ces derniers temps, ajoute : « Il n'est pas permis d'ignorer des faits aussi remarquables, quand on veut parler sur des sujets qui exigent que l'on connaisse l'état de la civilisation et le mouvement de l'esprit humain. »

Ce soufflet donné à feu Saint-Simon me met en garde contre les décisions tranchantes, et je me promets bien d'examiner à fond cette matière sérieuse.

En attendant, je me tourne vers la politique, et je demande à trois députés, que je rencontre successivement, où siége la véritable Opinion. Le premier me répond : *à droite ;* le second : *à gauche ;* le troisième : *dans un juste milieu.*

Un peu plus embarrassé qu'auparavant, je vais m'adresser à ce journaliste qui a si peu d'abonnés, il pourra plutôt... Monsieur, voudriez-vous me dire où l'Opinion, cette reine du monde, a placé son trône ?

— Où, monsieur ? mais dans mon journal. Quelle question !

— C'est qu'on me disait que vous aviez assez peu d'abonnés.

— Monsieur, les voix se pèsent, et ne se comptent pas.

Je salue mon rédacteur, et je m'approche d'un de nos auteurs dramatiques qui sort du théâtre... Concevez-vous, lui dis-je, qu'un journaliste qui n'a pas deux cents abonnés s'imagine être le seul représentant de l'Opinion publique?

— Je le crois bien : tous ces hommes politiques ont la même prétention; mais le fait est que l'Opinion ne règne plus aujourd'hui, indépendante et pure, qu'au théâtre.

— Ah! vous êtes orfèvre, monsieur Josse; j'allais vous indiquer une scène, et c'est vous qui m'en offrez une!

— Je ne plaisante pas; je dis que cette reine, autrefois si sévère, à présent tiraillée par tous les partis, mise à l'enchère, vendue au poids de l'or, n'est plus qu'une courtisane; ou du moins, si parfois on la voit encore irréprochable et libre, ce n'est que dans nos spectacles et dans ces effets électriques produits souvent par un vers, par un mot.

— Oui, mais ce vers, ce mot, bien souvent ont été donnés au groupe d'amis *éclairés* qui applaudit et trépigne, et pleure ou rit au commandement; et le pauvre public, qui parfois rit ou pleure, suivant qu'il voit rire ou pleurer, ne sait pas que sa *reine sévère* passe toutes ses soirées au milieu de trente *claqueurs*....

Il existe pour elle un ennemi plus redoutable, car il est partout; et cet ennemi, c'est *le Positif*, l'esprit matière, ou sans esprit, je dis sans lumière, sans principe aucun, et tour à tour corrompu, corrupteur: c'est à la fois, et ce fat qu'on admire, et Mayeux dont on rit; Mayeux qui n'effraie plus, même l'enfance; Mayeux, qu'on croyait mort, et qu'en effet le ridicule aurait percé de part en part, s'il n'était cuirassé d'impudence. Non, Mayeux, du moins son esprit pétri de sottise et d'immoralité, ne mourra pas sitôt; il n'a fait que changer d'enveloppe et de nom, mais jamais reptile ne s'est redressé plus vivace. Voyez-le, dans nos sociétés, sous les formes les plus diverses, étaler les mêmes principes, je veux dire son mépris de tout ce qui est grand et vraiment éclairé. Fier de ses faciles conquêtes, il triompherait de l'Opinion.... Qui ne triompherait d'une femme sans force, car elle est sans croyance? Et cette femme pourtant est reine!... Vous qui, par position, avez quelque ascendant sur elle, nous vous répéterons ces mots d'un citoyen romain à ses compatriotes : *Miserere parentis!* « Ayez pitié de la patrie. » Puisque l'Opinion doit la gouverner, gouvernez cette reine fantasque, donnez-lui plus de fixité, de principes, loin d'achever de la corrompre, ou c'en est fait de la patrie : *Miserere parentis!* Ayez pitié de notre mère commune, vous, artistes, dont les productions licencieuses vont, jusque dans le giron maternel, tendre des piéges à l'innocence. Ayez pitié de la patrie, écrivains de tous genres : journalistes, poètes, romanciers, sophistes, chansonniers; vous, surtout, auteurs dramatiques, dont les œuvres exercent sur les masses une si puissante influence, ayez pitié de la patrie! Rappelez-vous ce que notre maître à tous, Ducis, nous disait, et ce que nous ne pouvons trop redire, nous pour qui la liberté eut toujours des appas :

La liberté n'est point où la vertu n'est pas! (1)

Quant à vous, graves législateurs, si j'osais interrompre vos méditations, une loi sur l'éducation va vous occuper, et jamais le *miserere parentis* ne viendrait plus à propos, car jamais il ne fut plus urgent de régénérer l'opinion dans sa source. Il est un moyen, le seul : la religion. Si jamais on n'en sentit mieux le besoin, si elle seule peut retenir tant d'infortunés que son absence précipite, chaque jour, dans quelque abîme; si, pour ceux mêmes qui n'y tombent pas, tant de liens sociaux se trouvent relâchés ; si enfin, comme on l'a observé, les peuples déchus de leurs croyances se dégradent au physique même, combien il est à souhaiter que notre jeunesse se retrempe aux véritables sources! Depuis quelques

---

(1) La licence des écrits et des peintures n'est point nouvelle, comme on peut le voir dans une éloquente protestation de Gerson : *Adversus corruptionem juventutis per lascivas imagines et alia hujusmodi*, t. III, p. 291. Dans un autre écrit, *De Innocentiâ puerili*, où il défend sa protestation précédente, je remarque ce mouvement du grand citoyen de la république chrétienne : *Per si quid decori christianitatis, immò totius reipublicæ, compatiendum est!* p. 293.

années surtout, son ardeur pour les hautes études est visible. Oh! qu'elle y puise ses vertus, ses lumières! Qu'une génération nouvelle s'élève et plus pure et plus forte! Et l'*esprit matière*, cet immoral enfant de l'ignorance, alors aura vécu : Mayeux alors sera mort tout entier.

P. S. Un des membres les plus distingués de l'Université de France, M. Victor Cousin, a publié, dans la *Revue des deux Mondes*, 1er décembre 1836, sur les divers modes d'enseignement élémentaire, un article qui, en nous signalant le plus étrange écart de l'*Opinion* sur un sujet de la plus haute importance, nous fait espérer qu'une méthode jugée par des pays entiers de diverses communions et par tous les étrangers impartiaux, *la plus propre à donner au peuple les mœurs et les lumières indispensables,* quoique religieuse et française, ne sera plus proscrite en France ; qu'elle y pourra jouir des mêmes avantages que cette autre méthode empruntée aux Anglais par nous, *quand nous en avions chez nous une infiniment meilleure* (Voir l'article cité). Espérons aussi que le nom du vertueux fondateur de l'enseignement simultané « dont la statue (dit M. Droz, *Applications de la morale à la politique,*) devrait être érigée par la France reconnaissante, » sera du moins connu dans sa patrie ; que ses humbles disciples, ces instituteurs et ces amis du pauvre, pourront être encore, par leur dévouement aux plus pénibles fonctions, par leur esprit d'ordre et par leur piété, les exemples vivans du peuple; qu'en faveur du bien réel qu'ils font, nous leur pardonnerons de ne pas *se mettre* aussi bien que nous, et de ne pas faire, comme nous, la révérence. Voilà ce qu'on peut leur reprocher *raisonnablement*. Mais nous faire du nom de frères *ignorantins* et de leur robe noire un épouvantail; craindre pour nos *lumières* jusques à leurs tricornes; venir nous crier *au feu du fanatisme*, au milieu des glaces de notre indifférence! ce sont là des argumens peu dignes d'un sujet aussi grave, et qui seraient mieux placés dans notre chapitre suivant (1).

(1) Quoique les débats se soient ouverts à la Chambre des Députés sur la loi d'instruction publique, depuis que cet article est écrit, je le laisse tel qu'il est; cette loi, d'après la déclaration même du ministre, devant subir plusieurs fois l'épreuve de la discussion. Après le discours de M. Guizot, rien de plus remarquable, dans la séance du 15 mars 1837, qu'un magnifique éloge du latin, *la langue de l'Église!* dans la bouche d'un honorable membre de la gauche, que l'on croyait plus *avancé*. — *Encore un Rétrograde!*

CHAPITRE XI.

FARCES ET SOTIES.

Les Patelin, etc.

Vous êtes-vous quelquefois arrêté, en passant sur un quai, ou bien dans une foire, devant ces tréteaux élevés à la porte d'un spectacle bruyamment annoncé? Il est tel farceur dont la mine plaisante, le costume grotesque et l'annonce trompeuse vous auront fait donner dans le piége, et vous serez entré.... Même chose m'est advenue en lisant dans les catalogues les titres plaisans de nos anciennes *farces*, auxquelles on a soin d'ajouter *facétieuses, joyeuses,* ou *fort récréatives*. Sur de telles promesses, qu'à peine on pardonnerait aux *Patelin*, j'achète la farce, quelquefois fort cher, et presque toujours j'en suis si bien la dupe, qu'après l'avoir lue, je la jette là de dégoût : regrettant mon temps, mon argent, *je retourne à mes moutons,* je veux dire aux *Patelin*, car, sans compter celui de Bruéis, nous en avons deux tout différens, mais également remarquables. Parlons-en, après avoir mis de côté quelques autres pièces nauséabondes : celle des *Hommes, par exemple, qui font saler leurs femmes, à cause qu'elles sont trop douces;* titre piquant (si l'on veut), mais où l'auteur a jeté tout son sel.

L'Avocat Patelin, dont le premier auteur n'est pas plus connu que l'époque précise de l'ouvrage, est le monument le plus remarquable de la gaîté comique de nos ancêtres. Quand on songe que cette excellente farce, qui n'est point une imitation de l'antiquité, a été composée avant l'année 1474, où Pierre le Caron en fit une édition citée par La Caille (*Histoire de l'Imprimerie et de la Librairie de Paris*); quand on songe qu'à la fin du règne de Louis XIV, Bruéis et Palaprat, qui refirent cette pièce, n'y ajoutèrent rien d'essentiel, et qu'on retrouve dans l'original tout ce qu'on admire encore aujourd'hui dans l'ouvrage refait, il est permis de s'étonner. J'ai sous les yeux *la Farce* manuscrite *de Maistre Pierre Pathelin,* telle qu'elle a été traduite ou imitée par la plupart de nos voisins et souvent citée par nos vieux auteurs; et j'y trouve tracés avec autant de naïveté que de force les caractères de Patelin, de Guillaume, d'Agnelet. La scène où ce dernier raconte à son avocat comment il tuait les moutons de *son doux maître, afin de les empécher de mourir;* le conseil que Patelin lui donne de jouer l'imbécille, et de répondre, comme ses bêtes à laine, *bée,* à toutes les demandes qu'on lui fera, conseil que le fripon de berger exécute si bien que, quand ce même Patelin réclame de lui ses

honoraires, il n'en peut rien tirer que des *bée*....
Tout cela est fort gai sans doute; et la manière
dont Patelin est payé de son beau conseil serait
digne, pour la leçon, du plus haut comique. Il
faut citer encore la scène où le marchand drapier,
voulant défendre lui-même sa cause, confond,
dans son trouble, avec ses moutons le drap qu'on
lui a pris, s'écarte si plaisamment de la question
et se voit toujours rappelé par le juge *à ses moutons*, mot que nous avons conservé, ainsi que
quelques autres du même ouvrage, à commencer
par le nom du héros, dont notre langue s'est enrichie depuis si long-temps, qu'on trouve dans
Rabelais cette expression : *en langaige pathelinois*, et dans Pasquier : *pathelinage, patheliner;*
et qu'enfin ce nom si doux, si caractéristique de
Patelin est devenu le synonyme de flatteur et de
fourbe.

Il est fâcheux seulement que sa fourberie ne
soit présentée que comme une gentillesse, et que
le vol réel qu'il fait à monsieur Guillaume soit
couronné d'un plein succès. La scène où Patelin
emporte le drap presque de force finit moins heureusement dans la pièce refaite. Elle offrirait du
moins une leçon si le drapier ne cédait qu'à la
flatterie, à la séduction des paroles, et s'il jouait
jusqu'à la fin, devant ce *maître* renard, le rôle
du corbeau de la fable. L'auteur ancien l'a si bien
senti, que quand le fourbe vient conter à sa

femme comment il s'y est pris pour duper le marchand, et comment celui-ci, en se sentant *amadouer*, a fini par lui lâcher son drap, la digne épouse de Patelin fait cette réflexion morale, morale du moins pour les Guillaumes :

>Il m'est soubvenu de la fable
>Du corbeau qui estoit assis
>Sur une croyz de cincq ou six
>Toyses de hault, lequel tenoit
>Ung fromaige au bec. Là venoit
>Ung regnard qui vid le fromaige ;
>Pensa à luy : Coment l'aurai-ge ?
>Lors se mist dessous le corbeau :
>Ha ! fist-il, tant as le corps beau,
>Et ton chant plain de mélodie !
>Le corbeau par sa couardie
>Oiant son chant ainsi vanter,
>Si ouvrist le bec pour chanter,
>Et son fromaige chet à terre,
>Et *maistre* regnard le vous serre
>A bonnes dents, et si l'emporte (1).
>Ainsy est-il, je m'en faiz forte,
>De ce drap ; vous l'avez happé
>Par blasonner et atrappé,
>En luy usant de beau langaige,
>Comme fist regnard du fromaige.

Notre ancien auteur a emprunté cette fable à

___

(1) On sent tout ce qu'a d'heureux ici cette qualification de *maistre*, dont La Fontaine eût mieux profité, en ne la donnant qu'au renard. Le corbeau, dira-t-on, est un *maître* aussi, un maître sot. Oui, mais ce titre va mieux à l'expérience, et même à la ruse. Il s'applique fort bien, dans l'amusante comédie des *Plaideurs sans procès*, à un vieux procureur nommé *Renard*.

Ésope, ou plutôt au *Roman du Renart*, où elle est plus développée. Dans ce très vieil ouvrage, le renard dit au corbeau :

> — Dieu vos saut (*vous sauve*), sire compère,
> Bien ait l'âme vostre bon père,
> . . . . . Qui si seut chanter :
> Maintes fois l'en oï vanter,
> Que n'en avoit le pair en France.

Prier pour l'âme de *père Corbeau*, et rappeler sa voix afin que son fils montre la sienne, cela est parfait. Patelin lui-même dit moins heureusement au drapier :

> Ha! qu'estoit ung homme scavant!
> Je requier Dieu qu'il en aist l'âme,
> De vostre père.

Ces rapprochemens pourraient faire croire que la fable a donné l'idée de la comédie, si l'on ne savait qu'elle a été faite, non dans l'intention d'attaquer le vice en général, mais un individu si connu par ses fourberies, que l'auteur ne craignit pas, pour le livrer à la risée des spectateurs, non seulement de prendre sa robe et sa profession, mais jusques à son nom. Peut-être applaudit-on à cette espèce d'exécution morale, et trouva-t-on qu'un homme, objet du mépris public, était avec raison publiquement immolé. Mais cette vengeance, en apparence juste, dégénéra en licence aristophanique. Le principe avait été violé, et la personnalité, qui n'est plus la comédie, après avoir frappé Cléon, finit par atteindre Socrate. Nous avons vu Gringore jouer sur le théâtre la personne de notre Louis XII, ou du moins le taxer *d'avarice* et de *torcherie*.

La licence devait tuer la liberté, c'est ce qui arriva.

Louis XII avait supporté des injures où se trouvaient des vérités qu'il ne pouvait apprendre ailleurs : la presse était à peine née. Mais bientôt, sous François Ier, on la vit grandir et s'étendre. La satire et la comédie politique, expulsées par lui du théâtre, se réfugièrent sous les burlesques allégories du curé de Meudon. C'est là, dans Rabelais, que nous retrouvons, par momens, Aristophane avec son hardi dévergondage.

Si quelqu'un pouvait nous rendre cette vieille comédie dont les Grecs ont eu le génie, et nos anciens farceurs l'instinct, mais point l'expression, c'était assurément Racine. Nous en trouvons la preuve, non seulement dans les portraits de ses plaideurs et dans celui de son Dandin, qui semblent avoir eu, comme Patelin, leurs originaux, mais encore dans sa hardiesse à s'attaquer à tout un corps puissant, souvent respectable, et à des abus qui ne méritaient aucun ménagement. Et l'on sent que les traits décochés par le poète à quelques magistrats indignes pouvaient aller plus loin encore.

Mais Louis XIV, à qui l'auteur de *Britannicus*

avait osé donner, en passant, un avis; Louis XIV n'entendait point raillerie sur les affaires publiques, et il ne voulait pas surtout que les poètes dramatiques y prissent part. On conçoit que Racine dut être assez embarrassé quand il essaya, comme il s'y était engagé, de donner *un échantillon d'Aristophane*.

Aristophane à la cour de Louis XIV!... Qu'eût-il dit, bon Dieu! si son introducteur l'avait laissé parler? Qu'eût-il dit, en voyant l'étiquette et le faste du grand Roi, lui qui, dans son cynisme ennemi de tout faste et de toute étiquette, représente le souverain de l'empire des Perses marchant avec une armée de quarante mille hommes, pour aller sur une montagne d'or satisfaire un besoin naturel? Qu'eût-il dit de tant de projets de conquêtes, lui qui, tout méchant qu'il était, pour donner la paix à son pays, ne la laissa jamais aux mauvais citoyens qui demandaient la guerre? Qu'eût-il dit au marquis de Louvois, qui, comme un autre Cléon, savait si bien, pour se rendre nécessaire, nourrir la funeste manie de son maître? Qu'eût-il dit enfin de la France entière, lui qui ne voyait dans le peuple athénien qu'un vieillard imbécille, et dans le sénat d'Athènes qu'une assemblée de moutons en longs manteaux.... Tel est l'esprit d'Aristophane. A peine en retrouve-t-on quelques étincelles dans nos vieilles farces. Mais aussi Aristophane n'a pas, dans tout son théâtre, une pièce de caractère comme *Patelin*.

Le succès de cette première comédie engagea d'autres dramatistes à la continuer : nous avons un *Testament de Pathelin* dans lequel le malin avocat n'a rien légué de son esprit au continuateur. Cette pitoyable pièce, imprimée à la suite de la première, est venue jusqu'à nous, grâce à son voisinage! et tous les bibliographes en ont parlé. En revanche ils n'ont rien dit d'une autre farce excellente, intitulée : *Le Nouveau Pathelin* ou *Pathelin et le Pelletier*. *Habent fata libelli.* Cela est vrai, surtout de ces brochures en quelques feuillets, *libelli*, qui ne tiennent à rien et que le vent emporte. M. Brunet en avait pourtant mentionné un exemplaire à la suite d'un autre *Pathelin*, sans nom d'auteur, d'imprimeur, ni de lieu. Il ignorait que la Bibliothèque de Bruxelles en possédât un second, qui m'a été obligeamment communiqué par M. le conservateur de ce riche dépôt littéraire.

Cet exemplaire, imprimé seul, est précédé d'une note dans laquelle l'éditeur émet l'opinion, sur plusieurs conjectures assez probables, que l'ouvrage est du fameux *Villon*. Ce nom, qui signifie *trompeur, fripon*, n'a que trop été mérité par l'auteur de tant de poésies spirituellement honteuses et d'actions plus honteuses encore, dont il était loin de rougir. Il ne serait pas étonnant que, jaloux de la réputation de Patelin, Villon eût voulu lutter d'adresse avec son aîné, et se peindre lui-même dans le *Nouveau Pathelin*. Nous allons voir qu'il n'est pas indigne de la parenté.

Le drôle voulant se vêtir chaudement aux dépens d'autrui, va trouver un pelletier, lui dit que le curé l'a chargé de lui prendre une fourrure. Après l'avoir choisie fort belle et emportée chez lui, « Venez avec moi, dit-il au pelletier : le curé est à l'église; dès qu'il aura achevé de confesser, vous lui direz le prix dont nous sommes convenus, et il vous paiera sur-le-champ *sa fourrure*. »

Le fripon entre à l'église avec sa dupe. Nous voyons le curé assis dans le confessional, d'où il se dit à part :

> Vraiment, la tête m'étourdit
> De confesser; c'est trop grand peine....
> (A l'homme qui se confesse.)
> En quel temps fusse? en quel semaine?
> Estoit-elle point mariée?
> Car s'elle estoit femme liée,
> Il y faudroit avoir égard.

Patelin demande à communiquer un mot en secret au curé, à qui il dit qu'il lui amène un grand pécheur, résolu de faire pénitence, mais sujet malheureusement à des absences d'esprit extraordinaires, qui le portent à se figurer, par exemple, qu'il a fourni des fourrures à tout le monde, et qu'on lui doit de l'argent. — Bien,

bien, dit le curé; qu'il vienne quand celui qui se confesse aura fini, je tâcherai de le dépêcher.

Le fourbe, voyant le pénitent sortir du confessional, y pousse le pelletier, à qui il répète de conter au curé ce dont ils sont convenus, et il les laisse.

LE PRESTRE.

Or, contez donc
Ce qui vous meine tout du long,
Et bientôt vous despescherai.

LE PELLETIER.

Baillez donc, et je compterai;
Je ne vois que compter ici.

LE PRESTRE.

Dea! ce n'est pas dire ainsi.
Scauriez-vous conter vostre cas.

LE PELLETIER.

Oui bien! Mais ne vous l'a-t-il pas,
Cet homme qui s'en va, compté?

LE PRESTRE.

Pensez-vous qu'il m'aura conté
Vos cas particulièrement?
Il n'y a que vous seulement
Qui en scut parler au certain.

LE PELLETIER.

Pour le vous dire plus à plain,
Doncques il est vrai qu'il y a
Pour tout dix-huit francs.

LE PRESTRE.

Hé, dea!
Q'est-ce à dire!

LE PELLETIER.

Il y a autant.
Il me les faut avoir comptant,

Pour les deux pannes qu'il emporte.
LE PRESTRE.
Il vous faut parler d'autre sorte.
Q'est-ce cy? je n'y entends rien.
LE PELLETIER.
C'est vous qui ne parlez pas bien,
Vous ne faites que barbouiller.
LE PRESTRE.
Çà, dites, sans plus vous brouiller,
Tout premier *Benedicite*....
Et puis vostre *Confiteor*.
LE PELLETIER.
Baillez-moy ou argent ou or,
Vous ne faites que ravasser.
A quel propos me confesser
Maintenant? Il en est bien temps!
LE PRESTRE.
Mon ami, veu ce que j'entends,
Vostre entendement est brouillé.
LE PELLETIER.
Serai-je ici agenouillé
Tout meshui! Qu'est-ce ci à dire!...
LE PRESTRE.
Mon ami, parlez sagement,
Et vous confessez gentement.
LE PELLETIER.
Je confesse que me devez
Dix-huit francs, et que vous avez
La denrée qui vaut mieux encoire.
LE PRESTRE.
Dieu vous rende vostre mémoire.
D'où vient cette mérancolie?
Il y a bien de la folie.
Je prie Dieu qu'il vous sequeure....
Mon ami, faut que vous pensiez
A Dieu, comme un homme notable.

LE PELLETIER.

Mais pensez-y, de par le diable!
Et me payez avant la main.

Le curé, qui croit que le diable s'est emparé de son homme, commence des prières, pendant lesquelles le pelletier se dit :

Voici assez pour enrager.
Je suis en grand perplexité.
Qu'est-ce ci, *Benedicite !*

LE PRESTRE.

Deus sit in corde tuo, ad verè
Confitendum peccata tua, in nomine, etc.

LE PELLETIER.

Que diable est-ce qu'il me latine !
Il fait des croix une grand signe,
Comme s'il eût vu tous les diables.

LE PRESTRE.

Mon ami, je ne dis pas fables ;
C'est une bénédiction
Que je donne à l'inception
De vostre confession faire.

LE PELLETIER.

Eh! Dieu vous doint, tout au contraire,
Malheur et malédiction !

La chose finit pourtant par s'éclaircir : le prêtre et le pelletier voient qu'ils ont été les jouets de Patelin, qui ne reparaît plus. La pièce finit mal. Trop négligemment écrite, quoique la diction en ait été rajeunie, elle n'a qu'une scène, mais cette scène est d'un maître en fait de fourberies.

En la relisant, il est difficile de n'y pas apercevoir l'intention de parodier une des plus sages pratiques du catholicisme, la confession. A l'époque où Villon écrivait, et bien antérieurement, les poètes ne ménageaient pas sans doute les prêtres et les abus qui s'étaient glissés dans l'exercice du culte, mais ils respectaient le culte même, et surtout le dogme; il n'en est plus ainsi :

> Riant au saint lieu,
> D'une voix hardie
> Satan parodie
> Quelque psalmodie
> Selon saint Mathieu ;
> Et dans la chapelle
> Où son roi l'appelle,
> Un démon épèle
> Le livre de Dieu.

Ces vers d'un de nos grands poètes expriment assez bien ce qui se passait alors. Les chants les plus saints de l'Église sont parodiés. Ainsi, dans une de ces pièces, le cantique touchant *Venite adoremus* est transformé en « *Venite potemus*, imitatoire bacchique, (sic). » Dans une sorte de *farcia*, intitulée *Le Tavernier et le Pion*, l'hôte, habitué à tout mélanger, pour relever son vin, se sert ainsi de l'Écriture :

> *Amen, amen, dico vobis,*
> J'ay vin pour resjouir son homme ;
> *Et habitavit in nobis,*
> Du pays de Grèce ou de Romme.
> Sachez que n'est point vin de Somme,
> *Aspectus ejus ut fulgur.*
> C'est ung vin, bref, qui tout assomme,
> *Et posteà videbitur.*

Je cite ici ce qu'il y a de moins mauvais. Beaucoup d'autres pièces *divertissantes* et de *sermons joyeulx pour rire* (sic) méritent tout l'oubli où ils sont tombés.

Par cet emploi déplacé du ridicule, par les demi-lumières qui de toute part voulaient percer, on se voyait éloigné de la religion, en attendant qu'on y fût ramené par des lumières véritables et complètes, suivant l'observation de Bacon.

Nos auteurs de farces, n'étant pas soutenus par leurs sujets, tombaient souvent bien bas. Pour nous en faire une idée, fouillons dans le vieux manuscrit (fonds La Vall., 63), dussions-nous aussi *mettre la main dans une ordure*. La première pièce que j'en tire n'est guère que sale, c'est une des meilleures. Elle est intitulée *Le Retraict*. L'amant d'une femme mariée, pour éviter le mari jaloux qui rentre au logis, se voit contraint de se cacher dans le retraict, ce que nous nommons *la garde-robe*. Je ne sais comment était disposé ce *lieu commode*, mais nous y voyons le pauvre amoureux fort mal à l'aise, et si bien enfoncé dans le retraict, que sa tête seule passe par la lunette, lorsque, pour surcroît, le mari, tout ému, est pris d'une colique violente. On peut se figurer les grimaces de *l'homme à bonnes fortunes*, qui sent quel cadeau il va recevoir, et qui se dit :

> Hélas ! fault-il c'un amoureux
> Mete (*ait mis*) la teste en sy ort lieu !...

Et qu'esse-cy, hélas ! vray Dieu !
Las ! je ne puys avoir ma teste !
Voycy pour moy dure tempeste ;
Et oultre plus, la puanteur,
Hélas ! me faict faillir le cœur....
Voicy un *cas* fort pitoyable !...
Brou ! ha ! ha !...

Le mari est si effrayé de ce qu'il entend, qu'un valet et sa femme lui font aisément croire que c'est un démon, le démon des jaloux qui s'est emparé de la maison. Pour le conjurer, il promet de n'avoir plus de soupçons ; et tandis qu'il se met aux genoux de sa femme, l'amant s'esquive épouvanté....

Mais ce n'est rien de cette *pétarade*, près de la *Farce du Munyer de qui le diable emporte l'âme en enfer*. Un meunier fripon est au moment de rendre l'âme. Bonne capture pour le diable Berith, qui veut la saisir au passage, mais qui, novice encore, demande à Lucifer, son ancien, plus éclairé que lui, par où cela sort une âme de meunier. Lucifer lui nomme cette partie du corps qu'il n'est plus permis de nommer. Le malade se trouvant plus mal, le diable accourt, et l'on appelle le curé. Berith se cache sous le lit avec un sac. Le meunier, qui n'a jamais rien rendu de ses vols, après s'être accusé d'avoir pris *toujours d'un sac double mousture*, éprouve enfin le besoin de rendre quelque chose. On peut croire que c'est un remords de conscience, pas du tout, ce n'est encore qu'une colique. On le met en position de se soulager. Bérith, qui ne doute point que l'âme ne soit au moment de passer, tend son sac, et il y reçoit *en nature*, pas *précisément* l'âme, mais au contraire, une substance que, tout rempli de joie, il porte à ses confrères. Les diables, à l'ouverture du sac, demeurent stupéfaits, et tous, en blasphémant et se bouchant le nez, s'écrient que *âme de munyer n'est que bran et ordure.*

Tout cela ne serait que spirituellement sale ou salement spirituel, mais ce qui est blâmable, c'est le passage où le meunier, qui soupçonne sa femme de lui être infidèle (car il n'est bonne farce sans un mari trompé), dit au curé :

> J'ai le cueur douloureux
> Et rempli de perplexité,
> Car coquu je suis malheureux,
> Bien le scay.
>
> LE CURÉ.
> *Benedicite!*

Qui le croirait! ce mot et cette parodie d'un ministère saint sont du même Andrieu de la Vigne à qui nous devons le mystère de *Saint Martin!* Et l'auteur lui-même nous apprend que cette farce fut jouée devant ce même public qui « venoit de chanter un salut, moult dévostement, affin que le beau temps vînt! »

Une autre pièce, encore d'Andrieu de la Vigne, est intitulée : *Moralité de l'Aveugle et le Boiteux.*

Elle rappelle la fable de Florian, si bien résumée dans ce vers :

> Je marcherai pour vous, vous y verrez pour moi.

Seulement, dans la moralité, les deux malheureux qui, pour mieux exploiter la pitié publique, ont mis en commun leurs misères, y sont fort attachés, lorsqu'ils apprennent que le corps d'un saint, qui va passer, peut opérer sur eux un miracle et les guérir. C'est là justement ce qu'ils craignent le plus, et ce qui pourtant leur arrive. Le saint, sans même se montrer, leur enlève radicalement tous leurs maux, c'est-à-dire leur gagne-pain : et les voilà qui se lamentent! Avec une petite pointe d'impiété, on eût fait de cela jadis *un joli conte ;* mais nous ne voyons pas où est la *moralité*, et nous mettons la pièce dans le chapitre des *Farces*, quoique beaucoup plus sage et plus ingénieuse que les farces qui la suivirent (1).

Ce qui les caractérise, c'est une licence effrayante, mêlée à quelques souvenirs de religion. Ainsi, dans la *Farce du Savetier,* deux hommes du peuple changent de femmes, et dans ce troc immoral qui se fait au cabaret, de l'aveu des deux femmes, l'une d'elles, nommée Proserpine,

---

(1) Plusieurs de ces farces et moralités dont nous parlons, ont été publiées par M. Francisque Michel, à un très petit nombre d'exemplaires. (Paris, Techener et Silvestre.)

n'oublie pas d'aller à la messe, et son premier mari lui dit, quand elle vient au cabaret :

> Vielle qui porta la lanterne
> Quand sainct Pierre renia Dieu,
> Me viens-tu mauldire en ce lieu !

On pourrait, sous quelque rapport et avec un léger changement, appliquer à ce siècle déchu ce que dit de Byron un de nos grands poètes :

> C'est un auge tombé qui se souvient des cieux (1).

Tombé par je ne sais quelle ivresse, ce siècle pourtant fut un de nos pères; et, comme Cham, nous ne dévoilons sa honte et ses difformités que pour signaler les causes de sa chute. Quant aux suites, nous les voyons dans les obscénités et dans le détestable goût qui, dès la fin du xve siècle, viennent de toutes parts inonder le théâtre, et qui ne s'arrêteront qu'au grand Corneille.

Cette langue même, cette *romane-française* qui, dès avant Saint-Louis, comme nous le verrons, suivait des règles fixes, empruntées en partie à la langue maternelle, on l'abandonne. Tout semble perverti par l'ébranlement des croyances et par la réforme, qui devait naître, au reste, des abus et des excès où tout était tombé. Dans les précédens siècles où ces abus apparaissent, du moins une foi profonde subsistait généralement.

---

(1) Il y avait sans doute alors de grandes vertus et de la foi, mais à l'écart, et comme en dehors du siècle.

Nous en avons vu l'expression *grande ou naïve* dans nos premiers drames; et cette expression, ce n'est guère que Gringore (ce Gringore si décoloré dans la farce!) qui l'a retrouvée un moment, dans le mystère de *Saint-Louis*.

Maintenant un doute ironique, un besoin de railler, la prétention de montrer de l'esprit, et l'ivresse de l'orgueil, viennent tout corrompre. A la simplicité parfois un peu crue, mais toujours naturelle de nos bons Gaulois va succéder l'affectation la plus misérable. Et ce qu'on ne croirait pas, ce travers nous est venu surtout de la littérature grecque, dont les chefs-d'œuvre, expulsés de Constantinople par les Turcs vainqueurs (1453), avaient trouvé chez nous un refuge.

Comment des modèles si purs, dans leurs formes du moins, ont-ils eu des copistes si gauches? Parce que ces copistes, déserteurs des principes qui avaient soutenu leurs devanciers, s'attachèrent trop servilement à leurs nouveaux maîtres, et crurent se parer comme eux, en s'affublant de leurs dépouilles. C'est ce mauvais goût dont Dufreny, abrégeant Rabelais, s'est moqué dans la scène où Pantagruel demande à un licencié bel-esprit, qui *cuide pindariser*, à quoi lui et les siens passent le temps à Paris.

« *Nous*, répond le licencié, *en occupations épurons et dispumons la verbocination latiale, et en nos récréations captons la bénévolence de l'omni-*

séduisant et omni-mouvant sexe féminin. — Que diable de langage est ceci? dit Pantagruel : *Pardieu! tu es quelque hérétique...* Puis, demanda au licentié de quel païs il étoit; à quoi répondit ainsi le licentié : *L'illustrissime et honoriférante propagation de mes aves et ataves tire son origine primordiale des régions limosiniennes.* J'entends bien, dit Pantagruel; tu n'es qu'un Limosin de Limoges, et tu veux faire le Démosthènes de Grèce. Or, viens çà, que je te donne un tour de peigne. Lors le prit à la gorge, et le pauvre Limosin commence à crier en limosin : *Vée dicou gentillatre, hé saint Marsau! Secoura me, hau, hau, laissas à qu'ou au nom de Dious, et ne me toucas grou.* Ah! dit Pantagruel en le laissant, voilà comment je te voulois remettre en droit chemin de vraye éloquence; car à cette heure viens-tu de parler comme nature, et grand bien te fasse icelle correction. »

L'affectation des paroles n'eût rien été sans celle des choses : Montaigne, malgré son bon sens, eût voulu nous voir adopter les vêtemens légers et les nudités mêmes de la Grèce et de l'Italie. Nos Françaises ont su depuis ce qu'il en coûtait pour se mettre à la grecque.

Autre aberration : un des chefs de la réforme, Zwingle, dans sa profession de foi à François I*er*, met au rang des saints de son calendrier, non seulement les Caton et les Scipion, mais Hercule et

Thésée.—Et pourquoi pas Mars et Vénus? « Pourquoi pas Apollon, Bacchus et Jupiter? » demande Bossuet. (*Hist. des Variat.* Liv. XI.)

On a été plus loin depuis ; après avoir jeté les saints à la voirie, n'a-t-on pas mis Marat au Panthéon, et des noms de légumes dans nos calendriers? Tout, il est vrai, a été remis à sa place : Marat dans un égout, et les saints dans leurs niches, ou du moins dans les almanachs.

Autres temps, mêmes mœurs ; je m'explique : il existe entre la réforme du xvie siècle et la réforme du xviiie des ressemblances frappantes qui n'ont pas été remarquées. Je trouve, par exemple, à la première époque comme à la seconde, la communauté des femmes et le *sans-culotisme* essayés. Quand un de nos *orateurs de la nature* demandait dans sa section qu'il en fût d'une femme jolie comme de la lumière du soleil qui luit pour tout le monde ; quand un autre, après s'être échauffé avec les Spartiates, contre le luxe et nos besoins factices, après avoir proposé de nombreuses suppressions, finit, pour prêcher d'exemple et se montrer en homme libre, par ôter son habit et sa veste, en laissant entrevoir, pour la séance suivante, la possibilité d'une réduction plus considérable, on était dans l'enthousiasme ! A quoi ne devait-on pas s'attendre en effet ? Et qu'étaient, près de cette *nature*, les siècles passés, *emmaillotés de préjugés gothiques*? — Un moment, mes amis, ne dédaignons pas les siècles passés. L'orateur *in naturalibus* promet beaucoup sans doute ; mais allât-il plus loin... rien de nouveau sous le soleil. Ouvrez un savant historien latin du XVIe siècle, Æneas Sylvius, et vous verrez dans son livre des *Bohémiens,* Ch. 41, qu'une secte, les Picards réfugiés en Allemagne, en étaient venus, par un esprit de réforme anti-catholique, à supprimer jusques à leurs culottes ; que les femmes, dignes d'aiguillonner nos plus illustres *tricoteuses*, disaient hautement que des hommes embarrassés, comme des esclaves, dans des habillemens et surtout dans des hauts-de-chausses, n'étaient pas libres, *non esse liberos qui vestibus et præsertim femoralibus uterentur.* Ce sont les expressions d'Æneas Sylvius, qui ne dit que ce qu'il a vu ou entendu de cette secte. Le même historien ajoute que quand un de ces hommes *libres* prenait possession d'une femme *libre, liber liberam occupabat,* il lui suffisait de dire : « Mon esprit s'est échauffé pour celle-ci : » *In hanc spiritus meus incaluit.*

Tout cela paraît incroyable ; mais qui croirait que, dès la fin du XVe siècle, on ait poussé chez nous l'imitation de l'antique plus loin qu'en 93 même, puisqu'on alla jusqu'à faire paraître dans des solennités publiques, des courtisanes nues, et *faisant personnages de sirènes,* malgré les censures ecclésiastiques où ces nobles paroles de deux Pères de l'Église se trouvent commentées avec plus de zèle que de goût (1) : *Ad theatrum accurris, natantes mulieres spectaturus... Ad fontem pergis diabolicum, ut natantem meretricem conspicias et naufragium animæ patiaris.* (Chrysost. Homil. 7.) *Erubescat senatus, erubescant ordines omnes: illæ ipsæ pudoris interemptrices, de gestibus suis ad lucem et populum expavescentes, semel in anno erubescunt.* (Tertul., de Spectac., cap. 17.)

Le *Sermon Joyeulx de M. Sainct-Haren*, parodie odieuse du martyre de saint Laurent, et quelques autres farces semblables, ne méritent pas qu'on en parle. Elles sont l'œuvre d'écrivains méprisables qui ne faisaient qu'obéir sans doute aux goûts d'une portion du public. Ce public pourtant assistait encore à des spectacles dont les héros étaient de glorieux martyrs de la foi chré-

(1) La première fois que ce scandale eut lieu, ce fut en 1461, à l'entrée de Louis XI à Paris, où l'on vit « à la fontaine du Ponceau, dit un chroniqueur (Parfait, t. II, p. 173), hommes et femmes sauvages qui se combattoient et faisoient plusieurs contenances ; et si, y avoit encores trois belles filles faisant personnages de seraines, toutes nues, qui estoit chose bien plaisante, et disoient de petits motets et bergerettes. Et près jouoient plusieurs bas instrumens qui rendoient de grandes mélodies. Et y avoit divers conduits en la dicte fontaine, jetant laict, vin et ypocras, dont chacun buvoit qui vouloit. Et un peu au-dessous du dit Ponceau, à l'endroit de la Trinité, y avoit une Passion par personnages et sans parler. » Quel rapprochement ! Et que de réflexions !

tienne. Mais les tours de force et les plaisanteries qui souvent s'y mêlaient, feraient croire que, dans les plaisirs de pareils spectateurs, il entrait un peu de ce goût barbare des Romains de l'Empire pour les *jeux* sanguinaires auxquels les chrétiens étaient abandonnés. Le mauvais goût seul n'eût pas jeté nos pères dans tous ces écarts ; il s'y mêlait sans aucun doute un esprit d'opposition que n'avaient suscité que trop contre le catholicisme, outre beaucoup d'abus, d'obscurs *théologastres*. Je me sers de ce mot qui nous manque pour désigner de mauvais théologiens, et qui se trouve être le titre d'une petite farce que nous croyons des premières années du XVIe siècle. Il n'en existait qu'à Lyon un exemplaire, imprimé sans date, sans nom, et dont aucun bibliographe n'avait parlé, mais qu'un éditeur distingué de cette belle ville où repose Gerson, y a fait réimprimer en 1830.

Cette farce des *Théologastres* (1), monument précieux pour l'histoire, est à six personnages : Théologastres, Fratrez, Foy, Raison, Texte et Mercure d'Allemaigne. Sans être bonne, elle est beaucoup mieux écrite que toutes celles dont nous avons parlé. Elle est moins ancienne aussi.

---

(1) Elle eût été mieux intitulée *Sotie*. La *sotie* participe de la *farce* par le ton, et de la *moralité* par l'allégorie. Elle a de plus que cette dernière un but satirique.

On voit que le vers satirique commence à s'aiguiser. L'allégorie en est d'ailleurs ingénieuse.

A l'ouverture de la scène, Théologastres, qui ne parle qu'un français mêlé de latin, se plaint (comme les vieillards de son temps attachés aux anciens usages, comme se plaignait le vieux Caton à Rome, et plus tard Juvénal,) de l'invasion des lettres et des mœurs de la Grèce :

> *Omnes nunc* LEGUNTUR *grecum*,

dit-il, et il ajoute :

> *Qui loquitur grecè*
> *Est suspectus de heresi.*

« Celui qui parle grec est suspect d'hérésie. » C'est précisément ce que disaient en chaire quelques prédicateurs (1). A quoi bon, ajoutaient les adversaires du grec, s'occuper de mots, quand on doit s'occuper de choses? Ne suffit-il pas d'une langue ancienne, pour bien savoir la nôtre (2)? Ces raisons, bonnes ou mauvaises, ne faisaient qu'allumer la passion du grec chez leurs antagonistes.

Ce qu'on reproche d'abord à Théologastres, c'est de commenter et interpréter si bien l'Écriture qu'on ne la comprend plus. Un personnage

---

(1) Gaillard, *Hist. de François Ier*, t. IV, p. 177. — Crapelet, *Progrès de l'Imprimerie en France et en Italie au* XVIe *siècle*, p. 18 et 19; Paris, 1836.

(2) *De Utilitate linguæ latinæ*, etc., in-8°, 1621, p. 61.

rappelle à ce propos le mot de cet orateur qui disait :

> (On l'oÿt bien)
> Que le texte ne valoit rien,
> Et que le bon c'estoit la glose.

Voilà ce qui a rendu Foy malade. Elle arrive, accablée d'argumens et de commentaires, et se plaint de tout ce qu'on lui fait souffrir. *Quel mal avez-vous ?* lui demande Fratrez. — *Sorbonique*, répond-elle. Puis elle ajoute : *Allez-moi chercher Texte.* — *Où cela ?* — *Mais dans Sainte-Escripture. Texte seul peut me rendre mes forces.* — *Texte !* dit naïvement le Fratrez, *point ne le congnoy.* — *Qui cognoissés-vous donc ?* — Théologastres répond par une énumération d'argumentateurs *dont les noms et les dits....*

FOY.
Point ne veux de leurs ergotis.
Bien me bailleroit guérison
Le textuaire Jean Gerson,
Car il me fault, c'est ma nature,
Le texte de Saincte Escripture,
Sans *ergo*, sans *quod* ne *quia*.

THÉOLOGASTRES.
Maistres Jean Gerson n'arez jà,
Car c'est ung malvais papaliste.

Enfin pourtant Texte peut se montrer; mais il est si barbouillé de commentaires, qu'à peine Foy le reconnaît. Rayson vient qui le débarbouille. Alors Foy enchantée se ranime, et Rayson adresse aux spectateurs l'allocution suivante :

> Messeigneurs, nous n'entendons pas
> Toucher l'estat théologique,
> Mais bien le théologastrique
> Seulement : nous congnoissons bien
> Qu'il y a plusieurs gens de bien,
> Théologiens, et bien famés,
> Lesquelz sont sans faulte animés
> Et marris *(affligés)* d'ung tas de fatras,
> De conclusions et de cas,
> Nolitions, volitions
> Qui ne valent pas deux oignons.

Je n'ai pas parlé d'une scène où le Mercure d'Allemagne vient défendre l'Évangile. Mercure évangéliste ! C'est là une des bigarrures amenées par les emprunts étranges que nous avons faits à la Mythologie. On demande à Mercure d'Allemagne ce qu'il est.

MERCURE.

Je suis chrestien.

Théologastres lui répond :

> Erasme et toy,
> Fabri, Luther, en bonne foy,
> N'estes que garçons hérétiques.

L'expression de *garçons hérétiques,* qui rappelle *l'apprenti philosophe* de Palissot, est originale. Mais ce Luther, ce *garçon hérétique,* les circonstances allaient en faire un chef. L'auteur de cette pièce, dont nous avons cité les traits les plus piquans, fut-il un de ses sectateurs, le suivit-il dans tous ses écarts ? C'est ce que nous ignorons. Seulement, sans partager toutes les préventions du satirique contre les interprètes de l'Écriture (il en est plusieurs bien hors de ses atteintes), nous pensons qu'un homme qui, en matière de dogme, invoque l'autorité de Gerson, n'est pas éloigné de la vérité.

Pourquoi, trop long-temps méconnu, ce Gerson, aussi vertueux qu'éclairé, n'a-t-il pas servi de point de ralliement, ou plutôt de fanal entre les partis extrêmes? Ils se heurtaient dans les ténèbres ! Où donc était l'auteur du *Qui sequitur me* (1)? Et comment un siècle qui l'avait sous les yeux est-il tombé si bas ! Remontons-le ce siècle jusques à ce grand homme, et nous pourrons de nouveau respirer un air pur, en voyant sortir, du sein des désastres et des crimes, un LIVRE, LE PLUS BEAU....

(1) *Qui sequitur me non ambulat in tenebris*. Ce début de l'*Imitation* en a long-temps été le seul titre.

CHAPITRE XII.

MANUSCRITS DE GERSON.

Le plus beau livre qui soit parti de la main d'un homme, puisque l'Évangile n'en vient pas (ce sont les expressions de Fontenelle), L'IMITATION DE JÉSUS-CHRIST, étant pour moi le texte d'un travail que je dois bientôt publier, je regrettais souvent, je l'avoue, d'en ignorer l'auteur, et que tant de recherches faites, depuis trois siècles, pour le découvrir, n'eussent abouti peut-être qu'à nous ôter l'espoir d'y parvenir jamais (1).

L'immortel inconnu était-il Français, Allemand, Italien? Vivait-il au XIIIe ou au XVe siècle? dans l'état monastique, dans le monde, ou dans la solitude? Les préceptes sublimes qu'il nous a laissés, les avait-il mis en pratique?

Indépendamment de l'intérêt moral qui pouvait résulter de ces questions, il était naturel que, frappé d'une vive lumière apparaissant au milieu

---

(1) En vain l'auteur de *l'Imitation* me dit de n'y point chercher son nom, mais son esprit : *Ne quæras quis hoc dixerit; sed, quid dicatur, attende.* Je lui réponds par ses propres paroles : *Omnis homo naturaliter scire desiderat.* « Tout homme désire naturellement connaître. » Et cette connaissance ne sera pas inutile ici, comme on le verra.

des ténèbres, ou voulût découvrir celui qui la portait. Aussi, sans parler des pays étrangers, plus de cent cinquante ouvrages dont nous avons les textes ou les titres, ont-ils été consacrés en France, depuis 1615 jusqu'en 1837, à la seule investigation d'un nom. « Et c'est encore là, dit le savant Barbier, un des plus difficiles problèmes d'histoire littéraire qui ait été offert jusqu'à ce jour à la sagacité des érudits » (1).

L'opinion, qu'enfin nous espérons fixer sur ce point, flottait déjà, incertaine, au milieu du XVe siècle. L'auteur anonyme de la plus ancienne traduction, composée vers 1450, et imprimée en 1488, s'exprime ainsi dans sa préface :

« Cy comance le livre très salutaire la Ymitation Jhésu-Crist et mesprisement de ce monde, premièrement composé en latin par Sainct Bernard, ou par autre dévote personne, attribué à maistre Jehan Gerson, chancelier de Paris, et après translaté en françoys en la cité de Tholose. »

Cinq ans après, en 1493, cette *translacion* de Toulouse fut réimprimée à Paris, avec des corrections et une opinion différente sur l'auteur présumé. Citons aussi cette préface, d'après l'exemplaire encore aujourd'hui à la bibliothèque de Sainte-Geneviève :

(1) *Dissertation sur soixante traductions françaises de l'*IMITATION (1812). On peut voir aussi dans un *Rapport fait à l'Académie royale de Munich*, en 1834, et récemment publié chez Didot par M. de Grégory, combien de villes d'Allemagne se sont occupées de ce *problème*.

« Cy comance le livre très salutaire intitulé de l'Imitation nostre Seigneur Jésu Crist et parfait contempnement de ce présent misérable monde, lequel a esté par aucuns jusques à présent attribué à Saint Bernard ou maistre Jean Gerson, posé que soit autrement, quar l'acteur d'icelluy soubs nostre Seigneur fust ung vénérable père et très dévot religieux chanoine réglé, vivant en son temps en observance régulière jouxte la règle monseigneur Saint Augustin, nomé frère Thomas de Kempis, prieur en ung prieuré d'icelluy ordre, nomé Windesem au diocèse du Traict, translaté de latin en françois pour la consolacion des simples non saichans entendre latin, etc. »

Dans le XVIe siècle, l'opinion ne se partagea plus qu'entre Gerson et Thomas à Kempis. Mais Gerson, qui n'avait appartenu à aucune communauté religieuse, se vit peu à peu écarté par toutes. Un manuscrit sans date, de l'*Imitation*, portant les noms de Jean Gersen, avec la qualité d'abbé (*abbas*), ayant été trouvé dans un monastère en Italie, quelques imaginations ardentes et prévenues bâtirent, sur ce titre et sur le changement d'une lettre, une fable suivant laquelle le prétendu Gersen aurait été, bien longtemps avant Gerson, abbé d'un monastère de Bénédictins en Italie, quoiqu'aucun annaliste, aucun historien de ces abbayes n'ait cité un abbé de ce nom (1).

(1) On prétendit que le titre d'*abbas* ne pouvait convenir à Gerson, quoiqu'il se donnât en Italie (suivant plusieurs auteurs) aux commendataires et aux séculiers; or, ce titre était bien dû à Gerson, chancelier de Notre-Dame et de l'Université de Paris en 1394, doyen de Bruges en 1400, enfin, en 1405, abbé com-

D'autres manuscrits trouvés postérieurement, avec les noms de Jean Gersen encore, *Joannis Gersenis,* mais accompagnés de ces mots *Cancellarii Parisiensis,* ne devaient point laisser douter qu'en désignant l'illustre chancelier de Paris, on n'eût écrit *sen* pour *son,* suivant une prononciation usitée encore en quelques pays.

Ces faits en faveur de Gerson n'empêchèrent point que de vifs débats mêlés d'injures ne s'élevassent en 1650 entre plusieurs savans, que dis-je? entre des chanoines réguliers qui défendaient Kempis, et des bénédictins qui tenaient pour Gersen. Les choses en vinrent au point qu'un gerséniste, C. Cajétan, ayant été, dans un factum, traité de *rabougri* par un kempiste, tous les partisans de Gersen se récrièrent contre cette injure, sur l'étendue de laquelle on n'était pas d'accord. Une plainte nouvelle fut jointe au procès, et le tout porté devant le parlement de Paris. L'Académie française, consultée sur le sens du mot *rabougri,* répondit qu'il ne signifiait rien autre chose qu'un corps imparfait et raccourci. Cajétan parut satisfait de l'explication, et le parlement, après six audiences consécutives, se prononça en faveur de Kempis (1).

mendataire de la cure de Saint-Jean en Grève. (Lebeuf, *Descript. de Paris*, t. I, p. 138; Gence, *Nouvelles Considérations sur l'auteur de l'Imitation*, p. 33.)

(1) *Jugement contradictoire de nos seigneurs du Parlement.*

Cela ne termina point les querelles : plusieurs pays de l'Europe et de nombreuses communautés continuèrent à se disputer le livre, à le réimprimer et à le traduire, autant que possible, dans l'esprit le plus conforme au leur.

« Dans la ferveur des querelles du jansénisme, dit M. de Feletz (*Journal de l'Empire*, 12 juillet 1813), chaque parti voulait attirer à lui les écrivains renommés, les ouvrages les plus célèbres. On s'imagine bien que dans cette émulation, égale des deux côtés, ils ne négligèrent pas l'*Imitation de J.-C.* L'auteur de cet excellent livre, qui s'était contenté d'être un pieux et fervent chrétien, choquait également, dans quelques unes de ses propositions, les deux doctrines opposées; mais plus d'une fois les traducteurs, suivant le parti auquel ils étaient dévoués, mettaient toute leur habileté à dissimuler, par une adroite traduction, cette opposition qui les contrariait. C'est ainsi que le traducteur de Port-Royal, Le Maistre de Sacy, trouvant dans le quatrième livre un chapitre intitulé : *Quod utile sit sæpè communicare*, dissimule cette invitation à la fréquente communion dans cette paraphrase, qui est une traduction bien infidèle : « Comment l'âme pieuse doit trouver

---

de Paris, etc., réimprimé dans *la Contestation touchant l'auteur de l'Imitation de J. C.*; Paris, Séb. Cramoisy, 1652, in-4° de 240 pages. Sentimens de l'Académie française, etc. Barbier, *Dissertation*, etc., p. 172 et 173.

dans la sainte communion sa force et sa joie. » J'ai ouï dire qu'un janséniste, encore plus hardi, avait entièrement dénaturé cette phrase dans une édition latine, par la seule transposition du mot *sæpè*, en écrivant : *Quod sæpè utile sit communicare*, « qu'il est souvent utile de communier. » De leur côté, leurs adversaires ne s'oubliaient pas ; et le père Girard, ayant trouvé cette proposition qui contrariait un peu la grâce suffisante : *Non possumus nobis ipsis nimis credere, quia sæpè gratia nobis deest et sensus*, au lieu de lui donner son interprétation naturelle : « Nous ne pouvons pas trop nous fier à nous-mêmes, parce que souvent la grâce et l'intelligence nous manquent, » l'avait ainsi traduite : « Nous ne devons pas trop *nous en faire accroire*, parce que souvent *nous manquons à la grâce*, et que nous sommes *trompés par les sens*. » C'est une véritable escobarderie. »

Bossuet, bien digne de s'élever au-dessus des préventions de l'esprit de parti, dit dans la version française de sa *Défense de la déclaration du clergé de France de* 1682 : « Enfin la vie de « Gerson fut si sainte, et ses écrits si édifians, qu'il « mérita d'être regardé comme auteur du livre « plein d'onction qui a pour titre : *de l'Imitation* « *de J.-C.* »

Au nom de Bossuet joignons celui d'Ellies Dupin, qui, sans avoir les preuves que nous avons acquises dans la question qui nous occupe, penchait déjà en faveur de Gerson, comme on peut le voir dans la *Dissertation latine* qu'il a mise en tête de son édition des œuvres du Chancelier (1).

Quant à Thomas de Kempis, qu'on a cru, et que beaucoup de personnes croient encore auteur de l'*Imitation*, parce qu'un manuscrit de 1442 est signé de lui, il en existe un autre antérieur, qu'on opposait à ses partisans; mais ce manuscrit signalé par les Bénédictins, tantôt on en contestait l'existence, tantôt l'exactitude de ceux qui disaient l'avoir vu à l'abbaye de Saint-Trond, où on ne l'avait pas retrouvé. Un honorable partisan de Gerson me disait qu'il croyait ce manuscrit détruit par les Kempistes : il n'en était rien; un

---

(1) L'illustre Ellies Dupin, ce religieux ami de Rollin, fut aussi le zélé défenseur des libertés de l'Église gallicane, sans vouloir néanmoins, pas plus que Gerson, porter atteinte à l'unité de l'Église universelle. « Lorsque nous parlons des libertés de
« l'*Église gallicane*, dit un savant orateur, ce n'est point par
« esprit de dissidence ou de désunion avec l'*Église romaine*,
« comme si c'était une invention pour rompre l'unité de l'*Église*
« *universelle*. Il est de fait, au contraire, que l'Église gallicane
« a toujours été invariablement unie à l'Église universelle, mais
« sans cesser pour cela d'être jalouse de sa première discipline;
« se montrant aussi modérée que ferme dans ses maximes; éga-
« lement éloignée de la licence et de la servitude, sans que ja-
« mais sa soumission ait diminué sa liberté, ni que jamais sa
« liberté ait porté la moindre atteinte au principe de l'unité. »
Introduction aux *Libertés de l'Église gallicane*, par M. Dupin, docteur en droit, et avocat à la Cour royale. (Paris, 1826.)

hasard heureux me l'a fait découvrir. On va en juger l'importance par un passage curieux du *Voyage littéraire de deux Bénédictins de la congrégation de Saint-Maur.* Les PP. Martenne et Durand disent (p. 199 de la deuxième partie de cet ouvrage; in-fol., Paris, 1717) qu'étant arrivés à l'abbaye de Saint-Trond, dans le pays de Liége, ils y virent un manuscrit de l'*Imitation de J.-C.*, sans nom d'auteur, ne contenant que les trois premiers livres, et commençant ainsi : *Incipiunt ammonitiones*, etc. « A la fin du troi-
« sième livre, ajoutent nos Bénédictins, on lit
« ces mots : *Hunc libellum fecit fieri Walterus*
« *de Stapel prior monasterii S. Trudonis, qui per-*
« *fectus fuit anno* MCCCCXXVII, ce qui (*disent en*
« *terminant les savans voyageurs*) décide la ques-
« tion touchant Thomas à Kempis, qu'on a fait
« auteur de cet admirable livre, puisque son pré-
« tendu *original* n'a été écrit qu'en 1442. »

Ce manuscrit, je ne songeais pas même à le chercher, quand, me trouvant au mois d'août 1836, chez un libraire de Gand, il me dit qu'il en avait un fort beau sur parchemin, provenant de l'abbaye de Saint-Trond, et qu'il le donnerait pour un prix *raisonnable*. Je le lui achetai. C'est, sans aucun doute, celui de nos Bénédictins; il est aujourd'hui dans ma bibliothèque, où l'on peut le consulter.

Ce n'est pas seulement en écartant Kempis que

ce manuscrit avance la question ; on verra quel poids mettent dans la balance de Gerson ces trois livres séparés, dont nous trouverons à Valenciennes l'original français accompagné de preuves.... Mais n'anticipons pas.

Encore un mot sur Kempis : s'il restait des doutes à ses partisans, nous leur rappellerions que Kempis, qui a bien composé quelques petits traités pour l'édification des jeunes gens, était aussi copiste de son monastère, dans la *Chronique* duquel on lit sur lui une note qui ne laisse point de doute à cet égard (1). C'est donc en qualité de copiste, et non d'auteur, qu'il a apposé son nom au manuscrit.

Si Kempis était l'auteur de l'*Imitation*, l'eût-il signée, lui qui demande à Dieu (liv. III, ch. XV) de rester inconnu? *Da mihi nesciri!*

Gersen demeuré, lui, bien inconnu, et regardé comme un nom imaginaire, ou comme l'ombre d'un grand nom, *magni nominis umbra;* Gerson, en dépit de quelques réclamations venues de temps en temps de l'Italie ou de l'Allemagne, voyait s'accroître ses partisans, en tête desquels il faut nommer le vénérable M. Gence, qui, après avoir défendu dans plusieurs articles de la *Biographie*

---

(1) *Scripsit Bibliam nostram totaliter, et alios multos libros pro domo et pretio. Insuper composuit varios tractatulos ad œdificationem juvenum.* (Chr. Montis S. Agnetis, *Antverpiæ*, 1621.)

universelle, dans sa belle édition latine de l'*Imitation*, et dans d'autres écrits, les titres de Gerson, se flattait de les voir enfin légitimés : c'était presque une Restauration.... Hélas ! rien ici-bas de stable.

La révolution de Juillet n'était pas terminée, on se battait encore, je crois, quand un de ces hommes intrépides qui ne démordent point d'une idée, ou même de l'ombre qu'ils ont embrassée une fois, M. de N......y, italien, et champion un peu rude (j'en suis fâché) de ce Gersen imaginaire que, dans plusieurs écrits, il avait dès long-temps proclamé auteur de l'*Imitation*, se trouvait à Paris, et il y cherchait, non point des places, des honneurs, mais les plus vieux textes du livre en question, les opposant *in petto*, à l'arrêt du parlement qui a dépossédé son prétendu Gersen.

Plus occupé du *problême* à résoudre, que de la révolution de Juillet, dont il est à cent lieues dans le récit qu'il a écrit sur sa grande découverte, le nouvel Archimède, à quelques pas du Louvre, se trouvait absorbé devant un rayon de ces livres anciens, qui parfois valent bien les nouveaux; quand, tout à coup, un manuscrit en parchemin de l'*Imitation*... le frappe ! Point de date ni de nom d'auteur; mais qu'importe ? à l'écriture, à ce parfum de vétusté, à vingt autres indices, qu'il croit y reconnaître, « nul doute, ce précieux

Codex est du XIIIe siècle, et bien antérieur et à Kempis et à Gerson : il est donc de Gersen » (qui probablement n'a jamais existé).

Notre gerséniste, plus heureux cent fois (nous le croyons sans peine) que si un portefeuille lui était tombé dans les mains, songeait à la révolution nouvelle, inévitable, qu'un événement aussi décisif allait opérer en faveur *du vénérable Jean Gersen, abbé du monastère de Saint-Étienne en la ville de Vercelli* (ce sont les expressions de M. de N... y). Il fait en conséquence imprimer et réimprimer et traduire en français et en italien le *Codex*, avec un portrait du *vénérable abbé Gersen*, qu'il dit très ressemblant, en appelle à l'Europe savante, et, sûr de sa victoire, enjoint à tous les partisans de Gerson et de Kempis de se retirer. *Gersoniani, Kempensesque omnes, valete!* leur crie-t-il en latin, afin d'être entendu partout (voir la préface latine des éditions du Codex).

Loin d'obtempérer à ce *valete*, gersonistes et kempistes s'arment, contre le Codex, de nombreux argumens qui ne font que glisser sur l'esprit de leur adversaire, armé d'un parchemin solide. A tous les argumens il riposte par un nouveau chant de victoire. *E sempre bene!* Toujours bien! D'autant mieux qu'une conviction en entraîne d'autres : on examine le Codex, et tandis que les uns n'y voient que les caractères du XVe siècle, d'autres, au contraire, y croient apercevoir le XIIIe. On s'échauffe; des érudits français, italiens, allemands et flamands se divisent; chaque parti s'exalte et triomphe, tandis qu'un membre de l'Institut de France dit malignement à ceux qui croient avoir éclairci la question :

Fecistis probè !
Incertior sum multò quàm dudum (Ter).

« Vous avez bien opéré ! Me voilà plus incertain qu'auparavant. »

On a pu l'être, il faut l'avouer, au premier examen du Codex. Ce n'est qu'après qu'on a généralement reconnu qu'il ne remontait pas au-delà du XVe siècle, non plus que ce *Diarium*, ou journal d'une famille italienne où l'*Imitation* serait mentionnée sous la date de 1349; c'est 15 au lieu de 13 qu'il fallait lire. Le *specimen* de ce *Diarium* n'a rien changé à l'opinion de MM. les membres de l'Académie des Inscriptions et Belles-Lettres, et des hommes distingués qui se sont occupés de cette question. Dans seize jugemens au moins, diversement motivés, et publiés chez Moquet en 1835, tous persistent à croire que le Codex est du XVe siècle. De semblables autorités, les conseils même des hommes éclairés qui ont fait le plus de concessions au système de M. de N...y, engageront, nous l'espérons, le respectable gerséniste à tenir compte de faits prouvés, et à ne pas persister dans une défense sans base, mais non sans dévouement, au milieu d'un siècle aussi positif que le nôtre.

Le nom trompeur de Gersen écarté, comme il le fut en 1652, il était naturel de s'arrêter au vœu exprimé par Corneille (dans la préface de son *Imitation*) que quelque preuve vînt confirmer les titres présumés de Gerson.

« Mais comment, a-t-on dit, ce Gerson qui
« avait dans l'esprit tant d'indépendance, eût-il
« écrit dans l'*Imitation*, tant de choses soumises,
« entre autres, ces mots du Liv. III, Ch. 13 :
« *Disce obtemperare, pulvis; disce te humi-*
« *liare, terra et limus, et sub omnium pedi-*
« *bus incurvare; disce voluntates tuas fran-*
« *gere?* (1) »

Nous répondrons que ce même chapitre est accompagné, dans certaine traduction, de réflexions plus humbles encore, publiées en 1827 et depuis, par l'homme hors de ligne qui allait nous donner *les Paroles d'un Croyant*, écrit lumineux sans doute, car, même en *trébuchant*, les astres nous éclairent, mais qu'assurément on ne croirait pas sorti de la même plume.

Quant à Gerson, s'il a *trébuché*, lui (ce que nous ne croyons point), on concevrait son chan-

---

(1) « Apprends à obéir, poussière; apprends, terre et limon, « à t'humilier, à fléchir sous les pieds de tous; apprends à briser « tes volontés. »

gement, et nous verrons par quelle humilité sublime il se fût relevé (1).

Avant de nous occuper de ses titres à l'*Imitation*, parlons du titulaire, cet homme illustre, mais encore plus vertueux. Né en 1363, près de Rhetel, diocèse de Reims, dans le hameau de Gerson dont on lui donna le nom, suivant un usage adopté pour les grands théologiens, Jean Charlier, aîné d'une famille nombreuse, reçut de ses parens des exemples d'une piété d'où un génie heureux et une instruction forte devaient faire sortir plus tard les fruits les plus féconds. Élevé par son seul mérite à la prêtrise, au grade de docteur en théologie, à la cure de Saint-Jean en Grève, enfin au rang de chancelier de Notre-Dame et de l'Université de Paris, Gerson comprit l'importance de ces fonctions et refusa celles d'aumônier et de confesseur du Roi. Au milieu des troubles où se trouvaient plongées, l'Europe par le grand schisme dont nous parlerons, la France par les dissensions des maisons d'Orléans et de Bourgogne et par d'autres causes connues, Gerson comprenant que le devoir du corps théo-

---

(1). Au reste, ce chapitre, qui, selon moi, n'est que le développement du *discas te ipsum frangere* d'un précédent chapitre sur la *Vie monastique*, pourrait bien avoir été fait pour quelques moines orgueilleux, précurseurs de Luther. Luther lui-même semble être, par anticipation, l'objet de plusieurs traits frappans. Je reviendrai sur ce sujet.

logique et littéraire dont on l'avait nommé le chef, était de dire la vérité aux grands, sans la taire au peuple, ne recula point devant cette dangereuse mission. Sa première démarche fut de se rendre, au nom de l'Université, devant le faible Charles VI, et de lui signaler, dans un discours français qui nous a été conservé, les abus, les excès auxquels était en proie le royaume par la faute des princes, *car leur dissension*, dit le courageux orateur, *est trop nuisable et rechét toute sur le pauvre peuple*. Après avoir énuméré les maux causés aux *gens petits* par les *varlets* de certains grands tolérés par les maîtres, il dit au Roi : « Toy, prince, tu ne faicts pas telz maux, il est vrai ; mais tu les souffres ; advise si Dieu jugera justement contre toy en disant : Je ne te punis pas ; mais si les diables d'enfer te tourmentent, je ne les empescheray point (1). »

Le frère du Roi, le duc d'Orléans, sur qui tombaient les traits les plus piquans de ce discours, ne put, en l'entendant, se contenir (2). Il en té-

(1) Ce discours, qui était très rare, vient d'être en partie reproduit par l'auteur des *Leçons et Modèles de Littérature française ancienne et moderne, depuis Ville-Hardouin jusqu'à M. de Chateaubriand*.

(2) Gerson, qui était loin de vouloir offenser, avait pris en vain ses précautions dans son exorde, où il dit à Dieu, du fond de son âme : « Accomplissez, vous supplions, les bons désirs « de nous tous, par vostre inspiration saincte et secrette. Et qui « est ce désir? Dieu, vous le savez : *Vivat Rex*, vive le Roy. Et

moigna son mécontentement à Gerson et se plaignit à l'Université de son chef. Lui, toujours ferme et calme, ne rétracta rien et fut loin d'en vouloir à celui qu'il avait offensé. Il le prouva bien : ce même duc d'Orléans étant tombé victime d'assassins soudoyés par Jean-Sans-Peur, chef de cette maison de Bourgogne à laquelle Gerson était attaché dès long-temps par la reconnaissance, ces précédens n'empêchèrent point l'ami de l'ordre et de la vérité de s'élever avec chaleur contre l'assassinat, et de prononcer à Saint-Jean en Grève l'éloge du défunt, dans ce qu'il avait de louable. En butte alors à la haine de Jean-Sans-Peur et d'une populace effrénée, qu'il ne flattait point, Gerson, qui habitait le cloître Notre-Dame, fut un jour sommé par les *Cabochiens* de payer une taxe illégale, dont ces ennemis de tout ordre, « sous manière d'emprunt, dit Juvénal des Ur- « sins, grevoient tous ceux qui avoient renommée « d'avoir argent, tant de parlement, que des mar- « chands et bourgeois de Paris ; et s'ils ne *pres-* « *toient* promptement, on les envoyoit en diver- « ses prisons. » Voilà nos emprunts forcés.

Gerson, plutôt que de céder à l'injustice, laissa

« vous, très noble et excellent Prince, et tous messeigneurs,
« plaise vous entendre patiemment et bénignement ce qui est à
« dire ; ne prenant point tant de garde à l'humilité ou exiguité
« de ma pauvre personne indigne, indigne est-elle, ne à la ru-
« desse ou indiscrétion du langage, comme au faict en soy, qui
« est tant juste et raisonnable. »

piller et *'rober* sa maison, et *se bouta*, ajoute des Ursins, *ès haultes voustes de Nostre-Dame*, car le fait a été rapporté avec de légères variantes. Des historiens disent que Gerson resta plusieurs mois dans cet asile. On peut croire qu'heureux de se trouver momentanément comme en dehors des affaires, au-dessus des passions humaines, et rapproché de Dieu, il y méditait quelques uns de ces beaux écrits, son traité *de la Contemplation*, par exemple, qu'il fit d'abord en français, ensuite en latin, et dont il traduisit le titre par ces mots : *de Monte Contemplationis*, qu'on pourrait retraduire par ceux-ci : *des Hauteurs de la vie contemplative*.

Nous le verrons souvent, dans l'*Imitation*, s'élevant ainsi jusques dans le sein de Dieu; car alors il sera désabusé, même de cette recherche de la vérité qu'il avait cru trouver dans les discours des hommes et dans leurs livres, et qui lui apparaîtra sous les traits de Dieu même, avec lequel, par une union sublime (*Veritas-Deus*), il la confondra dès ce IIIe chapitre de l'*Imitation*, traduit à peu près ainsi par Corneille :

> O Dieu de vérité (*) pour qui seul je soupire,
> Daigne m'unir à toi par de forts et doux nœuds;
> Je me lasse d'ouïr, je me lasse de lire,

(*) M. de Genoude traduit : *O Vérité mon Dieu!* Après lui, M. Gence : *O Vérité, Dieu même*. MM. de Lamennais et Dassance : *O Vérité qui êtes Dieu*.

> Mais non pas de te dire :
> C'est toi seul que je veux.
> Parle seul à mon âme, et qu'aucune prudence,
> Qu'aucun autre docteur ne m'explique ta loi ;
> Que l'univers entier se taise en ta présence,
> Toi seul, ô mon Dieu! parle-moi (1).

Dieu lui-même semblait en effet lui parler, quand, au milieu d'hommes ignorans ou corrompus, il luttait presque seul contre les superstitions, les vices et les crimes de son siècle ; quand il attaquait, par exemple, l'astrologie judiciaire, les visions, les talismans et des écrits, des arts qui devaient éclairer, et qui souvent ne faisaient que corrompre; quand enfin, à l'exemple des plus illustres Pères, distinguant de la Loi de nature et des figures du Vieux-Testament, les pures lumières de l'Évangile, il flétrissait, de sa vertueuse indignation, jusque dans un prince qu'il aimait, la honteuse doctrine de l'assassinat politique, Dieu lui-même alors l'inspirait!

Dans cette carrière et si belle et si droite, remarquons pourtant un léger écart, non quand il poursuivit *le Roman de la Rose*, aussi licencieux qu'ennuyeux, mais quand, par un amour outré de la vérité, il alla jusqu'à condamner ces fictions innocentes, ces drames latins qui déjà se jouaient

---

(1) *O Veritas-Deus! fac me unum tecum in caritate perpetuâ. Tœdet me sœpè multa legere et audire. In te est totum quod volo ac desidero. Taceant omnes doctores, sileant universæ creaturæ, in conspectu tuo : Tu mihi loquere solus.*

dans les colléges, et que plus tard Montaigne (Liv. III, ch. 25) approuva comme un exercice utile aux jeunes gens.

Cette exagération, renouvelée de Platon, on peut croire que Gerson l'abandonna, lui qui fit non seulement de fort beaux vers jusque dans les dernières années de sa vie, mais même une espèce de drame en distiques latins où il fait dialoguer *la Raison, la Conscience, le Cœur* et *les cinq Sens*. On peut voir à la Bibliothèque Royale, n° 733, le manuscrit français de cette véritable *Moralité*, qui ne se trouve qu'en latin dans les œuvres de Gerson, t. IV, p. 830. Le dialogue, au reste, cette forme dramatique, se trouve dans l'*Imitation* même et dans d'autres écrits de Gerson.

Nous le verrons tout à l'heure dans sa vieillesse tel que son frère le peindra, moins excessivement vertueux et plus près peut-être de la vérité, car l'excès, même dans le bien, est un mal :

La parfaite raison fuit toute extrémité,
Et veut que l'on soit sage avec sobriété.

Soyez sobrement sage, dit Montaigne, dans son chapitre de *la Modération*, où il ne fait que traduire le mot profond de saint Paul, *sapere ad sobrietatem*, dont la morale du *Misanthrope* est le développement.

Nous avons laissé Gerson *retranché sous le*

ciel (1) dans la maison de Dieu, contre un despotisme brutal. Quand il put reprendre ses fonctions, ce ne fut que pour les exercer avec plus d'intrépidité, en poursuivant, non seulement devant l'Église et l'Université de Paris, mais encore au concile de Constance, un écrit de Jean Petit, qui osait, enhardi par *Jean-Sans-Peur* et par la faiblesse du Roi, justifier le meurtre du duc d'Orléans. Quoique dans tous ses discours Gerson *ne s'en prît qu'aux péchés et jamais aux pécheurs*, il acheva de soulever contre lui le duc de Bourgogne et tous ses partisans, et se vit contraint, après le concile de Constance, où il avait représenté le roi de France, l'Église et l'Université de Paris, ou plutôt la vérité tout entière, se vit, dis-je, contraint de fuir sous le déguisement d'un pélerin et d'errer trois ans en Allemagne. C'est là, suivant M. Gence, qu'il aurait composé l'*Imitation*. Je crois avec Ellies Dupin que ce fut un peu plus tard, dans les dix dernières années de sa vie, pendant son séjour à Lyon, où il vint près de son

---

(1) Cette belle expression se trouve dans une petite pièce intitulée *La vraie Philosophie*, etc., que M. Gence vient de publier (1837), et dans laquelle l'indulgent et noble vieillard, que je remercie de son encourageante apostrophe, après avoir déploré que ce nom si beau de Gerson ait été si long-temps étouffé par *une ombre ennemie*, ajoute :

    Son nom résonne enfin; et notre Académie
    Rompt le silence, vote une palme d'honneur
    Pour qui loûra le mieux cet homme apostolique, etc.

frère, prieur des Célestins, chercher un asile, après la mort de Jean-Sans-Peur.

Nous avons de ce frère de Gerson une lettre en latin adressée à un autre Célestin, et qui, malgré ses diffusions et quelques obscurités, renferme les traits les plus beaux, les plus propres à répandre une vive lumière sur le caractère de Gerson et sur la question qui nous occupe. Cette lettre, qui n'a jamais été traduite, et qui se trouvait perdue dans les œuvres mêlées du chancelier et de quelques autres théologiens de son temps, méritait d'être plus connue. C'est ce qui m'engage à en mettre sous les yeux du lecteur plusieurs passages que je traduirai le plus brièvement possible. Elle a été écrite dans le mois de mai 1423, c'est-à-dire près de quatre ans après l'arrivée de Gerson à Lyon, et six ans et demi avant sa mort.

Le prieur Jean Gerson (car il porte les mêmes noms que son frère, avec qui on l'a quelquefois confondu) répondant à la demande que le frère Anselme, Célestin d'un autre couvent éloigné, lui avait faite de lui procurer les écrits de son frère le chancelier, dit que, (1) « quoique lui et ses re-

---

(1) *Licet.... à me meisque similibus sæpiùs interpellatus fuerit, ut.... de Scripturis Sanctis ad informationem morum nobis aliqua saltem suo modo disserere vellet, vix tandem ad hoc adduci potuit ut; extrà ea quæ vel ex injuncto cancellariatus officio, vel ratione scholastici exercitii compilare coactus est,*

« ligieux l'eussent très souvent prié de leur com-
« poser, d'après les Saintes Écritures, quelque
« ouvrage propre à former les mœurs, ils n'avaient
« pu, à l'exception des écrits commandés par ses
« fonctions publiques, l'amener qu'avec peine à
« leur en donner sous son nom quelques uns. »
Il en joint la liste, et dans cette liste incomplète, à
la vérité, ne se trouve pas l'*Imitation*, à moins
qu'elle ne fût, en partie peut-être, dans le volume
composé de diverses matières et pouvant être intitulé, dit le prieur : *Multa brevia et utilia à Can-
cellario parisiensi.*

« Quand nous insistions dans nos demandes,
« poursuit-il, il persistait dans ses refus, chan-
« geait de conversation, ou nous disait sévère-
« ment : Vous ne savez ce que vous demandez,
« lorsque vous avez sous la main les écrits... (*En
« voir l'énumération dans le texte ci-joint*).

pauca opuscula inferiùs annexa, sub nomine proprio voluerit conscribere.

.... Mox ut indè sibi sermo fiebat, aut velut obdurescebat, aut in aliud citiùs rem ducebat, aut duris sententiis nos increpitans dicebat : « Nescitis quid petatis. Ecce in promptu sunt *Augustinus*, super Psalterium; *Gregorius*, super Job; *Cassianus*, in Collationibus et institutionibus Patrum; *Bernardus*, super Cantica; *Richardus*, de duodecim Patriarchis et de Arcâ mysticâ; *Bernardus iterùm*, Ad fratres de Monte Dei; *Hugo*, de Oratione; *Anselmus*, in Meditationibus; *Augustinus iterùm*, in Confessionibus et Soliloquis; auctor præstereà Summæ de Virtutibus et Vitiis; auctor, de Spiritu et Animâ, et reliqui quàm plurimi. »

« Quant aux siens (1), leur auteur les a tellement
« négligés, que s'ils n'avaient été recueillis et
« transcrits par la pieuse sollicitude de quelques
« bonnes âmes, peut-être n'en resterait-il rien.
« Plusieurs, un entre autres, intitulé *de Nuptiis*
« *Sapientiæ*, sont entièrement perdus, *perdita*
« *sunt omnia.* »

Il fait ici l'éloge des vertus de son frère et de sa doctrine, « qu'aucune erreur n'a ternie, » *nullius erroris aspergine fœdata*. Après avoir parlé de son courage, surtout au concile de Constance, où, quoique ambassadeur du roi de France, il fut souvent obligé de défendre, en son nom propre, les principes de justice attaqués par l'audace, et trop faiblement soutenus par la crainte, le bon religieux compare son frère à un chien fidèle et vigilant (2) qui, pour n'avoir cessé de se déchaîner contre les hérésies, en défendant la vérité, s'était vu chassé de sa maison, privé de ce qu'il avait de plus cher, et en butte à d'innombrables embûches.

(1) *Ita neglexit, uti nisi piâ quorumdam curâ fuissent diligentiùs recollecta et transcripta, nescio si usque modò comparerent.*

(2) *Adversùs pestiferas hæreses quantos latratus, more fidelissimi et vigilantissimi canis, ediderit, vel hæc sola res indicium est quod, veritatis tuendæ causâ, domo, patriâ, civitate, cognatis, amicis, dignitatibus, rebusque propriis privatus est, et ex illis propulsus, ac innumeris insidiis expetitus.*

« C'est, ajoute-t-il (1), ce qui lui a fait cher-
« cher un refuge dans cette belle ville de Lyon,
« où il mène, déjà depuis près de quatre ans, la
« vie la plus tranquille, et si retirée que vous le
« prendriez pour un des ermites, quoiqu'il n'ait
« pas encore cherché le désert, et qu'il habite au
« milieu de son peuple : sur quoi beaucoup de
« gens s'étonnent et questionnent : Que fait-il ici,
« dit-on, si solitaire? Pourquoi ne se produit-il
« pas en public? Que ne va-t-il apaiser ces flots
« de colères qui débordent de toutes parts? Que
« fait-il enfin? — Ce qu'il fait ?

(1) *Proptereà refugium sibi cooptavit in hac præclarâ Lug-
dunensi civitate, in quâ jam ferè per quadriennium demoratus
est, vitam quietissimam ducens, et tam solitariam, ut unum ex
heremicolis crederes, nisi quod deserti recessus nondùm petiit,
sed habitat in medio populi sui, mirantibus multis et inquiren-
tibus : Quid hìc agit tam solitarius? Cur ad publicum non procedit? Cur non it sedatum hominum jurgia quæ tam acriter
ubiquè debacchantur?... Quid agit? inquiunt. — Multùm, aio :
coaptat animum unicuique,... omnibus omnia factus; modò per
gratiarum actiones, illis applaudendo, modò piis orationibus
illos adjurando, hos exhortando, illis compatiendo.*

*Inter hæc, non crederes quantis lacrymarum profluviis ab
intimo cordis proruentibus deflet miserabilem cladem, nunquam
dignis planctibus adæquandam, præclarissimi Franciæ regni,
quod intestinis et civilibus bellis disrumpitur atrociter et vasta-
tur, et præda hostibus patet.... Suspiriis et singultibus tumidum
cor exonerans, sedet solitarius et tacet, quoniam dies mali
sunt, et præstolatur cum silentio salutare Dei, si fortè sit spes,
si veniat tempus miserendi ejus, et pulchra pax, longiùs effu-
gata, redeat aliquandò jocondior. Ob hoc juge sacrificium nos-
træ redemptionis in altari non cessat offerre.*

« *Il prend tout doucement les hommes comme ils sont,*
« *Accoutume son âme à souffrir ce qu'ils font* (*).

« Il se fait tout à tous : tantôt leur rend grâce ou
« les félicite, tantôt les aide de ses pieuses prières,
« exhorte les uns et compatit aux autres.

« Au milieu de ces soins, vous ne pouvez vous
« figurer par quels torrens de larmes échappées
« du fond de son cœur, il déplore la ruine à ja-
« mais déplorable de ce beau royaume de France,
« dépouillé, déchiré par les guerres civiles, et
« abandonné, comme une curée, à ses ennemis...
« Vous le verriez (Gerson) donnant un libre
« cours à ses soupirs, à ses sanglots, immobile,
« solitaire, se taisant (car les jours sont mauvais);
« et dans son silence, attendant le secours de
« Dieu, si quelque espoir, si l'heure de sa miséri-
« corde, si une douce paix trop long-temps ban-
« nie, peut revenir plus douce. C'est pour l'ob-
« tenir qu'il ne cesse d'offrir sur l'autel le perpé-
« tuel sacrifice de notre Rédemption. »

Le prieur va nous montrer ici son frère s'élevant aux plus hautes contemplations, et le peindre
en traits dignes de Bossuet.

« Mais s'il s'aperçoit (1) que le moindre souffle

(*) Ce qu'ils lui font à lui de mal; c'est en ce sens que je cite ces vers, comme un heureux équivalent de *coaptat animum unicuique*, car Gerson n'est pas *le Philinte de Molière*, qui voit avec indifférence les maux de ses semblables, mais bien le Chrétien compatissant; nous allons en avoir la preuve.

(1) *Quod si persenserit auram vel tenuem humanæ vanitatis*

« des vanités humaines tente de l'ébranler, vite il
« descend de ces hauteurs au plus profond de la
« vallée, et s'y met en lieu sûr; suivant morale-
« ment l'exemple du hérisson, qui, aux attaques
« de son ennemi, se recueille, en se repliant tout
« entier sur lui-même. » Images frappantes de l'humilité et de la vie intérieure, si souvent recommandées dans l'*Imitation* (*).

aliundè perflare, et ruinam minari; mox ab alto desiliens, sese in ima recipit, et in tuto locat.... More spiritualis erinacei, totum se in se curvando recolligit.

Non igitur putes illum.... inerti otio totâ die torpescere, quando quidem nec ipsius diei decursus interdùm sufficit ad explenda quæ salubriter suggerit animus : etiam nocti sæpiùs detrahendum est, et intempestâ noctis horâ, nonnunquàm mediâ nocte surgendum est ad confitendum nomini Domini.... I nunc, et ipsum maris hujus procellosi periculis rursùm expone. Nonne consultius est delectari in Domino, et vacare bonæ menti, quàm quotidiè frustrà niti, et nitendo nisi odium quærere, quando perversi difficile corriguntur, et stultorum infinitus est numerus. Addo, quod sicut ipse mihi sæpiùs testatus est, nunquàm, quantùm meminit, tantâ pace et cordis alacritate perfruitus est quàm hoc aliquanto temporis intervallo, quo plus acriter in eum jam sexagenarium desævit inimicus, et variis tribulationibus est ventilatus. Sic veraciter enuntiavit qui ait : Mala quæ nos hìc premunt, ad Deum ire compellunt.

Hoc modo exilium, persecutiones ingensque furia mundi ferventiùs eum in amorem Dei et odium sæculi intenderunt, et, vice cotis, pulchriorem et splendidiorem reddiderunt, Quapropter etiam, gloriabundus in Domino, mihi dixit aliquando sentire ingenium clarius et vivacius inesse nunc sibi quàm unquàm anteà. Ob hoc etiam egregia scripsit opuscula quæ dùm mihi nuper communicavit, tam avidè perlegi, ut illorum doctrinâ, veluti vino meracissimo, ebriatus fuerim.

(*) On peut voir un rapprochement semblable dans l'*Abufar*

« Ne croyez pas néanmoins, poursuit le prieur,
« qu'il reste tout un jour engourdi dans l'inac-
« tion, lorsque même parfois le cours d'une jour-
« née ne peut suffire à l'achèvement des travaux
« salutaires que lui suggère son esprit. Très
« souvent il est obligé de prendre sur ses nuits,
« et il se lève, au milieu des heures du repos,
« pour bénir le nom du Seigneur.... Allez donc
« maintenant le rembarquer sur ces flots d'une
« mer orageuse ! N'est-il pas bien plus sage de
« goûter, dans le calme de sa conscience, les joies
« du Seigneur, que d'aller lutter chaque jour,
« pour ne remporter de ces luttes que la haine,
« quand la conversion des méchans est si difficile,
« et le nombre des insensés si grand ? J'ajoute
« (et lui-même me l'a très souvent assuré) qu'il
« n'a jamais, autant qu'il se le rappelle, joui d'une
« paix, d'une joie plus profonde que dans ces
« momens où, déjà sexagénaire, il s'était vu en
« butte aux traits acharnés de son ennemi (*Jean-*
« *sans-Peur*), et à des tribulations si diverses. Tant
« est vrai ce mot : *Misère humaine — à Dieu*
« *ramène* (*).

« C'est ainsi qu'en l'éloignant du siècle et le

de Ducis, où l'homme, abandonné à ses passions, est mis au-dessous du chameau qui se dérobe aux vents sablonneux du désert, en se cachant la tête; ce qui ne vaut pas pourtant *totum se in se curvando recolligit.*

(*) Voir le ch. xii, Liv. I, de l'*Imitation*, sur les *Avantages* de l'adversité.

« tournant plus vivement vers Dieu, l'exil, les
« persécutions et la fureur des hommes ont été
« pour son âme la pierre qui aiguise, et l'ont
« rendue plus belle et plus brillante. Aussi m'a-t-il
« dit quelquefois, en glorifiant le Seigneur, qu'il
« ne s'était jamais senti l'esprit plus pur ni plus
« vif. C'est ce qui lui a fait composer d'excellens
« écrits qu'il m'a depuis peu communiqués, et
« que j'ai lus si avidement, que leur doctrine,
« comme un vin généreux, m'a, pour ainsi dire,
« enivré. »

Le bon prieur termine en exprimant à son frère en religion le regret que la longue distance qui les sépare de corps, et non de cœur, ne leur permette pas, pour le moment, de puiser en commun à cette source pure, et s'y réconforter.

Telle est cette lettre, qui nous peint avec autant de vérité que d'élévation l'état de l'âme de Gerson, dont le détachement pour les choses d'ici-bas était sans doute arrivé à son comble, lorsque, dans les six années suivantes, qui précédèrent sa mort, il me paraît avoir achevé cette *Imitation* où le *Da mihi nesciri* et les maximes relatives à la vie monastique ne nous étonneront plus, cette *Imitation*, dis-je, où nous lirons, comme une conséquence des sentimens de l'auteur, si naïvement exprimés par son frère, cette prière sublime, ainsi paraphrasée par Corneille :

Je le veux, ô mon Dieu, si je fais quelque bien,

Pour en louer ton nom, qu'on supprime le mien,
Que l'univers entier, par de communs suffrages,
Sur le mépris des miens élève tes ouvrages;
Que même en celui-ci mon nom soit ignoré,
Afin que le tien seul en soit mieux adoré;
Que ton Saint Esprit seul en ait toute la gloire,
Sans que louange aucune honore ma mémoire (1).

Le vœu exprimé dans ce dernier vers n'a été que trop accompli par nous : Gerson, trop peu connu comme auteur de l'*Imitation*, l'est encore moins par ses autres écrits, où il a pourtant le mérite, en traitant les plus hautes questions de théologie et de morale, de les avoir débarrassées des subtilités de son temps. Son amour de la vérité, ses luttes courageuses contre les abus, de quelque part qu'ils vinssent, l'ont fait regarder avec crainte, même des gens religieux qu'a effrayés son indépendance mal comprise. De là le silence gardé sur son caractère même; de là l'oubli de la volumineuse collection de ses œuvres (cinq grands *in-folio*) où se trouve malheureusement perdue, on ne peut trop le dire, la lettre si propre à faire connaître l'auteur de l'*Imitation*.

Cette lettre nous explique encore pourquoi la diction de Gerson, qui, dans ses ouvrages de controverse et dans ses discours d'apparat, est parfois inégale et recherchée, a pu atteindre au na-

---

(1) *Laudetur nomen tuum, non meum; magnificetur opus tuum, non meum; benedicatur nomen sanctum tuum, nihil autem mihi attribuatur de laudibus hominum*, etc.

turel sublime de l'*Imitation*. La vie égale et saintement paisible de l'auteur se réfléchit dans l'œuvre de sa vieillesse. Déjà, dans son traité sur la manière de conduire les enfans dans les voies du Christ, *De pueris ad Christum trahendis*, il avait eu soin de se plier au style de son sujet, et d'imiter, comme il le dit, la simplicité de l'enfance, en parlant des enfans (1). Rien de plus doux, de plus onctueux, de plus semblable à l'*Imitation de J.-C.*, que l'espèce de péroraison où l'illustre chancelier de cette Université qui se faisait gloire d'enseigner toutes les sciences à tous les hommes, *Universa universis*, descend encore de ces hauteurs, pour engager les enfans, surtout les plus pauvres, à venir apprendre avec lui leur catéchisme : « Ne craignez point, mes amis, leur
« dit-il; nous mettrons en commun nos biens
« spirituels. De vos biens temporels, je ne veux
« rien. Par un heureux échange, ce que je vous
« donnerai d'instruction, vous me le rendrez en
« prières ; ou plutôt nous prierons les uns pour
« les autres, et par là nous trouverons peut-être,
« que dis-je ! bien certainement, nous trouverons
« grâce près de notre père commun (2). »

(1) *Imitemur parvulorum simplicitatem, de parvulis locuturi.*
(2) *Venite fidenter; communicabimus mutuò bona spiritualia, quia temporalia vestra nulla requiro. Ego vobis doctrinam, vos mihi orationem impendetis, immò orabimus pro invicem.... Sic forte, nec jam forte, sed certâ spe, misericordiam inveniemus apud patrem nostrum.*

Quoique ce traité ne soit, pour ainsi dire, qu'une introduction, le digne interprète de l'Évangile y expose déjà

> Ces claires paraboles
> Où le Maître, abaissé jusqu'au sens des humains,
> Faisait toucher le ciel aux plus petites mains.
> De Lamartine.

Nous avons dit que la lettre du frère de Gerson était ignorée; voici pourtant un passage curieux où elle est mentionnée avec des circonstances nouvelles que nous avions omises pour y revenir, et que nous traduisons d'une dissertation latine d'Ellies Dupin, t. I, p. 79, de son édition de Gerson : « Il faut remarquer, dit-il, 1°. que, dix ans avant sa mort, arrivée en 1429, Gerson vécut à Lyon en solitaire. Nous apprenons, par une lettre de son frère Jean le Célestin au frère Anselme, écrite en 1423, que, depuis quatre ans, Gerson jouissait dans cette ville d'une paix telle, qu'il disait n'avoir jamais eu l'esprit plus libre ni plus vif. Le Célestin ajoute qu'on ne put jamais qu'avec peine résoudre son frère à publier sous son nom quelques opuscules, à l'exception de ceux qui tenaient à ses fonctions de docteur ou de chancelier; qu'il en avait négligé un grand nombre, dont quelques uns même, qu'il ne pouvait énumérer, étaient perdus. 2°. Que les Célestins avaient prié Gerson de leur composer quelqu'écrit sur ces paroles : *Si quelqu'un veut mar-*

cher sur mes traces, qu'il renonce à soi-même, qu'il porte sa croix et me suive. Ce fait est attesté dans la lettre de son frère, qui dit encore que Gerson avait reçu des Célestins la prière de leur faire un ouvrage qui pût les édifier, et qu'il écrivit en leur faveur un opuscule sur ces mots, par lesquels commence le IVe livre de l'*Imitation* : *Venez à moi, vous tous qui êtes affligés.....* Il a fait encore pour eux d'autres traités. N'est-il pas possible que, dans cette retraite, livré tout entier aux contemplations qui détournent du siècle les esprits pieux, il ait composé, sur la fin de sa vie, le livre de l'*Imitation ?* »

A l'appui de ces conjectures, comment Dupin ne mentionne-t-il pas le vieil ouvrage français intitulé l'*Internelle* (l'intérieure) *Consolation*, dans laquelle il aurait pu voir l'original des trois premiers livres de l'*Imitation*, car l'*Internelle Consolation*, ainsi que mon manuscrit des Bénédictins, n'a point ce livre IVe dont parle Dupin, ni d'excellens détails que l'auteur y a sans doute ajoutés, quand il a refait et complété l'ouvrage pour des religieux. Mais pour qui l'auteur l'aurait-il composé d'abord en français ? Voilà peut-être ce que Dupin s'est demandé, ou plutôt ce dont il ne s'est pas occupé, car cet illustre docteur, qui écrit beaucoup mieux en latin qu'en français, paraît n'avoir pas même recherché les compositions en langue vulgaire, dont il aurait pu enrichir le recueil presque tout latin que nous lui devons, des œuvres de Gerson. Ainsi le traité *de Monte Contemplationis*, dont nous avons parlé précédemment, nous ne l'avions pas en français, et l'on pouvait bien le croire perdu, puisque déjà, dans sa lettre, le frère de Gerson le met au nombre des écrits français dont l'existence est incertaine : *Incertum si et ubi supersint*. Mes recherches me l'ont fait découvrir à la suite d'ouvrages insignifians, dans un in-folio manuscrit, 6850 de la Bibliothèque Royale. Il est intitulé seulement, *de la Contemplation*, et il porte le nom de Jean Jarson (*sic*). En voici les premières lignes, qui vont jeter quelque jour sur la question qui nous occupe :

« Aucuns se pourroient esmerveiller pourquoy
« de tant haulte matière comme est de la vie con-
« templative je vueil escripre en françois plus que
« en latin, et plus aux femmes que aux hommes...
« Ad ce, je répons qu'en latin ceste matière est
« donnée et traitiée de saints docteurs, comme
« de saint Grégoire en ses Moralitez, de saint Ber-
« nard sur les Cantiques, et aussi de plusieurs
« autres. Si pevent avoir recours les clercs qui
« scevent latin à telz livres, mais aultrement est
« de simples gens, et par espécial de mes suers
« germaines, auxqueles je veuil escrire de ceste
« vie contemplative et de cest estat. »

Ces sœurs de Gerson étaient au nombre de

cinq, et vivaient à Rheims dans le célibat. M. Gence pensait déjà que Gerson avait pu composer l'*Internelle Consolation* pour ses sœurs, ou pour la famille du duc de Bourgogne, près de qui il avait passé à Bruges les trois années les plus paisibles peut-être de sa vie, avant sa retraite de Lyon.

Si l'*Internelle Consolation*, me disais-je, n'était qu'une traduction française de l'*Imitation*, en eût-on retranché des pensées excellentes et un livre sublime? Pourquoi aussi en eût-on changé l'ordre, de manière que le Ier livre se trouve être le IIIe, et le IIe le Ier? Ces raisons et beaucoup d'autres m'ayant fait présumer que l'*Internelle Consolation* était, au contraire, la leçon primitive, j'en recherchai long-temps les premières éditions indiquées par feu Barbier. La plus ancienne que j'aie pu me procurer appartient à la Bibliothèque Mazarine; mais, quoique de 1520, je n'y retrouvai guère, je l'avoue, non plus que dans un exemplaire de M. Gence, daté de 1531, ce cachet distinctif d'une œuvre originale, ce style vieux mais fort de Gerson, que j'avais pu apprécier dans le très petit nombre de ses écrits français venus jusqu'à nous; je compris qu'on eût regardé l'Internelle Consolation comme une *Traduction longuement explicative des trois premiers livres de l'*Imitation, et le silence de Dupin me parut alors trop significatif.

Je me sentais, plus que je ne puis dire, tourmenté de ma déconvenue, et de ne pouvoir plus avancer d'un pas vers cette lumière qui semblait toujours reculer au moment où je croyais l'atteindre, lorsqu'enfin mon frère, Aimé Le Roy, me fit connaître, à la bibliothèque de Valenciennes, un manuscrit in-fol. sur peau de vélin, volume inappréciable, dans lequel j'ai trouvé, d'abord, deux sermons inédits et français *moult solempnellement* (sic) *prononchez en l'église S. Bernard à Paris par vénérable et excellent docteur en théologie maistre Jean Jarson, chancelier de Nostre-Dame de Paris*; ensuite le texte de l'INTERNELLE CONSOLATION, moins des détails assez nombreux, et d'un style où rien ne sent la copie et l'addition explicative. Le tout *grossé* (une partie à Bruges et l'autre à Bruxelles, mais la même année et de la même main) *l'an mil cccc soixante et deux, par moi David Aubert*, et (ce qui est très remarquable) PAR COMMANDEMENT ET ORDONNANCE *de très haut, très excellent et très puissant prince Philippe duc de Bourgogne et de Brabant*.

Les deux sermons sur *la Passion*, précédés chacun d'une jolie miniature représentant Gerson en chaire, nous paraissent bien précieux, non seulement parce qu'ils sont un commentaire moral et parfois politique de tout le mystère de la Passion, mais encore parce que nous possédons bien peu de sermons français de ce genre et de cette époque. Avant de les publier, on les traduisait en latin ; et voilà ce qui est arrivé à l'*Imitation de J.-C.*, d'abord composée (comme le traité *De la Contemplation*) en français pour les sœurs de Gerson, et en trois parties seulement, telles que nous les lisons dans ce manuscrit, et telles qu'il les prêcha peut-être à Lyon, où son premier historien, qui parle de l'emploi de ses dernières années dans cette ville, dit qu'il y consacra tout son temps à prier, méditer, prêcher, composer (1). Dans une autre miniature, même volume, et en tête de l'*Internelle Consolation*, nous voyons, en effet, Gerson prêchant devant *un auditoire vulgaire;* ce qui nous éloigne de l'opinion que l'*Internelle Consolation* aurait été faite d'abord pour la cour de Bourgogne. L'orateur, qui d'ailleurs semble plus âgé, n'a plus dans cette miniature, qui pourtant est de la même main que les précédentes, n'a plus, dis-je, tout-à-fait le même costume : ce n'est plus le puissant chancelier de Notre-Dame et de l'Université de Paris, l'oracle des conciles, l'arbitre des rois et des papes, enfin l'effroi de Jean-sans-Peur : aujourd'hui, humble prêtre, il en a l'habit; dépouillé de tout ce qu'il possédait, excepté de sa gloire, il semble encore vouloir l'abdiquer et se rapprocher davantage de

(1) *Omne suum tempus orando, meditando, concionando, componendo.... impendit.* Vita Gers. in cap. operum.

l'Évangile, en se consacrant aux fonctions les plus obscures, mais les plus utiles de l'enseignement religieux, qu'au rapport de l'historien précédemment cité, il prodiguait chaque jour, dans l'église de Saint-Paul de Lyon, aux plus pauvres enfans, ne leur demandant, pour prix de ses leçons, que d'adresser pour lui cette prière à Dieu : « Seigneur, ayez pitié de votre pauvre serviteur Gerson. »

Voilà le digne auteur de l'*Imitation !* imitateur lui-même de celui qui, sans doute aussi par amour de la vérité, de la simplicité, disait : « Laissez venir à moi les petits. » *Sinite parvulos...* C'est lui, c'est Gerson, nous n'en pouvons douter, que nous voyons deux fois dans ce seul manuscrit.

Mais je n'ai pas tout dit : ce manuscrit précieux n'est malheureusement qu'un second volume commençant par la deuxième partie d'un traité intitulé *le Miroir d'Humilité*, toujours de la même main. Ce traité, dont aucun bibliographe n'a fait mention, ne serait-il pas encore un de ceux dont parle le frère de Gerson, et qu'on croyait perdus ? Plusieurs motifs porteraient à le croire : d'abord le sujet et le style ; ensuite des détails tirés de saint Bernard et de saint Augustin, que Gerson imitait beaucoup, et aux ouvrages desquels il renvoyait humblement, quand on lui parlait des siens, comme nous l'avons vu.

Tout ce fragment du *Miroir d'Humilité* n'est

souvent que le développement d'un passage admirable de la IIIe *Méditation* de saint Bernard, imitée elle-même des *Soliloques* de saint Augustin (1).

L'auteur du *Miroir d'Humilité*, après avoir abaissé les enfans d'Adam au-dessous de toute expression *française* (car nos vieux écrivains, plus près du latin, en sont plus hardis); après avoir mis l'homme, dans ses besoins terrestres, ses penchans grossiers et ses vices, au-dessous de la brute, le relève, en lui montrant en quoi il participe de Dieu même par son âme. Mais ce n'est que par la connaissance de cette âme qu'il peut s'élever à son Créateur; or, combien peu d'hommes ont cette connaissance! « On voit moult de « gens, dit l'auteur, qui moult scavent de choses, « et si ne se cognoissent pas eux-meismes. Ils re- « gardent assez sur les aultres et mettent eux- « meismes en oubli.... Par la cognoissance de

---

(1) Voici ce passage de saint Bernard, que je n'ose traduire : « *Attende, homo, quid fuisti ante ortum, et quid es ab ortu usque ad occasum, atque quid eris post hanc vitam. De vili materiâ factus, et vilissimo panno involutus, menstruali sanguine in utero materno fuisti nutritus, et tunica tua fuit pellis secundina : sic indutus et ornatus venisti ad nos !... Undè superbis homo, cujus conceptio culpa, nasci pœna, labor vita, necesse mori? Cur carnem tuam pretiosis rebus impinguas et adornas, quam post paucos dies vermes devoraturi sunt in sepulcro? Animam verò tuam non adornas bonis operibus, quæ Deo et angelis ejus præsentanda est in cœlis?* »

« nous-meismes, nous pourrions monter à avoir
« la cognoissance de Dieu (1). »

Si nous étions assez heureux pour que la publicité de ma lettre à M. de Lamartine fît découvrir le volume perdu, les éclaircissemens et les écrits nouveaux que nous pourrions trouver seraient d'un prix inestimable (2). Il est permis de croire que ce sont les meilleurs ouvrages français de Gerson qui ont été recueillis avec tant de luxe et de soin dans ces deux volumes, pour l'usage particulier peut-être de Philippe de Bourgogne et de sa famille. Une circonstance qui vient à l'appui de cette présomption, c'est la signature suivante, que mon frère a déchiffrée sur la dernière page du volume de la bibliothèque de Valenciennes : Margarete d'Engleterre.

Cette signature est celle de Marguerite d'York, sœur du roi d'Angleterre, troisième femme de Charles-le-Téméraire, fils de ce Philippe de Bourgogne si justement nommé *le Bon*. Ce volume en est une nouvelle preuve : quand les aveugles partisans des ducs de Bourgogne reprochaient à Gerson d'avoir déserté la cause de Jean-sans-Peur,

(1) *Multi multa sciunt, et seipsos nesciunt; alios inspiciunt, et seipsos deserunt,... quibus interior est Deus.* S. Bern., de Animâ.

(2) Ce volume, qui est sans doute, comme le second, un chef-d'œuvre de calligraphie, entouré d'une de ces antiques reliures qui traversent les siècles, doit exister encore en France ou à l'étranger.

ou plutôt celle de l'assassinat, et d'avoir préféré la vérité à ses affections propres, *le bon duc* en secret lui rendait plus de justice.

Qui pourtant eût pensé que par lui, par le fils de Jean-Sans-Peur, dût nous être transmise, après des siècles, la gloire la plus belle dont Gerson, dont un écrivain ait pu jamais jouir !

On demandera sans doute comment un volume qui donne à la France le livre universel, est resté si long-temps ignoré : peut-être en a-t-on dérobé la connaissance à nos pères, à cause du double sermon français qui s'y trouve (1).

Les discours latins de Gerson offrent sans doute des traits aussi hardis, mais moins à la portée du commun des lecteurs ; on les a, quoique difficilement, laissé passer.

Dans des écrits français, au contraire, les moindres atteintes à l'infaillibilité du pape, quoique

---

(1) Un fait que je ne dois pas omettre, c'est qu'Olivier Maillard, soixante et un ans après la mort de Gerson, cite, dans son *Histoire de la Passion de N. S. J. C.*, publiée par MM. Crapelet et Peignot (Paris, Bohaire, 1828), cite, dis-je, deux fois, p. 50 et 53, ce sermon de Gerson, et nomme l'auteur entre saint Ambroise et saint Bernard. Et cette longue célébrité n'avait pu arracher à l'oubli ce sermon, qui, même dans l'édition de Dupin (t. I, p. 179), est mis au nombre de ceux qu'on peut croire perdus. Je viens néanmoins d'en trouver à Bruxelles, dans la Bibliothèque de Bourgogne, une copie, mais malheureusement isolée ; et une autre à la Bibliothèque Royale, mais très fautive.

partant d'un homme qui, loin de renverser, voulait raffermir l'édifice, purent paraître dangereuses, quand vinrent après lui les démolisseurs.

Aujourd'hui que *la maison de Pierre*, l'éternelle demeure, est replacée sur ses bases par les commotions même qui semblaient devoir la détruire, la barque aussi de l'apôtre-pêcheur peut voguer vers le port d'où l'avaient éloignée des rameurs imprudens. Rappeler leurs erreurs, c'est montrer les écueils qui pourraient nous retarder encore. Gerson en va signaler quelques uns avec cette franchise évangélique, dont j'ai peine à croire qu'il se soit repenti.

Sans doute, lorsqu'il prononça ces discours, c'est-à-dire vers 1395, il était loin encore de cette retraite de Lyon où il put nous peindre avec autant de calme que de génie l'ineffable sérénité de son chrétien battu par les orages. Mais dès l'an 1394, chancelier de Notre-Dame et de l'Université de Paris, c'est-à-dire chef en activité des plus importantes affaires, jeté au milieu des tempêtes publiques, et forcé par sa position de gourmander jusqu'aux pilotes, il conserve son calme pourtant, comme nous le verrons, et déjà il met en pratique la maxime de l'*Imitation*, qu'il devait nous laisser en précepte : « Ayez d'abord la paix en vous, si vous voulez la donner aux autres. » *Tene te primò in pace, et tunc poteris alios pacificare.* (Lib. II, cap. III, *Imit.*) (1).

La paix! Jamais siècle fut-il moins pacifique que celui qui se souleva tout entier pour ou contre Urbain VI, car dois-je lui donner le titre de pape? Gerson, dont l'opinion est ici du plus grand poids, semble le ranger parmi ces souverains qui ont abusé d'une autorité sainte, et par là ont paru l'avoir usurpée. Rappelons les faits.

Un religieux austère, mais aussi dur envers les autres qu'envers lui-même, élevé par la violence à la chaire de saint Pierre sous le nom d'Urbain VI, avait, par sa rigidité, fermé l'oreille de ceux même qui voulaient écouter sa voix. Des doutes trop fondés sur la légalité de son élection sont alors élevés par des cardinaux même qui l'avaient intronisé : un autre pape est élu par eux, l'Europe se divise, le grand schisme d'Occident commence, les souverains y prennent part, et quelques uns, joignant leurs rigueurs à celles d'Urbain VI, ne sont plus entendus de ceux de leurs sujets qu'ils ont, par l'abus du glaive, affranchis de tous leurs liens. C'est au milieu de ces événemens que Gerson prononce à Paris ses deux

---

(1) *Tu primò, à te ipso incipe, et sic poteris alium sanare*, écrit aussi Gerson à son frère Nicolas, p. 78, t. Ier, éd. Dup.

D'autres rapprochemens que nous rencontrerons dans cette analyse, viendront surabondamment nous montrer l'auteur de l'*Imitation*.

discours sur le mystère de la Passion. Arrivé au moment où saint Pierre, dans l'ardeur d'un zèle excessif, tire son épée, coupe l'oreille du soldat qui avait porté la main sur son maître, est repris par ce même maître qui guérit le soldat, quel est le commentaire de Gerson sur ce passage de l'Évangile ? Écoutons-le :

« Prendons icy pour exemple et enseignement
« que miséricorde est moult à loer, et que sou-
« vent c'est le meilleur souffrir débonnairement
« aucuns meschiefz, au plaisir de Dieu, et pour
« ses péchés acquitter, et pour plus grant gloire
« recevoir et avoir, que soy vouloir du tout con-
« trevengier. Est aussi icy reprise la rigoreuse
« présomption d'aucuns souverains qui au pre-
« mier fourfait lanchent (*lancent*) l'épée de excom-
« munication ou de aultre pugnition, et coppent
« l'oreille des subjects, par laquelle j'entens obéis-
« sance. »

Ce trait piquant est décoché surtout contre Urbain VI, qui, du haut d'une forteresse où l'assiégeaient des hommes qu'avaient détachés de lui ses rigueurs, *lançait* sur eux, après des cérémonies saintes, *lançait l'épée d'excommunication* et les cierges renversés, symboles de sa raison éteinte, car on ne peut expliquer autrement plusieurs actes de cruauté que l'histoire lui reproche.

L'orateur suit saint Pierre dans le reste de sa conduite. Malgré cette première ardeur, Jésus lui prédit sa chute prochaine. Saint Pierre se récrie, et jure de ne jamais abandonner son maître.

Après cette assurance, lorsque saint Pierre voit Jésus arrêté par des soldats, raillé, conspué, traîné devant Caïphe, et, pour surcroît, abandonné de ses autres disciples, que fait-il? Il suit encore son maître, mais de loin, comme un homme qui commence à rougir du Christ et de sa doctrine : *sequitur à longe*, dit l'Évangile. Quelle vérité dans ces mots! Il se mêle ensuite parmi les valets de Caïphe (à quel point le respect humain vous dégrade!). Il entre dans l'antichambre du juge, quand la servante..... Mais laissons parler Gerson : « Quand l'ancelle le regarda, elle « dist : Mais n'es-tu pas des disciples de celluy « homme? Il respondit à l'ancelle : Je ne le co- « gnus oncques, et ne scay que tu dis. Les ser- « viteurs estoient droits au feu, car il faisoit froid, « et se chauffoient. Et Pierre estoit avec eux en « estant (*se tenant debout*), et en soy chauffant, « pour veoir la fin.

« Que vous en semble de sainct Pierre qui est « chief et fondateur de saincte Église, eslu de « Dieu, et qui se cuydoit tant ferme en la foi et « en l'amour de son maistre, regnie icy son Ré- « dempteur, à la voix d'une femmelette! Quelle « doit estre nostre fiance, ou la fiance de quel- « conque humaine créature quy vit en celle val- « lée mortelle?

« Icy est enseignement contre les fols présump-
« tueux qui, jugeant aultruy en mesprisement,
« sont desconfis et abatus par un petit vent de
« vaine gloire. »

Cette image est d'autant plus heureuse, que l'orateur a parlé un moment auparavant d'une *nef* (la barque de saint Pierre sans doute) fort *belle*, mais exposée à bien des *tempestes*. Il continue :

« Gardez de ressambler icy sainct Pierre auquel
« une femme fist renoyer son maistre. Ceste femme
« est nostre très maulvaise charnalité qui souvent
« nous enhorte de laissier Dieu, nostre Seigneur,
« par œuvres et par paroles..... Comme maulvaise
« compaignie faut hayr, il appert icy ; car, quand
« sainct Pierre fut avec Jhésus-Christ, il fut ferme,
« et icy chiet (*tombe*). Et n'estoit pas merveille,
« saint Pierre, se tu te chauffois, car tu avoies
« ton amour desjà par dedans refroidie par la gel-
« lée de paour et de tristesse. »

Ce commentaire, assez ingénieux, est dans l'esprit du temps, où les moindres circonstances de l'Évangile étaient expliquées bien ou mal. On a pu remarquer l'expression *charnalité*, dont l'auteur s'est encore servi, et qu'il semble avoir créée pour exprimer dans ces mots de l'*Internelle Consolation* la fausse ressemblance de deux sentimens bien différens : « Souventes fois charité, c'est charnalité. » Jeu de mots, si l'on veut, mais pensée piquante, dont le *Sæpè charitas carnalitas* de l'*Imitation* est la traduction exacte.

Mais un autre rapprochement, ce sont ces mots remarquables de *mauvaise charnalité*, que nous venons de voir et que nous retrouvons dans cette phrase du traité de Gerson *de Monte Contemplationis*, cap. XIX : « Respiciamus quid operetur in homine.... amor *malæ carnalitatis*. »

Quant à ce mot *carnalitas*, il n'est pas étonnant qu'on ne le trouve pas chez les Romains, où la distinction entre la chair et l'esprit était bien moins profondément marquée que dans l'Écriture. Ce n'est aussi que depuis la révélation du mystère d'un Dieu fait homme, qu'on a trouvé ces grandes expressions de la *Sagesse incarnée*, *l'incarnation du Verbe*, etc.

L'orateur continue à suivre saint Pierre, qui, étant sorti de la pièce où on le questionnait, se trouve dans la cour, d'où Jésus pouvait l'apercevoir : « De rechief, une aultre femmelette le vit
« et dit à ceulx qui estoient environ : Et celluy-
« cy estoit avec Jhésus de Nazareth. Approchè-
« rent ceux quy estoient, et dirent à Pierre : Vray-
« ment, tu es de ceulx-là, car ta parole te montre.
« Et de rechief nye par serment : Je ne cognus
« oncques cestuy homme. En après ung peu,
« comme l'espace d'une heure, dist ung des ser-
« viteurs, le cousin de celluy duquel Pierre copa
« l'oreille : Vrayment, celluy-cy estoit avec luy,

« car il est de Galilée..... Adonc, il (*Pierre*) prist
« à détester, maudire et jurer : Je ne cognus
« oncques celluy homme que tu dis. Et tantost
« (*aussitôt*) le cocq chanta, et nostre Seigneur
« Jhésus se retourna et regarda Pierre. Et Pierre
« fut recors de la parole de Jhésus-Crist, laquelle
« il avoit dict à luy : *Avant que le cocq chante,*
« *trois fois tu me renoiras aujourd'huy*. Et Pierre
« s'en issit hors et pleura moult amèrement. »

Ce récit est frappant de vérité : c'est l'Evangile. Nous y entendons Pierre répondant d'abord à la servante ces mots : « Je ne scay que tu dis, » *Nescio quid dicis*. Interrogé de nouveau, il proteste qu'il ne connaît pas *cet Homme. Negavit cum juramento : Non novi Hominem — Hominem!* Non content de rougir, devant une servante, du titre de disciple de Jésus-Christ, et de le renier, il affecte de ne pas même savoir le nom du Maître dont il devrait être si fier. Pauvre humanité! A de nouvelles questions, sa faiblesse s'emporte jusqu'à l'anathème, aux juremens, et jusqu'au mépris de son Dieu : *Cœpit anathematizare et jurare : Non novi Hominem istum!* (1) C'est le comble de l'impiété et de l'ingratitude. De saint Pierre à Judas il n'y a qu'un pas. Et voilà l'homme que Dieu a mis à la tête de son Église!...

Oui, répond l'orateur, qui songeait sans doute

---

(1) On sent tout ce qu'il y a de dédain dans cet *istum* ainsi rejeté; mettez *hunc hominem*, quelle différence !

à son terrible Urbain, à ce pape inflexible, Dieu a mis saint Pierre, pécheur et repentant, à la tête de son Église, « pour qu'il fût plus enclin à par- « donner en esperit de doulceur. Celluy quy juge, « et qui n'a point failly, est de légier trop rigo- « reux à pugnir aultruy. »

Une autre raison, c'est qu'un repentir sincère change en gloire les plus grandes fautes. Considérons ce qui se passe, ajoute Gerson : « Le cocq « chante, Jhésus regarde Pierre : Pierre s'en yst « hors et pleure très amèrement, et se boute, se- « lon les docteurs, en caverne ou fosse qui se dit « *Gallicantus, Chantecocq* (1).

« A nostre instruction, je dis que le cocq chante « pour nous, toutes fois que bonne prédication ou « amonition nous est ramentéve. Mais le chant ne « souffit point, se le regard de Jhésus n'y est (2). »

Quelle admirable interprétation ! Tout est mystère dans l'Évangile. *Mais tout esprit n'a pas des yeux pour le comprendre.*

L'orateur ne flatte pas plus le peuple que les grands : après avoir parlé du stupide aveuglement des Juifs, il ajoute : « Pylate leur dit : Que « ferai-je doncques de Jhésus quy est dit Crist ? « Tous dirent : Soit crucifié ! Pylate, voyant que

---

(1) D'anciennes horloges portent encore ce nom. On y voit un coq chantant au-dessus de la caverne où saint Pierre s'agenouilla.

(2) Ce *regard*, c'est la *grâce*, sans laquelle on ne peut rien : *Quando Jesus non adest, totum durum est.* (*Imit.*, Lib. II, cap. VIII *et passim.*)

« il ne prouffiteroit riens, mais que bruit se faisoit
« plus ou pueple, prist de l'eaue et se lava ses
« mains devant le pueple et dist : Je suis innocent
« du sang de ce Juste, vous le véez... Tout le
« pueple respondit : Son sang soit sur nous et
« sur nos enfans!.... »

« Or, vous fiés en la faveur du monde, en es-
« pécial du pueple. Certes, il n'est chose plus va-
« riable, plus inconstant, ne plus muable : vous
« le véez icy clerement. Naguaires le pueple nom-
« moit Jhesus roy, fils de David, benoit soit quy
« vient au nom de Dieu : et maintenant s'escrie :
« Oste, oste, crucifie-le! Si (*ainsi*) nous est ceste
« chose en bon example que nous n'y ayons ou
« mettons nostre esperance ou asseurance, nostre
« gloire ou nostre fiance. »

Lorsque Gerson parlait ainsi, était-ce prescience
ou retour sur le passé, car dès son entrée dans le
ministère saint, jeté au milieu du flot populaire,
il en avait vu la mobilité. L'orateur chrétien, toutefois, ne se met pas en scène. Mirabeau est moins
discret, s'il est permis de citer Mirabeau après
Gerson : « Et moi aussi, s'écriait le fameux tribun
« de *la Constituante*, et moi aussi on voulait, il y
« a peu de jours, me porter en triomphe; et main-
« tenant on crie dans les rues *la grande trahison*
« *du comte de Mirabeau!*... Je n'avais pas besoin
« de cette leçon pour savoir qu'il est peu de dis-
« tance du Capitole à la roche Tarpéienne. »

Mais dans quel port Mirabeau prétend-il s'abriter contre ces bourrasques de l'opinion? Dans *sa conscience!* Et Gerson?. Dans le sein de Dieu. Dieu seul, dit-il, n'est point *muable*, et il revient dans plusieurs parties du même discours sur cette idée qui se trouve reproduite dans ce passage de l'*Internelle Consolation* (manuscrit de Valenciennes) : « Il ne te sera besoing de mettre en
« homme ton espoir, pour ce que les hommes se
« muent tantost et défaillent hastivement, mais
« nostre Seigneur permaint (*demeure*) éternelle-
« ment, et accompagne fermement jusques en la
« fin.... Metz donc en Dieu toute ta fiance. Tu
« n'as point icy la cité permanente ; et en quel-
« que lieu que tu sois, tu y es estrangier et pel-
« lerin, et n'auras jà repos, se en toy-mesme tu
« n'es uni à nostre Seigneur Dieu. » Et plus loin :
« Garde-toy comme pellerin et hostellant sur
« terre, et ne te chaille des négoces de ce monde. »

Il est difficile de ne pas reconnaître ici l'auteur du *Testamentum peregrini* et de l'*Imitation*, dont voici les passages correspondans : *Homines... citò mutantur et deficiunt velociter; Christus autem manet in æternum, et stat usque in finem firmiter... Pone totam fiduciam in Deo.., Non habes hic manentem civitatem, et ubicumque fueris, extraneus es et peregrinus* (1).

(1) Gerson, outre son *Testamentum peregrini*, où nous retrouvons plusieurs phrases de l'*Imitation*, s'était fait peindre

Toutefois nous n'avons pas retrouvé dans l'*Internelle Consolation* l'équivalent de quelques expressions admirables de l'*Imitation* latine, où le pélerin, qui ne fait que passer ici-bas, a soin d'envoyer devant lui, non ses *grands équipages*, comme disait Fontenelle, mais ce qui sera un peu plus utile là-haut, ses bonnes œuvres, *aliquid boni præmittere;* mot inappréciable, qui vaut un code de morale, et que j'ai essayé d'exprimer dans ces vers :

> Qu'est-il (*le chrétien*) en ce muable monde ?
> Un pélerin prêt au départ,
> Et qui, sans prendre aucune part
> A sa frivolité profonde,
> Est toujours, est partout chrétien,
> Car il passe en faisant le bien,
> Et peut envoyer à toute heure
> Ses bonnes œuvres devant lui,
> Pour s'assurer une demeure
> Près de son immuable appui (1).

aussi en pélerin, par allusion à ses sentimens chrétiens, aux traverses de sa vie, et aussi à son nom, qui, en hébreu, signifie *étranger*. Lui-même a décrit son costume dans des vers latins cités par Von der Hardt, *Vit. Gers.*, p. 50.

(1) Voici la traduction de Corneille :

> Tu dois envoyer par avance
> Tes bonnes œuvres devant toi,
> Qui de ton juge et de ton roi
> Puissent te gagner la clémence.
> L'espérance au secours d'autrui
> N'est pas toujours un bon appui
> Près de sa majesté suprême;
> Et si tu veux bien négliger
> Toi-même le soin de toi-même,

L'auteur de l'*Imitation* revient souvent sur la pensée que des chrétiens doivent se regarder comme des pélerins dans ce monde (1). Cette pensée, nous en retrouvons les développemens suivans dans le fragment d'un sermon français de Gerson recueilli par Dupin, T. III, col. 1598 :

« Pélerin voire sommes-nous, hors mis de nostre cité, de nostre païs, de nostre héritaige, de nostre finable félicité ou désert de ce présent monde, en la vallée de pleur, en la région de povreté... Nous n'avons icy point de cité per-

   Peu d'autres s'en voudront charger.
    Ne tiens sur la terre autre place
    Que d'un pélerin sans arrêt,
    Qui ne prend aucun intérêt
    Aux soins dont elle s'embarrasse ;
    Tiens-y toi comme un étranger,
    Qui, dans l'ardeur de voyager,
    N'a point de cité permanente ;
    Tiens-y ton cœur libre en tout lieu,
    Mais d'une liberté fervente
    Qui s'élève et s'attache à Dieu.

(1) *Tanquam advenas et peregrinos in hoc mundo se contineant Christi fideles*, Lib. III, cap. LIII, *Imit.*

Et dans cette sublime élévation d'une âme à Dieu, qui termine le troisième Livre, nous retrouvons, avec la prolongation de la même similitude, l'esprit d'humilité qui dictait aux enfans de Lyon la répétition de cette prière touchante : « Seigneur, ayez pitié de votre pauvre serviteur Gerson! » *Malo pauper esse propter te, quàm dives sine te. Eligo potiùs tecum in terrâ peregrinari, quàm sine te cœlum possidere. Ubi tu, ibi cœlum; atque ibi mors et infernus, ubi tu non es.... Ad te sunt oculi mei, Deus meus, misericordiarum Pater.... exaudi orationem pauperis servi tui, longè exulantis in regione umbræ mortis. Protege et conserva animam serbuli tui inter tot discrimina vitæ corruptibilis, ac comitante gratiâ tuâ, dirige per viam pacis, ad patriam perpetuæ claritatis!*

manente, mais nous tendons à celle qui est à venir. C'est la cité des cieulx.... où nous devons tous tendre et regarder. On demanda jadis à ung dévot (*ce*) qu'il regardoit ou ciel lassus, comme faisoit toudis saint Martin... Je regarde, dit-il, mon païs, je regarde où est mon Seigneur et mon Père, où sont tous mes bons amys les angels et archangels, patriarches et prophètes, apostres, martyrs, confesseurs et vierges. Je les regarde, je les salue et prie, je désire ce païs et le souspire.

« Se nous n'estions pas pélerins mis en païs estranges, nostre Seigneur et Père ne nous eust pas enseignez à le prier par dire : *Pater noster qui es in cœlis*... En ce que nous disons que nostre Père est ès cieulx, nous devons incontinent penser que nous sommes en estrange contrée, hors de nostre propre héritaige paternel. »

L'orateur faisant allusion à son propre nom, ajoute que les patriarches se réputaient pélerins, et qu'en signe de cela, Moïse imposa à son premier enfant le nom de *Gersan* (ou *Gerson*), « qui vault autant comme pélerin. » Il continue :

« Tu (*toi*), qui es bon pélerin, prens continence. Pourquoy? Pour surmonter la bataille de charnel désir, qui fait le premier assault contre les pélerins... Ce n'est pas la condicion de bon pélerin de quérir toutes ses aises, de s'arrester à chascune fontaine, ou de dormir à l'umbre soubz chascun arbre; aultrement le temps s'en va... Trois manières sont de plaisirs charnels : les aucuns sont en gloutonnie et luxure, et sotte oiseuse qui detiennent le pélerin comme en boë et en ordure, sans penser où il est, où il doit aler, plus que ung pourcel, et avient que quand le pélerin s'en veult oster, il rechiet en aultres désirs, qui sont désirs de vainne gloire et de vainne plaisance. »

L'orateur chrétien s'est ici souvenu des vers d'Horace, que Boileau a ainsi traduits :

A peine du limon où le vice m'engage
J'arrache un pied timide et sors en m'agitant,
Que l'autre m'y reporte et s'embourbe à l'instant.

L'auteur de l'*Imitation* fait aussi parfois des emprunts à Horace, et même à un poète moins sage dont il cite les vers, sans le désigner autrement que par ces mots : *Quidam dixit* (Lib. I, cap. 13). Or, ce *quidam* est Ovide.

On me pardonnera ces digressions; j'aurais pu laisser plus long-temps encore Pilate se lavant les mains, ces mains que depuis tant de siècles il n'a pu rendre nettes, mais de quel sang? *Sanguine justi!* Écoutons comment Gerson apostrophe ce juge malheureux : « Que fais-tu, Pylate!... Je te « voy muable si que tu contredis à toy-meismes : « tu te dis estre innocent du sang de Jhesus, tu « en laves tes mains, non pour quant tu le livres à « mort; tu l'abandonnes à ses mortels ennemis, tu « qui avois paravant dit que il estoit en ta puissance « de le délivrer. Tu te laves comme la corneille; « toute l'eau de la grant mer ne pourroit oster le « sang du benoist Jhésus de tes mains, néant plus « que la noire couleur de la corneille (1). »

L'idée que l'Océan lui-même ne pourrait suffire à effacer le sang de Celui près de qui les mers et la terre entière et les cieux ne sont rien, cette idée sublime est ici à sa place. Par une singulière

(1) *Si ad instar maris, lacrymas fundere possem,... dignus adhuc non essem.* Imit., Lib. III, cap. LII.

rencontre, nous la retrouvons dans le *Macbeth* de Shakspeare, où elle semble gigantesque, quoiqu'amenée par un trait de dialogue aussi fin que profond : « Venez » (dit l'infernale épouse de Macbeth à son mari, qui vient avec elle d'assassiner Duncan), « venez, un peu d'eau va nous laver de « cette action. Voyez donc combien cela est aisé ! »

MACBETH *seul*.

« Prétendre que tout l'Océan puisse laver ce sang et nettoyer ma main ! Non, en vérité ; ma main ensanglanterait plutôt l'immensité des mers, et ferait de leur teinte verdâtre une seule teinte rouge. »

Ces sermons sont souvent un commentaire curieux sur l'Évangile; on a demandé si, conformément à certains passages du code divin, c'était *un devoir* de se soumettre en tout aux injures, aux persécutions, à la calomnie. Nous ne le pensons point : saint François de Sales lui-même est loin d'aller jusque-là (*Intr.* IIIe partie, chap. 7). Loin de nous conseiller de rechercher le mépris, il nous fait un devoir de défendre notre réputation, qui est pour la vertu ce que la feuille est pour le fruit, un utile préservatif. Ce n'est pas qu'il veuille que nous soyons en cela *trop sensibles et douillets*, et que nous ressemblions à ceux qui, pour toutes sortes de petites incommodités, *prennent des médecines* : non. Quand on nous harcèle pour des bagatelles, *laissons*, dit-il gaîment, *aboyer les mâtins après la lune*... Mais il ajoute que, quand la calomnie qui nous atteint peut nuire à l'édification des autres, « il faut tranquillement poursuivre la réparation du tort reçu, suivant l'avis des théologiens. »

Jésus donnant à ses disciples, chargés de renouveler la face d'un monde livré à l'esprit de vengeance, l'idéal de l'humilité et de l'abnégation de soi-même dans l'intérêt de tous, dit bien de présenter la joue gauche à celui qui les aura frappés sur la droite ; mais prouvant par sa conduite même qu'il n'est pas défendu de se défendre, dans les bornes de la justice, il répond énergiquement aux questions absurdes de Caïphe (en saint Jean, chap. 18.) et reproche ensuite au ministre de ce juge inique sa brutale injustice. Gerson, au souvenir de ce soufflet donné par un valet à Dieu même, s'écrie dans son éloquente indignation: « Que ne se ouvry la terre, ou que ne chey tem- « peste et feu du ciel pour destruire ce vallet « d'iniquités ! » Mais venant à l'objection si souvent reproduite que Jésus, suivant sa doctrine, devait présenter l'autre joue, Gerson répond un peu faiblement : « Il (*Jésus*) n'entendoit pas à la « lettre que se on feroit (*frappait*) ung crestien en « une joue, qu'il offrist de faict l'autre. Ce seroit « souvent orgueil ou faincte patience... C'est ex- « pédient et nécessaire souvent reprendre et cor- « riger les malfaicteurs, tant pour leur salut « comme pour la chose publique. »

Oui, sans doute ; et laisser sans réplique, comme on l'a fait trop souvent, les soufflets donnés à la vérité par des artisans de mensonges et des *valets d'iniquités*, c'est encourager l'imposture.

Qu'on ne pense pas néanmoins que Gerson autorise jamais ces vengeances, qu'il condamna toujours, et quelquefois si courageusement. Voici comment, à propos de l'outrage souffert par Jésus-Christ, il apostrophe et peint un de ces hommes qu'il avait sous les yeux, sans doute, toujours armés de représailles et si cuirassés de leurs haines, que la religion n'avait pu les toucher : « Advises icy, ô cueur impatient, cueur
« gros et enflé, qui ne peus mais, ne veulz souf-
« frir une durette parolle que soubdainement ne
« deviengnes yreulx ; et en telles contenances
« semblables, furieux, tu maudiz, tu jures, tu
« rougis, tu menaces ou fiers (*frappes*), ou
« rompts, ou jettes ce que tu tiens, ou ce que tu
« encontres, et t'en prens ancoires à Dieu, en
« disant que tu ne l'as pas desservy, et n'attends
« pas qu'il te venge comme ton juge... Tu te con-
« stitues juge et partie en ta cause. Incontinent
« tu penses à la vengeance, etc. »

Ce style-là, certes, ne manque pas de mouvement. L'orateur réprimande encore ainsi l'homme que n'a pu changer l'amour que Dieu nous porte : « O cueur sans cueur ! cueur endurchy plus que
« pierre et marbre, quy ne se amolist et ne se fent
« et rompt au feu de tel amour. O cueur d'homme

« inhumain, cueur plus fier et plus bestial et plus
« cruel et détestable que de lyon, quand ne se
« veult afléchir et adoulcir! »

Quoi de plus suave, au contraire, que cette pensée sur Marie? « En nostre Dame les vertus
« s'espandoient de son esperit et reluisoient par
« dehors, comme la lampe reluist de la clarté qui
« est dedans. »

Par une autre variété remarquable, l'orateur, qui a pris pour texte et pour début de son sermon ces mots de l'Écriture : *Ad Deum vadit,* les traduit par ces quatre vers souvent ramenés dans la suite du discours :

> A Dieu va et à mort amère,
> Jhésus véant sa doulce mère;
> Si devons bien par pénitence
> De ce dueil avoir remembrance (1).

Tel est l'exorde de ce premier sermon. Le second qui en est la suite, et qui, malgré son étendue, fut prêché le même jour, continue ainsi,

---

(1) Ces vers viennent à l'appui de l'opinion que plusieurs sermons en vers du xiiie siècle, notamment celui qu'a publié M. Jubinal en 1834, auraient été prêchés dans les églises, sous cette forme, qui paraîtrait aujourd'hui bien profane :

> Par orgoil périrent
> Tuit cil (*tous ceux*) qui vesquirent
> Orgoillousement.
> Orgoil les jeta
> El fu (*au feu*), qui dura
> Pardurablement.
> Quant Deu (*Dieu*) vint en terre
> Son pople requerre,
> Poverté ama.
> Quant il chevauça,
> Sus asne munta, etc.

tout simplement : « Commençons où nous finas-
« mes au matin. C'est que Jhésus-Crist, N. S. et
« Rédempteur, issi hors de l'ostel Pylatte, por-
« tant sa croix. Hélas! dévot pueple crestien! C'est
« à certes maintenant que s'en va à mort amère
« Jhesus veant sa doulce mère, et devons bien par
« pénitence, de ce dueil avoir remembrance. Ah,
« Dieu! quelle indignité! quelle incomparable
« cruauté! Quy oncques mais ouy dire que ung
« homme condampné, tant fust pécheur abomi-
« nable, fust contraint à porter son gibet!.... »

Arrêtons-nous, pour concevoir, s'il nous est possible, tout ce que ces développemens, aussi longs que religieux, offraient d'intérêt à des auditeurs, à des contemporains de Gerson. Croit-on qu'un sermon de trois ou quatre heures les effrayât, eux qui écoutaient la représentation d'un Mystère en vingt-cinq journées, et qui attendaient cent ans et plus l'achèvement d'une cathédrale? C'est que ces hommes du vieux temps n'improvisaient rien, pas même leurs maisons; et moins encore celles de Dieu. Tout en eux porte le caractère de la patience; ce sont pourtant nos pères!....

Pour ne pas trop fatiguer leurs enfans, abrégeons, et passons de l'exorde à la péroraison, qui n'est pas moins touchante que naïve. Écoutons, écoutons encore une fois les exhortations et consolations que va nous adresser, dans notre vieille langue, l'auteur français de l'*Imitation* :

« En toutes tes necessitez, en tous périls, tri-
« bulations, angoisses et adversitez, acqueurs icy,
« comme en certain refuge, et comme en sauve-
« garde et franchise.... Croy-moy, tu ne périras
« point; on ne t'en déboutera point. As-tu péchié
« par les mains ou par les piés, par la bouche ou
« par le nez, ou par aultre partie de ton corps,
« Jhesus sueffre en toutes les parties de son pré-
« cieux corps, pour tes péchiés nettement effa-
« chier. Il estend ses bras pour toy embrachier,
« acoler, recevoir et baisier. Ses plaies ouvertes
« monstrent quel amour est par dedans (1). Se le
« monde t'assault, se le monde te travaille, se le
« diable d'enfer te menache, acqueurs icy par
« vraie foi; apoies-toy (*appuie-toi*) à ceste croix,
« car en la tenant, tu ne cherras point, tu ne te
« travailleras point, tu ne doubteras point, tu
« ne perdras rien (2). Certes, me diras-tu, mais
« je n'ay nuls biens fais ou mérites envers N. S.
« Dieu, pour recepvoir de luy grace.— Je te l'ac-
« corde très bien. Mais croy mon conseil, fais
« des biens fais et des mérites de N. S. J. C. et
« de sa passion tes biens fais et tes mérites, à
« l'exemple de S. Bernard, et adonc tu seras riche.
« — Ancoires, me diras-tu, par adventure, que

(1) *Requiesce in Passione Christi, et in sacris vulneribus ejus libenter habita.* Imit., Lib. II, cap. 1.

(2) *In cruce salus, in cruce vita, in cruce protectio ab hostibus.... In cruce robur mentis, in cruce gaudium spiritûs.* Imit., Lib. II, cap. XII.

« tes iniquités sont abominables, ordes et détes-
« tables. — Soit ainsi : tu dois de tant plus ac-
« courir à ceste croix, car où péché habonde,
« grace superhabonde, et tu as besoing de toy la-
« ver ; c'est icy la fontaine de miséricorde (1). »

Des rapprochemens que nous avons indiqués, joints à ceux qu'a faits M. Gence entre l'*Imitation* et les écrits reconnus de Gerson, on a dû tirer la conséquence que si Gerson n'est pas l'auteur du livre immortel, il l'a du moins connu, apprécié : eh bien! dans plusieurs de ses opuscules où il mentionne les livres pieux dont il conseille la transcription ou la lecture; de plus, dans une lettre au prieur des Célestins, où il nomme les meilleurs ouvrages qui peuvent leur être donnés, il en recommande un grand nombre, dont quelques uns assez médiocres, et il ne dit pas un mot de l'*Imitation de J. C.*, qui, suivant nos adversaires, existait depuis si long-temps ! Et son frère n'en parle pas davantage dans la lettre que nous avons vue! Et personne n'en a parlé antérieurement! comme l'observe M. Daunou, dans un excellent article du *Journal des Savans* (octobre 1827). Ce silence absolu serait encore un argument, si l'on pouvait croire insuffisans ceux que nous avons tirés du manuscrit de Valenciennes.

Il existe plusieurs autres indices qu'ont récem-

---

(1) *Frequenter recurrendum est ad fontem gratiæ et divinæ misericordiæ, ad fontem bonitatis et totius puritatis ; quatenus à passionibus tuis et vitiis curari valeas.* Imit., Lib. IV, cap. x.

ment développés les hommes distingués qui ont traité cette question. Mais les manuscrits anciens qui portent le nom du chancelier de Paris, et que M. Gence a décrits en tête de son *Imitation* latine (notamment celui qu'il possède, copié, vers 1440, de la main ou par les soins d'un neveu de Gerson), ne sont pas les seuls. Le savant docteur Leglay, dans son Catalogue imprimé des manuscrits de la bibliothèque de Cambrai, mentionne, sous le n° 139, un volume manuscrit du xv° siècle, où se trouvent, entre autres ouvrages latins, *Primus liber magistri Johannis Gerson Cancellarii parisiensis de Imitatione Christi*. Gerson, comme on sait, fut le constant ami de Pierre d'Ailly, évêque de Cambrai.

Un autre fait non moins remarquable, c'est que ce *premier* livre de l'*Imitation*, portant la plus ancienne date connue, 1421, et désigné sous le nom de *Codex Mellicensis*, auquel est joint le traité *De Consolatione Theologiæ*, de Gerson, a été trouvé à l'abbaye de Mœlck, dans le duché d'Autriche, où Gerson fugitif, après le concile de Constance, entre 1416 et 1419, trouva un asile, comme il le dit lui-même dans de beaux vers latins: *Dux... fugitivo huic, miserans, offert ultrò refrigerium*. Un an auparavant, Gerson avait composé en Bavière le susdit traité *De Consolatione Theologiæ*, dédié à son frère, le prieur des Célestins. Presque au début de cet ouvrage, j'y remarque des rapports frappans avec l'*Imitation* : « Les philosophes ou les poètes qui ont essayé, dit l'auteur, de trouver Dieu par la seule voie de la raison, *ductu rationis*, se sont perdus dans leurs vaines sciences, *evanuerunt in cognitionibus suis,* » expression admirable qui rappelle, avec ce qui la précède, ce passage du Liv. Ier, ch. 3, de l'*Imitation* : *Quam multi pereunt per vanam sæculi scientiam, qui parum curant de Dei servitio, et..... evanescunt in cogitationibus suis!*

Pour n'être pas accusé de nous égarer aussi *in cogitationibus*, et dans nos admirations pour un grand talent, pour un beau caractère, arrêtons-nous devant une imposante réalité : je parle du programme où l'Académie Française vient de proposer, pour prix d'éloquence, l'éloge de Gerson. Le choix d'un tel sujet par un tel corps en dit plus que je n'en pourrais dire. Si l'on a pu douter du progrès de la civilisation, il faudra bien le reconnaître dans le puissant accord de la religion et de la philosophie (1).

J'éprouve, je l'avoue, un regret profond : c'est de ne pouvoir, pour des raisons qui me sont personnelles, disputer la palme à des rivaux avec lesquels je serais fier de marcher vers le but si noblement marqué dans ces traits lumineux du programme :

---

(1) Une des sociétés littéraires les plus distinguées de nos départemens, fondée à Cambrai sous les auspices, j'ai presque dit sous l'invocation de Fénelon, a mis au concours, il y a quelques années, l'éloge de Pierre d'Ailly. Le prix a été remporté par M. Arthur Dinaux.

« L'Académie ne craint pas de revenir encore à
« cette forme des *Éloges,* dont le talent a parfois
« abusé, mais à laquelle il est facile de rendre un
« caractère historique et vrai. Elle a choisi un nom
« plutôt respecté que célèbre, celui de Gerson,
« chancelier de l'Université de Paris, personnage
« qui eut grande autorité sur son siècle, et n'est
« pas indigne d'être étudié par le nôtre.

« Placé dans une époque décisive pour l'esprit
« humain, entre la fin du moyen âge et l'essor de
« la renaissance; philosophe succédant aux sco-
« lastiques; réformateur orthodoxe de l'Église,
« lui refusant le droit du glaive et lui conseillant
« la science et la vertu; intrépide contradicteur
« des puissances injustes et des préjugés funestes;
« se servant de l'opinion du temps, c'est-à-dire de
« l'opinion religieuse, pour flétrir, devant le peuple
« et dans les conciles, la doctrine tour à tour im-
« pie ou fanatique de l'assassinat politique; tantôt
« ambassadeur du roi de France, tantôt pauvre
« pélerin cachant le reste de sa vie dans une école
« de faubourg, où il instruit les petits enfans du
« peuple et leur répète en mourant : *Priez pour*
« *l'âme du pauvre Gerson;* voilà l'homme dont
« une biographie savante et caractérisée retrou-
« verait les vertus, le génie, l'influence, et ferait
« partout connaître et applaudir le nom. »

CHAPITRE XIII ET DERNIER.

LINGUISTIQUE.

Dictionnaire de l'Académie.

LE STYLE EST L'HOMME MÊME.

Une littérature, étincelant reflet d'une époque heureuse et de poétique enthousiasme chez un peuple du moyen âge, avait disparu sous de longues commotions politiques, comme une de ces cités anciennes qu'on pouvait croire englouties sans retour. Un homme, un nouveau Bénédictin, est venu, qui en a déblayé les monumens les plus cachés, et qui a lu jusque sur leurs débris des règles fixes dont s'étaient servis presque tous les idiomes de l'Europe et le nôtre en particulier. Ces monumens si habilement retrouvés, ce sont les POÉSIES ORIGINALES DES TROUBADOURS; et leur infatigable explorateur, M. Raynouard, dont le dernier labeur, hélas! le *Lexique roman*, déjà confié aux presses de Crapelet, allait achever de nous introduire dans les origines si curieuses des diverses langues de l'Europe latine, quand la mort est venu tout suspendre!

L'éloge de M. Raynouard, de cet esprit si étendu, de ce beau caractère, était réservé à des voix plus éloquentes que la mienne; je ne dois rappeler ici qu'un petit nombre d'observations philologiques, recueillies en partie de sa bouche, et souvent développées par lui. Cette circonstance intéressera, malgré l'aridité des premiers détails qu'on va lire.

En voyant souvent dans nos vieux auteurs les mêmes mots écrits de deux manières, prendre l'*s* au singulier, par exemple, et pas au pluriel, changer de désinence même, comme *Diex* et *Dieu*, *fiex* et *fil*, *Pierre* et *Pierron*, *Charles* et *Charlon*, *seigneur* et *seignours*, *emperer* et *empereor*, etc., on a pu taxer les auteurs ou les copistes de caprice, d'ignorance, lorsque soi-même on ignorait des règles, qu'au reste il était bien permis de ne pas connaître, puisque Marot lui-même, Marot, plus près que nous de trois siècles du *Roman de la Rose*, en voulant y faire des corrections, y a mis des fautes qui ne s'y trouvaient pas, et a prouvé qu'il ignorait ces règles, oubliées de son temps. Je n'en citerai que quelques unes, d'après notre maître.

Au singulier, l'*s* ajouté ou conservé à la fin de la plupart des substantifs, surtout des masculins, désigne le sujet, et l'absence de l'*s*, le régime, soit direct, soit indirect.

Au pluriel, l'absence de l'*s* indique le sujet, et sa présence les régimes. D'où vient l'idée d'une telle méthode ? De la langue latine même : la seconde déclinaison en *us* suggéra ce moyen. Occupons-nous d'abord du singulier. Dans le serment du peuple français, en roman primitif et qui date de 842, on lit Lodhwigs (*Louis*), quand ce nom propre est sujet, et Lodhwig sans *s* quand il est régime. Dans la même pièce, Karlus (*Charles*) est sujet, et Karlo régime.

Outre les exemples cités par M. Raynouard, je lis dans *Le Roi de Sicile* d'Adam d'Arras, pièce de vers qui se trouve dans le même manuscrit que le *Jeu de Saint-Nicolas* :

> C'est du bon roy *Charlon*, le seigneur des seignours....
> Tout furent filz de roy, mais Charle*s* le fut mie*x*.

Autre exemple de l'*s* au singulier sujet :

> Sire, chou est sain*s* Nicolai*s*
> Qui les desconcillés secourt.

Mais le pronom ne suit point la règle :

> *Il* ravoie les desvoyés,
> *Il* rapèle les mescréans,
> *Il* ralume les non voians,
> *Il* résuscite les noiés.
> Li Jeus de Saint-Nicolai.

Autre exception : Les substantifs féminins, comme dans la première déclinaison latine *anima*, ne prennent pas l'*s* :

> Li cors s'en va, l'*âme* demeure.
> Li Congié*s* Jehan Bodel.

Exemples de régimes indirect et direct sans *s* :

A *Saint-Nicolai* (*paroisse d'Arras*)
Comenche à sonner des cloquettes.
ADAM D'ARRAS.

Tous mes trésors, canques j'en ai,
Si metés sus le *Nicolai*.
Li Jeus de Saint-Nicolai.

Exemples de l'*s* en sujet, même ouvrage :

Un*s* crestien*s* nouviau*s* chevalier*s*.

Exemple en régime, sans *s*, même ouvrage :

Que vent-on chaiens ? (*Que vend-on ici ?*)
li taverniers (*le Tavernier*).
C'on y vent ?
Amis, un vin qui point ne file.

Les verbes employés substantivement suivent la même règle. Villehardouin dit en parlant du départ des Croisés : « Mainte larme i fu plorée de pitié, *el départir* de lor pays. »

Même mot en sujet avec l'*s* :

Si la blonde savoit
Com li départir*s* m'ocira !
RAOUL DE BEAUVAIS.

L'auteur du *Châtelain de Coucy* dit, en parlant de l'horrible mets apprêté par le cuisinier de Fayel :

Li mangier*s* fu très délitable (1).

---

(1) Quelqu'un demandait à une dame comment elle trouvait, dans *Gabrielle de Vergy*, la scène du cœur qu'on venait de nous servir : « Mais très jolie, » répondit-elle. *Jolie* vaut *délitable*.

Les substantifs désignant une qualité personnelle, ainsi que les noms propres, changent parfois de désinence, suivant qu'ils sont sujet ou régime : nous venons de voir le seign*eur* des seign*ours*. Nous voyons, dans Villehardouin, empe-r*eres* en sujet, et emperer*or* en régime; dans le *Jeu de Saint-Nicolas*, le vin d'Auxerre :

> Cler con larme de péché*our*,
> Croupant sur langue à léché*our*;

et dans le *Roman de la Rose*, v. 8669 :

> Car cors ne peut estre *péchierres*,
> Se li cuers n'en est *consentierres*.
> (Le corps ne peut pécher, si le cœur n'y consent);

et encore dans le drame de *Saint-Nicolas* :

> Li *senescaus* au Roi,
> Li Rois au *senescal*.

Cela nous explique comment le même homme se nomme quelquefois *Bodiaus* et quelquefois *Bodel*. Ce qui doit dissiper toute espèce de doute sur l'identité de l'auteur du *Congé* à la ville d'Arras et du *Jeu de Saint-Nicolas*, c'est que nous lisons, à la fin du drame : « Chi fine li Jeus de S. Nicolai que *Jehans Bodiaus* fist; » et en tête du congé : « Li congiés *Jehan Bodel*. » On voit évidemment que le changement de cas a seul changé les noms.

Remarquons aussi, dans ces mots *li Congiés*

Jehan Bodel, la suppression de la préposition *de*, dont la désinence tient lieu.

Nous avons vu *Diex* sujet et *Dieu* régime :

> Symon, cil *Diex* en qui tu crois....
> Li Congiés Jehan Bodel.

Nous lisons au début de la Chronique métrique de G. Guiart :

> Pour chrestienté essaucier,
> Et pour la loi *Dieu* souhaucier.

Remarquons encore la suppression de la préposition la *loi Dieu*. Nous avons vu la *Ymitation Jesu-Crist*, et dans Gringore, *la Vie monseigneur Saint-Loys*. Nous disons encore *la fête-Dieu*, *le cloître Notre-Dame*, etc.

Le titre de *comte*, en sujet, est *Quens*; et en régime *comte*. Nous trouvons l'application de cette règle dans nos plus vieux auteurs, notamment dans un passage curieux où G. Guiart rapporte ainsi la fatale imprudence du comte d'Artois à Mansoura :

> Li *quens* d'Artois fait l'avant-garde....
> Aucun distrent lors au *comte*
> Que trop grant folie feroit
> Qui plus avant les chaceroit (*les Sarrasins*),
> Et pourroit perdre grossement ;
> Mès il iert (*il était*) de tel hardement
> Qu'il ne voust onc croire parole,
> Ains point après (*mais pique des deux*),
> Entre avec eus en l'Aumacoure....
> Péchié fu, car puis n'en revint :
> On ne sot onques qu'il devint.

Passons au pluriel. Là, au contraire, l'absence de l'*s* indique le sujet, et sa présence les régimes, comme dans ce passage du *Jeu de Saint-Nicolas* :

> (Or tuent *li Sarrasin tous les Crestiens.*)
> Gardés qu'il n'en escap 1 seus.
> — Escaper! *li fil* à putain! (*les fils de....*)

Baudouin de Condé, dans une pièce sur *la Mort* (MS. fonds La Vall, 81), dit en parlant des vers qui se nourrissent de nos chairs :

> *Ver* ont tous les mors descarné*s*,
> Et tou*s* les vi*s* (*les vivans*) descarneront.

(Cet énergique emploi du verbe *descarner* rappelle le *nudantur ossa carnibus* de Santeuil.)

Autre observation dans la même pièce :

> Il n'est si bele carnéure
> D'*ome* ne de feme carnel....

Pourquoi lit-on ici *ome*, et dans Jean Bodel *hom* ? Il n'y a pas là de faute de copiste, ni de licence commandée par la poésie, mais différence de dialecte. Quant aux règles signalées par M. Raynouard, elles s'y trouvent confirmées.

Seulement une observation : le vocatif singulier a presque toujours l'*s* final ; mais pourquoi pas toujours? Dans le *Jeu de Saint-Nicolas*, le roi dit au prud'homme :

> Vilain*s*, je te ferai larder ;

au sénéchal :

> Or, senesc*aus*, bi*aus* dou*s* ami*s* ;

et nous lisons dans le même ouvrage :

Senes*cal*, que vous est avis? —
Sire, bien vous croi. —
Seg*neur*, se je suis jones....

Y aurait-il là, comme dans nos *vous* et nos *tu*, quelque nuance à saisir? C'est ce que M. Raynouard n'a pas remarqué : on ne peut penser à tout ; et il est bien permis, à qui découvre un monde, de négliger quelques broutilles (1).

Mais ces règles retrouvées dans des écrits perdus depuis si long-temps, quel prodige les avait fait simultanément passer dans le nord de la France, en Italie, en Espagne, enfin dans tous les idiomes de l'Europe latine?

M. Villemain, qui a si bien défendu les troubadours, a cette fois abandonné à la sagacité des philologues une question que lui-même eût complétement résolue, si elle pouvait l'être. *Si Pergama dextrâ!*... Le fait avancé par M. Raynouard est exact pourtant ; du moins les plus belles langues de l'Europe semblent s'être formées sur la provençale, cette fille aînée de la langue latine.

(1) Les poètes dérogent d'ailleurs aux règles générales ; une langue nouvelle est sous leur main l'argile qui prend des formes souvent bizarres, mais parfois remarquables. Ainsi, lorsque Clovis dit à sa jeune épouse, en rimant avec *joie* : « Vous devez estre *moie*; » il y a certes, dans l'irrégulière extension de ce pronom personnel, un amour (La Rochefoucauld dirait un *amour-propre*) bien énergique. Un de nos poètes a dit de l'égoïste :

Et le *moi*, dans sa bouche, a plus d'une syllabe.

Comment cela s'est-il fait? On ne peut émettre que des conjectures.

Que la poésie des troubadours, dont on connaît aujourd'hui tout l'éclat, ait, dès son apparition, rejailli au-delà des Alpes et des Pyrénées même; que le génie de Pétrarque et de Dante s'y soit quelquefois allumé, c'est ce que l'on conçoit. Mais comment, dira-t-on, cette lumière a-t-elle pénétré jusque dans nos provinces les plus septentrionales, surtout à une époque où nos communications rapides étaient loin d'exister?

Je réponds (et je sens toute l'insuffisance de ma réponse) que les troubadours et leurs jongleurs voyageaient; que ceux de nos trouvères ou des hommes lettrés qui, pour se rendre à la Terre-Sainte, traversaient le Midi, en ont dû entendre souvent les chants harmonieux, et se voir retenus par l'esprit et par les délices des cours de Provence. « En revenant de la croisade, Adam d'Arras (disent les *Archives du Nord*, t. III, p. 146) séjourna long-temps en Provence. »

Nous aurions encore, je l'avoue, quelques objections à faire au système de M. Raynouard : il n'est plus là pour y répondre, je les supprime.

On conçoit, d'ailleurs, que les langues néolatines ayant une origine commune, se soient rencontrées avec leur aînée, non seulement dans des règles générales, mais dans une foule de locutions;

dans les inversions, par exemple, dans des suppressions, des affixes, formes heureuses et plus rapides que nous retrouvons chez nos vieux poètes :

> A Dieu servir sommes instruictz....
> Sans nous à ce monde asservir.
> *Mystère de la Passion.*

> Accomplir fault les Escriptures.
> Faut se réconforter en Dieu.
> Où force règne, droit n'a lieu. *Id.*

> S'ous (*si vous*) me volez rien commander,...
> *Roman de la Rose.*

> Porte ma crois, s'en aras deux.
> *Li Congiés Jehan Bodel.*

S'en aras, pour *ainsi tu en auras* : quelle différence !

Nos lecteurs ont dû remarquer ce *si* affirmatif et si vif, qu'emploient à chaque instant nos vieux auteurs :

> Marie ai num, *si* sui de France.
> — Au roy Clovis vous en irez,
> Et *si* me le saluerez.
> — *Si* me soit Diex miséricors !...
> Alez, et *si* le norrissiez
> De nous bien loing !

« On voit moult de gens, qui moult scavent de chose, et *si* ne se cognoissent pas eux-meismes. »

M. Raynouard regrettait un jour devant nous d'avoir vu disparaître, dès le xve siècle, plusieurs de ces formes de style, surtout les désinences, ces règles essentielles de la poésie provençale, qui donnaient à la nôtre tant de variété, de grâce et de clarté. « Cet abandon, répondit un de ses élèves, s'explique par l'oubli où étaient tombés les troubadours : *les chants avaient cessé.* » Ils continuèrent dans le Nord; mais la langue, n'ayant pas été fixée par des chefs-d'œuvre, tâtonna long-temps incertaine. Toutefois, en perdant quelques unes de ses premières règles, elle continua de s'enrichir de locutions et de mots empruntés au latin. La plupart sont venus jusqu'à nous, avec des fortunes diverses. Il serait curieux d'en suivre les variations, et de voir comment tels et tels mots, bannis dès long-temps du langage, sont redevenus, d'aventure, en faveur; d'examiner si cette faveur est toujours juste, et si d'autres qui la méritaient mieux ne restent point là, comme tant d'honnêtes gens, dans l'oubli.

Je me suis permis de rappeler au souvenir de nos bons écrivains quelques uns de ces mots déchus : *trébucher*, par exemple, que choyait Corneille, que proscrivit Voltaire, et que l'auteur de *Plaute* a recueilli; j'aurais dû ajouter que long-temps avant Corneille, il se trouve fort bien placé dans le *Jeu de Saint-Nicolas.*

Je sais que cette ancienneté n'est pas toujours un titre. Pour beaucoup de personnes, notamment pour Voltaire, un pauvre mot qui a vieilli est un serviteur qu'il faut réformer. Mais si ceux qui l'ont remplacé, tout brillans et hardis qu'ils sont, ne le valent pas; si ces aventuriers qui partout vous poursuivent, dans le monde, au théâtre et jusqu'à la tribune, viennent se remettre sans cesse où leur ancien eût été mieux, faut-il le bannir sans retour cet ancien? J'y consens, s'il n'a rien en lui-même qui le recommande; Saint-Louis l'eût-il affectionné, eût-il voulu l'ennoblir même : la noblesse seule n'est plus aujourd'hui un titre.

Mais parmi ces vieux réformés, qui ont rendu tant de services (et que M. de Chateaubriand ne dédaigne pas, lui), voyons s'il n'en serait pas encore quelques uns qu'on pourrait employer convenablement.

Prenons d'abord le plus disgracié. *Moult*, venant de *multum*, ne peut aller seul, j'en conviens; mais accompagné, comme nous l'avons vu dans cette phrase d'Olivier Lamarche : *Il la regarda moult effrayément*, ne vaudrait-il pas bien ce fatiguant *beaucoup* qui se présente à nous sans cesse, et que nous employons si souvent, sans nous informer seulement d'où il sort? Placez donc deux fois votre *beaucoup* dans ces vers sur la Madeleine, et vous verrez le beau coton qu'il y jettera :

> Moult de péchiez
> Qu'elle avoit en son temps commis
> Luy sont pardonnez et remis,
> Car elle a grandement aimé.

Grandement, d'un *grand cœur*, *grandi* ou

magná mente, suivant l'étymologie latine de nos meilleurs adverbes en *ment*, dérivés de ces locutions ecclésiastiques : *sanctá mente, devotá mente, verá mente,* etc., conservées en partie dans les langues de l'Europe latine. Que ne s'est-on tenu à cette étymologie ! on n'emploierait pas aussi *fréquemment* que *ridiculement* un amas d'adverbes en *ment*, où le cœur n'entre pour rien, et qui empêchent de le remarquer quand il y est.

Traduisez cette phrase biblique : *certá mente in Deum credo*, par « je crois en Dieu *certainement*, » ce mot paraît faible, parce qu'on n'en voit plus l'étymologie.

Nous avions des augmentatifs qui, par l'abus qu'on en a fait, sont devenus des diminutifs : par exemple *larmoyer*, actif, qui, dans ce vers d'O. Lamarche, ne manquait pas d'énergie :

Plorés mes maux, *larmoyés* ma douleur ;

Larmoyer ses maux, comme *lamenter ses malheurs,* exprimait une douleur prolongée et profonde, beaucoup mieux que *pleurer* :

Car, qu'une femme *pleure*, une autre *pleurera*,
Et toutes *pleureront*, tant qu'il en surviendra.

Corneille et Racine ayant trouvé ce mot *pleurer* trop faible pour l'harmonie et la pensée, l'ont heureusement répété :

Pleurez, pleurez, mes yeux, et fondez-vous en eau.
Le Cid.

Pleure, Jérusalem, *pleure*, cité perfide!
Athalie.

Nous avons vu aussi dans le *Mystère de la Passion* :

Hiérusalem, *pleure, pleure* ton Roy!

Extréme, signifiant placé à l'extrémité, comme dans ce vers de Jésus aux apôtres :

Allés es nations *extrémes;*

ce mot nous manque : c'est l'*extrema Britannia* de Tacite, et l'*extremos ad Indos* d'Horace. Ne pourrait-on dire, de Racine et du vieil auteur de notre mystère, qu'*extrémes* (au lieu de *placés aux deux extrémités de l'art*), ils se touchent?

Nous voyons, dans un des fragmens que je crois de Gerson, « *l'âme encadavérée* » c'est-à-dire emprisonnée dans une chair déjà livrée aux vers, suivant l'étymologie de *cadaver* (*caro data vermibus*). Ne nous étonnons point que nos pères, plus près que nous des Latins, aient enrichi notre langue d'une infinité d'expressions que nous avons perdues, ou dont nous ne sentons pas la valeur.

Je m'étais souvent servi du mot *ratifié*, dont je compris un jour toute la force, aux coups que deux paysans se donnaient dans la main, pour conclure un marché, mais surtout à leur cri de *Ratafiat!* (*Res rata fiat*) d'où nous avons tiré, bien plutôt que de l'Inde, cette bonne liqueur sans laquelle un marché ne tiendrait pas en Flandre.

Le latin moderne est aussi parfois plus énergique : « Si je m'humilie, si je me fais poussière, et c'est ce que je suis devant vous, ô mon Dieu ! » dira un traducteur de l'*Imitation*, mais cela vaut-il ces expressions du sublime auteur : *Si me vilificavero, atquè (sicut sum) pulverizavero,.... in valle nihilitatis meæ....* Que d'expressions semblables dans le même ouvrage, dont nous trouverons les équivalens dans nos vieux auteurs!

On voit souvent *senestre*, le côté gauche, ou sinistre, et *la dextre*, d'où Racine fait dire au perfide Mathan :

. . . . Je les charmois (*les rois*) par ma *dextérité*.

L'auteur du *Lutrin* avait dit :

Il tire du manteau sa *dextre* vengeresse.

Nous avons vu dans le drame de *Saint-Louis* : « Dieu ne veult point qu'il *seigneurie*, » qu'il vive en grand seigneur : mot heureux, qui pourtant ne vaut pas le *monseigneuriser un fat*, de Gresset; ni peut-être le *chrestienné* du *Baptême de Clovis;* ni l'*emparadisé* de nos vieux sermonnaires.

Redonde, que nous avons trouvé si bien placé dans ce refrain blasphémateur des Juifs :

Que son sang descende et *redonde*
Sur nous et sur tous nos enfans !

redonde peint admirablement le sang de J.-C. retombant de génération en génération sur les malheureux Juifs. Ce mot me paraît si nécessaire que je regrette de ne pas le retrouver jusques dans ces vers de M. de Lamartine :

<pre>
    Serions-nous donc pareils au peuple déicide,
    Qui, dans l'aveuglement de son orgueil stupide,
    Du sang de son Sauveur teignit Jérusalem?
    Prit l'empire du ciel pour l'empire du monde,
    Et dit en blasphémant : Que ton sang nous inonde,
        O roi de Bethléem!
</pre>

Je trouve ce même mot employé d'une manière très heureuse encore dans un discours de Pierre d'Ailly à Charles VI : « Immo, cestes injures que l'en dit ez prédications et libelles diffamatoires, *redunderont* jusques à vous, sire. »

Labourer et *ouvrer* (*operari*) ont été conservés dans quelques provinces. Pour exprimer toute espèce de *travail*, le plus léger comme le plus pénible, nous n'avons qu'un mot, avec lequel nous n'eussions pas fait ces vers du *Mystère de la Passion* :

<pre>
        Si salut opérer voulons,
        A ce *ouvrons* et *labourons*.
</pre>

« Plus y suis et plus y *laboure* (à mon histoire,
« dit Froissart, Liv. IV, ch. 1), et plus me plaît;
« car ainsi comme le gentil chevalier qui aime les
« armes, et en persévérant et continuant il s'y
« nourrit et parfait, ainsi en *labourant* et *ouvrant*
« sur cette matière, je m'habilite et délite. »

Perdurable et *perdurablement*, qui signifient, comme nous l'avons vu, ce *qui dure au-delà du temps*, pourquoi y avoir renoncé? Est-ce parce qu'on s'occupe assez peu de l'avenir, et qu'on y croit peu? Nous avons pourtant gardé *permanent*.

Et *désespérance*, qui joue un rôle si terrible dans les derniers momens de Judas, nous ne l'avons plus : le suicide, toutefois, ne nous manque point.

Et *remembrance*, que nous avons trouvé dans l'exorde en vers de la *Passion* de Gerson, ce mot n'est-il pas plus oratoire que *souvenir*, et plus expressif que *mémoire*? « Sainte Marie! dis-je au « chevalier, que vos paroles me sont agréables!... « Toutes seront mises en *mémoire* et en *remem-* « *brance* et chronique, en l'histoire que je pour- « suis, si Dieu me donne qu'à santé je puisse re- « tourner en la comté de Hainaut et en la ville de « Valenchiennes dont je suis natif! » Ainsi parle notre bon Froissart (Liv. III, ch. 12.)

Recordation, qui signifie la mémoire du cœur, pourquoi l'avoir abandonnée? En aurions-nous perdu l'usage? Lorsque Jésus porte sur saint Pierre, qui venait de le renier, un tendre regard, alors saint Pierre, dit Gerson, fut *recors* de la parole de son maître. Mettez *se souvint*, il n'y a là rien pour le cœur.

Dans le drame de Saint-Louis, un Turc dit des Chrétiens qui l'avaient blessé dans ses affections :

> Toutes les foys que me *recorde*
> De ces faulx chrestiens très maudis....
> Dedans mon *cœur* j'ay si grant raige....

Nous avons entendu cette pauvre mère :

> Toutes les fois que me *recorde*
> Des maulx que tu me fais, mon fils....

Remémorer, qui exprime l'action de rappeler à la mémoire, dit plus aussi que se souvenir. Dans la même pièce, Saint-Louis se dit à lui-même :

> Je remémoire (ou *remémore*) l'Escripture,
> Qui dit que ceulx qui droit feront....

A l'épithète *immuable*, qui convient si bien à Dieu, Gerson oppose celle de *muable*, et j'ai cru devoir l'imiter, page 463.

Quand le même orateur apostrophe l'homme colère qui veut se venger aussitôt, au lieu de ces expressions *aussitôt, sans délai*, nous avons vu comment il se sert du mot *incontinent*, d'autant mieux placé qu'il peint à la fois l'homme qui ne peut se contenir ni attendre.

Poursuivons.... mais pourquoi s'efforcer de faire rendre à de vieux exilés le droit de bourgeoisie? Une loi inflexible, le nouveau dictionnaire de l'Académie, qui peut-être les repousse à jamais... — *N'en tenez compte!* — me dit un camarade, grand ennemi des règles.

— Il faut bien pourtant une loi; et convenons que celle en question est assez à propos venue. Le temps de l'anarchie, ou, si l'on veut, des vacances est passé. Tout rouges de nos escapades et d'avoir, en sautant par-dessus mille règles, fatigué les autres et nous-mêmes, nous allions demander, par une allusion toute classique, qu'on nous rattachât, comme Plaute, à la meule, *ad molam*, ou qu'on nous ramenât aux carrières ; et voilà qu'un code officieux nous est offert, qui n'est pas exempt, il est vrai, de sévérité ; mais des chaînes qu'ont portées avec tant de gloire nos meilleurs écrivains... — *Sont toujours des entraves, et nous n'en voulons plus!*

— Crions donc : *A bas l'orthographe!* comme on criait pendant l'émeute : *A bas les réverbères!* Chacun de nous alors, libre *d'entraves*, pouvant parler sa langue, une langue à part, et donner l'essor à son génie, voyez-vous nos génies montant.... à la tour de Babel, pour de là trébucher jusques au Bas-Empire et à la Barbarie !

Il n'en sera pas ainsi, du moins il faut l'espérer. Si quelques écrivains du dernier siècle, par un purisme étroit, provenant surtout de l'oubli des langues anciennes et des origines de notre langue, ont provoqué une réaction qui nous a jetés dans des écarts fâcheux, le nouveau dictionnaire de l'Académie Française est composé dans un esprit fait pour rapprocher les extrêmes (1). Les excel-

(1) Quoique l'Académie n'ait dû nous donner que les mots en usage ; quoique notre vieille langue doive être pour elle, à ce que j'apprends, l'objet d'un nouveau dictionnaire non moins

lentes observations qui le précèdent, en nous ramenant à l'étude des écrivains du siècle de Louis XIV, doivent avancer chez nous ce retour au beau, demandé par les meilleurs esprits, par les plus éminens.

Que ce beau soit toujours camarade du bon,

dirait La Fontaine: c'est aussi ce que nous souhaitons. On est si heureux de pouvoir aimer celui qu'on admire, et de reconnaître l'homme dans l'écrivain! Pourquoi ce *vir bonus, dicendi peritus*, pourquoi cet accord du génie et du caractère se retrouve-t-il surtout dans l'avant-dernier siècle? C'est qu'une éducation forte et les publiques mœurs imprimaient à tous le respect des formes, et plus encore des choses, comme le veut Quintilien: *Verborum curam, rerum sollicitudinem*.

De là ces immortels ouvrages d'un siècle unique nous réflétant plus pur ce que l'antiquité profane avait eu de plus beau, et le moyen âge de meilleur.

Vint après, un temps de décadence, né du mépris des mœurs. Et s'il s'est opéré, de nos jours, non seulement dans les arts du dessin, comme on l'a dit, mais en littérature, un retour bien marqué au goût noble et *vrai* du grand siècle, c'est à Napoléon, à son amour du beau, à son respect des

curieux qu'utile, nous retrouvons pourtant déjà dans celui-ci plusieurs des mots anciens qu'on pouvait regretter.

convenances, que ce retour est dû en partie. Ce grand homme (je ne parle point du conquérant, mais du génie réorganisateur) a le double mérite d'avoir présidé dignement au présent, et jugé, de haut, le passé.

Voyez, dans le *Mémorial de Sainte-Hélène*, où, sur son rocher, et de son regard d'aigle, il découvre tout; voyez s'il confond, par exemple, avec Corneille, avec Racine, l'écrivain multiforme qui fut l'éblouissante et trop fidèle expression du XVIIIe siècle (1).

Malgré le génie dramatique de l'auteur d'*Alzire*, l'acteur le plus profond, le plus vrai qu'ait eu la scène française, Talma, s'attachait de plus en plus aux deux maîtres, à quelques uns de leurs disciples; il ne jouait, de l'immense répertoire de Voltaire, qu'*Œdipe*, et rarement. « Je ne com-
« prends pas Voltaire, disait-il à un de mes amis ;
« je ne comprends pas Orosmane déclamant, en
« tête à tête avec sa jeune esclave, des maximes
« politiques. Ce ton continu de tribune est peu
« naturel. On aime à voir qu'Auguste même en
« descende à la fin, et que Sylla l'abdique avec ses

(1) Après avoir commenté, relevé les beautés de *Phèdre* et d'*Athalie*, en rabaissant excessivement le *Mahomet* et le *Brutus* de Voltaire : « On ne croira qu'à peine, dit Napoléon dans le
« *Mémorial*, que Voltaire eût détrôné Corneille et Racine. On
« s'était endormi sur les beautés de ceux-ci ; et c'est au premier
« Consul qu'est dû le réveil. »

« familiers, avant de se dépouiller fastueusement
« du pouvoir. » Ce sont à peu près ses paroles.

Mais rien de plus intéressant que l'admiration de Napoléon, que cette sympathie du génie pour le génie d'un autre siècle. A ses yeux, le règne de Louis XV n'offre plus, littérairement, au lieu de cet enchaînement de victoires sans nombre, qu'une retraite, brillante quelquefois; et la République *française* (si féconde en barbarismes) un *sauve qui peut*. C'est dans cette débâcle que la littérature de l'Empire semble avoir reçu de lui la mission d'arrêter le débordement : comme ce corps de réserve qui, après Moscou, placé à l'arrière-garde pour défendre la grande armée, contenait les Cosaques, et ne céda que momentanément à la puissance de corps plus réguliers.

Toutefois, quelqu'imposant que soit le jugement de Napoléon, le XVIIIe siècle, se trouvât-il entre deux géans, ne serait pas en tout un *siècle-nain*.

L'auteur d'*Agamemnon*, de *Frédegonde*, et du *Cours Analytique de Littérature* a fort bien mesuré la distance qui sépare les deux derniers siècles; et notamment Voltaire de Racine. Après avoir parlé des *savantes* beautés qu'il faut admirer d'autant plus dans l'*incomparable* poète, qu'on y aperçoit moins l'artiste, M. Lemercier ajoute : « Demandez à l'auteur de *Mérope* si la clarté populaire de sa poésie mérite un prix égal. »

Il est des sujets pourtant où cette *clarté populaire*, mais avec plus de nerf et moins d'ornemens, suffirait; il est des personnages en qui l'on préfère, même à l'art le plus admirable, des formes de style nues et presque décharnées ; ainsi, le Populaire, dans le drame de *Saint-Louis*, nous étale ses bras nerveux (p. 323 *et suiv.*); ainsi les apôtres, ces pauvres pêcheurs de poissons qui, sans lettres et sans autre appui que la vérité, vont remplacer les Caton, les César, sont d'autant plus miraculeux que leur langage est plus simple (page 212).

Ainsi, saint Jean-Baptiste, ce prophète agreste, que nous avons vu (p. 201) sortant du désert pour *admonester* les grands et le peuple :

> Peuple de povre remembrance,
> Fais pénitence, pénitence !
> Vivant, la feras si tu voeulx,
> Après la mort, jamais ne poeulx.

Tel n'est pas tout-à-fait le grand-prêtre dans *Athalie*; mais Joad n'est point un prêtre du désert. Toutefois, dans ses prédictions au perfide Mathan, qu'il nous montre *en proie aux chiens de Jésabel*, et dans ses apostrophes aux Juifs, Racine place fort bien de ces âpres mots, qu'un lecteur habile sait faire ressortir :

> Je crains Dieu, dites-vous, sa vérité me touche !
> Voici comme ce Dieu vous répond par ma bouche :
> « Du zèle de ma loi que sert de vous parer ?

« Par de stériles vœux pensez-vous m'honorer?
« Quel fruit me revient-il de tous vos sacrifices?
« Ai-je besoin du sang des boucs et des génisses?
« Le sang de vos rois crie, et n'est point écouté.
« Rompez, rompez tout pacte avec l'impiété ;
« Du milieu de mon peuple exterminez les crimes,
« Et vous viendrez alors m'immoler vos victimes. »

Comme la voix du grand acteur, après s'être prolongée avec *crie*, et brisée en éclats contre *pacte*, reprenait des forces pour *exterminer les crimes*, et ne se calmait que sur le dernier vers et sur ce mot *alors* qui contraste avec les durs monosyllabes des autres hémistiches !

Corneille, par des formes moins élégantes, se fût rapproché davantage de Jean-Baptiste. L'auteur des *Horaces* et de *Polyeucte*, qui, comme le saint du désert, ne sortait guère de sa retraite que pour aller répandre au dehors et dans l'avenir ses grandes pensées, nous les offre parfois, ainsi que l'auteur d'*Atrée*, hérissées d'épines, *hirsutas*, comme dit Quintilien.

Le style est l'homme même, a dit, dans son discours de réception à l'Académie française, Buffon, dont ces mots si souvent cités, ont peut-être plus de portée qu'il ne leur en donnait lui-même. Il serait intéressant de rechercher à quel point le caractère et les habitudes d'un écrivain influent sur son style. Malgré les exceptions, on verrait (outre les Bossuet, les Fénelon), l'auteur d'*Iphigénie* portant dans ses compositions la régularité de sa vie, et aussi la noble élégance de sa personne; Scarron, dans ses œuvres, ses difformités; La Fontaine, ses négligences et son laisser-aller; Buffon, son goût pour la parure et sa magnificence; Voltaire, l'antithèse et les contrastes étonnans qui étaient dans tout son être; Ducis, la hauteur, la sève, et parfois aussi l'écorce du chêne.

Crébillon, ainsi que Corneille, passa une grande partie de ses jours dans une retraite obscure et plus dénuée encore que ses œuvres d'ornemens superflus. Entouré des animaux fidèles qu'il aimait, M. Raynouard, qui avait avec Crébillon ce trait de ressemblance, me recevant un jour à Passy dans une sorte de mansarde où il se tenait quelquefois avec ses livres et ses chiens, me dit ces vers de *Rhadamiste*:

La pompe de ces lieux,
Vous le voyez assez, n'éblouit point les yeux.
Jusques aux courtisans qui me rendent hommage,
Mon palais, tout ici n'a qu'un faste sauvage.

Ce n'est point dans un boudoir qu'eussent été conçus les *Templiers*, et que l'auteur de *Rhadamiste* eût jeté en bronze des vers tels que ceux-ci:

La nature, marâtre en ces affreux climats,
Ne produit, au lieu d'or, que du fer, des soldats;
Son sein tout hérissé n'offre aux désirs de l'homme
Rien qui puisse tenter l'avarice de Rome.

Quand Voltaire traite de *vieux* et de *barbare* le style de Corneille et de Crébillon, on pourrait lui répondre: Sans doute *Attila*, les *Horaces*, *Atrée* ne sont pas écrits avec cette élégance harmonieuse qui nous enchante dans *Mérope*, *Zaïre* et *Mariamne* ; mais la force d'un style abrupt, sa vétusté même, nécessaire parfois, n'est-ce rien que cela ? N'est-ce rien que d'avoir le style de son sujet ? Sans prétendre excuser les vices de la diction, il est pourtant des fautes heureuses :

*No*n, il *n*'est rie*n* que *Na*nine *n*'ho*n*ore,

est une négligence sans effet; mais Auguste disant à Cinna :

Tu trahis mes bienfaits, je les veux redou*bler*,
Je t'en avois com*blé*, je t'en veux acca*bler*;

est-ce là une négligence ? Comment Voltaire, avec un goût si sûr quand ses préventions ne l'égarent point, n'a-t-il pas remarqué que cette accumulation des mêmes sons, *redoubler, comblé, accabler*, en frappant l'oreille d'un ingrat, semblent avoir pour but d'aller jusqu'à son âme ?

Écoutons encore Acomat disant à Osmin :

Voudrois-tu qu'à mon âge
Je fisse de l'amour le vil apprentissage,
Qu'un cœur qu'ont endurci la fatigue et les ans, etc.

Faut-il remarquer ce mot d'*apprentissage* et l'harmonie heurtée des vers ? Faut-il rappeler ceux d'*Athalie*, et cet *affreux mélange*

D'os et de chairs meurtris et traînés dans la fange ?

Nous avons retrouvé ces lettres gutturales dans la strangulation et le râlement de Judas, que

nous rappelons comme exemple, mais non certes comme modèle.

Par le choc hardi de deux mots opposés, Racine n'a-t-il pas lutté d'énergie contre l'*in me tota ruens Venus*, dans ce vers de *Phèdre* :

C'est Vénus tout entière à sa proie attachée?

Enfin les gens qui nient ces onomatopées signalées par M. Nodier, ne méritent-ils pas qu'on leur siffle aux oreilles l'apostrophe d'Oreste :

Pour qui *sont ces serp*ens qui *siff*lent *sur* vos têtes?

Que d'exemples pareils dans Corneille et Racine! Mais si je citais parmi les anciens, non seulement les poètes, mais les grands prosateurs qui ont su conformer leur style à leurs sujets, on reconnaîtrait, dans Salluste par exemple, aux formes populaires et à la vigoureuse incorrection du langage de Marius, le dur habitant d'Arpinum, le soldat parvenu; tandis que, dans le même historien, la noble élocution de Sylla, jusque dans les menaces pleines de politesse qu'il adresse à Bocchus, décèlerait, à ne s'y pas méprendre, l'homme du monde et l'élégant patricien. De ces observations, concluons avec Horace que le poète doit d'abord se pénétrer des mœurs, du caractère et des sentimens de ses personnages,

Post effert animi motus, interprete linguâ.

Mais pour avoir un style, faut-il les prendre

tous? Racine, qui, dans sa trop courte carrière, a excellé dans tous les genres de littérature, depuis l'histoire, l'épopée (nous verrons *Athalie*); depuis l'ode sublime jusqu'à l'épigramme marotique; depuis la tragédie mythologique, historique, sacrée, jusqu'à la comédie la plus originale; depuis le plus beau discours académique jusqu'à la polémique la plus piquante; Racine cependant n'eut pas la prétention de traiter tous les genres. Dans le plus grand nombre, les modèles qu'il nous a laissés ne sont que des essais, ou des délassemens. Nous voyons que, malgré son érudition profonde, il étudiait plus qu'il ne composait. On conçoit ce qu'ont dû lui coûter de méditations *Esther* et *Athalie*, séparées de *Phèdre* par plus de dix années. Voilà comment on entre dans la vérité, comment on parvient à la rendre : les combinaisons savantes et profondes ne s'improvisent pas.

J'étais un jour au secrétariat du Théâtre-Français. Talma, qui arrivait de sa campagne pour jouer le lendemain *Auguste*, entre. On lui dit que le spectacle est changé, qu'on donnera *Britannicus*, s'il veut y jouer Néron. « Comment ! s'écrie fu-
« rieux le grand tragédien, voilà plus de huit jours
« que je suis Auguste chez moi, et vous croyez
« qu'au pied levé je vais être Néron ici ! »

Ce mot est le secret de l'art, me disait un de nos meilleurs écrivains à qui je le citais. « Le

« génie de la tragédie, ajoutait-il, ne doit pas,
« suivant l'expression de Gresset, *papillonner*
« *d'une fleur à l'autre*. S'il veut vivre, il faut qu'il
« s'arrête et qu'il creuse; qu'il creuse surtout ce
« sol neuf encore, quoiqu'heureusement exploité
« déjà, ce vaste champ de notre histoire et de nos
« vieilles mœurs. Il n'en faut craindre pour cela
« les décombres ni la poussière. »

Quoiqu'en tout ceci, vrai manœuvre, je n'eusse rien à gâter et point de style à perdre, si pourtant, en voulant tirer du fond de nos mystères trop de pierres brutes et la vérité de son puits, si j'avais, aux yeux de nos classiques maîtres, contracté des souillures trop grandes, remontons en hâte au grand siècle : c'est là, c'est dans ces sources pures qu'on peut se retremper et *se débarbouiller avec de l'ambroisie.*

NOTE.

J'ai parlé, dans mon Introduction, de l'adoption du texte latin de l'*Imitation de J.-C.* pour les colléges de France. M. Gence, dont ce sujet a réveillé la muse octogénaire, me dit, dans son épître, entre autres choses remarquables :

> Ainsi, Gerson encor nourrira la jeunesse.
> La manne (1) qu'un grand homme, en sa sainte vieillesse,
> Donnait à nos aïeux, cette manne, c'est lui
> Qui vient à nos enfans la donner aujourd'hui.

Mais ce n'est pas assez : j'ose croire que le texte latin de

(1) *Manna reconditum.* Imit., Lib. I, cap. 1.

l'Évangile, auquel on pourrait joindre un choix des grands prosateurs sacrés et de quelques poètes ecclésiastiques, devrait être, chez les Chrétiens, *la base de toute instruction*. Outre l'avantage qu'ils retireraient d'une langue usuelle, presque sans inversions, sans ellipses, et type de la nôtre, les jeunes gens, fortifiés par la vérité qu'ils auraient puisée dans ses sources, *pourraient* alors sans danger se livrer, les uns à l'aridité des sciences exactes, les autres aux études de l'antiquité profane. Les erreurs anciennes, les sophismes modernes, seraient sur eux sans prise. Loin de dédaigner la Religion, parce que son berceau fut humble et soumis à toutes les misères humaines, elle en serait pour eux, ce qu'elle est en effet, plus belle et plus miraculeuse. Les vers de Voltaire que nous avons cités, ces qualifications de *vil ouvrier* et de *lâche exercice* dont il a cru flétrir l'Homme-Dieu, tout cela glisserait sur l'esprit affermi où serait imprimée, par exemple, quelqu'une de ces hautes et philosophiques pensées de la moindre des hymnes de Santeuil au Christ :

> *Divine crescebas puer,*
> *Crescendo discebas pati.*
> *Qui fecit æternas domos,*
> *Domo latet sub paupere....*
>   *Cœlum manus quæ sustinent,*
> *Fabrile contrectant opus.*
> *Supremus astrorum faber, etc.*

« Tout en croissant, enfant divin, tu préludais à ta Passion et nous apprenais à souffrir (*discebas pati* exprime tout cela). Le Créateur des demeures éternelles est caché sous le toit du pauvre. Ces mains qui soutiennent les cieux ne dédaignent point l'humble rabot ; et le grand architecte des mondes, *le fabricateur souverain....* »

Mais cette expression même de La Fontaine ne rend pas le *faber astrorum*. Tout Santeuil est intraduisible, comme l'*Imitation :* sachons donc la langue de Gerson et de Santeuil.

FIN.

TABLE ANALYTIQUE.

Lettre dédicatoire.

INTRODUCTION.

Aperçu entre les Croisades et notre guerre d'Afrique. Naissance de notre tragédie nationale, page iij. Mystères, peu connus, iv. Nos ancêtres plus philosophes qu'on ne le croit. Effet des souvenirs de la Terre-Sainte, vij. Discours de Gerson sur la Passion. Sympathies françaises pour ce grand homme. L'*Imitation de J.-C.*, viij. *Mystères* de l'Europe latine, ix. Nouvelles églises de *la Madeleine* et de *Notre-Dame de Lorette*, x. L'antique *Notre-Dame* rapprochée du grand *Mystère*. Style des deux monumens, xij. Style de Racine, xv. Latinité ecclésiastique, instrument de la rénovation du monde, et mère des plus belles langues de l'Europe, xvj. Société latine au moyen âge. *Imitation* latine, adoptée par le Conseil royal de l'Instruction publique. Grandes proses. *Dies iræ*. Rimes. Latin moderne, indispensable à l'étude des langues et de l'histoire. Utile même aux femmes. Anecdotes. *Le bon temps*, xxiij. Manuscrit indéchiffrable, rapproché de l'Obélisque, xxiv.

ORIGINE DU DRAME FRANÇAIS.

Jeu de Saint-Nicolas, et autres ouvrages.

Cérémonies funèbres et liturgies, page 1. La religieuse Hroswithe. Innocente hardiesse d'un de ses drames, 4. Riccoboni plus sévère que Port-Royal, 6. *Les Vierges sages et les Vierges folles. La Vestale*, 7. *Jeu de Sainte-Catherine.* Chants d'Abeilard : étaient-ils en français? 9. Drame en langue vulgaire peint seul les mœurs, 11. Les troubadours ne l'ont pas connu. Il nous vient des trouvères, 12. J. Bodel d'Arras. *Jeu de Saint-Nicolas :* manuscrit du xiiie siècle, dès long-temps à la Bibliothèque Royale. On ignorait à quels événemens il se rattache, 13. Conversion d'un roi d'Afrique. Derniers momens du comte d'Artois et de ses chevaliers. Apparition d'un ange dans le drame, et de Saint-Louis dans l'histoire. Notre désastre à Mansoura. Allusions frappantes. Comment ne les a-t-on pas remarquées? L'auteur pouvait-il être plus clair? Citations. Adam de le Halle d'Arras, 32. Les deux Loys, de Douai, *ibid.* Rutebeuf, 33. *Miracle de Théophile.* Livre prêté, 34. *P. S.* sur un manuscrit antérieur au *Jeu de Saint-Nicolas*, et *fac-simile*, 35.

Baptême de Clovis.—Saint-Remi.—Théodore.—La Nonne enlevée.—La marquise de Gaudine.—Robert-le-Diable, etc.

Important manuscrit de la Bibliothèque Royale, page 40. D'où sont sortis tant de précieux ouvrages? Puy de Notre-Dame. Clovis et Clotilde. Leur mariage. Couches de Clotilde. Détails naïfs et pleins d'intérêt. Rapide enfantement des grandeurs de la France. Objection de Dubos, résolue par le drame, 59. Baptême de Clovis, rapproché du sacre de Charles X. Sacre des rois, dans l'intérêt des peuples. Pensée de Bossuet, conforme aux vers de plusieurs grands poètes, 67. Deux *Clovis* au théâtre français, 69. Le baptême se fit-il par *aspersion* ou par *immersion?* Lacune dans Grégoire de Tours, 70. Inexplicable singularité de sermons en prose joints aux drames, 72. Triomphes d'éloquence chrétienne. *Théodore*, 73. Comment elle se relève de sa chute. Sublime pénitence et mort admirable. La tragédie antique est retrouvée, 81. *La Nonne enlevée* est un véritable *opéra-comi-*

que, 88. Comment en aussi sainte compagnie? Peinture gracieuse et naïve. Vers de *Louis XI*, 93. *La marquise de Gaudine*, rapprochée de *Tancrède*, et bien antérieure à l'Arioste, 96. Gerson cité, 100. Duel hideux, dépouillé du prestige chevaleresque, 102. *Robert-le-Diable*, 104. Sa confession au pape. Lutte des deux principes, idée vraie et profonde. Autres pièces inférieures.

Solennités religieuses et dramatiques.

Un mystère sous Philippe-le-Bel, page 110. Entrée d'Isabeau de Bavière à Paris, décrite par Froissart. Trait piquant d'Alain Chartier. Philosophie du christianisme, 112. Mystère où deux prêtres jouent leur vie. Beaux-arts dans le moyen âge, 118. Mot d'un peintre, *ibid*. La science musicale était-elle connue de nos pères? *ibid*. *Jeu de Robin et Marion*. Dialogue curieux sur la musique. *Vœu du Faisan*, célébré à Lille par Philippe de Bourgogne, 122.

Manuscrits de *la Passion* dans nos provinces du Nord. — Singularités. — Conjectures.

Un mystère de *la Passion* en vingt-cinq journées, joué à Valenciennes par des habitans de la ville, page 127. Heureuse égalité. Détails de mœurs. Manuscrit de ce mystère à Cambrai, 128. Autre manuscrit à Valenciennes, 130. Conjectures, appuyées de citations, 131. Plaisans anachronismes, 134. Les noces de Cana en Flandre. Tableau de Paul Véronèse au Louvre. Dialogue dans le goût de Téniers, 135. Génie poétique accordé aux hommes du Nord, et par qui! 137. Poésie française, plutôt cultivée dans les provinces qu'à Paris. Pourquoi, 138. Charlemagne. Sa prédilection pour le latin. Alcuin, qualifié et justifié; par qui, *ibid*. Pourquoi la poésie des mystères a dû naître dans le nord, 141. Excursion en Belgique, 142. Étranges représentations.

Chambres de Rhétorique. Détails peu connus sur cette institution. Drames flamands. Arts du dessin. *Confrérie de Saint-Luc.* Cérémonies religieuses. Religieuses martyres à Valenciennes, 148. Fêtes de la Noël et de la Passion en Flandre, 150. Curieuse défense de l'évêque de Cambrai en 1834, 151. Origine, mal comprise, de la *Fête de l'Ane, des Fous* et *des Rois,* 152. Mystère nouvellement représenté, 155. *Mystère de la Passion,* chef-d'œuvre de la poésie française au xve siècle, et l'expression, la plus vraie peut-être, de ce siècle, 164.

Mystère de la Passion.

Sujet sublime, page 166. Rapproché d'*Athalie* et du *Paradis perdu.* Est-ce là que Milton a trouvé son poëme? Saint Avite; vengé de notre injuste oubli; par qui, 169. Enfer. Paradis sur terre, 174. Sainte Anne et Joachim. Scènes patriarcales. Vers de M. de Lamartine, 175. Charité touchante. Scène de comédie, jouée par des mendians, 178. Anne et Joachim éprouvés du ciel, 180. Résignation sublime. Pleurs de Saint-Louis sur la mort de son frère à Mansoura, 182. Désolation et bonheur des saints époux de qui doit naître la mère du Christ, 184. Naissance de Marie, 188. Marie, à trois ans, reçoit la visite de parens éloignés qui l'interrogent, comme Athalie Joas, 189. Rencontres étonnantes entre notre vieil auteur et Racine, 192. Mot de Louis XIV sur Téniers et sur Amyot, 193. Racine a-t-il eu connaissance du vieux mystère? 195. Scène de diablerie, *ibid.* Éloge original de la Vierge, 196. Naissance de Jésus, 197. Les rois à la divine crèche, mais après les bergers. Esprit de l'Évangile. Comment Voltaire l'a compris, *ibid.* Massacre des Innocens. Hérode tue son propre fils. Mot d'Auguste, 199. Hérode se tue. Pendant qu'on lui rend des honneurs sur la terre, il est aux enfers torturé. Scènes doubles, imitées par nos vieux peintres, *ibid.*

TABLE ANALYTIQUE.

Suite du *Mystère de la Passion*.

Saint Jean-Baptiste, page 201. Son portrait, ses sorties. Allusions piquantes. Singuliers sermons d'Olivier Maillard ; ne ménage pas plus les tyrans que les femmes. Chaires pour ses sermons, 205. Comment saint Jean-Baptiste apostrophe le fils d'Hérode et sa maîtresse, 206. Bourdaloue devant Louis XIV et madame de Montespan. Martyre de saint Jean-Baptiste, 209. Vocation des apôtres. De pauvres pêcheurs de poisson, des artisans, un prince, et même un usurier convertis à Jésus, 211. Madeleine dans son boudoir. Curieux détails de toilette et de mœurs, 214. Un *fashionable* de 1486. Marthe la ménagère : contraste avec Madeleine et son frère Lazare, 218. Scène de comédie entre les deux sœurs, 220. Barabbas, avec le bon et le mauvais larron, vole une pauvre femme, 221. Repentir de Madeleine, 223. Madeleine aux pieds de Jésus chez Simon le pharisien. Mémorables paroles de Jésus, 225. Son entrée à Jérusalem. Rameaux en signe d'allégresse. Prédictions de Jésus, 226. Piéges que lui tendent les pharisiens. *La Femme adultère*. Jésus l'absout, 228. Autres guérisons plus miraculeuses, 229. Résurrection de Lazare. Il peint ce qu'il vient de voir aux enfers, 230. Un des disciples de Jésus, Judas, le trahit, 231. Dernier entretien de Jésus et de sa mère, 234. Inconséquence de saint Pierre. Jésus arrêté, traîné devant Pilate, 236. Étranges reproches que les pharisiens adressent à Jésus, 237. Mémorables débats. Les défenseurs de la vérité d'un côté ; ses persécuteurs de l'autre, *ibid*. Pilate, à la fois esclave, et de la faveur populaire, et de celle du plus méchant des princes. Condamnation, 241.

Fin du *Mystère de la Passion*.

Chemin du Calvaire, image du monde, page 247. Jésus,

portant sa croix, est suivi de quelques gens de bien, de plusieurs scélérats, et de la foule des indifférens : il est près de succomber. Un soldat romain, le centurion, ému de pitié, s'adresse à Pilate, 248. Celui-ci, plus faible que méchant. Un pauvre paysan, Simon le cyrénéen, est appelé pour aider Jésus à porter sa croix, 249. Scène pleine de vérité, finissant par un trait sublime, *ibid.* Porte-faix dans nos villes du Nord; singulier usage, 251. Jésus crucifié prie pour ses bourreaux : mot de Jean-Jacques, 252. Conversion du bon larron. Promesse que Jésus expirant lui fait, 253. Autres conversions de Juifs et de Romains témoins de la mort de Jésus. Comment ils quittent le Calvaire, 255. Chant lugubre. Ténèbres répandues sur la terre, et autres miracles : ce qu'il faut en penser, 256. Suicide de Judas, 257. Bagatelles difficiles, 261. Mystère de *la Destruction de Jérusalem*, *ibid.* Pilate toujours le même. Caractère le plus commun et le plus vrai qu'offre l'histoire, *ibid.* Son rapport à Tibère sur la mort de Jésus, 263. Nos pères, instruits dans la science de la religion, auraient pu, mieux que nous, se passer du *Meneur du Jeu.* Quel était ce personnage, 265. Les *Confrères de la Passion*, après avoir doté la France d'un théâtre national, sont chassés, au nom d'Aristote, 267. Autres *Confrères*, dans le XVIII siècle. Sermons à *brûle-pourpoint*, *ibid.*

Mystère du Vieux-Testament. — Actes des Apôtres. — Saint-Crépin et Saint-Crépinien. — Sainte-Barbe. — Saint-Martin.

Les sujets de *Joseph*, de *Saül et David*, des *Machabées* et de *l'Enfant prodigue*, stériles sous la plume de nos vieux dramatistes, page 269. Vers du *Sacrifice d'Abraham.* Dans le drame d'*Esther*, le rôle d'Aman, seul remarquable. Rapproché de l'Aman de Racine et du Glorieux de Destouches, 270. Cinq des plus beaux vers qui soient dans notre langue,

273. Dans *les Actes des Apôtres*, saint Étienne lapidé, bien au-dessous de l'idée que nous en donne saint Augustin, 274. Drame de *Saint-Crépin et Saint-Crépinien* : conception originale, près de laquelle les miracles de saint Thomas, de saint Pierre, de saint Paul et de saint Denis ne sont rien, 275. Mais *les Martyrs !* 281. Une perle dans la boue : *Sainte-Barbe*; *ibid.* Corps de métier. Le sermon et le cabaret, 283. Manuscrit du *Mystère de Saint-Martin*, ignoré même du biographe d'A. de la Vigne, 284. *La Monstre* ou *le Cri*, 286. Détails curieux sur la représentation du Mystère, *ibid.* Noms des acteurs qui y jouent, parmi lesquels un Bossuet, dans un rôle de prêtre, 288. Vers rapprochés du début d'une oraison fameuse. Tout n'est pas de ce ton soutenu, 289. La main dans une ordure, 290. Bigarrures, notamment dans un *Mystère de Saint-Fiacre*, 290. Le père et la mère de saint Fiacre se désolent de sa sagesse. Même idée; mais plus saillante, dans le *Mystère de Saint-Martin*. Le père de ce dernier, aussi fou que son fils est sage, en fait un soldat. Jeté au milieu de gens qui raillent sa conduite, saint Martin tient bon, et, malgré les *plaisans*, donne à un pauvre, sur la route d'Amiens, une partie de son manteau. Caractère et faits à peu près semblables dans notre retraite de Moscou; 292. De soldat devenu évêque, saint Martin fait embrasser le christianisme à sa mère. Tombé, en traversant une forêt, dans une embuscade de voleurs, il convertit leur chef, 296. Ruse employée pour faire accepter à saint Martin l'évêché de Tours, 298. A sa voix, le squelette d'un prétendu saint, évoqué de la tombe, est reconnu pour un brigand. Résurrection de Raymond dans la galerie de Le Sueur, 299. M. C. Delavigne se rencontre avec A. de la Vigne, 300. Les restes vénérés de saint Martin de Tours jetés à la voirie, 301. Détails bibliographiques. Mot de Pascal, 302.

Saint-Louis. — Pierre Gringore.

Les clercs de la Bazoche, les Enfans-Sans-Souci, page 303. Pierre Gringore ou Gringoire. Aperçu nouveau sur ce fou raisonnable et trop méconnu, 304. Mot plaisant d'un de ses camarades, 304. Gringore joue le prince des Sots, ne ménage personne, pas plus le Roi que le Pape. La Pragmatique de Louis IX et la Charte de Louis XVIII, également violées, 307. OEuvres ascétiques de Gringore, 309. Découverte à la Bibliothèque Royale du drame de Saint-Louis, son plus important ouvrage. Confrérie qui le représenta. Recherches sur ce sujet ; les barbiers déchus, 309. La reine Blanche et les grands vassaux, 314. Un Jacobin, maître de Saint-Louis, 315. Vers de Blanche rapprochés d'*Andromaque*, 316. Saint-Louis au milieu de ses pauvres, 317. Scène dramatique, rapprochée du *Complot de Famille*, 320. Révolte des seigneurs. Noble attitude du jeune Roi. Le frère prêcheur, *meneur du Jeu*. Dans quelle société et avec quel intérêt ce premier acte pourrait être représenté, 323. Personnages allégoriques : Bonconseil, Chevalerie, Populaire. Avec quelle énergie ce dernier est caractérisé et parle au Roi, 323 *et suiv*. Le Roi suit Bonconseil et soumet le comte de Champagne. Il lui pardonne, 324. Le Roi est assiégé dans Montlhéry par les autres seigneurs. Inquiétude de la reine Blanche. Bonconseil et le Populaire viennent à son secours. Le Populaire, conduit par Bonconseil, va délivrer le Roi et rentre avec lui triomphant dans Paris, 327. Piége tendu par Frédéric II à Saint-Louis, qui l'évite, grâce à Bonconseil, 328. Outrage, agent de l'Empereur, se venge sur l'Église. De quelle manière il la traite et la dépouille. Anathèmes, 330. Maladie de Saint-Louis. But de ses Croisades, *ibid*. Son entrevue avec le pape à Cluny. Scène imposante de l'absolution générale, 331. *Le Porte-clefs* du ciel, 333. Un marché en Afrique. Un bateleur avec son ours, 334. Profanation, miracles. Prodiges mieux constatés : valeur de Saint-Louis. Son attitude devant ses vainqueurs. Réponses sublimes, 336. Tragédie vraiment nationale. Il en existait une, mais en latin. Dialogue admirable, 338. Coup d'œil de Saint-Louis sur les lieux fameux dans l'Écriture, 339. Son retour en France. Ses réformes. Étienne Boileau, 340. Sévérité de ce prévôt. *Un Enfant-Sans-Souci*, peint au naturel. Scènes comiques, suivies de dénouemens terribles, 342. Enguerrand de Coucy. Détails aussi douloureux qu'inconnus sur la mort de trois Enfans de Flandre, 349. Justice de Saint-Louis. Nouvelle Croisade. Est-ce aux vainqueurs d'Alger à la condamner? 360. Louis, par un triste pressentiment de sa fin prochaine, se compare au *roi de la fève*, 361. Maladie du saint Roi. Il se fait coucher sur un lit de cendres. Il expire sous les yeux de son fils, de l'Église et de Chevalerie, 362. Douleur du peuple, et vers touchans dont on fit peut-être à Louis XII l'application, 363. Loi contre le blasphème.

MORALITÉS.

Les Blasphémateurs, etc.

On croyait cette pièce perdue, page 365. Un exemplaire retrouvé à Rouen. Avec quel soin scrupuleux il est réimprimé. Rien n'y manque, jusqu'aux fautes d'impression. Succès complet : un Anglais en fait l'éloge. L'éloge est-il mérité? Citations. Art du poète comique pour élever l'athée jusqu'au ridicule, 367. Une orgie, 369. Un épicurien ; excellent tableau de Ducis, 370. Peinture de l'enfer. Appel de Lucifer à ses subordonnés, 371. *Condamnation des Banquets*, plaisante allégorie, 372. *Le Français et l'Anglais*, pièce de circonstance, et monument historique, 373. Moralité *des*

Membres et l'Estomach, appliquée à l'unité catholique, 375. Feuillet d'une autre pièce trouvée dans le parchemin d'un vieux livre, 376. Moralité de *Tout-le-Monde*, personnage allégorique, *ibid.* Sa Fille, 378. Un nouveau Mayeux, 380. Ouvrages corrupteurs. Protestation de Gerson, 382. Loi sur l'instruction publique, *ibid.* Écart de l'opinion.

FARCES ET SOTIES.

Les Patelin, etc.

Titres trompeurs, page 385. *L'Avocat Patelin*, 386. *Maître renard :* ancienneté de cette expression. *Roman du Renart*, La Fontaine, *Plaideurs sans procès*, 388. Est-ce l'ancienne fable qui a fourni le sujet de *Patelin*? 389. Licence aristophanique tue la liberté de la scène et se réfugie sous les allégories de Rabelais, 390. L'auteur des *Plaideurs* bien capable de nous rendre *la vieille comédie*; l'a-t-il fait? *Un échantillon d'Aristophane*, 391. Scène d'un autre *Patelin* tout-à-fait inconnu et digne du premier, attribué à Villon, 392. Changement dans l'esprit du siècle, 397. Vers qui le caractérisent. Parodies des chants de l'Église et des textes de l'Écriture, 397. Effets des demi-lumières. Nos auteurs tombent bien bas. *Le Retraict*, 398. *Farce du Meunier*, par l'auteur du Mystère de *Saint-Martin*. Bigarrures, 399. *L'Aveugle et le Boiteux. Le Savetier*, 401. Ébranlement des croyances, ange déchu, perversion générale des mœurs et de la langue, 402. Catégories d'Aristote. Pédant remis en droit chemin par Pantagruel, 403. Hercule et Thésée mis au rang des saints, 404. *Sans-culotisme*, et communauté des femmes au xvie siècle. La *Femme libre*, 405. Jeux de Flore dans Paris, courtisanes nues. Protestations des orateurs chrétiens. *Fontaine du Ponceau*, dite *fontaine du Diable*, 406. Parodie du martyre de saint Laurent. Esprit d'opposition. *Les Théologastres*, 408. Gerson invoqué par l'auteur de cette pièce remarquable et peu connue, 410. L'*Imitation de J.-C.* sortant du milieu des désastres et des crimes, *ibid.*

MANUSCRITS DE GERSON.

L'IMITATION

RENDUE A GERSON, A LA FRANCE.

Quel est l'auteur de l'*Imitation* ? Problème dès le xve siècle, page 413. La plus ancienne traduction française, 414. Un prétendu Gersen substitué à Gerson. Débats, injures, l'Académie Française consultée. Arrêt du parlement de Paris, 416. Divers partis s'emparent de l'*Imitation* et la veulent parer de leurs couleurs, 417. Bossuet supérieur à l'esprit de parti, 418. Dupin, 419. Thomas à Kempis, dépossédé. Manuscrit de saint Trond retrouvé, et acheté à Gand en 1836, 420. Gersen ramené d'Italie, ou plutôt découvert au milieu de la révolution de juillet, 422. Grande révolution. Incertitude plus grande, 423. Détails historiques sur Gerson, 426. Il se réfugie dans les tours de Notre-Dame. Traité *de la Contemplation*, 428. La *Vérité-Dieu*, 429. Gerson inspiré par Dieu même, 430. Léger écart, 431. L'auteur de l'*Imitation* prie Dieu de n'être pas connu, 440. Gerson se fait petit avec les petits. Son allocution aux enfans a toute l'onction et le charme de l'*Imitation*, 442. Opinion de Dupin sur l'auteur de l'*Imitation*, 443. Recherches de l'*Internelle Consolation* : découverte du traité de la *Contemplation*, 445. Manuscrit plus précieux encore à la Bibliothèque de Valenciennes, 447. Circonstances remarquables. Double miniature où nous voyons, dans le même homme, le chancelier de l'Université de Paris, et le catéchiste des plus pauvres enfans de Lyon, *ibid.* Voilà l'auteur de l'*Imi-*

tation! Autre écrit dans le même volume, 449. Fragment de saint Bernard, intraduisible, 450. Faits remarquables, 451 *et* 452. Pourquoi le manuscrit de Valenciennes si long-temps ignoré, 452. Les deux sermons inédits et français qui s'y trouvent. Coup d'œil rétrospectif sur l'époque où Gerson les prononça, 453. Grand schisme, 454. Singulière allusion de l'orateur au pape Urbain VI., *ibid.* Pierre renie son maître, à la voix d'une *femmelette*, 456. Mauvaise *charnalité*, 457. Triple chute de Pierre : et voilà l'homme que Dieu a mis à la tête de son église! 458. Réponse imprévue, 459. Chant du coq et regard de Jésus. Admirable interprétation, 460. Faiblesse de Pilate, mobilité du peuple. Gerson et Mirabeau, 461. Gerson s'attache à Dieu, qui ne change point, 462. Gerson, pèlerin de nom et d'effet, 463. Chrétien qui envoie devant lui ses bonnes œuvres, pour retenir là-haut sa place, *ibid.* Nous retrouvons le pèlerin de l'*Internelle Consolation* dans l'*Imitation* et dans d'autres ouvrages de Gerson, 464. L'auteur de l'*Imitation*, ainsi que Gerson, imite Horace et cite Ovide, 466. Apostrophe à Pilate se lavant les mains ; rapproché du Macbeth de Shakspeare, *ibid.* Un chrétien doit-il, d'après un passage de l'Évangile, supporter toutes les injures? Opinion de saint François de Sales et de Gerson, 467. Peinture de l'homme vindicatif, 469. Variété de ton. Sermons en vers, prêchés dans les églises, 470. Constance de nos pères, 471. Péroraison de la passion de Gerson : encore des pensées et des images de l'*Imitation*. Preuves surabondantes mais curieuses en faveur de Gerson, 473, 474 *et* 475. L'éloge de Gerson, proposé par l'Académie Française. Traits lumineux du Programme, 475.

LINGUISTIQUE.

Dictionnaire de l'Académie.

LE STYLE EST L'HOMME MÊME.

Poésies originales des Troubadours, exhumées, 477. Règles fixes que lit jusque sur leurs débris leur infatigable explorateur, *ibid.* Application de ces règles à notre vieille langue. Exemples tirés d'Adam d'Arras, de Jean Bodel, etc., 479. Identité de *Jehan Bodel* et de *Jehans Bodiaus*, 481. Suppression de la préposition *de* : *La loi Dieu, la Ymitation J. C., le cloître Notre-Dame,* ibid. *Comte* et *Quens :* vers intéressans sur la mort de Robert d'Artois, 482; sur le massacre des Chrétiens, 483; sur la *descarnation* de l'homme, *ibid.* Pourquoi le vocatif singulier, avec ou sans *s* ? Question que M. Raynouard n'a pas résolue, 483. Auteur qui donne au pronom *moi* plus d'un genre, 484. Comment les règles de la poésie provençale ont-elles passé dans toutes les langues de l'Europe latine? 485. Locutions et mots regrettables, 486 *et suiv.* Bon emploi et abus des adverbes en *ment*, 488. Étymologie et force de plusieurs vieux mots, 490 *et suiv.* Deux nouveaux Dictionnaires de l'Académie. Digne hommage, dès la préface du premier, aux écrivains du siècle de Louis XIV, 495. Le Beau, camarade du Bon, 496. Quelle différence entre Corneille, Racine et Voltaire? Sympathie d'un grand homme pour un grand siècle, 497. Littérature de l'Empire, 498. Formes de style nues rapprochées du style d'*Athalie*. Mots qu'un lecteur habile sait faire ressortir, 499. Influence du caractère et des habitudes d'un écrivain sur son style. *Le style est l'homme même :* nos grands prosateurs et nos poètes les plus divers en sont la preuve, 500. Négligences heureuses, 502. Onomatopées, 503. L'écrivain français du génie le plus flexible, Racine, n'a pas prétendu traiter tous les genres, 504. Plaisante boutade de Talma, *ibid*. Retour, 505.

Note sur une importante amélioration dans l'instruction de la jeunesse. Transaction *indiquée* entre deux systèmes opposés, et récemment débattus, 505 *et suiv.*

FIN DE LA TABLE ANALYTIQUE.

www.ingramcontent.com/pod-product-compliance
Lightning Source LLC
Chambersburg PA
CBHW060801230426
43667CB00010B/1661